contabilidade
GOVERNAMENTAL

ANTONIO BENEDITO SILVA OLIVEIRA
MARILIA CASSIA TEIXEIRA

contabilidade GOVERNAMENTAL

Uma abordagem sobre as tomadas de decisão, a eficácia na gestão e a governança no setor público

ISBN 978-85-7144-050-0

DADOS INTERNACIONAIS DE CATALOGAÇÃO NA PUBLICAÇÃO (CIP)
ANGÉLICA ILACQUA CRB-8/7057

Oliveira, Antonio Benedito Silva
Contabilidade governamental / Antonio Benedito Silva Oliveira, Marília Cássia Teixeira. -- São Paulo : Saraiva Educação, 2019.

ISBN 978-85-7144-050-0

1. Contabilidade pública I. Título II. Teixeira, Marília Cássia

19-1654 CDU 657.61
CDD 657:336.1

Índices para catálogo sistemático:
1. Contabilidade pública

saraiva EDUCAÇÃO | saraiva uni

Av. Doutora Ruth Cardoso,7221, 1º Andar
Pinheiros – São Paulo – SP – CEP: 05425-902

SAC | Dúvidas referentes a conteúdo editorial, material de apoio e reclamações:
sac.sets@somoseducacao.com.br

Direção executiva Flávia Alves Bravin
Direção editorial Renata Pascual Müller
Gerência editorial Rita de Cássia S. Puoço
Coordenação editorial Fernando Alves
Edição Ana Laura Valerio
Neto Bach
Thiago Fraga
Produção editorial Daniela Nogueira Secondo
Serviços editoriais Juliana Bojczuk Fermino

Preparação Marcela Neublum
Revisão Vero Verbo Serviços Editoriais
Ricardo Paz de Barros
Projeto gráfico e Diagramação Join Bureau
Capa Deborah Mattos
Impressão e acabamento Gráfica Paym

1ª edição

COD. OBRA 644791 CL 651844 CAE 661747

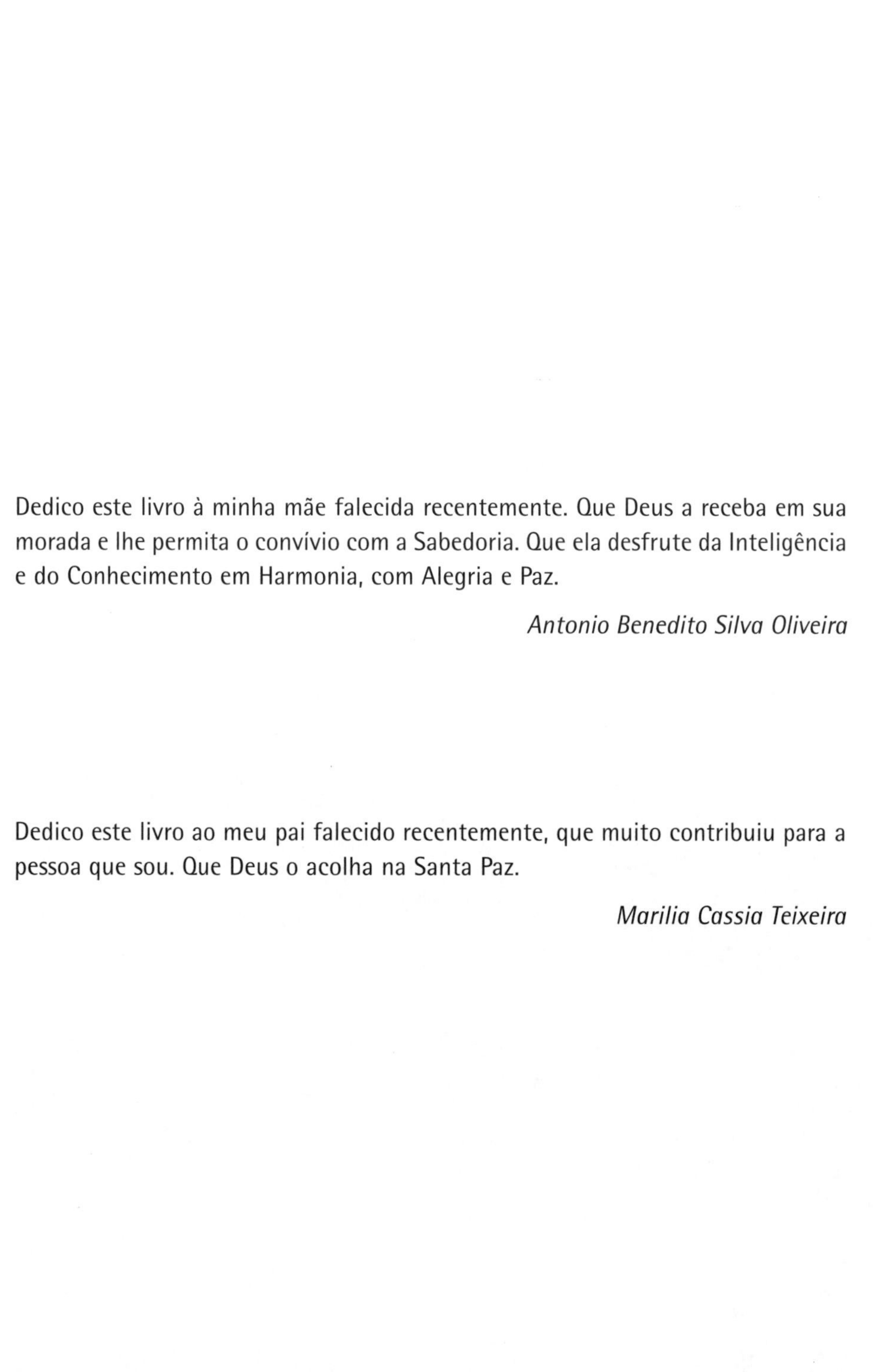

Dedico este livro à minha mãe falecida recentemente. Que Deus a receba em sua morada e lhe permita o convívio com a Sabedoria. Que ela desfrute da Inteligência e do Conhecimento em Harmonia, com Alegria e Paz.

Antonio Benedito Silva Oliveira

Dedico este livro ao meu pai falecido recentemente, que muito contribuiu para a pessoa que sou. Que Deus o acolha na Santa Paz.

Marilia Cassia Teixeira

Agradecimentos

Agradecemos a Deus a oportunidade desta realização.

Reconhecemos que, para realização desta obra, devemos muito às inúmeras trocas de ideias ocorridas em atividades de consultoria e em sala de aula. Portanto, agradecemos a todos que nos propiciaram – com seus julgamentos profissionais, dúvidas honestas, opiniões e conhecimento – formas de melhorar este livro.

Agradecemos à Saraiva Educação e à sua brilhante equipe profissional pela atenção e pela paciência com as quais este projeto foi tratado.

Antonio Benedito Silva Oliveira
Marilia Cassia Teixeira

Sobre os autores

Antonio Benedito Silva Oliveira, bacharel, mestre e doutor em Controladoria e Contabilidade pela Faculdade de Economia, Administração, Contabilidade e Atuária da Universidade de São Paulo (FEA-USP). Professor da Pontifícia Universidade Católica de São Paulo (PUC-SP) e da Faculdade de Tecnologia (Fatec-Osasco). Atua como consultor de empresas no campo de Gestão Econômica. Desenvolve atividades como pesquisador acadêmico e como profissional implementando áreas de controladorias e realizando modelagens econômicas de produtos, eventos, atividades e organizações. Autor de vários livros publicados pela Saraiva, como: *Controladoria: fundamentos do controle econômico empresarial*, *Métodos e técnicas de pesquisa em contabilidade* (coordenação) e *Contabilidade gerencial*.

Marilia Cassia Teixeira, mestre em Ciências Contábeis e Atuariais pela Pontifícia Universidade Católica de São Paulo (PUC-SP). Graduada em Ciências Contábeis pela PUC-SP. Possui experiência na área de Administração, com ênfase em Contabilidade e Finanças Públicas, atuando principalmente nos seguintes temas: Lei de Responsabilidade Fiscal (LRF), Lei de Diretrizes Orçamentárias (LDO) e Normas Brasileiras de Contabilidade Técnicas Aplicadas ao Setor Público (NBC TSP). Atuou na Prefeitura do Município de São Paulo por 12 anos. Publicou artigo na *Revista ENIAC Pesquisa*, com a temática na Contabilidade Pública.

Apresentação

O objetivo deste livro é apresentar a Contabilidade Pública no contexto de sua relação com a gestão.

Tanto do ponto de vista acadêmico quanto do profissional atuante na área, nota-se a busca de transparência, prestação de contas e participação, com objetivos de uma gestão pública esclarecida, e um sistema contábil de qualidade tem de propiciar essas coisas, sob pena de se tornar irrelevante. O contexto deste livro é o de uma sociedade democrática. Existe o cidadão com direitos e responsabilidades e que paga impostos - o custo do Estado para ele.

Este livro apresenta o assunto com a abordagem das principais preocupações concernentes ao tema trazendo modernas técnicas contábeis e de tomada de decisão. Técnicas estas definidas com base nas resoluções do Conselho Federal de Contabilidade (CFC), nos manuais da Secretaria do Tesouro Nacional (STN) e também do ponto de vista das decisões gerenciais, foco do executivo público, em trabalhos acadêmicos atuais sobre o assunto.

São apresentados exemplos de lançamentos contábeis e o conjunto de demonstrações contábeis aplicáveis ao setor público de acordo com as normas do CFC. É discutido, também, o plano de contas aplicado ao setor público e sua estrutura. São apresentados os conceitos e as definições de políticas públicas, gestão pública e controles internos aplicados ao setor público. Por fim, é vista a aplicação dos conceitos de custos à atividade pública. Questões como a da estruturação do sistema de custos, e o significado mesmo de custo no serviço público, com a discussão do conceito de custo para servir aplicada ao setor.

Alguns aspectos, como é o caso da legislação envolvida, mereceriam outro livro, tal sua extensão e importância. Optamos pela abordagem sistêmica, destacando apenas aqueles que, a nosso julgamento, foram considerados mais relevantes. Mesmo estes receberam apenas uma abordagem descritiva em termos de seus objetivos e principais destaques. Neste tópico, foram descritos de forma básica: a Lei n. 4.320, de 1964, a Lei n. 101, de 2000 (Lei de Responsabilidade Fiscal - LRF), a Lei n. 8.666, de 1993 e artigos relacionados da Constituição Federal de 1988.

Entendemos que a melhoria dos serviços públicos não passa necessariamente pelo aumento do tamanho do Estado. Antes, passa pelo aumento de sua produtividade e sua eficiência e da eficácia em sua gestão. A Contabilidade Pública, deste modo, é um instrumento de fundamental importância. Seja disponibilizando indicadores na forma, por exemplo, estipulada pela LRF de 2000, seja na apresentação dos relatórios de gestão ou dos demonstrativos estipulados pela Lei n. 4.320, de 1964.

Acreditamos que a qualidade da informação contábil de uma sociedade seja, em si mesma, um indicador do estágio de transparência e cidadania que ela alcançou.

Desejamos uma excelente leitura!

Sumário

CAPÍTULO 1

Ambiente contábil

OBJETIVOS

Este capítulo tem como objetivo apresentar uma breve descrição do contexto de atuação e dos relacionamentos da Contabilidade Pública no Brasil, abordando, para tal, as Normas Internacionais de Contabilidade Aplicadas ao Setor Público, chamadas International Public Sector Accounting Standards (IPSAS), e a relação da Contabilidade Pública com outros sistemas de informação – como o Sistema Integrado de Administração Financeira (SIAFI) e o Sistema Informatizado de Contas dos Municípios (SICOM) –, com o processo de planejamento e controle e com os aspectos de transparência, prestação de conta e participação cobrados pela sociedade.

VISÃO GERAL

Este capítulo apresenta, inicialmente, o conceito de Contabilidade Pública e sua importância para a gestão da Administração Pública. Na sequência, aborda-se, brevemente, o ambiente de sistemas e o ambiente legal, para focar, em seguida, aspetos como o regime misto no orçamento e o regime de competência no sistema patrimonial. Descreve-se, logo em seguida, a questão das IPSAS e o engajamento brasileiro em sua adoção, bem como as Normas Brasileiras de Contabilidade Aplicadas ao Setor Público (NBCASP), emitidas pelo Conselho Federal de Contabilidade (CFC), em um trabalho conjunto que constitui um marco no desenvolvimento da Contabilidade Pública no Brasil.

INTRODUÇÃO

A Contabilidade aplicada ao setor público tem a função de subsidiar o gestor público no processo de tomada de decisões por meio do fornecimento de informações fidedignas. A NBC T - 16.1, norma brasileira de contabilidade aplicada ao setor público, traz os conceitos, o objeto e o campo de aplicação da Contabilidade Pública, definindo-a como:

> ramo da ciência contábil que aplica, no processo gerador de informações, os Princípios de Contabilidade e as normas contábeis direcionados ao controle patrimonial de entidades do setor público, [...] oferecendo aos usuários informações sobre os resultados alcançados e os aspectos de natureza orçamentária, econômica, financeira e física do patrimônio da entidade e suas mutações, em apoio ao processo de tomada de decisão e à adequada prestação de contas.[1]

Assim como na Contabilidade aplicada ao setor privado, o objeto de estudo da Contabilidade Pública é o patrimônio, chamado, nesse caso, de **patrimônio público**, e entendido como o conjunto de bens e direitos à disposição do Estado. Bezerra Filho[2] define patrimônio público como "o conjunto de bens, valores, créditos e obrigações de conteúdo econômico e avaliáveis em moeda que a Fazenda Pública possui e utiliza na consecução dos seus objetivos". Desse ponto de vista, o conceito de patrimônio público se aproxima muito mais do conceito de ativo do que do conceito de superávit líquido, o equivalente ao cálculo ativos menos passivos na Contabilidade Pública.

No Brasil, as definições da Lei n. 4.320, de 1964, implicam o uso do regime misto para apuração do resultado orçamentário ao fim de um exercício, ou seja, deve-se utilizar o regime de caixa e o regime de competência em conjunto. Sabe-se que o regime de competência possibilita avaliar com mais eficácia a eficiência de uma entidade (pública ou privada), permitindo exercer maior controle sobre o patrimônio, uma vez que todos os fatos ocorridos são registrados no período que os eventos geradores acontecem. Entretanto, conforme Herbest,[3] os principais motivos para utilizar o regime de caixa para arrecadação das receitas seriam, dentre outros:

- a segurança nas decisões sobre pagamentos com base nas disponibilidades efetivas de caixa;

1. CONSELHO FEDERAL DE CONTABILIDADE (CFC). *Normas brasileiras de contabilidade - NBCs T 16.1 a 16.11 - Contabilidade Aplicada ao Setor Público*, 2012. Disponível em: <https://cfc.org.br/wp-content/uploads/2018/04/Publicacao_Setor_Publico.pdf>. Acesso em: 4 jul. 2019.
2. BEZERRA FILHO, J. E. *Contabilidade pública:* teoria, técnica de elaboração de balanços e 500 questões. 3. ed. Rio de Janeiro: Elsevier, 2008, p. 152.
3. MACHADO & REIS *apud* HERBEST, F. G. *Regime de competência no setor público:* a experiência de implementação em diversos países. Dissertação (Mestrado em Ciências Contábeis) - Fundação Instituto Capixaba de Pesquisas em Contabilidade, Economia e Finanças (FUCAPE), Vitória, 2010, p. 29.

- o conservadorismo do regime que permite apurar a situação financeira da entidade com base na informação do caixa único.

No contexto da **qualidade da informação contábil**, um aspecto abordado é a emissão dos Padrões Internacionais de Contabilidade Pública, consubstanciados pelas IPSAS, e seu processo de convergência com as normas brasileiras. Trata-se de um tema relativamente novo no contexto das finanças públicas, mas a harmonização das práticas contábeis públicas pode ser comparada a todo o arcabouço de normas aplicadas ao setor privado em consonância com o International Financial Reporting Standards (IFRS).

No Brasil, segundo o Portal do CFC, a Estrutura das Normas Brasileiras de Contabilidade está regulamentada na Resolução CFC n. 1.328, de 2011,[4] constituindo-se em um conjunto de regras e procedimentos de conduta que devem ser observados como requisitos para o exercício da profissão contábil. O Conselho afirma ainda que as Normas Técnicas apresentadas nas NBCs estabelecem conceitos doutrinários, regras e procedimentos aplicados, sendo classificados em:

- Normas Completas.
- Normas Simplificadas para Pequenas e Médias Empresas (PME).
- Normas Específicas.
- NBC TSP - do Setor Público.
- NBC TA - de Auditoria Independente de Informação Contábil Histórica.
- NBC TR - de Revisão de Informação Contábil Histórica.
- NBC TO - de Asseguração de Informação Não Histórica.
- NBC TSC - de Serviço Correlato.
- NBC TI - de Auditoria Interna.
- NBC TP - de Perícia.

1.1

IPSAS

As **IPSAS** consistem em uma série de padrões contábeis emitidos pela International Public Sector Accounting Standards Board (IPSASB), para o uso em entidades do setor público do mundo inteiro no momento da preparação das demonstrações contábeis. Esses padrões são baseados nas normas e nos padrões internacionais de Contabilidade, ou IFRS, emitidos pelo Conselho de Normas Internacionais de Contabilidade, do inglês International Accounting Standards Board (IASB), sendo aplicáveis na União, nos estados, nos municípios e nas entidades governamentais.

4. CONSELHO FEDERAL DE CONTABILIDADE (CFC). *Resolução n. 1.328, 18 de março de 2011*. Dispõe sobre a Estrutura das Normas Brasileiras de Contabilidade. Disponível em: <http://www1.cfc.org.br/sisweb/SRE/docs/RES_1328.pdf>. Acesso em: 20 abr. 2019.

Seu objetivo é aprimorar a qualidade dos relatórios (informações) financeiros das entidades do setor público, conduzindo a uma melhor avaliação para alocação dos recursos e para tomada de decisão do gestor dessas entidades, aprimorando a transparência, a prestação de contas e a possibilidade de participação da comunidade nas decisões.

A padronização advinda da harmonização com as IPSAS é o estágio atual do processo pelo qual a Contabilidade Pública nacional tem passado. Pode-se afirmar que uma etapa marcante foi a edição das NBC TSP e a da portaria do Ministério da Fazenda 184, de 25 de agosto de 2008.

Observando as práticas cotidianas, é possível constatar que as ferramentas propostas nos Pronunciamentos Internacionais de Contabilidade do Setor Público são relevantes, uma vez que, por meio desses instrumentos, os gastos públicos são monitorados constantemente, também por parte da sociedade, e as medidas necessárias para correção de rotas são aplicadas para alcançar o superávit nas contas do governo, atribuindo às finanças públicas transparência. Com a adoção desses padrões por diversos países, torna-se possível a comparação entre nações, cidades e organizações públicas em seus aspectos operacionais, financeiros e econômicos, além de simplificar o ato de referenciar outras economias, possibilitando estabelecer metas realistas que permitam ao país alcançar um patamar mais elevado de desenvolvimento de forma sustentável.

Em relação ao cronograma de adoção e aplicação dessas normas, o Brasil iniciou a discussão em 2007 e estabeleceu prazos para sua implantação, com efetiva participação do governo por meio dos Ministérios da Economia e Planejamento, e entidades como o CFC.

Na sequência, algumas IPSAS são apresentadas e brevemente comentadas. Deve-se notar que foram emitidas 40 IPSAS, abordando aspectos como custo dos empréstimos, benefícios a empregados e outros.

1.1.1 IPSAS 1 – Apresentação das Demonstrações Contábeis

O IPSAS 1 define o modo e a estrutura de apresentação das demonstrações contábeis de propósito geral, do inglês General Purpose Financial Reports (GPFR). Sua aplicação permite a comparação das demonstrações contábeis da entidade com períodos anteriores e com outras entidades. Essa norma apresenta regras, requisitos, finalidade, componentes e diretrizes para a estruturação das demonstrações contábeis que devem ser elaboradas pelo regime de competência.

A IPSAS 1 passou por um processo de reformulação e sua nova estrutura foi apresentada em 2010, em substituição à primeira versão publicada em maio de 2006. Essa revisão teve como objetivo aprimorar e convergir as NBCASP às normas do setor privado. É importante ressaltar que a norma é aplicada a todas as entidades do setor público, exceto as empresas estatais.

A norma apresenta como principal objetivo dos relatórios contábeis de propósito geral a disponibilização de informações a respeito da posição patrimonial e financeira, do desempenho financeiro e dos fluxos de caixa da entidade, de modo que esses dados sejam utilizados por um grande número de usuários em sua tomada de decisão para avaliação e alocação de recursos. Além disso, a norma deve ser aplicada a todas as entidades, independentemente de serem ou não obrigadas a elaborar demonstrações contábeis consolidadas ou separadas, e deve demonstrar a existência da *accountability* (prestação de contas, transparência e responsabilização nas ações de gestão), definida como a obrigação do gestor de prestar contas sobre o cumprimento de suas responsabilidades.

A apresentação adequada das demonstrações contábeis requer a representação confiável dos efeitos das transações, de outros eventos e condições de acordo com as definições e os critérios de reconhecimento para ativos, passivos, receitas e despesas, como estabelecidos nas IPSAS.

A seguir estão os principais itens que devem ser apresentados quando da aplicação das IPSAS para elaboração das demonstrações contábeis:

- Balanço patrimonial, demonstração do resultado do exercício e demonstração das mutações dos ativos líquidos/patrimônio líquido:
    - identificação clara da entidade à qual as demonstrações contábeis dizem respeito ou outro meio que permita sua identificação;
    - data-base das demonstrações contábeis e das notas explicativas ou período abrangido pelas demonstrações contábeis;
    - moeda de apresentação;
    - apresentação de ativos circulantes e não circulantes e passivos circulantes e não circulantes como grupos de contas separados na demonstração da posição financeira (balanço patrimonial).
- O balanço patrimonial deve apresentar no mínimo os seguintes itens:
    - ativo imobilizado;
    - propriedades para investimento;
    - ativos intangíveis;
    - ativos financeiros;
    - investimentos avaliados pelo método da equivalência patrimonial;
    - estoques;
    - valores a receber de transações sem contraprestação (impostos e transferências);
    - contas a receber de transações com contraprestação;

  - caixa e equivalentes de caixa;
  - tributos e transferências a pagar;
  - contas a pagar oriundas de transações com contraprestação;
  - provisões;
  - passivos financeiros;
  - participação de não controladores apresentada de forma destacada dentro dos ativos líquidos/patrimônio líquido;
  - ativos líquidos/patrimônio líquido atribuíveis aos proprietários da entidade controladora.
- A Demonstração de Resultados do Exercício deve apresentar no mínimo os seguintes itens:
  - receita;
  - despesas financeiras;
  - parcela do superávit ou déficit de coligadas, controladas e *joint ventures* (entidades de controle conjunto) mensurada pelo método da equivalência patrimonial;
  - ganhos ou perdas antes dos tributos reconhecidos na alienação de ativos ou liquidação (pagamento) de passivos relativos a operações em descontinuidade;
  - superávit ou déficit.

Outras normas complementam essas informações com novas exigências de mensuração e informação.

1.1.2 IPSAS 2 – Demonstração dos Fluxos de Caixa

O IPSAS 2 estrutura a apresentação das demonstrações de fluxo de caixa definindo a necessidade de evidenciação dos seguintes itens:

- fontes de geração dos fluxos de entrada de caixa;
- itens de consumo de caixa durante o período das demonstrações contábeis;
- saldo do caixa na data das demonstrações contábeis.

As informações apresentadas no fluxo de caixa permitem a avaliação a respeito da origem dos recursos para geração de caixa e equivalentes de caixa. É importante ressaltar que a norma exige a apresentação das demonstrações dos fluxos de caixa como parte integrante das demonstrações contábeis.

As informações relacionadas ao fluxo de caixa permitem aos usuários avaliarem, por exemplo, os seguintes itens:

- futuras necessidades de caixa da entidade;
- habilidade de gerar fluxos de caixa no futuro;
- capacidade de financiar alterações no escopo e na natureza de suas atividades.

A norma apresenta termos e definições importantes para a estruturação de um fluxo de caixa, o que permite, com sua adoção, que demonstrações contábeis a respeito de diferentes entidades reflitam a mesma estrutura de cálculo e, como consequência, a mesma estrutura de comparação.

O fluxo de caixa deve ser apresentado considerando as atividades operacionais, de investimento e de financiamento relacionados ao seu ramo de atividade. Os fluxos relacionados às atividades operacionais geralmente podem decorrer das seguintes atividades:

- recebimentos de caixa decorrentes de tributos, outras contribuições e multas;
- recebimentos de caixa pela venda de mercadorias e pela prestação de serviços;
- recebimentos de caixa de concessões ou transferências e outras dotações orçamentárias ou outra autorização orçamentária feita pelo governo central ou por outras entidades do setor público;
- recebimentos de caixa decorrentes de royalties, honorários, comissões e outras receitas;
- pagamentos de caixa a outras entidades do setor público para financiar suas operações (empréstimos não incluídos);
- pagamentos de caixa a fornecedores de mercadorias e serviços;
- pagamentos de caixa a empregados ou por conta de empregados;
- recebimentos e pagamentos de caixa por seguradora de prêmios e sinistros, anuidades e outros benefícios da apólice;
- pagamentos de caixa de tributos locais sobre o patrimônio ou tributos sobre a renda (quando aplicável) em relação a atividades operacionais;
- recebimentos e pagamentos de caixa de contratos mantidos para negociação imediata ou com finalidades comerciais;
- recebimentos ou pagamentos de caixa decorrentes de operações descontinuadas;
- recebimentos ou pagamentos de caixa decorrentes da resolução de litígios.

Existem dois métodos para a apresentação das demonstrações de fluxo de caixa:

1. Método direto – segundo o qual as principais classes de recebimentos brutos e pagamentos brutos são informados;
2. Método indireto – segundo o qual o superávit líquido ou déficit é ajustado levando em conta os efeitos de transações de natureza diferente de caixa.

A norma apresenta orientações a respeito da apresentação de fluxos de caixa relacionados a atividades operacionais, de financiamento e de investimento.

1.1.3 IPSAS 3 – Políticas Contábeis, Mudança de Estimativa e Retificação de Erro

A IPSAS 3 tem como objetivo apresentar e definir critérios para a seleção e a mudança de políticas contábeis, juntamente com o tratamento contábil e a evidenciação de mudança nas políticas contábeis, nas estimativas contábeis e nas retificações de erros. O intuito da apresentação desses pontos é aprimorar a relevância e a confiabilidade das demonstrações contábeis das entidades.

Assim como a IPSAS 1, a IPSAS 3 passou por um processo de reformulação em sua primeira versão, datada de maio de 2003. Os ajustes foram feitos como resposta ao projeto do IASB de melhoria da International Accounting Standards (IAS) e à sua própria política, direcionada a atender à necessidade da convergência das normas contábeis do setor público com as normas do setor privado na medida apropriada.

Dentre as principais alterações, destacam-se os seguintes pontos:

- inclui critérios para a seleção de políticas contábeis;
- estabelece que as políticas contábeis das IPSAS não precisam ser aplicadas quando o efeito de sua aplicação for imaterial;
- exige a evidenciação adicional dos montantes de ajustes decorrentes de mudanças de políticas contábeis ou de retificação de erros de períodos anteriores;
- estabelece, em relação à materialidade, que as demonstrações contábeis serão consideradas em desacordo com as IPSAS se contiverem erros materiais.

Essa norma estabelece que sua aplicação deve ser feita na seleção e na aplicação de políticas contábeis, assim como na informação sobre os impactos de mudanças nas políticas contábeis, nas estimativas contábeis e de retificações de erros de períodos anteriores. A alteração da política contábil de uma entidade deve ocorrer apenas mediante as seguintes situações:

- exige uma IPSAS; ou
- resulta em informação mais confiável e relevante nas demonstrações contábeis sobre os efeitos das transações, outros eventos ou condições acerca da posição financeira, do desempenho financeiro ou dos fluxos de caixa da entidade.

É importante para os usuários das informações financeiras que as demonstrações contábeis sejam apresentadas de modo que seja possível observar o comportamento histórico da entidade - por exemplo, a mudança do regime de caixa para o de competência seria classificada como uma mudança de política contábil.

1.1.4 IPSAS 4 – Efeitos das Mudanças nas Taxas de Câmbio e Conversão de Demonstrações Contábeis

A IPSAS 4 define a apresentação e o modo de inclusão nas demonstrações contábeis de informações e transações que ocorram em moeda estrangeira, bem como instruções relacionadas à conversão de demonstrações contábeis para outra moeda.

Essa norma não pode ser aplicada ao procedimento *hedge accounting* para elementos de moeda estrangeira, incluindo o *hedge* de investimento líquido em uma entidade no exterior, mas deve ser aplicada nas seguintes situações:

- contabilização de transações e saldos em moedas estrangeiras, exceto para transações com derivativos e saldos de contas que estejam no alcance da IPSAS 29 - Instrumentos Financeiros: Reconhecimento e Mensuração;
- conversão da demonstração do resultado do exercício e do balanço patrimonial de entidades no exterior incluídas nas demonstrações contábeis da entidade por meio de consolidação, consolidação proporcional e aplicação do método da equivalência patrimonial;
- conversão da demonstração do desempenho financeiro (demonstração do resultado do exercício) e da demonstração da posição financeira (balanço patrimonial) para moeda de apresentação.

Essa norma apresenta a definição dos termos cujo entendimento é necessário para sua correta aplicação, como apresentado a seguir:

- Taxa de fechamento é a taxa de câmbio à vista em vigor na data de apresentação das demonstrações contábeis.
- Variação cambial é a diferença resultante da conversão de determinado valor de uma moeda para outra, utilizando-se de taxas de câmbio diferentes.
- Taxa de câmbio é a taxa utilizada para a troca de duas moedas.
- Moeda estrangeira é a moeda diferente da moeda funcional de uma entidade.
- Entidade, no exterior, pode ser uma controlada, coligada, *joint venture* ou filial da entidade objeto das demonstrações contábeis. O ponto fundamental é o de que suas atividades sejam baseadas ou conduzidas em um país ou uma moeda diferente daqueles da entidade objeto das demonstrações contábeis.
- Moeda funcional é a moeda do ambiente econômico principal em que a entidade opera.
- Itens monetários são moeda ou direitos a serem recebidos e obrigações a serem liquidadas em quantia fixa ou determinável de moeda.
- Investimento líquido, em uma entidade com operações no exterior, é o valor da participação detida pela entidade investidora no patrimônio líquido (ativos líquidos) da entidade com operação no exterior.

Considerando a alteração da moeda de apresentação, é importante que sejam destacados os aspectos que uma entidade deve considerar para a determinação de sua moeda funcional. Desse ponto de vista, a moeda considerada deve ser aquela que:

- seja gerada a partir de receitas como tributos, doações e multas;
- mais influencie os preços de bens e serviços;
- pertence ao país cujas forças competitivas e regulamentos mais influenciem a entidade;
- mais influencie custos com mão de obra, material e outros custos para o fornecimento de produtos ou serviços (existe a expectativa de que é, geralmente, a moeda na qual esses custos estão expressos e pagos).

A norma apresenta diretrizes para a estruturação da demonstração contábil em moeda estrangeira. As principais são:

- Uma transação em moeda estrangeira é feita ou liquidada em moeda estrangeira, incluindo aquelas que surgem quando uma entidade:
  - vende ou compra serviços ou produtos, cujos preços são estabelecidos em moeda estrangeira;

  - empresta ou realiza empréstimos, como tomadora de recursos, com os valores a pagar ou a receber estabelecidos em moeda estrangeira; ou
  - aliena, adquire ativos, forma ou liquida (paga) passivos estabelecidos em moeda estrangeira.
- Na data de cada balanço:
  - os itens monetários em moeda estrangeira devem ser convertidos com o uso da taxa de fechamento;
  - os itens não monetários, mensurados ao custo histórico em moeda estrangeira, devem ser convertidos usando a taxa de câmbio da data da transação;
  - os itens não monetários, mensurados ao seu valor justo em uma moeda estrangeira, devem ser convertidos usando as taxas cambiais da data em que o valor justo for determinado.

As variações cambiais que surjam da liquidação (pagamento ou recebimento) de itens monetários, ou da conversão de itens monetários por taxas diferentes daquelas pelas quais foram inicialmente convertidos durante o período, ou em demonstrações contábeis anteriores, devem ser reconhecidas como superávit ou déficit no período em que ocorrerem, com exceções devidas a variações cambiais provenientes de um item monetário que faça parte do investimento líquido de uma entidade que já seja objeto das demonstrações contábeis de outra com operações no exterior. Nesse caso, devem ser reconhecidas no superávit ou déficit das demonstrações contábeis separadas da entidade objeto das demonstrações contábeis ou das demonstrações contábeis individuais da entidade no exterior.

Quando houver mudança da moeda funcional de uma entidade, procedimentos de conversão à nova moeda funcional prospectivamente devem ser aplicados a partir da data da mudança.

Uma entidade pode apresentar suas demonstrações contábeis em qualquer moeda. Se a moeda de apresentação das demonstrações contábeis diferir da moeda funcional da entidade, sua demonstração do desempenho financeiro (demonstração do resultado do exercício) e sua demonstração da posição financeira (balanço patrimonial) devem ser convertidas para a moeda de apresentação.

Do ponto de vista da IPSAS 4, então, a entidade deve evidenciar:

- o montante das variações cambiais reconhecidas no superávit ou déficit, exceto para aquelas provenientes de instrumentos financeiros avaliados pelo valor justo, de acordo com a IPSAS 29 – Instrumentos Financeiros: Reconhecimento e Mensuração;

- variações cambiais líquidas, classificadas em conta específica de ativos líquidos/patrimônio líquido, e a devida conciliação do montante dessas variações cambiais, no começo e no fim do período.

1.1.5 IPSAS 5 – Custos de Empréstimos

A IPSAS 5 versa sobre o tratamento contábil dado aos custos dos empréstimos. Basicamente, exige-se o reconhecimento imediato no Resultado do Exercício dos custos dos empréstimos. Contudo, ela permite, como um tratamento alternativo, a capitalização dos custos dos empréstimos diretamente atribuíveis à aquisição, à construção ou à produção de um ativo qualificável (ativo de longa maturação).

Essa norma deve ser aplicada para a contabilização dos custos dos empréstimos das entidades do setor público, com exceção das estatais.

- Custos de empréstimos correspondem aos sacrifícios de recursos na forma de juros e outros custos que uma entidade incorre em conexão com os empréstimos.
- Ativo qualificável (ativo de longa maturação) é um ativo que necessariamente leva um tempo substancial para estar disponível para uso ou venda objetivados.

Os custos dos empréstimos devem ser reconhecidos como despesa do período em que foram incorridos, independentemente de como os empréstimos foram aplicados, exceto na extensão em que forem capitalizados. Os custos dos empréstimos diretamente atribuíveis à aquisição, à construção ou à produção de um ativo qualificável (ativo de longa maturação) devem ser capitalizados como parte do custo desse ativo. O valor dos custos dos empréstimos elegíveis para capitalização deve ser determinado de acordo com a IPSAS 5. As demonstrações contábeis devem evidenciar a política contábil adotada para os custos dos empréstimos.

Os custos de empréstimos atribuíveis diretamente à aquisição, à construção ou à produção de um ativo qualificável (ativo de longa maturação) são aqueles que seriam evitados se os gastos com o ativo qualificável (ativo de longa maturação) não tivessem sido feitos. A premissa é: quando uma entidade toma emprestado recursos com o objetivo de obter um ativo qualificável (ativo de longa maturação) particular, os custos do empréstimo diretamente atribuíveis ao ativo qualificável podem ser identificados prontamente.

A respeito do custo com empréstimos realizados com o objetivo de obtenção de um ativo de longa maturação, o montante dos custos dos empréstimos elegíveis à capitalização pela entidade é aquele efetivamente incorrido durante o período, menos qualquer receita financeira decorrente do investimento temporário desses empréstimos. Nesse contexto, uma entidade deve iniciar a capitalização dos custos de empréstimos como parte do custo de um ativo qualificável (ativo de longa maturação) quando:

- incorre em gastos com o ativo;
- incorre em custos de empréstimos;
- engaja-se em atividades necessárias ao preparo do ativo para seu uso ou venda objetivados.

Essa capitalização dos custos de empréstimos durante períodos longos nos quais as atividades de desenvolvimento do ativo qualificável (ativo de longa maturação) sejam paralisadas deve ser suspensa. Os custos com empréstimos, nessa situação, devem ser reconhecidos como despesas.

Uma entidade deve finalizar a capitalização dos custos de empréstimos quando as atividades necessárias ao preparo do ativo qualificável (ativo de longa maturação) para seu uso ou venda pretendidos estiverem completas.

A entidade deve evidenciar:

- a política contábil adotada para os custos de empréstimos;
- o total de custos de empréstimos capitalizados durante o período;
- a taxa de capitalização usada na determinação do montante dos custos de empréstimos elegíveis à capitalização (quando for necessário utilizar taxa de capitalização para montantes obtidos em conjunto).

1.1.6 IPSAS 6 – Demonstrações Consolidadas e Separadas

Assim como outras normas, a IPSAS 6 passou por um processo de aprimoramento em seu conteúdo, desenvolvido no âmbito do projeto de aperfeiçoamentos dos IAS do IASB em sua política de convergir as normas de contabilidade para o setor público às normas do setor privado, de modo que essa convergência trouxesse benefícios. Assim, uma entidade que elabora e apresenta demonstrações contábeis segundo o regime contábil de competência deve aplicar essa norma na elaboração e na apresentação de demonstrações contábeis consolidadas.

Os termos a seguir, com os sentidos expostos, são utilizados na presente norma:

- Demonstrações contábeis consolidadas são as demonstrações contábeis de um grupo econômico que engloba várias entidades, apresentadas em um único conjunto de demonstrações, como uma única entidade.

- Controlada é uma entidade, incluindo entidades sem personalidade jurídica própria, como parcerias, sob o controle de outra entidade (definida como controladora).
- Controladora é a entidade que controla uma ou mais controladas.
- Método do custo, quando aplicado à contabilização de um investimento, é o método de contabilização em que o valor de um investimento é contabilizado pelo seu custo. O investidor contabiliza receitas provenientes do investimento somente até o ponto em que tem direito a receber distribuições de superávits da empresa investida após a data da aquisição. Direitos devidos ou recebidos em excesso desses superávits são considerados recuperação de investimento e contabilizados como redução do custo do investimento.
- Participação minoritária (participação de não controladores) é a parte do superávit ou déficit e dos ativos líquidos/patrimônio líquido de uma controlada que pode ser atribuída a participações em ativos líquidos/patrimônio líquido que não sejam possuídas pela controladora, nem direta nem indiretamente, por meio de outras entidades controladas.
- Demonstrações contábeis separadas são as demonstrações contábeis apresentadas por uma controladora, um investidor em uma coligada ou um empreendedor em uma *joint venture* (entidade controlada em conjunto), em que os investimentos são contabilizados com base na participação direta no patrimônio líquido em vez de com base nos resultados contabilizados e nos ativos líquidos das empresas investidas.

As demonstrações contábeis consolidadas devem incluir todas as controladas da controladora, exceto aquelas mencionadas a seguir:

- Uma controlada deve ser excluída da consolidação quando há evidências de que (1) o controle que se pretende exercer é temporário porque a controlada foi adquirida e é mantida exclusivamente com o propósito de venda em até 12 meses, a contar da data de aquisição, e (2) a administração está procurando um comprador ativamente.
- Ao elaborar demonstrações contábeis consolidadas, a entidade deve combinar as demonstrações contábeis da controladora com as de suas controladas, linha a linha, ou seja, somando os saldos de itens de mesma natureza – ativos, passivos, ativos líquidos/patrimônio líquido, receitas e despesas. A fim de que as demonstrações contábeis consolidadas apresentem informações contábeis sobre a entidade econômica, como demonstrações relativas a uma única entidade econômica, os seguintes procedimentos devem ser adotados:

- o valor contábil do investimento da controladora em cada controlada e a parte dessa controladora nos ativos líquidos/patrimônio líquido de cada controlada devem ser eliminados (a norma internacional ou nacional de contabilidade apropriada que trata de combinações de negócios deve fornecer orientação sobre o tratamento de qualquer ágio por rentabilidade futura resultante (*goodwill*));
- identificar a participação dos não controladores no superávit ou déficit das controladas consolidadas para o período de apresentação das demonstrações contábeis;
- identificar a participação dos não controladores nos ativos líquidos/patrimônio líquido das controladas consolidadas, separadamente da parte pertencente à controladora nos ativos líquidos/patrimônio líquido das controladas.

Quando a entidade elabora suas demonstrações contábeis separadas, ela deve contabilizar os investimentos em entidades controladas, em entidades controladas em conjunto e em entidades coligadas por meio de uma das seguintes alternativas, contabilizando da mesma forma cada categoria de investimentos:

- pelo método da equivalência patrimonial, conforme descrito na IPSAS 7;
- pelo método do custo; ou
- como instrumentos financeiros, de acordo com o que diz a IPSAS 29.

As seguintes evidenciações devem ser feitas nas demonstrações contábeis consolidadas:

- uma listagem das entidades controladas significativas;
- o fato de a entidade controlada não ser consolidada de acordo com o parágrafo 21;
- informações financeiras resumidas das entidades controladas não consolidadas, individualmente ou em grupos, incluindo total de ativos, total de passivos, receitas e superávit ou déficit;
- o nome de qualquer entidade controlada na qual a entidade controladora possua participação ou direitos de voto relativos a 50% ou menos, junto com a explicação sobre a existência do controle;
- as razões pelas quais a controladora possui a propriedade de mais da metade do poder de voto ou potencial poder de voto de investida e não constitui controle;

- a data de encerramento do período abrangido pelas demonstrações contábeis da controlada, quando essas demonstrações são utilizadas para elaboração das demonstrações contábeis consolidadas e quando essa data ou esse período for diferente da data ou do período das demonstrações contábeis da controladora, evidenciando também o motivo para utilizar uma data ou um período diferente;
- a natureza e a extensão de alguma restrição significativa (por exemplo, a restrição resultante de contratos de empréstimos tomados ou a exigência de órgãos reguladores) sobre a capacidade da controlada de transferir fundos para a controladora na forma de dividendos em espécie, ou de distribuições similares, ou ainda na forma de pagamento de empréstimos ou adiantamentos.

1.1.7 IPSAS 7 – Investimento em Coligada e em Controlada

Uma entidade que elabora e apresenta demonstrações contábeis segundo o regime de competência deve aplicar a IPSAS 7 na contabilização dos investimentos em coligadas quando esse investimento levar à manutenção de uma participação na forma de ações ou outra estrutura formal de propriedade. Contudo, ele não se aplica aos investimentos em coligadas mantidos por:

- organizações de capital de risco;
- fundos mútuos, sociedades fiduciárias e entidades similares, incluindo fundos de seguro vinculados a investimentos;

Os investimentos são mensurados a valor justo, com as alterações no valor justo sendo reconhecidas no superávit ou déficit do período da alteração de acordo com a IPSAS 29 - Instrumentos Financeiros: Reconhecimento e Mensuração.

Essa norma provê as bases para contabilização de participações em coligadas, ou seja, o investimento em outra entidade confere ao investidor riscos e benefícios incidentais à sua participação. A norma é aplicável somente aos investimentos em uma estrutura patrimonial formal (ou seu equivalente) em uma investida. Uma estrutura patrimonial formal significa parcela do capital ou forma equivalente de unidade de capital, assim como cotas nos ativos de um fundo de investimento imobiliário (*property trust*), mas também pode incluir outras estruturas patrimoniais nas quais a participação do investidor pode ser mensurada confiavelmente. Quando a estrutura patrimonial é definida de maneira precária, pode não ser possível obter a medida confiável da participação. Algumas contribuições realizadas por entidades do setor público podem ser referenciadas como um "investimento", mas não dão origem a uma participação.

- Coligada: entidade, incluindo as sem personalidade jurídica própria, como parcerias, na qual o investidor exerce influência significativa e que não é nem uma controlada nem uma participação em uma *joint venture*.
- Método de equivalência patrimonial: método contábil em que o investimento é inicialmente contabilizado pelo seu custo e posteriormente ajustado pela mudança na participação do investidor nos ativos líquidos/patrimônio líquido da investida. O superávit ou déficit do investidor inclui sua participação no superávit ou déficit da entidade investida.
- Influência significativa: poder de participar nas decisões políticas financeiras e operacionais da investida. A influência significativa leva em conta o grau de relacionamento entre investidor e investida, nessa norma aplicável somente entre coligadas que possuam participação, podemos citar as seguintes participações, como disciplina a norma em tela, em seus itens 6 ao 10:

6. Se o investidor mantém direta ou indiretamente (por exemplo, por meio de controladas), vinte por cento ou mais do poder de voto da investida, presume-se que ele tenha influência significativa, a menos que possa ser claramente demonstrado o contrário. Por outro lado, se o investidor detém, direta ou indiretamente (por meio de controladas, por exemplo), menos de vinte por cento do poder de voto da investida, presume-se que ele não tenha influência significativa, a menos que essa influência possa ser claramente demonstrada. A propriedade substancial ou majoritária da investida por outro investidor não necessariamente impede que o investidor minoritário tenha influência significativa.
7. A existência de influência significativa por investidor geralmente é evidenciada por uma ou mais das seguintes formas:
   a) representação no conselho de administração ou na diretoria da investida;
   b) participação nos processos de elaboração de políticas, inclusive em decisões sobre dividendos e outras distribuições;
   c) operações materiais entre o investidor e a investida;
   d) intercâmbio de diretores ou gerentes; ou
   e) fornecimento de informação técnica essencial.
8. A entidade pode ter em seu poder direitos de subscrição, *warrants* de compras de ações, opções de compra de ações, instrumentos de dívida ou patrimoniais conversíveis em ações ordinárias ou outros instrumentos semelhantes com potencial de, se executados ou convertidos, conferir à entidade poder de voto adicional ou reduzir o poder de voto de outra parte sobre as políticas financeiras e operacionais da investida (isto é, potenciais direitos de voto). A existência e o efeito dos potenciais direitos de voto prontamente exercíveis ou conversíveis, incluindo os potenciais direitos de voto detidos por outras entidades, são considerados na avaliação de a

entidade possuir ou não influência significativa. Os potenciais direitos de voto não são exercíveis ou conversíveis quando, por exemplo, não podem ser exercidos ou convertidos até uma data futura ou até a ocorrência de evento futuro.

9. Ao avaliar se os potenciais direitos de voto contribuem para a influência significativa, a entidade deve reexaminar todos os fatos e circunstâncias (inclusive os termos do exercício dos potenciais direitos de voto e quaisquer outros arranjos contratuais considerados individualmente ou em conjunto) que possam afetar os direitos potenciais, exceto pela intenção da administração e a capacidade financeira em exercê-los ou convertê-los.

10. A entidade perde a influência significativa sobre a investida quando ela perde o poder de participar nas decisões sobre as políticas financeiras e operacionais daquela investida. A perda da influência significativa pode ocorrer com ou sem uma mudança no nível de participação acionária absoluta ou relativa. Isso pode ocorrer, por exemplo, quando uma coligada torna-se sujeita ao controle de outro governo, um tribunal, órgão administrador ou entidade reguladora. Isso pode ocorrer também como resultado de acordo contratual.[5]

- sem controle individual ou conjunto. Caso o investidor possua influência significativa sobre a investida, a decisão será baseada na natureza do relacionamento entre o investidor e a investida, seguindo as diretrizes da norma, aplicáveis somente às coligadas nas quais a entidade tenha participação, com os requisitos do item 7, mas observando o item 6 da norma.

A propriedade substancial ou majoritária da investida por outro investidor não necessariamente impede que o investidor minoritário tenha influência significativa, pois este tem a proteção do item 10 da norma.

- Pelo método de equivalência patrimonial, um investimento em coligada é inicialmente reconhecido pelo custo, sendo seu valor contábil aumentado ou diminuído pelo reconhecimento da participação do investidor no superávit ou déficit do período, gerado pela investida após a aquisição.
- A parte do investidor no superávit ou déficit do período da investida é reconhecida no superávit ou déficit do período do investidor.
- As distribuições recebidas da investida reduzem o valor contábil do investimento.
- Ajustes no valor contábil do investimento também são necessários pelo reconhecimento da participação proporcional do investidor nas variações

5. COMITÊ DE PRONUNCIAMENTOS CONTÁBEIS (CPC). *Pronunciamento Técnico CPC 18* – Investimento em Coligada e em Controlada – Correlação às Normas Internacionais de Contabilidade – IAS 28. Disponível em: <www.cpc.org.br/Arquivos/Documentos/255_CPC%2018_final.doc>. Acesso em: 20 abr. 2019.

do patrimônio líquido da investida não reconhecidas em seu superávit ou déficit. Essas variações incluem as decorrentes da reavaliação de ativos imobilizados e das diferenças de conversão em moeda estrangeira. A parte do investidor nessas mudanças é reconhecida diretamente nos ativos líquidos/patrimônio líquido do investidor.

A entidade deve aplicar essa norma em períodos contábeis a partir de 1º de janeiro de 2008.

1.1.8 IPSAS 8 – Investimento em Empreendimento Controlado em Conjunto (*Joint venture*)

Uma entidade que prepara e apresenta demonstrações contábeis sob o regime de competência deve aplicar a IPSAS 8 na contabilização de participações em empreendimentos controlados em conjunto e na apresentação dos ativos, dos passivos, das receitas e das despesas de empreendimentos controlados em conjunto nas demonstrações contábeis dos empreendedores e dos investidores, independentemente das estruturas ou das formas sob as quais as atividades do empreendimento ocorram. Entretanto, essa norma não se aplica às participações de empreendedores em entidades controladas em conjunto mantidas por:

- organizações de capital de risco;
- fundos mútuos, trustes, entidades fiduciárias e entidades similares incluindo fundos de seguros vinculados a investimentos são mensurados pelo valor justo, cujas mudanças são reconhecidas no superávit ou déficit do período de acordo com a IPSAS 29 - Instrumentos Financeiros: Reconhecimento e Mensuração.

Um empreendedor com participação em entidade controlada em conjunto está dispensado dos parágrafos 35 (consolidação proporcional) e 43 (método de equivalência patrimonial) quando satisfeitas as seguintes condições:

- existem evidências de que a participação foi adquirida e é mantida exclusivamente com a visão de que sua alienação ocorrerá no período de 12 meses da aquisição e de que a administração está procurando ativamente um comprador.
- o empreendedor é uma subsidiária integral, para essa condição temos duas situações: não há usuários das demonstrações contábeis elaboradas segundo a consolidação proporcional ou o método de equivalência patrimonial, e se há usuários, estes se utilizam das informações da controladora.

- os instrumentos de dívida ou patrimoniais do empreendedor não são negociados em mercado aberto.
- o empreendedor não registrou nem está em processo de registro de suas demonstrações contábeis na Comissão de Valores Mobiliários (CVM) ou outro órgão regulador.
- a controladora final ou intermediária do empreendedor disponibiliza demonstrações contábeis consolidadas em conformidade com as normas internacionais de contabilidade para o setor público.

De acordo com os propósitos dessa norma, um único acordo abrange todos os acordos vinculativos entre os empreendedores, isto é, em essência, o acordo concede direitos e obrigações similares às partes como se fosse um contrato. As atividades para as quais não existe acordo vinculativo que estabeleça o controle conjunto não se configuram como empreendimento controlado em conjunto para fins de aplicação da presente norma.

O acordo vinculativo é, normalmente, feito por escrito e trata de questões como:

- atividade, duração e obrigações de prestação de contas do empreendimento controlado em conjunto;
- designação dos membros da diretoria ou do conselho de administração ou órgão equivalente do empreendimento controlado em conjunto e direitos de voto de cada empreendedor;
- aportes de capital de cada empreendedor;
- parte de cada empreendedor na produção, nas receitas, nas despesas ou nos resultados do empreendimento.

Os empreendimentos controlados em conjunto (*joint ventures*) podem se apresentar em diferentes formas e estruturas, identificados nessa norma em três tipos:

1. operações controladas em conjunto;
2. ativos controlados em conjunto e
3. entidades controladas em conjunto – geralmente descritos a fim de cumprir a definição de empreendimentos controlados com conjunto (*joint ventures*).

O controle conjunto pode ser descontinuado quando o empreendimento controlado em conjunto (*joint venture*)

1. se encontra em processo de reorganização legal ou falência;
2. está sujeito a reestruturações administrativas de acordos de governo; ou

3. opera sob severas restrições de longo prazo que prejudicam sua capacidade de transferir fundos para o empreendedor.

Em relação às participações em operações controladas em conjunto, o empreendedor, em suas demonstrações contábeis, deve reconhecer:

- os ativos por ele controlados e os passivos por ele incorridos;
- as despesas por ele incorridas e sua parte na receita gerada com a venda de produtos ou serviços produzidos pelo empreendimento controlado em conjunto.

Atividades do Setor Público que envolve valores altos de ativo - como: exploração de petróleo, usinas hidroelétricas, extração de minérios e atividades correlatas - são do tipo *joint venture*.

Com a instituição da Parceria Público Privada (PPP), a Lei n. 11.079, de 2004,[6] deixou essa situação mais clara.

Euclides de Melo e Secchi relatam:

> A *joint venture* é quando o governo se alia à iniciativa privada num projeto com o intuito de colaboração. Nessa iniciativa o governo recebe propostas do setor privado, muitas vezes ressarcindo os estudos ao desenvolvedor após a implementação do projeto. As *joint ventures* são muito utilizadas para a gestão de grandiosos empreendimentos de infraestrutura. Essa modelagem de PPP é utilizada para construção e operação de escolas, hospitais, rodovias e prisões, de acordo com Skelcher (2005), e geralmente são contratos de longo prazo. Nesses casos o parceiro privado projeta, constrói, financia e opera o empreendimento. Um dos objetivos da *joint venture* é promover a inovação na prestação desses serviços por meio da expertise privada, bem como transferir os riscos de operação a esse participante.[7]

O empreendedor deve divulgar:

- o valor total dos passivos contingentes, separados do valor de outros passivos contingentes, exceto quando a probabilidade de perda seja remota;
- uma breve descrição dos ativos contingentes e, quando possível, uma estimativa de seus efeitos financeiros, apontando a provável entrada de benefícios econômicos ou serviços em potencial;

6. BRASIL. *Lei n. 11.079, de 30 de dezembro de 2004*. Institui normas gerais para licitação e contratação de parceria público-privada no âmbito da administração pública. Disponível em: <http://www.planalto.gov.br/ccivil_03/_ato2004-2006/2004/lei/l11079.htm>. Acesso em: 20 abr. 2019.
7. MELO, M. E.; SECCHI, L. Parcerias público-privadas como instrumento de reforma administrativa: uma proposta de tipologia. *Gestão Pública: Práticas e Desafios*, v. 3, n. 1, p. 5, 2012.

- quaisquer compromissos de aporte de capital do empreendedor em relação à sua participação no empreendimento controlado em conjunto e sua parte nos compromissos de aporte de capital incorridos;
- a parte do empreendedor nos compromissos de aporte de capital;
- uma lista e a descrição das participações relevantes em empreendimentos controlados em conjunto e a dimensão da relação de propriedade nas participações mantidas em entidades controladas em conjunto;
- o método utilizado para reconhecer seu investimento nas entidades controladas em conjunto.

A entidade deve aplicar essa norma em períodos contábeis a partir de 1º de janeiro de 2008.

1.1.9 IPSAS 9 – Receita de Transação com Contraprestação

O IPSAS 9 tem como objetivo estabelecer o tratamento contábil de receitas provenientes de transações e eventos com contraprestação. A receita deve ser reconhecida quando for provável que benefícios econômicos futuros fluam para a entidade e possam ser confiavelmente mensurados - circunstância identificada diante do cumprimento dos critérios estabelecidos por essa norma.

A receita compreende somente ingressos brutos de benefícios econômicos ou de potencial de serviço recebido e a receber pela entidade quando originários de suas próprias atividades. As quantias cobradas como agentes do governo, outra organização governamental ou em nome de terceiros, por exemplo, o recebimento de tarifas de telefone e eletricidade pelos correios em nome de outras entidades que prestem esses serviços, não são benefícios econômicos que fluam para a entidade e não resultam em aumento do ativo líquido/patrimônio líquido (aumento do ativo ou redução do passivo). Portanto, são excluídos da receita.

- A receita deve ser mensurada pelo valor justo da contraprestação recebida ou a receber.
- Quando os bens ou os serviços forem objeto de troca ou de permuta, por bens ou serviços que sejam de natureza e valor semelhantes, a troca não é vista como transação que gera receita.
- Quando o desfecho de uma transação que envolve a prestação de serviços puder ser confiavelmente estimado, a receita associada à transação deve ser reconhecida tomando por base a proporção dos serviços prestados até a data do balanço.

- Quando a conclusão da transação que envolva a prestação de serviços não puder ser estimada confiavelmente, a receita somente deve ser reconhecida até o limite dos gastos recuperáveis.

A receita proveniente da venda de bens deve ser reconhecida quando forem satisfeitas todas as seguintes condições:

- a entidade deve transferir para o comprador os riscos e os benefícios mais significativos inerentes à propriedade dos bens;
- a entidade não deve manter envolvimento continuado na gestão dos bens vendidos em grau normalmente associado à propriedade nem efetivo controle desses bens;
- o valor da receita deve ser confiavelmente mensurado;
- os benefícios econômicos ou potencial de serviços associados à transação devem, provavelmente, fluir para a entidade;
- as despesas incorridas ou a serem incorridas, referentes à transação, devem ser confiavelmente mensuradas.

A entidade deve evidenciar:

- as políticas contábeis adotadas para o reconhecimento das receitas, incluindo os métodos adotados para determinar a fase de execução de transações que envolvam a prestação de serviço;
- o montante de cada categoria significativa de receita reconhecida durante o período, incluindo as receitas provenientes da prestação de serviços e da venda de bens, juros, royalties, dividendos e seus equivalentes;
- o montante de receitas provenientes da troca de bens ou serviços incluídos em cada categoria significativa de receita.

A entidade deve divulgar quaisquer ativos e passivos contingentes de acordo com a IPSAS 19 – Provisões, Passivos Contingentes e Ativos Contingentes. Os passivos e os ativos contingentes podem surgir de itens como custos de garantia, indenizações, multas ou perdas possíveis.

Essa norma passa a ser vigente para demonstrações contábeis anuais abrangendo os períodos que começam a partir de 1º de julho de 2002.

1.1.10 IPSAS 10 – Contabilidade e Evidenciação em Economia Altamente Inflacionária

A IPSAS 10 não determina uma taxa definitiva que caracterize o surgimento de uma hiperinflação, ou seja, é uma questão de avaliar quando a atualização monetária das demonstrações contábeis se torna necessária. A hiperinflação é indicada pelas características do ambiente econômico de um país, que incluem, mas não são limitadas a elas, o seguinte:

- a população, em geral, prefere manter sua riqueza em ativos não monetários ou em moeda estrangeira relativamente estável. Os montantes em moeda local são imediatamente investidos para manter o poder de compra;
- a população, em geral, considera as quantias monetárias não em termos de moeda local, mas em moeda estrangeira relativamente estável. Os preços podem ser cotados nessa moeda;
- as vendas e as compras a prazo são realizadas sob preços que compensam a perda esperada do poder de compra durante o período de crédito, mesmo que o período seja curto;
- as taxas de juros, os salários e os preços estão ligados a um índice de preços;
- durante três anos, a taxa acumulada de inflação está se aproximando ou excederá 100%.

Os preços variam no decorrer do tempo como resultado de várias forças políticas, econômicas e sociais, específicas ou gerais. As forças gerais podem resultar em alterações no nível geral de preços e, por isso, podem acarretar alterações também no poder de compra do dinheiro. O superávit ou déficit na posição monetária líquida deve ser divulgado separadamente na demonstração do desempenho financeiro (demonstração do resultado do exercício).

A atualização monetária das demonstrações contábeis, de acordo com essa norma, requer aplicação de certos procedimentos, assim como capacidade de julgamento. A aplicação consistente desses procedimentos e dessas avaliações, de período a período, é mais importante que a precisão dos montantes resultantes incluídos nas demonstrações contábeis atualizadas.

Uma entidade pode adquirir ativos sob um acordo que lhe permita diferir pagamentos sem incorrer uma taxa de juros explícita. Quando não lhes for possível atribuir o montante de juros, esses ativos são atualizados monetariamente a partir da data do pagamento, e não da data da compra.

Essa norma requer que todos os itens na demonstração do desempenho financeiro (demonstração do resultado do exercício) sejam apresentados em unidades de medida corrente na data de apresentação das demonstrações contábeis. Dessa forma, todos os montantes devem ser atualizados pela aplicação da alteração no índice geral de preços a partir das datas em que os itens de receita e de despesa foram inicialmente registrados. O superávit ou déficit na posição monetária líquida é incluído na demonstração do desempenho financeiro (demonstração de resultado do exercício).

Uma entidade controladora que publica suas demonstrações em moeda de economia altamente inflacionária pode possuir entidades controladas que também publicam suas demonstrações em moedas de economias altamente inflacionárias. As demonstrações contábeis de qualquer dessas entidades controladas devem ser atualizadas monetariamente, aplicando-se um índice geral de preço do mesmo país da moeda em que essas demonstrações são publicadas antes de serem incluídas nas demonstrações contábeis consolidadas publicadas pela entidade controladora. No caso de a entidade controlada ser uma entidade estrangeira, suas demonstrações contábeis atualizadas monetariamente são convertidas pela taxa de encerramento.

Devem ser evidenciados:

- o fato de as demonstrações contábeis e os montantes correspondentes de exercícios anteriores terem sido atualizados monetariamente segundo as variações no poder de compra geral da moeda funcional e que, como resultado, são expressas em unidade de medida corrente (moeda) na data das demonstrações contábeis;
- a identificação e o nível do índice de preços na data das demonstrações contábeis e as alterações sofridas pelo índice durante o exercício corrente e os anteriores.

As entidades devem aplicar essa norma em demonstrações contábeis que cobrem períodos contábeis iniciados a partir de 1º de julho de 2002. A aplicação da norma abrangendo períodos anteriores a 1º de julho é incentivada, mas deve-se evidenciar esse fato.

1.1.11 IPSAS 11 – Contratos de Construção

O objetivo da IPSAS 11 é prescrever o tratamento contábil das receitas e das despesas associadas a contratos de construção. Portanto, a norma:

- identifica os acordos classificados como contratos de construção;
- proporciona orientação para os tipos de contratos de construção que podem surgir no setor público;

- especifica a base de reconhecimento e divulgação das despesas do contrato e, se for relevante, das receitas do contrato.

Por força da natureza da atividade subjacente aos contratos de construção, a data em que a atividade do contrato é iniciada e a data da conclusão das atividades, geralmente, ocorrem em períodos contábeis diferentes.

Em várias jurisdições, os contratos de construção pactuados por entidades do setor público não especificam o montante de receita contratual. Pelo contrário, os recursos para custear as atividades de construção são fornecidos por meio de dotações orçamentárias ou de recurso similar, proveniente de receita governamental desvinculada, por subvenções ou ainda por transferências vinculadas.

Um contrato de construção pode ser negociado para a construção de um único ativo, assim como uma ponte, um edifício, uma barragem, um oleoduto, uma estrada, um navio ou um túnel. Por outro lado, pode também tratar da construção de diversos ativos intimamente inter-relacionados ou interdependentes em termos de sua concepção, sua tecnologia e sua função, ou de seu propósito ou uso final. Como exemplos estão a construção de sistemas de abastecimento de água reticulados, de refinarias e de outras partes complexas de infraestrutura.

Para os fins dessa norma, os contratos de construção incluem:

- contratos para a prestação de serviços diretamente relacionados com a construção do ativo, por exemplo, serviços de arquitetos e de gestão de projetos;
- contratos para a destruição ou a restauração de ativos e a restauração ambiental após a demolição ou a retirada de ativos.

Uma construtora é uma entidade que se engaja em um contrato para construir estruturas, instalações, produzir bens ou prestar serviços sob especificações de outra entidade. O termo "construtora" abrange uma construtora geral ou construtora principal, uma subcontratada da construtora geral ou uma administradora de construção.

Os requisitos dessa norma são, geralmente, aplicados separadamente a cada contrato de construção. No entanto, em certas circunstâncias, é necessário aplicar a norma a componentes separados e identificáveis de um único contrato ou de um grupo de contratos para refletir suas respectivas essências.

A receita proveniente do contrato é medida pelo valor justo da retribuição recebida ou a receber. Ambas as mensurações, inicial e continuada, da receita do contrato são afetadas por uma variedade de incertezas que dependem do resultado de acontecimentos futuros. As estimativas muitas vezes necessitam de revisões à medida que os acontecimentos ocorrem e as incertezas se resolvem. Quando o contrato é do tipo custo mais margem ou baseado em custo, o valor inicial de receita pode não estar estabelecido no contrato.

Os custos do contrato incluem os custos relativos ao período que vai desde a data em que é assegurado até sua conclusão. Os custos que se relacionam diretamente a determinado contrato e que forem incorridos para assegurá-lo podem, porém, ser reconhecidos como parte dos custos do contrato desde que possam ser individualmente identificados e confiavelmente mensurados. Quando os custos incorridos para assegurar um contrato forem reconhecidos como despesa do período, estes não serão incluídos nos custos do contrato caso seja obtido em um período subsequente.

Uma entidade deve evidenciar:

- a quantia da receita do contrato reconhecida como receita do período;
- os métodos usados para determinar as receitas do contrato reconhecidas no período;
- os métodos usados para determinar o grau de acabamento (a fase de execução) dos contratos em andamento.

Essa norma passa a ser vigente para fins de demonstrações contábeis anuais, abrangendo os períodos iniciados a partir de 1º de julho de 2002. A aplicação antecipada é encorajada, mas deve-se evidenciar esse fato.

1.1.12 IPSAS 12 – Estoques

O objetivo da IPSAS 12 é estabelecer o tratamento contábil para os estoques. A questão fundamental na contabilização dos estoques está relacionada ao valor do custo a ser reconhecido como um ativo e mantido nos registros até que as respectivas receitas sejam reconhecidas. Esse Pronunciamento proporciona orientação sobre a determinação do valor de custo dos estoques e sobre seu subsequente reconhecimento como despesa em resultado, incluindo qualquer redução ao valor realizável líquido, além de versar sobre o método e os critérios usados para atribuir custos aos estoques.

A entidade que elabora e apresenta demonstrações contábeis sob o regime de competência deve aplicar essa norma na contabilização de todos os estoques, com exceção dos seguintes:

- produção em andamento proveniente de contratos de construção, incluindo contratos de serviços diretamente relacionados (ver IPSAS 11 - Contratos de Construção);

- instrumentos financeiros (ver IPSAS 28 - Instrumentos Financeiros: Apresentação e IPSAS 29 - Instrumentos Financeiros: Reconhecimento e Mensuração);
- ativos biológicos relacionados com a atividade agrícola e o produto agrícola em ponto da colheita (ver IPSAS 27 - Ativo Biológico e Produto Agrícola);
- serviços em andamento proporcionados sem custos ou por um custo irrisório diretamente cobrado ao beneficiário.

No setor público, os estoques podem incluir:

- munição;
- estoque de material de consumo;
- material de manutenção (expediente);
- peças de reposição para instalações industriais e equipamentos, além daqueles tratados na norma de Ativo Imobilizado;
- estoques estratégicos (por exemplo, reservas de energia);
- estoques de moeda não emitida;
- materiais de serviço postal mantidos para venda (por exemplo, selos);
- serviços em andamento, incluindo:
    - materiais educacionais (didáticos) ou para treinamento;
    - serviços a clientes (por exemplo, serviços de auditoria) vendidos sob valores normais de mercado em uma transação sem favorecimentos;
    - terrenos/propriedades mantidos para a venda.

O valor de custo dos estoques deve incluir todos os custos de aquisição e de transformação, bem como outros custos incorridos para trazer os estoques à sua condição e localização atuais.

O custo de aquisição dos estoques compreende o preço de compra, os impostos de importação e outros tributos (exceto os recuperáveis junto ao fisco), bem como os custos de transporte, seguro, manuseio e outros diretamente atribuíveis à aquisição de produtos acabados, materiais e serviços. Descontos comerciais, abatimentos e outros itens semelhantes devem ser deduzidos na determinação do custo de aquisição.

Os custos de transformação de estoques em elaboração para estoques de produtos acabados são incorridos principalmente no ambiente de produção. A alocação de custos fixos indiretos de fabricação às unidades produzidas é baseada na capacidade normal de produção. Custos não relacionados à aquisição e à transformação são incluídos nos custos dos estoques somente na medida em que incorrem para colocar os estoques em seu local e em sua condição atuais.

Quando os estoques são vendidos, trocados ou distribuídos, o valor contábil desses itens deve ser reconhecido como uma despesa do período em que a respectiva receita é reconhecida. Se não houver nenhuma receita, a despesa é reconhecida quando as mercadorias são distribuídas ou o serviço é prestado. A quantia de qualquer redução dos estoques para o valor realizável líquido e todas as perdas de estoques deve ser reconhecida como despesa do período em que a redução ou a perda ocorrer. A quantia de toda reversão de redução de estoques deve ser registrada, no período em que a reversão ocorrer, como redução do item que reconhecera a despesa ou a perda.

As demonstrações contábeis devem divulgar:

- as políticas contábeis adotadas na mensuração dos estoques, incluindo as formas e os critérios de valoração utilizados;
- o valor contábil total em estoques e o valor registrado em classificações apropriadas para a entidade;
- o valor contábil de estoques pelo valor justo menos os custos de venda;
- o valor de estoques reconhecido como uma despesa durante o período;
- o valor de qualquer redução de estoques reconhecida no resultado do período de acordo com o parágrafo 42;
- o valor de toda reversão de qualquer redução do valor dos estoques reconhecida no resultado do período de acordo com o parágrafo 42;
- as circunstâncias ou os acontecimentos que conduziram à reversão de uma redução de estoques de acordo com o parágrafo 42;
- o valor contábil de estoques dados como garantia a passivos.

Essa norma passa a ser vigente para demonstrações contábeis anuais abrangendo os períodos que começam a partir de 1º de janeiro de 2008. A aplicação antecipada é encorajada. Se uma entidade aplicar essa norma para um período que comece antes de 1º de janeiro de 2008, mas deve-se evidenciar esse fato.

1.1.13 IPSAS 13 – Operações de Arrendamento Mercantil

O objetivo da IPSAS 13 é estabelecer, para arrendatários e arrendadores, políticas contábeis e divulgações apropriadas em relação a arrendamentos mercantis. A entidade que prepara e apresenta demonstrações contábeis de acordo com o regime de competência deve aplicar essa norma na contabilização de todos os arrendamentos mercantis, exceto em:

- arrendamentos mercantis para explorar ou usar minérios, petróleo, gás natural e recursos similares não regeneráveis;

- acordos de licenciamento para itens como fitas cinematográficas, registros de vídeo, peças de teatro, manuscritos, patentes e direitos autorais (*copyrights*).

Essa norma, entretanto, não deve ser aplicada como base de mensuração para:

- propriedade mantida por arrendatário contabilizada como propriedade de investimento (ver IPSAS 16 - Propriedades para Investimento);
- propriedade de investimento fornecida pelos arrendadores segundo arrendamentos mercantis operacionais (ver IPSAS 16 - Propriedades para Investimento);
- ativos biológicos mantidos por arrendatários segundo arrendamentos mercantis financeiros (ver IPSAS 27 - Ativo Biológico e Produto Agrícola);
- ativos biológicos fornecidos por arrendadores segundo arrendamentos mercantis operacionais (ver IPSAS 27 - Ativo Biológico e Produto Agrícola).

Um arrendamento pode representar um elemento em um conjunto maior de acordos com entidades privadas para construir, possuir, operar e/ou transferir ativos. As entidades do setor público frequentemente fazem acordos desse tipo, particularmente em relação a ativos físicos de longa vida útil e ativos de infraestrutura. Por exemplo, uma entidade do setor público pode construir uma rodovia com pedágio e depois arrendá-la para uma entidade privada como parte de um acordo em que concordam com:

- arrendar a rodovia com pedágio por um período prolongado (com ou sem a opção de comprar a utilidade);
- operacionalizar a rodovia com pedágio;
- cumprir com extensas exigências de manutenção, incluindo renovação dos pavimentos das estradas e atualização da tecnologia de controle de tráfego.

Essa norma passa a ser vigente para demonstrações contábeis anuais abrangendo os períodos que começam a partir de 1º de janeiro de 2008. A adoção antecipada é incentivada, mas deve-se divulgar esse fato.

1.1.14 IPSAS 14 – Evento Subsequente

O objetivo da IPSAS 14 é indicar:

- quando uma entidade deve ajustar suas demonstrações contábeis conforme os eventos subsequentes à data de apresentação;

- as divulgações que uma entidade deve fazer sobre a data de autorização da emissão das demonstrações contábeis e sobre eventos subsequentes que ocorrem após a data da apresentação.

A norma exige que a entidade não prepare suas demonstrações contábeis de acordo com o pressuposto da continuidade se os eventos subsequentes ao período contábil a que se referem às demonstrações indicarem que o pressuposto da continuidade não é apropriado. Uma entidade que elabora e apresenta demonstrações contábeis sob o regime contábil da competência deve aplicar essa norma na contabilização e na divulgação dos eventos subsequentes.

Para determinar quais eventos se enquadram na definição de eventos subsequentes, é necessário identificar a data das demonstrações contábeis e a data da autorização da emissão dessas demonstrações. A data das demonstrações contábeis corresponde à data do último dia do período contábil ao qual as demonstrações contábeis se referem. A data da autorização da emissão é a data da aprovação das demonstrações contábeis pelas autoridades pertinentes. O parecer da auditoria é emitido em relação às demonstrações contábeis finais.

Eventos subsequentes são eventos, favoráveis ou desfavoráveis, que ocorrem entre a data das demonstrações contábeis e a data da autorização da emissão das demonstrações contábeis, mesmo se ocorrerem após a publicação da divulgação do superávit ou déficit, da autorização das demonstrações contábeis da entidade controlada ou da publicação de outra informação relacionada a essas demonstrações contábeis.

O processo da elaboração e da autorização da emissão das demonstrações contábeis pode variar de acordo com diferentes tipos de entidades dentro e entre jurisdições. Isso pode depender da natureza da entidade, da estrutura do governo, das exigências estatutárias daquela entidade e dos procedimentos da preparação e finalização das demonstrações contábeis. A responsabilidade sobre a autorização das demonstrações contábeis individuais de órgãos do governo pode ficar a cargo do chefe do órgão central de finanças (ou o diretor sênior de finanças/contabilidade, assim como o controlador-geral ou o contador-geral). A responsabilidade sobre a autorização das demonstrações contábeis consolidadas de órgãos do governo como um todo pode ser do chefe do órgão central de finanças (diretor sênior de finanças/contabilidade, assim como o controlador-geral ou o contador-geral), juntamente com o ministro das finanças (ou equivalente).

Em alguns casos, na etapa final do processo de autorização, uma entidade pode ser solicitada a submeter suas demonstrações contábeis a outra entidade (por exemplo, um órgão legislativo como o Parlamento ou uma Assembleia Local), com o poder de solicitar alterações às demonstrações contábeis auditadas. Em outros casos, a submissão das demonstrações a outra entidade pode ser uma questão de protocolo ou processo e essa outra entidade pode não ter o poder de solicitar alterações nas demonstrações. A data da autorização da emissão das demonstrações contábeis será determinada de acordo com o contexto daquela jurisdição em particular.

1.1.16 IPSAS 16 – Propriedade para Investimento

O objetivo da IPSAS 16 é estabelecer o tratamento contábil de propriedades para investimento e seus respectivos requisitos de divulgação.

Essa norma aplica-se à contabilização de propriedade para investimento incluindo (1) a mensuração de propriedades para investimento mantidas em arrendamento contabilizado como arrendamento financeiro nas demonstrações contábeis de arrendatário e (2) a mensuração de propriedades para investimento disponibilizadas ao arrendatário em arrendamento operacional nas demonstrações contábeis do arrendador.

Existem diversas circunstâncias nas quais entidades do setor público podem manter propriedades para obter rendas e para apreciação de capital. Por exemplo, uma entidade do setor público (que não seja empresa estatal) pode administrar o portfólio de propriedades do governo em bases comerciais. Nesse caso, as propriedades mantidas pela entidade, não mantidas para revenda no curso normal das operações, se enquadram na definição de propriedade para investimento.

Outras entidades do setor público podem também manter propriedades para obter rendas ou apreciação de capital e usam o caixa gerado para financiar suas outras atividades (entrega de serviços). Por exemplo, uma universidade ou um governo local pode dispor de um edifício com o propósito de arrendá-lo em bases comerciais a partes externas para gerar fundos em vez de produzir ou suprir bens ou serviços. Essa propriedade, então, também se enquadra na definição de propriedade para investimento.

As propriedades para investimento são mantidas para obter rendas, para valorização do capital ou para ambas. Por isso, uma propriedade para investimento gera fluxos de caixa altamente independentes dos outros ativos mantidos pela entidade, o que a distingue de outras terras e edifícios controlados por entidades do setor público, incluindo propriedades ocupadas pelos proprietários. A produção ou o fornecimento de bens ou serviços (ou o uso de propriedades para finalidades administrativas) também pode gerar fluxos de caixa. Por exemplo, entidades do setor público podem usar um edifício para proporcionar bens e serviços para terceiros em troca de recuperação total ou parcial de custo. Entretanto, o edifício é mantido para facilitar a produção de bens e serviços e os fluxos de caixa são atribuíveis não apenas ao edifício, mas também a outros ativos usados no processo de produção ou de fornecimento. A IPSAS 17 - Ativo Imobilizado aplica-se a propriedades ocupadas pelos proprietários.

Em algumas jurisdições públicas, existem arranjos administrativos que permitem a uma entidade controlar um ativo que pode pertencer legalmente a outra entidade. Por exemplo, um departamento governamental pode controlar e contabilizar determinados edifícios que são de posse legal do Estado. Nessas circunstâncias, referencias às propriedades ocupadas pelo proprietário significam propriedades ocupadas pela entidade que as reconhece em suas demonstrações contábeis.

1.1.17 IPSAS 17 – Ativo Imobilizado

O objetivo da IPSAS 17 é estabelecer o tratamento contábil para ativos imobilizados, de forma que os usuários das demonstrações contábeis possam discernir a informação sobre o investimento da entidade, bem como suas mutações. Os principais pontos a serem considerados na contabilização do ativo imobilizado são: reconhecimento dos ativos, determinação de seus valores contábeis e valores de depreciação e perdas por desvalorização. As provisões transitórias, nos parágrafos 95 a 104, fornecem dispensas da exigência de reconhecer todo o ativo imobilizado durante os cinco anos do período de transição.

Essa norma se aplica ao ativo imobilizado, incluindo:

- equipamento militar especial;
- ativos de infraestrutura.

A entidade que elabora e apresenta demonstrações financeiras sob o regime de competência deve aplicar essa norma na contabilização do ativo imobilizado, exceto:

- quando um tratamento contábil diferente for adotado de acordo com outra norma internacional de contabilidade para o setor público;
- quanto a bens do patrimônio cultural. No entanto, os requerimentos de divulgação dos parágrafos 88, 89 e 92 se aplicam aos ativos reconhecidos.

A IPSAS 17 não exige que a entidade reconheça bens do patrimônio cultural que de outra forma se enquadrariam na definição e nos critérios de reconhecimento de ativo imobilizado. No entanto, se a entidade reconhece bens do patrimônio cultural, ela deve adotar as exigências de divulgação dessa norma e pode, mas não é obrigada, aplicar suas exigências de mensuração.

Alguns ativos são descritos como bens do patrimônio cultural em razão de sua significância histórica, cultural ou ambiental, com monumentos e prédios históricos, sítios arqueológicos, áreas de conservação, reservas naturais e obras de arte.

O custo de um item de ativo imobilizado é o preço à vista ou, para um item referido no parágrafo 27, seu valor justo na data do reconhecimento. Se o prazo de pagamento excede os prazos normais de crédito, a diferença entre o preço equivalente à vista e o total dos pagamentos deve ser reconhecida como despesa com juros durante o período do crédito, a menos que esses juros sejam passíveis de capitalização, como dispõe a IPSAS 5.

1.1.18 IPSAS 18 – Informações por Segmento

A IPSAS 18 tem como objetivo estabelecer princípios para relatar informações financeiras por segmento e deve ser aplicada a todas as entidades do setor público que não sejam empresas estatais.

A evidenciação dessa informação vai:

- ajudar os usuários das demonstrações contábeis a entender melhor o desempenho passado da entidade e a identificar os recursos alocados para amparar as atividades principais;
- aprimorar a transparência das demonstrações contábeis e permitir que a entidade cumpra com suas obrigações de *accountability* com mais eficácia.

O prefácio das IPSAS, emitido pelo IPSASB, explica que empresas estatais, definidas na IPSAS 1 - Apresentação das Demonstrações Contábeis, aplicam as IFRS emitidas pelo IASB. Essa norma deve ser aplicada ao conjunto completo das demonstrações contábeis publicadas, elaboradas em conformidade com as IPSAS.

Um conjunto completo de demonstrações contábeis inclui demonstração da posição financeira (balanço patrimonial), demonstração do desempenho financeiro (demonstração do resultado), demonstração dos fluxos de caixa, demonstração das mutações do patrimônio líquido e notas explicativas, como previsto na IPSAS 1.

Se tanto as demonstrações contábeis consolidadas de um governo ou outra entidade econômica como as demonstrações contábeis separadas da entidade controladora forem apresentadas juntas, as informações por segmento só precisam ser apresentadas com base nas demonstrações contábeis consolidadas.

Em algumas jurisdições, as demonstrações contábeis consolidadas do governo ou outra entidade econômica e as demonstrações contábeis separadas da entidade controladora são combinadas e apresentadas em conjunto, como um único relatório. Quando isso ocorrer, o relatório que contiver as demonstrações contábeis consolidadas do governo ou outra entidade econômica deve apresentar as informações por segmento somente para as demonstrações contábeis consolidadas.

Em muitos casos, as principais classificações de atividades identificadas na documentação do orçamento refletem os segmentos para os quais as informações são apresentadas ao órgão diretivo e ao mais alto nível hierárquico na gestão da entidade, além de refletirem também os segmentos apresentados nas demonstrações contábeis. Afinal, o órgão diretivo e o mais alto nível hierárquico na gestão da entidade requerem informações que lhes possibilitem (1) delegar suas responsabilidades gerenciais e avaliar o desempenho da entidade no alcance de seus objetivos no passado e (2) tomar decisões sobre a alocação futura de recursos na entidade.

Uma entidade que efetua e apresenta suas demonstrações contábeis de acordo com o regime contábil da competência deve aplicar essa norma nas elaborações de suas informações por segmento.

1.1.19 IPSAS 19 – Provisões, Passivos Contingentes e Ativos Contingentes

Uma provisão deve ser reconhecida quando:

- a entidade tem uma obrigação presente (legal ou não formalizada) como resultado de evento passado;
- é provável que haja a necessidade de uma saída de recursos que incorporem benefícios econômicos ou potencial de serviços para liquidar a obrigação;
- uma estimativa confiável possa ser feita do montante da obrigação.

Se essas condições não forem satisfeitas, nenhuma provisão deve ser reconhecida.

Em geral, não há dúvidas de que um evento passado tenha dado origem a uma obrigação presente. Entretanto, em casos raros, não é claro se existe ou não uma obrigação presente. Nessas circunstâncias, presume-se que um evento passado dá origem a uma obrigação presente se, levando em consideração toda a evidência disponível, por mais provável que existe uma obrigação presente na data de apresentação das demonstrações contábeis.

Eventualmente, como em um processo judicial, por exemplo, pode-se discutir tanto se certos eventos ocorreram como se resultaram em uma obrigação presente. Nesse caso, a entidade deve determinar se a obrigação presente existe na data de apresentação das demonstrações contábeis ao considerar toda a evidência disponível, incluindo, por exemplo, a opinião de peritos. A evidência considerada inclui qualquer evidência adicional proporcionada por eventos após a apresentação das demonstrações contábeis. Com base nessa evidência:

- quando for mais provável que existe uma obrigação presente na data do balanço, a entidade deve reconhecer a provisão (se os critérios de reconhecimento forem satisfeitos);
- quando for mais provável que não existe uma obrigação presente na data do balanço, a entidade divulga um passivo contingente, a menos que seja remota a possibilidade de uma saída de recursos que incorporam benefícios econômicos ou potencial de serviços.

Um evento passado que conduz a uma obrigação presente é chamado de "evento que cria obrigação". Para tanto, é necessário que a entidade não tenha qualquer alternativa realista, senão liquidar a obrigação criada pelo evento. Esse caso ocorre somente:

- quando a liquidação da obrigação pode ser imposta legalmente; ou
- diante de obrigação não formalizada, quando o evento (que pode ser uma ação da entidade) cria expectativas válidas em terceiros de que a entidade cumprirá a obrigação.

As demonstrações contábeis tratam da posição financeira da entidade no fim de seu período contábil, e não de acordo com sua possível posição no futuro. Por isso, nenhuma provisão é reconhecida para despesas que necessitam ser incorridas para operar no futuro. Os únicos passivos reconhecidos no balanço da entidade são os que já existem na data do balanço.

Somente as obrigações que surgem de eventos passados, cuja existência independe de ações futuras da entidade (ou seja, a condução futura de suas atividades), são reconhecidas como provisão. Como exemplos dessas obrigações estão as penalidades ou os custos de limpeza provenientes de danos ambientais ilegais impostos pela legislação à entidade do setor público. Ambas as obrigações dariam origem, na liquidação, a uma saída de recursos que incorporam benefícios econômicos ou potencial de serviços independentemente das ações futuras da entidade do setor público.

Da mesma forma, uma entidade do setor público reconheceria uma provisão para os custos de desativação de uma unidade de defesa ou uma estação de energia nuclear de propriedade do governo na medida em que a entidade do setor público é obrigada a retificar o dano já causado (a IPSAS 17 trata de itens, incluindo os custos de desmontagem e de reforma do local, que são incluídos no custo do ativo). Em contraste, por causa das exigências legais, da pressão dos eleitores ou do desejo de demonstrar liderança na comunidade, uma entidade pode planejar ou ter de levar adiante gastos para operar de forma particular no futuro. Um exemplo seria a entidade do setor público que decide ajustar os controles de emissão de fumaça em certos veículos de sua propriedade ou um laboratório do governo que decide instalar filtros para proteger empregados do vapor de certos elementos químicos.

Uma vez que as entidades podem evitar gastos futuros por meio de suas ações futuras, por exemplo, ao mudar seu método operacional, não há hoje nenhuma obrigação quanto aqueles gastos e nenhuma provisão deve ser reconhecida.

Uma obrigação sempre envolve a outra parte a quem é devida. Não é necessário, no entanto, saber sua identidade - de fato, a obrigação pode ser para o público em geral. Como a obrigação sempre envolve um compromisso para com a outra parte, a decisão pela gestão da entidade, pelo conselho gestor ou pela entidade controladora não dá origem à obrigação não formalizada na data de apresentação das demonstrações contábeis, a menos que a decisão tenha sido comunicada antes daquela data aos afetados, de forma suficientemente específica para suscitar neles uma expectativa válida de que a entidade cumprirá com suas responsabilidades.

1.1.20 IPSAS 20 – Evidenciação sobre Partes Relacionadas

O objetivo da IPSAS 20 é exigir a evidenciação da existência de partes relacionadas em que há controle e a evidenciação de informações sobre as transações entre a entidade e suas partes relacionadas em certas circunstâncias. Essa informação é exigida para fins de *accountability* e para facilitar a compreensão sobre a posição financeira e patrimonial e do desempenho da entidade (resultado do exercício). As principais questões sobre a evidenciação de partes relacionadas são:

- a identificação de quais partes controlam ou possuem influência significativa sobre a entidade à qual se referem as demonstrações contábeis;
- a determinação de qual informação deve ser evidenciada a respeito das transações entre as partes.

Uma entidade que elabora e apresenta demonstrações contábeis segundo o regime de competência deve aplicar essa norma na evidenciação de informações a respeito das relações existentes entre partes relacionadas e certas transações com partes relacionadas.

- Membros próximos da família são os parentes mais chegados do indivíduo dos quais se espera que influenciem, ou sejam influenciados, em seus negócios com a entidade.
- Pessoal-chave da administração são todos os diretores ou membros do corpo diretor da entidade e outras pessoas com autoridade e responsabilidade

pelo planejamento, pela direção e pelo controle das atividades da entidade a qual as demonstrações contábeis se referem.

- Supervisão significa supervisionar as atividades de uma entidade com a autoridade e a responsabilidade de controlar ou exercer influência significativa sobre as decisões operacionais e financeiras da entidade que, direta ou indiretamente, por meio de um ou mais intermediários, controla ou é controlada pela entidade a qual as demonstrações contábeis se referem.
- Transações entre partes relacionadas, independentemente de haver ou não cobranças de valores, excluem transações com qualquer outra entidade que seja uma parte relacionada somente por causa de sua dependência econômica em relação à entidade objeto das demonstrações contábeis ou em relação ao governo do qual faz parte.
- Relacionamentos com partes relacionadas podem surgir quando o indivíduo é membro do corpo diretivo ou está envolvido nas decisões financeiras e operacionais da entidade objeto das demonstrações contábeis, bem como por meio de relacionamentos operacionais externos entre a entidade objeto das demonstrações contábeis e a parte relacionada. Esses relacionamentos usualmente envolvem um grau de dependência econômica.
- Unidades administrativas estão sujeitas à direção geral do governo executivo e, em última instância, do Parlamento ou corpo similar de autoridades eleitas ou escolhidas, e operam juntas para alcançar as políticas do governo.
- Departamentos e agências do governo frequentemente conduzem atividades necessárias para alcançar diferentes componentes de suas responsabilidades e seus objetivos por meio de entidades controladas separadas e por meio de entidades sobre as quais possuem influência significativa.
- Ministros e outros membros eleitos ou escolhidos do governo e o grupo sênior de administradores podem exercer influência significativa sobre as operações de um departamento ou uma agência.

O relacionamento com partes relacionadas em que há controle deve ser evidenciado independentemente da existência de transação. A evidenciação de certos relacionamentos e transações, bem como o relacionamento subjacente, é necessária para fins de prestação de contas (*accountability*), possibilitando aos usuários uma melhor compreensão das demonstrações contábeis da entidade porque:

- os relacionamentos com partes relacionadas podem influenciar a maneira na qual a entidade opera com outras entidades no alcance de seus objetivos individuais e na maneira pela qual coopera com outras entidades no alcance de seus objetivos comuns ou coletivos;

- os relacionamentos com partes relacionadas podem expor uma entidade a riscos ou fornecer oportunidades que não existiriam na ausência do relacionamento; e
- as partes relacionadas podem entrar em transações que as partes não relacionadas não aceitariam ou podem concordar com transações em termos e condições diferentes daquelas que normalmente estariam disponíveis para as partes não relacionadas. Isso ocorre frequentemente em departamentos e agências do governo em que bens e serviços são transferidos entre departamentos a um valor menor do que a recuperação total do custo como parte normal dos procedimentos operacionais consistentes com o alcance dos objetivos da entidade e do governo. Espera-se que governos e entidades individuais do setor público usem recursos de maneira eficiente, eficaz e da forma pretendida, e que tratem o dinheiro público com o mais alto nível de integridade. A existência de relacionamentos com partes relacionadas significa que uma parte pode controlar ou influenciar significativamente as atividades da outra, criando a oportunidade de as transações ocorrerem em uma base que possa beneficiar inadequadamente uma entidade em detrimento da outra.

Para que o leitor das demonstrações contábeis forme uma opinião sobre os efeitos dos relacionamentos com partes relacionadas da entidade, é apropriado divulgá-los quando há controle, independentemente da existência de transações entre as partes, envolvendo a divulgação dos nomes de quaisquer controladas, o nome da controladora imediata e o nome da controladora em última instância, se existir.

1.1.21 IPSAS 21 – Redução ao Valor Recuperável de Ativo Não Gerador de Caixa

O objetivo da IPSAS 21 é definir os procedimentos que uma entidade deve adotar para determinar se um ativo não gerador de caixa sofreu redução ao valor recuperável e garantir que as perdas por redução ao valor recuperável sejam reconhecidas. A norma também especifica quando uma entidade deve reverter uma perda por redução ao valor recuperável e estabelece o conteúdo mínimo a ser evidenciado.

A entidade que elabora e apresenta demonstrações contábeis conforme o regime de competência deve aplicar essa norma na contabilização para redução ao valor recuperável de ativos não geradores de caixa, exceto:

- estoques;
- ativos oriundos de contratos de construção;

- ativos financeiros incluídos no alcance das IPSAS 29 - Instrumentos Financeiros: Reconhecimento e Mensuração;
- propriedades para investimento mensuradas pelo método do valor justo (ver IPSAS 16 - Propriedades para Investimento);
- ativo imobilizado não gerador de caixa reavaliado (ver IPSAS 17 - Ativo Imobilizado);
- ativos intangíveis não geradores de caixa mensurados a valores reavaliados (ver IPSAS 31 - Ativo Intangível);
- outros ativos para os quais as exigências de reconhecimento de perdas por redução ao valor recuperável estejam incluídas em outra IPSAS.

As entidades do setor público que possuem ativos não geradores de caixa devem aplicar as exigências dessa norma.

- Ativos geradores de caixa são aqueles mantidos com o objetivo principal de gerar retorno comercial.
- Custos de alienação são despesas incrementais diretamente atribuíveis à alienação de um ativo, com exceção dos custos financeiros e de tributos.
- Valor justo menos custo de venda é o valor obtido pela venda de um ativo em uma transação em que não há favorecidos e em que as partes estejam informadas e dispostas a transacionar, menos os custos da alienação.
- Redução ao valor recuperável (*impairment*) é a perda de benefícios econômicos ou potencial de serviços futuros, superior ao reconhecimento sistemático da redução dos benefícios econômicos ou potencial de serviços futuros do ativo por causa da depreciação.
- Ativos não geradores de caixa são ativos diferentes de ativos geradores de caixa.
- Valor em uso de ativo não gerador de caixa é o valor presente do potencial de serviços remanescente do ativo.
- A depreciação e a amortização são a alocação sistemática do valor depreciável ou amortizável de ativos durante sua vida útil. No caso de um ativo intangível, o termo "amortização" é geralmente usado em vez de "depreciação". Ambos os termos têm o mesmo significado.

Um ativo não gerador de caixa sofre perda por irrecuperabilidade quando seu valor contábil excede seu valor de serviço recuperável. A redução ao valor recuperável reflete, portanto, um declínio na utilidade de um ativo para a entidade que o controla. Por exemplo, uma entidade pode ter uma instalação de armazenamento para fins militares e não mais utilizá-la. Além disso, por causa da natureza especializada dessa instalação e de sua localização, é improvável que possa ser arrendada ou vendida e, portanto, a entidade é incapaz de gerar fluxos de caixa por meio de arrendamento ou de venda do ativo. O ativo é considerado perda por irrecuperabilidade porque não é mais capaz de prover à entidade com potencial de serviços, ou seja, tem pouca ou nenhuma utilidade para a entidade na contribuição para atingir seus objetivos.

Essa norma define o valor de serviço recuperável como o maior valor entre o valor justo menos os custos de alienação de um ativo e seu valor em uso. Nem sempre, porém, é necessário determinar o valor justo menos os custos de alienação de um ativo e seu valor em uso. Se qualquer desses valores exceder o valor contábil do ativo, não haverá perda por irrecuperabilidade e, portanto, não será necessário estimar outro valor.

A IPSAS 21 define o valor em uso de um ativo não gerador de caixa como o valor presente do potencial de serviços remanescente do ativo. "Valor em uso", nessa norma, refere-se ao "valor em uso de um ativo não gerador de caixa", a menos que seja especificado de outra maneira. O valor presente do potencial de serviços remanescente do ativo é determinado usando qualquer uma das abordagens identificadas nos parágrafos 45-49, conforme seja apropriado.

Caso o valor de serviço recuperável de um ativo seja menor que seu valor contábil, o valor contábil do ativo deve ser reduzido ao seu valor de serviço recuperável. Essa redução representa uma perda por irrecuperabilidade do ativo e deve ser reconhecida imediatamente no superávit ou déficit.

A entidade deve evidenciar as seguintes informações para cada classe de ativos:

- o valor das perdas por irrecuperabilidade reconhecidas no superávit ou déficit durante o período, e a(s) linha(s) da demonstração do resultado na(s) qual(is) essas perdas foram incluídas;
- o valor das reversões de perdas por irrecuperabilidade reconhecidas no superávit ou déficit do período, e a(s) linha(s) da demonstração do resultado na(s) qual(is) essas reversões foram incluídas.

A entidade deve evidenciar, para cada perda por irrecuperabilidade ou reversão reconhecida durante o período:

- os eventos e as circunstâncias que levaram ao reconhecimento ou à reversão da perda por irrecuperabilidade;
- o valor da perda por irrecuperabilidade reconhecida ou revertida;
- a natureza do ativo;

- o segmento ao qual o ativo pertence, se a entidade evidencia informações por segmento de acordo com a IPSAS 18;
- se o valor de serviço recuperável do ativo é seu valor justo menos os custos de alienação ou seu valor em uso;
- a base usada para determinar o valor justo menos os custos de alienação (por exemplo, se o valor foi determinado por referência a um mercado ativo), se o valor de serviço recuperável for igual ao valor justo menos os custos de alienação (valor de venda menos despesas diretas e incrementais necessárias à venda);
- a abordagem utilizada para determinar o valor em uso, se o valor de serviço recuperável for o valor em uso.

1.1.22 IPSAS 22 – Divulgação de Informação Financeira sobre o Setor do Governo Geral

O objetivo da IPSAS 22 é **estabelecer regras de evidenciação para os governos que optem por apresentar a informação sobre o** Setor do Governo Geral (SGG) em suas demonstrações contábeis consolidadas. A evidenciação da informação adequada sobre o SGG de um governo pode melhorar a transparência de relatórios financeiros e proporcionar uma melhor compreensão sobre o relacionamento entre as atividades comerciais e não comerciais do governo e entre as demonstrações contábeis e as bases estatísticas dos relatórios financeiros.

Um governo que elabora e apresenta demonstrações contábeis consolidadas sob o regime de competência e opta por evidenciar a informação financeira do SGG, deve fazê-lo de acordo com as exigências dessa norma.

Os governos obtêm recursos de tributos, transferências e uma série de atividades comerciais e não comerciais a fim de financiar suas atividades de prestação de serviços, operando por meio de uma variedade de entidades para fornecer produtos e serviços a seus componentes. Algumas entidades dependem primariamente de dotações orçamentárias, de destinações de tributos ou de outras receitas governamentais para financiar suas atividades de prestação de serviços, mas podem também executar atividades geradoras de receitas adicionais que incluem, em alguns casos, atividades comerciais. Outras entidades podem gerar recursos primária ou substancialmente de atividades comerciais, incluindo as empresas estatais, conforme definido no parágrafo 15 dessa norma.

As demonstrações contábeis de um governo, elaboradas de acordo com as IPSAS, fornecem uma visão geral dos ativos controlados e dos passivos incorridos pelo governo, do custo dos serviços por ele prestados, da tributação e de outras receitas geradas para financiar a prestação desses serviços. As demonstrações contábeis para um governo que presta serviços por meio de entidades controladas, dependentes ou não do orçamento governamental no financiamento de suas atividades, são demonstrações contábeis consolidadas.

O SGG compreende todas as entidades organizacionais do governo geral conforme definidas em bases estatísticas de relatórios financeiros. As empresas estatais incluem as empresas comerciais, como utilidades públicas, e as empresas financeiras, como as instituições financeiras. As empresas estatais não são, fundamentalmente, diferentes das entidades que conduzem atividades similares no setor privado, uma vez que, geralmente, operam em busca de lucro, embora algumas possuam obrigações de serviço comunitário, fornecendo a alguns indivíduos e organizações na comunidade produtos e serviços com uma cobrança consideravelmente reduzida ou livre.

Sob as bases estatísticas do relatório financeiro, o setor público engloba o SSG, as Empresas Estatais Financeiras (EEF) e as Empresas Estatais não Financeiras (EENF). Os subgrupos adicionais dentro desses setores podem ser identificados para fins de estatística analítica.

A informação financeira sobre o SGG deve ser evidenciada em conformidade com as políticas contábeis adotadas na elaboração e na apresentação das demonstrações contábeis consolidadas do governo, exceto segundo as exigências dos parágrafos 24 e 25. Ao apresentar a informação financeira sobre o SGG, as entidades não devem aplicar as exigências da IPSAS 6 em relação às entidades dos setores das EEF e das EENF. O setor do governo, em geral, deve reconhecer seu investimento nos setores de EEF e nas EENF como um ativo e contabilizá-los pelo montante do ativo líquido/patrimônio líquido das investidas.

Em algumas jurisdições, os governos nacionais podem controlar governos estaduais, provinciais e/ou municipais e, consequentemente, suas demonstrações contábeis consolidarão níveis diferentes de governo. Caso isso ocorra, desagregações adicionais das demonstrações contábeis consolidadas poderão ocorrer de acordo com as exigências dessa norma para evidenciar separadamente a informação sobre o SGG de cada nível de governo.

A desagregação adicional não é exigida por essa norma. No entanto, pode ser apresentada para auxiliar os usuários a compreender melhor as atividades do SGG de cada nível do governo consolidado nas demonstrações contábeis e o relacionamento entre demonstrações contábeis e as bases estatísticas de relatórios financeiros naquelas jurisdições.

As evidenciações feitas sobre o SGG devem incluir pelo menos:

- ativos pelas principais classes, mostrando separadamente o investimento em outros setores;

- passivos pelas principais classes;
- ativos líquidos/patrimônio líquido;
- total de acréscimos e reduções de reavaliação e outros itens de receita e despesa reconhecidos diretamente no ativo líquido/patrimônio líquido;
- receitas pelas principais classes;
- despesas pelas principais classes;
- superávit ou déficit;
- fluxos de caixa das atividades operacionais pelas principais classes;
- fluxos de caixa de atividades de investimento;
- fluxos de caixa das atividades de financiamento.

Essa norma requer a evidenciação das classes principais de ativos, passivos, receitas, despesas e fluxos de caixa refletidos nas demonstrações contábeis, e não especifica a maneira como as divulgações do SGG devem ser feitas. Os governos que optem por fazer divulgações do SGG de acordo com essa norma podem fazer essas evidenciações por meio de notas, colunas em separado nas demonstrações contábeis primárias ou de outro modo considerado apropriado em sua jurisdição. No entanto, a forma de apresentação das evidenciações do SGG não deve ser mais proeminente do que as demonstrações contábeis consolidadas elaboradas de acordo com as IPSAS.

As entidades que elaboram evidenciações do SGG devem destacar as entidades controladas significativas incluídas no SGG. Quaisquer mudanças nessas entidades a partir do período anterior devem ser reportadas junto com uma explicação sobre as razões pelas quais uma entidade que fora incluída previamente no SGG **não é mais.**

1.1.23 IPSAS 23 – Receita de Transações sem Contraprestação (Tributos e Transferências)

O objetivo da IPSAS 23 é **estabelecer as exigências, para fins de demonstrações contábeis, para a receita proveniente das transações sem contraprestação, exceto para** aquelas que originem uma combinação de entidades. Essa norma trata de questões que precisam ser consideradas no reconhecimento e na mensuração da receita das transações sem contraprestação, incluindo a identificação de contribuições de proprietários.

Uma entidade que prepara e apresenta demonstrações contábeis sob o regime de competência deve aplicar essa norma na contabilização da receita proveniente de transações sem contraprestação, exceto a uma combinação de entidades.

Os governos podem reorganizar o setor público, fundindo algumas entidades e dividindo outras em duas ou mais entidades separadas. Uma combinação ocorre quando duas ou mais entidades são reunidas para dar forma a outra entidade. Essas reestruturações não envolvem ordinariamente a compra de uma entidade por outra, mas pode resultar em uma entidade nova ou já existente que adquire todos os ativos e passivos de outra. O IPSASB não abordou a combinação de entidades e a excluiu do alcance dessa norma. Portanto, a IPSAS 23 **não especifica se uma combinação de entidades, que é uma transação sem contraprestação, gerará ou não receita.**

Os seguintes termos são usados nessa norma com significados específicos:

- condições sobre ativos transferidos são especificações que determinam que os benefícios econômicos futuros ou o potencial de serviço incorporados no ativo devem ser consumidos pelo recebedor conforme especificado, ou os benefícios econômicos futuros ou potencial de serviços devem ser devolvidos ao transferente;
- controle de um ativo ocorre quando a entidade pode usar, ou, de outra forma, se beneficiar do ativo em busca de seus objetivos, podendo excluir ou regular o acesso de outras partes;
- despesas pagas por meio do sistema tributário são os montantes (valores) disponíveis aos beneficiários, independentemente de pagarem ou não tributos;
- penalidades (multas) são benefícios econômicos ou potenciais de serviço recebidos ou a receber pelas entidades do setor público, conforme determinado por um tribunal ou por outra entidade com capacidade impositiva legal, como consequência da violação de leis ou de regulamentos;
- restrições sobre ativos transferidos são especificações que limitam ou direcionam os objetivos pelos quais um ativo transferido pode ser utilizado, mas não especificam quais benefícios econômicos ou potenciais de serviços futuros são exigidos para devolução ao transferente se não utilizado conforme especificado;
- especificações sobre ativos transferidos são termos legais ou regulamentares, ou acordo obrigatório, impostos sobre o uso de um ativo transferido por entidades externas à entidade objeto das demonstrações contábeis;
- gastos tributários são as disposições preferenciais da lei tributária que fornecem benefícios fiscais a certos contribuintes e não estão disponíveis a outros;
- evento tributável é o evento que, por determinação do governo, do poder legislativo ou de outra autoridade, será sujeito à cobrança de impostos (ou qualquer outra forma de tributo);
- tributos são benefícios econômicos ou potenciais de serviços compulsoriamente pagos ou a pagar às entidades do setor público, de acordo com as leis e/ou os regulamentos estabelecidos para gerar receita para o governo;

- tributos não incluem multas ou outras penalidades aplicadas em caso de infrações legais;
- transferências são ingressos de benefícios econômicos ou potenciais de serviços futuros provenientes de transações sem contraprestação, diferentes de tributos.

1.1.24 IPSAS 24 – Apresentação da Informação Orçamentária nas Demonstrações Contábeis

A IPSAS 24 requer uma comparação dos valores orçados e dos valores realizados decorrentes da execução do orçamento a ser incluído nas demonstrações contábeis das entidades, requeridas ou eleitas a tornar publicamente disponível seu(s) orçamento(s) aprovado(s) e, portanto, publicamente responsáveis. A norma também exige a evidenciação de uma explicação das razões para as diferenças materiais entre os valores realizados e orçados. O cumprimento das exigências dessa norma garantirá que as entidades do setor público cumpram suas obrigações de prestação de contas e reforcem a transparência de suas demonstrações contábeis, apresentando conformidade com o(s) orçamento(s) aprovado(s), para que sejam publicamente apresentados e que, quando o(s) orçamento(s) e as demonstrações contábeis forem preparados sob o mesmo regime, seu desempenho financeiro atinja os resultados incluídos no orçamento.

Uma entidade que prepara e apresenta as demonstrações contábeis de acordo com o regime de competência deve aplicar essa norma, a qual também se aplica às entidades do setor público, exceto as empresas estatais que devem tornar público seu(s) orçamento(s) aprovado(s). Essa norma não exige orçamentos aprovados a serem disponibilizados ao público, nem demonstrações contábeis que divulguem a informação sobre, ou façam comparações com, orçamentos aprovados que não estão publicamente disponibilizados.

Em alguns casos, os orçamentos aprovados abrangem todas as atividades controladas por uma entidade do setor público. Em outros, orçamentos aprovados separadamente podem ser solicitados para serem disponibilizados ao público em determinadas atividades, grupos de atividades ou entidades incluídas nas demonstrações contábeis de governo ou outras entidades do setor público. Isso ocorrerá se, por exemplo, as demonstrações contábeis do governo abrangerem os órgãos governamentais ou os programas que têm autonomia operacional e preparam seus próprios orçamentos, ou se um orçamento é preparado somente para um setor da administração pública do governo como um todo.

Essa norma se aplica a todas as entidades que apresentem as demonstrações contábeis no momento em que os orçamentos aprovados da empresa ou seus componentes são disponibilizados ao público.

Os seguintes termos são usados nessa norma com significados específicos:

- regime contábil indica o regime de competência ou de caixa, conforme definido nas IPSAS pelo regime de competência e pelo regime de caixa;
- orçamento anual significa orçamento aprovado para um ano e não inclui estimativas futuras ou projeções publicadas para períodos além do período orçamentário;
- dotação orçamentária é a autorização concedida por órgão legislativo para alocar recursos para fins especificados pelo legislativo ou por autoridade semelhante;
- orçamento aprovado corresponde à autorização de gasto derivada de leis, leis orçamentárias, decretos e outras decisões relacionadas a receitas ou recebimentos pertencentes ao período orçamentário;
- regime orçamentário significa regime contábil de competência, caixa ou outro adotado no orçamento, aprovado pelo órgão legislativo;
- base comparável significa valores realizados e apresentados na mesma base contábil e na mesma base de classificação, para as mesmas entidades e no mesmo período que o orçamento aprovado;
- orçamento final é o orçamento original ajustado por todas as reservas, restos a pagar, transferências, alocações, dotações adicionais e outras mudanças autorizadas pelo poder legislativo ou por autoridade semelhante aplicáveis ao período orçamentário;
- orçamento plurianual é um orçamento aprovado para mais de um ano e **não inclui estimativas ou projeções futuras para períodos além do período orçamentário**;
- orçamento original é o orçamento aprovado inicialmente para o período orçamentário.

Os termos definidos em outras IPSAS são usados nessa norma com o mesmo significado, tendo sido reproduzidos no Glossário de Termos Definidos, publicado separadamente.

Uma entidade deverá apresentar uma comparação do orçamento e dos valores realizados como colunas de orçamento adicionais nas demonstrações contábeis primárias somente quando as demonstrações contábeis e o orçamento são preparados em uma base comparável.

As comparações dos orçamentos e dos valores realizados podem ser apresentadas em demonstrações contábeis separadas (demonstração de comparação dos valores realizados e orçados ou demonstração com título semelhante), incluídas no conjunto completo das demonstrações contábeis conforme especificado na IPSAS 1. Alternativamente, quando as demonstrações contábeis e o orçamento são preparados em uma base comparável, ou seja, em um mesmo regime de contabilização para a mesma entidade e no mesmo período a que se referem às demonstrações contábeis, adotando o mesmo critério de classificação, colunas adicionais podem ser acrescentadas às demonstrações contábeis primárias existentes apresentadas em conformidade com as IPSAS.

Quando o orçamento e as demonstrações contábeis não são preparados em uma base comparável, uma demonstração de comparação separada dos valores realizados e orçados é apresentada. Nesses casos, para garantir que os leitores não interpretem mal a informação financeira elaborada em bases diferentes, as demonstrações contábeis podem esclarecer de forma útil que o orçamento e os regimes de contabilização diferem e que a demonstração de comparação dos valores realizados e orçados é elaborada em uma base orçamentária.

Uma entidade deverá justificar, nas notas explicativas às demonstrações contábeis, o regime orçamentário, o período e o critério de classificação adotados no orçamento aprovado. Podem existir diferenças entre o regime de contabilização (de caixa, de competência de exercícios ou alguma modificação deste) usado na elaboração e na apresentação do orçamento e o regime de contabilização usado nas demonstrações contábeis. Essas diferenças podem ocorrer quando o sistema de contabilização e o sistema orçamentário compilam informação a partir de diferentes perspectivas, isto é, **o orçamento pode focar nos fluxos de caixa, ou fluxos de caixa mais determinados** compromissos, enquanto as demonstrações contábeis relatam os fluxos de caixa e a informação contábil.

1.1.25 IPSAS 25 – Benefícios a Empregados

O objetivo da IPSAS 25 **é estabelecer a contabilização e a divulgação dos benefícios concedidos aos empregados. Para tanto,** essa norma requer que a entidade reconheça:

- um passivo, quando o empregado prestou o serviço em troca de benefícios a serem pagos no futuro;
- uma despesa, quando a entidade utiliza o benefício econômico proveniente do serviço recebido do empregado e em troca oferece benefícios a ele.

A norma descreve a contabilização e a divulgação de informações pelas entidades do setor público sobre os benefícios a empregados, com base na IAS 19 - *Employee Benefits*, e não lida com a contabilização e a elaboração de demonstrações contábeis pelos planos de aposentadoria (ver norma nacional ou internacional de contabilidade que lida com a contabilização e a elaboração de demonstrações contábeis pelos planos de aposentadoria). Os benefícios não relacionados aos serviços prestados pelos empregados ou por ex-empregados da entidade pública patrocinadora objeto das demonstrações contábeis não estão no âmbito dessa norma.

A IPSAS 25 deverá ser aplicada pela entidade empregadora na contabilização de todos os benefícios concedidos a empregados, exceto aos pagamentos baseados em ações (ver norma nacional ou internacional de contabilidade que lida com os pagamentos baseados em ações).

Essa norma não trata da demonstração dos planos de benefícios de aposentadoria (ver norma nacional e internacional de contabilidade que lida com os planos de benefícios de aposentadoria do empregado) nem **dos benefícios fornecidos pelos programas de seguridade social não relacionados à troca por serviços prestados pelos empregados ou** ex-empregados das entidades do setor público.

Os benefícios a empregados incluem aqueles oferecidos tanto aos empregados como aos seus dependentes e podem ser liquidados por meio de pagamentos (ou o fornecimento de bens e serviços) feitos diretamente aos empregados, aos cônjuges, aos filhos e a outros dependentes ou ainda por meio de terceiros, como entidades de seguro.

Essa norma se aplica a todas as entidades do setor público, exceto as empresas estatais.

Os benefícios de curto prazo a empregados incluem:

- ordenados, salários e contribuições para a previdência social;
- licenças remuneradas de curto prazo (como férias e licença remunerada por doença), em que deve ocorrer em 12 meses após o final do período em que os empregados prestam o respectivo serviço;
- gratificações por desempenho e participação nos lucros pagáveis em 12 meses após o final do período em que os empregados prestam o respectivo serviço;
- os benefícios não monetários (como assistência médica, moradia, automóvel e bens ou serviços gratuitos ou subsidiados) para os empregados atuais.

A contabilização dos benefícios a empregados de curto prazo é geralmente muito direta porque não exige a adoção de premissas atuariais para mensurar a obrigação ou o custo e não há possibilidade de qualquer ganho ou perda atuarial.

Além disso, as obrigações de benefícios a empregados de curto prazo não são mensuradas a valor presente.

Quando o empregado prestar serviços à entidade pública durante um período contábil, a entidade deve reconhecer o montante não descontado de benefícios de curto prazo a empregados, o qual será pago, em troca desse serviço:

- como passivo (despesa apropriada), após a dedução de qualquer quantia já paga. Se a quantia já paga exceder a quantia não descontada dos benefícios, a entidade deve reconhecer o excesso como ativo (despesa paga antecipadamente), contanto que a despesa antecipada conduza, por exemplo, a uma redução dos pagamentos futuros ou a uma restituição de caixa;
- como despesa, salvo se outra norma exigir ou permitir a inclusão dos benefícios no custo de ativo (ver, por exemplo, IPSAS 12 - Inventários e IPSAS 17 - Bens, Instalação e Equipamento).

Embora essa norma não exija divulgações específicas acerca de benefícios de curto prazo a empregados, outras normas podem exigi-las. Por exemplo, a IPSAS 20 exige divulgações acerca da remuneração do pessoal-chave da administração e a IPSAS 1 exige a divulgação de despesas com os benefícios a empregados.

Os benefícios segurados por um contrato de seguro não precisam ter relação direta ou automática com a obrigação da entidade quanto aos benefícios a empregados. Os planos de benefícios pós-emprego que envolvam contratos de seguro estão sujeitos à mesma distinção entre contabilização e financiamento aplicáveis a outros planos com cobertura de ativos. Por exemplo, junto com entidades similares no Estado X, a Unidade do Governo Local A participa de um plano de benefício definido multiempregador. Em razão do fato de que o plano expõe as empresas participantes aos riscos atuariais associados aos empregados atuais e antigos de outras unidades do governo local, não existe uma base consistente e confiável para a distribuição da obrigação, dos ativos do plano e do custo às unidades individuais de governo local que tem participação no plano. A Unidade do Governo Local A, portanto, representa o plano como se fosse um plano de contribuição definida. Uma avaliação de financiamento, não estabelecida com base nas premissas compatíveis com as exigências dessa norma, exibe um déficit de 480 milhões de unidades monetárias no plano. Foi acordado um cronograma de contribuições com empregadores participantes do plano que eliminará o déficit nos próximos cinco anos. O total de contribuição da Unidade do Governo Local A, segundo o contrato, **é de 40 milhões de unidades monetárias.**

1.1.26 IPSAS 26 – Redução ao Valor Recuperável de Ativo Gerador de Caixa

A IPSAS 26 estabelece exigências para a identificação dos ativos que podem ter sofrido perdas por redução ao valor recuperável, para o teste de recuperabilidade de ativos geradores de caixa e unidades geradoras de caixa e para a contabilização e a reversão de perdas de redução ao valor recuperável, usando como base a IAS 36 - Redução ao Valor Recuperável de Ativos.

O objetivo dessa norma é definir os procedimentos que uma entidade adota para determinar se um ativo gerador de caixa sofreu redução ao valor recuperável e garantir que as perdas sejam reconhecidas. A norma também especifica quando uma entidade deve reverter uma perda por redução ao valor recuperável e estabelece evidenciações.

A entidade que elabora e apresenta demonstrações contábeis conforme o regime de competência deve aplicar essa norma na contabilização para redução ao valor recuperável de ativos geradores de caixa, exceto:

- estoques (ver IPSAS 12 - Estoques);
- ativos oriundos de contratos de construção (ver IPSAS 11 - Contratos de Construção);
- ativos financeiros incluídos no escopo da IPSAS 29 - Instrumentos Financeiros: Reconhecimento e Mensuração;
- propriedades para investimento mensuradas pelo método do valor justo (ver IPSAS 16 - Propriedades para Investimento);
- ativo imobilizado gerador de caixa reavaliado (ver IPSAS 17 - Ativo Imobilizado);
- imposto diferido ativo (ver norma internacional ou nacional relevante que trata do imposto diferido ativo);
- ativos oriundos de benefícios aos empregados (ver IPSAS 25 - Benefícios a Empregados);
- ativos intangíveis mensurados por montantes reavaliados (ver IPSAS 31 - Ativos Intangíveis);
- ágio por expectativa de rentabilidade futura (*goodwill*);
- ativos biológicos relativos à atividade agrícola mensurados pelo valor justo menos custos de alienação (ver IPSAS 27 - Ativo Biológico e Produto Agrícola);
- custos de aquisição diferidos e ativos intangíveis oriundos dos direitos contratuais de um segurador sob contratos de seguro, de acordo com o escopo da norma contábil internacional ou nacional relevante que trata de contratos de seguro;

- ativos não circulantes (ou grupos de ativos) classificados como mantidos para a venda e mensurados pelo menor montante entre o valor contábil e o valor líquido de venda, de acordo com a norma contábil internacional ou nacional relevante que trata os ativos não circulantes mantidos para venda e operações descontinuadas;
- outros ativos geradores de caixa para os quais as exigências para reconhecimento de perdas por redução ao valor recuperável estejam incluídas em outra IPSAS.

Essa norma é aplicável a todas as entidades do setor público, exceto às empresas estatais.

Os seguintes termos são usados nessa norma:

- unidade geradora de caixa é o menor grupo identificável de ativos mantidos com o objetivo principal de gerar retorno comercial que, por sua vez, produzirá entradas de caixa, em grande parte, independentes das entradas de caixa de outros ativos ou de grupos de ativos;
- valor em uso de ativo gerador de caixa é o valor presente dos fluxos de caixa futuros estimados pelo uso contínuo do ativo e de sua venda ao final de sua vida útil.

Os termos definidos em outras IPSAS são usados nessa norma com o mesmo significado e reproduzidos no Glossário de Termos Definidos publicado separadamente.

1.1.27 IPSAS 27 – Ativo Biológico e Produto Agrícola (Agricultura)

A IPSAS 27 estabelece o tratamento contábil e as evidenciações relacionadas à atividade agrícola, uma matéria fora do escopo de outras normas. A atividade agrícola é o gerenciamento, por uma entidade, da transformação biológica de animais vivos ou plantas (ativos biológicos) para venda, distribuição gratuita ou por valor irrisório, ou para conversão em produtos agrícolas ou em ativos biológicos adicionais.

Uma entidade que prepara e apresenta demonstrações contábeis sob o regime de competência deve aplicar essa norma para os seguintes itens, quando relacionados com as atividades agrícolas:

- ativos biológicos;
- produção agrícola no momento da colheita.

Essa norma não é aplicável a:

- terras relacionadas com atividades agrícolas (ver IPSAS 16 - Propriedade para Investimento e IPSAS 17 - Ativo Imobilizado);
- ativos intangíveis relacionados com atividades agrícolas (ver IPSAS 31 - Ativo Intangível);
- ativos biológicos mantidos para prestação ou fornecimento de serviços.

Os seguintes termos são usados nessa norma com significados específicos:

- Atividade agrícola é o gerenciamento da transformação biológica e da colheita de ativos biológicos realizado pela entidade para:
  - venda;
  - distribuição gratuita ou por valor irrisório; ou
  - conversão em produção agrícola ou em ativos biológicos adicionais para venda ou distribuição gratuita ou por valor irrisório.
- Produção agrícola é o produto colhido de ativo biológico da entidade.
- Ativo biológico é um animal e/ou uma planta, vivos.
- Transformação biológica compreende o processo de crescimento, degeneração, produção e procriação que causam mudanças qualitativa e quantitativa no ativo biológico.
- Custos de venda são despesas incrementais diretamente atribuíveis à alienação do ativo, exceto despesas financeiras e tributos sobre a renda. A alienação pode ocorrer por meio da venda ou da distribuição gratuita ou por valor irrisório.
- Grupo de ativos biológicos é um conjunto de animais ou plantas semelhantes, vivos.
- Colheita é a extração do produto do ativo biológico ou a cessação de sua vida.

Os termos definidos em outras IPSAS são usados nessa norma com o mesmo significado e reproduzidos no Glossário de Termos Definidos, publicado separadamente.

1.1.28 IPSAS 28 – Instrumentos Financeiros: Apresentação

A IPSAS 28 substitui a IPSAS 15 - Instrumentos Financeiros: Evidenciação e Apresentação, emitida em dezembro de 2001, e deve ser aplicada nos períodos de apresentação das demonstrações contábeis iniciados em ou depois de janeiro de 2013. A aplicação antecipada dessa norma, simultaneamente com a IPSAS 29 - Instrumentos Financeiros: Reconhecimento e Mensuração e a IPSAS 30 - Instrumentos Financeiros: Evidenciação é estimulada.

1.1.28.1 Razões para a substituição da IPSAS 15

O IPSASB substituiu a IPSAS 15 em conformidade com seu tema estratégico de convergir as IPSAS com as IFRS na medida apropriada. Ao desenvolver uma norma para a apresentação de instrumentos financeiros, o IPSASB primeiramente se baseou na IAS 32 - Financial Instruments: Presentation, emitida em 2003, conforme alteração de 31 de dezembro de 2008, e na International Financial Reporting Interpretations Committee (IFRIC), especificamente na IFRIC 2 - Members Shares in Co-operative Entities and Similar Instruments. Revisões feitas à IAS 32 até 31 de dezembro de 2008 têm sido levadas em conta, exceto aquelas relacionadas às alterações feitas na IAS 1 - *Presentation of Financial Statements* em setembro de 2007.

A entidade que prepara e apresenta as demonstrações contábeis sob a base da contabilidade por competência deve aplicar essa norma a todos os tipos de instrumentos financeiros exceto:

- às participações em controladas, coligadas e sociedades de controle conjunto (*joint ventures*), contabilizadas de acordo com a IPSAS 6 - Demonstrações Contábeis Consolidadas e Demonstrações Contábeis Separadas, a IPSAS 7 - Investimentos em Coligadas ou a IPSAS 8 - Participações em *Joint Ventures*. No entanto, em alguns casos, a IPSAS 6, a IPSAS 7 ou a IPSAS 8 permitem que a entidade contabilize participações em controlada, coligada ou empreendimento conjunto utilizando a IPSAS 29 - Instrumentos Financeiros: Reconhecimento e Mensuração. Nesses casos, a entidade deve aplicar os requisitos dessa norma a todos os derivativos ligados a participações em controladas, coligadas e sociedades de controle conjunto (*joint ventures*);
- aos direitos e às obrigações da entidade empregadora/patrocinadora decorrentes de planos de benefício de empregados, aos quais se aplica a IPSAS 25 - Benefícios a Empregados;
- às obrigações decorrentes de contratos de seguro.

Entretanto, essa norma se aplica a:

- derivativos embutidos em contratos de seguro se a IPSAS 29 exigir que a entidade os contabilize separadamente;
- contratos de garantia financeira, caso o emissor aplique a IPSAS 29 no reconhecimento e na mensuração dos contratos, mas deve-se utilizar a norma contábil internacional ou nacional pertinente, que trata de contratos de seguro, caso o emissor opte por aplicar a IPSAS 28 no reconhecimento e na mensuração;

- contratos de seguro que envolvam a transferência de risco financeiro;
- instrumentos financeiros que estejam dentro do alcance da norma contábil nacional ou internacional que trata de contratos de seguro, porque contêm característica de participação discricionária. O emitente desses instrumentos está dispensado da aplicação, de acordo com os parágrafos 13 a 37 e GA49 a GA60 dessa norma, no que diz respeito à distinção entre passivos financeiros e instrumentos patrimoniais. Entretanto, esses instrumentos estão sujeitos a todos os demais requisitos da IPSAS 28. Além disso, essa norma aplica-se aos derivativos embutidos nesses instrumentos (ver IPSAS 29);
- instrumentos financeiros, contratos e obrigações relacionados a transações com pagamentos baseados em ações aos quais a norma contábil pertinente internacional ou nacional deve ser aplicada, exceto para:
    - contratos no âmbito dos parágrafos 4 a 6 dessa norma, aos quais faz-se aplicável;
- ações em tesouraria compradas, vendidas, emitidas ou canceladas em conexão com planos de opção de ações para empregados, planos de compra de ações para empregados e outros acordos de pagamento baseado em ações, de acordo com os parágrafos 38 e 39.

Os termos seguintes são utilizados nessa norma com significados específicos:

- Instrumento patrimonial é qualquer contrato que evidencia uma participação residual nos ativos de uma entidade após a dedução de todos os seus passivos.
- Instrumento financeiro é qualquer contrato que dê origem a um ativo financeiro para uma entidade e a um passivo financeiro ou instrumento patrimonial para outra entidade.
- Ativo financeiro é qualquer ativo que seja:
    - caixa;
    - instrumento patrimonial de outra entidade;
    - direito contratual:
    - de receber caixa ou outro ativo financeiro de outra entidade ou de troca de ativos financeiros ou passivos financeiros com outra entidade sob condições potencialmente favoráveis para a entidade;
    - um contrato que seja ou possa vir a ser liquidado por instrumentos patrimoniais da própria entidade e que é um não derivativo no qual a entidade é ou pode ser obrigada a receber um número variável de instrumentos patrimoniais da própria entidade ou um derivativo que será ou poderá ser liquidado de outra forma que não pela troca de montante fixo de caixa ou outro ativo financeiro, por número fixo de instrumentos

patrimoniais da própria entidade. Para esse propósito, os instrumentos patrimoniais da própria entidade não incluem os instrumentos financeiros resgatáveis classificados como instrumentos patrimoniais, de acordo com os parágrafos 15 e 16, os instrumentos que imponham a obrigação a uma entidade de entregar à outra parte um *pro rata* como parte dos ativos líquidos da entidade apenas na liquidação, classificados como instrumentos patrimoniais de acordo com os parágrafos 17 e 18, ou os instrumentos que são contratos para futuro recebimento ou entrega de instrumentos patrimoniais da entidade;

- Passivo financeiro é qualquer passivo que seja uma obrigação contratual de:
  - entrega de caixa ou outro ativo financeiro a outra entidade;
  - troca de ativos financeiros ou passivos financeiros com outra entidade sob condições potencialmente desfavoráveis para a entidade; ou
  - contrato que será ou poderá ser liquidado por instrumentos patrimoniais da própria entidade e seja um não derivativo no qual a entidade é ou pode ser obrigada a entregar um número variável de instrumentos patrimoniais da entidade ou um derivativo que será ou poderá ser liquidado de outra forma que não pela troca de um montante fixo em caixa, ou outro ativo financeiro, por um número fixo de instrumentos patrimoniais da própria entidade. Para esse propósito, os instrumentos patrimoniais da entidade não incluem instrumentos financeiros resgatáveis, classificados como instrumentos patrimoniais de acordo com os parágrafos 15 e 16, instrumentos que imponham à entidade a obrigação de entregar à outra parte uma participação *pro rata* dos ativos líquidos da entidade apenas na liquidação, classificados como instrumentos patrimoniais de acordo com os parágrafos 17 e 18, ou instrumentos que são contratos para futuro recebimento ou entrega de instrumentos patrimoniais da própria entidade.

1.1.29 IPSAS 29 – Instrumentos Financeiros: Reconhecimento e Mensuração

A IPSAS 29 prescreve os princípios de reconhecimento e mensuração para instrumentos financeiros e é elaborada principalmente a partir da IAS 39 – Instrumentos Financeiros: Reconhecimento e Mensuração, de 31 de dezembro de 2008, incluindo os adendos publicados pelo IASB como parte do documento "Melhorias para as IFRS", emitido em abril de 2009.

O objetivo dessa norma é estabelecer princípios para reconhecer e mensurar ativos financeiros, passivos financeiros e alguns contratos de compra e venda de itens não financeiros. Os requisitos para apresentar os instrumentos financeiros estão na IPSAS 28 - Instrumentos Financeiros: Apresentação, e os requisitos para divulgar informações a respeito de instrumentos financeiros estão na IPSAS 30 - Instrumentos Financeiros: Evidenciação.

Essa norma deve ser aplicada por todas as entidades a todos os tipos de instrumentos financeiros, exceto:

- àqueles representados por participações em controladas, coligadas e empreendimentos conjuntos, contabilizados segundo a IPSAS 6 - Demonstrações Consolidadas e Separadas, a IPSAS 7 - Investimento em Coligadas (Investimento em Coligada e em Controlada) e a IPSAS 8 - Investimentos em Empreendimento Controlado em Conjunto (*Joint Venture*). Contudo, as entidades devem aplicar essa norma a uma participação em entidade controlada, coligada ou empreendimento conjunto que, de acordo com as Normas IPSAS 6, IPSAS 7 ou IPSAS 8, seja contabilizada segundo essa norma. As entidades também devem aplicar essa norma a derivativos de participação em controlada, coligada ou empreendimento conjunto, a não ser que o derivativo satisfaça a definição de instrumento patrimonial contida na IPSAS 28 - Instrumentos Financeiros: Apresentação;
- direitos e obrigações relativos a arrendamentos mercantis (*leasing*) aos quais se aplica a IPSAS 13 - Operações de Arrendamento Mercantil. Contudo, os valores a receber de arrendamentos mercantis reconhecidos por arrendador estão sujeitos às disposições de desreconhecimento e de irrecuperabilidade (perda por redução ao valor recuperável de ativos) dessa norma (ver parágrafos 17 a 39, 67, 68, 72 e Apêndice A, parágrafos GA51 a GA67 e GA117 a GA126);
- valores a pagar de arrendamentos mercantis financeiros reconhecidos por arrendatário, sujeitos às disposições de desreconhecimento dessa norma (ver parágrafos 41 a 44 e Apêndice A, parágrafos GA72 a GA80);
- derivativos embutidos em arrendamentos mercantis, sujeitos às disposições dessa norma sobre os parágrafos GA40 a GA46;
- direitos e obrigações dos empregadores decorrentes de planos de benefícios dos empregados, aos quais se aplica a IPSAS 25 - Benefícios a Empregados;
- instrumentos financeiros emitidos pela entidade que satisfaçam à definição de instrumento patrimonial da IPSAS 28 - Instrumentos Financeiros: Apresentação (incluindo opções e obrigações) ou que sejam requeridos para serem classificados como instrumento patrimonial, de acordo com os parágrafos 15 e 16 ou 17 e 18 da IPSAS 28. Contudo, o detentor desses instrumentos patrimoniais deve aplicar essa norma a esses instrumentos, a não ser que satisfaçam à exceção indicada na alínea "a";

- direitos e obrigações decorrentes de:
  - contrato de seguro, exceto os direitos e as obrigações de emitente decorrentes de contrato de seguro que respeitem a definição de contrato de garantia financeira contida no parágrafo 10, ou
  - contrato contido no alcance da norma de contabilidade internacional ou nacional pertinente, aplicável aos contratos de seguro por conter característica de participação discricionária;
- caso o derivativo não seja ele mesmo um contrato de seguro (ver parágrafos 11 a 15 e Apêndice A, parágrafos GA40 a GA46, dessa norma), deve-se aplicar a IPSAS 29;
- caso opte pelo emitente aplicar essa norma no reconhecimento e na mensuração dos contratos de seguro, a entidade deve aplicar a norma de contabilidade internacional ou nacional pertinente. A despeito da alínea citada acima, uma entidade pode aplicar essa norma para outros contratos de seguro que envolvam a transferência de risco financeiro;
- contratos a termo entre um acionista comprador e um acionista vendedor para comprar ou vender uma entidade que resultará em combinação de negócios em data futura. O prazo do contrato a termo não deve exceder o período normalmente necessário para obter qualquer aprovação necessária e completar a transação;
- compromissos de empréstimo, que não os descritos no parágrafo 4. O emitente de compromissos de empréstimo aplica a IPSAS 19 – Provisões, Passivos Contingentes e Ativos Contingentes aos compromissos de empréstimo não abrangidos pelo alcance dessa norma. No entanto, a totalidade dos compromissos de empréstimo está sujeita às disposições de desreconhecimento da IPSAS 29 (ver parágrafos 17 a 44 e Apêndice A, parágrafos GA51 a GA80);
- instrumentos financeiros, contratos e obrigações decorrentes de transações de pagamento baseado em ações, aos quais se aplica a norma de contabilidade internacional ou nacional pertinente, com a exceção de contratos dentro do alcance dos parágrafos 4 a 6 dessa norma, aos quais deve-se aplicá-la;
- direitos a pagamentos para reembolsar a entidade pelo dispêndio que tem de fazer para liquidar um passivo reconhecido como provisão, de acordo com a IPSAS 19, ou relativamente ao qual, em período anterior, tenha reconhecido de acordo com a IPSAS 19;
- o reconhecimento e a mensuração inicial de direitos e obrigações decorrentes de receitas de transações sem contraprestação, aos quais a IPSAS 23 – Receita de Transações sem Contraprestação (Tributos e Transferências) se aplica.

Os termos definidos na IPSAS 28 são usados nessa norma com os significados especificados no parágrafo 9. A IPSAS 28 fornece orientações sobre a aplicação e a definição dos seguintes termos:

- instrumento financeiro;
- ativo financeiro;
- passivo financeiro;
- instrumento patrimonial.

1.1.30 IPSAS 30 – Instrumentos Financeiros: Evidenciação

A IPSAS 30 prescreve os requisitos de evidenciação para instrumentos financeiros e é baseada na IFRS 7 - Instrumentos Financeiros: Evidenciação, de 31 de dezembro de 2008, incluindo as alterações publicadas em abril de 2009.

Nos anos recentes, as técnicas usadas pelas entidades para mensurar e gerenciar a exposição aos riscos decorrentes dos instrumentos financeiros evoluíram e novos conceitos e abordagens de gerenciamento de riscos têm ganhado aceitação. Além disso, muitas iniciativas do setor público e privado têm feito melhorias no *framework* de evidenciação de riscos decorrentes de instrumentos financeiros.

O objetivo dessa norma é exigir que a entidade divulgue em suas demonstrações contábeis aquilo que permita aos usuários avaliar:

- a significância do instrumento financeiro para a posição financeira e para o desempenho da entidade;
- a natureza e a extensão dos riscos resultantes de instrumentos financeiros a que a entidade está exposta durante e ao fim do período contábil, e como a entidade administra esses riscos.

Os princípios, nessa norma, complementam os princípios para reconhecimento, mensuração e apresentação de ativos financeiros e passivos financeiros da IPSAS 28 - Instrumentos Financeiros: Apresentação e da IPSAS 29 - Instrumentos Financeiros: Reconhecimento e Mensuração.

A IPSAS 30 deve ser aplicada por todas as entidades a todos os instrumentos financeiros, exceto:

- na participação em controladas, coligadas e empreendimentos conjuntos (*joint ventures*), contabilizados de acordo com a IPSAS 6 - Demonstrações Consolidadas e Separadas, a IPSAS 7 - Investimentos em Coligadas (Investimentos em Coligadas e em Controladas) ou a IPSAS 8 - Investimento em Empreendimento Controlado em Conjunto (*Joint Venture*). No entanto, em

alguns casos, a IPSAS 6, a IPSAS 7 ou a IPSAS 8 permitem que a entidade contabilize as participações em controlada, coligada ou empreendimento conjunto segundo a IPSAS 29 - Instrumentos Financeiros: Reconhecimento e Mensuração. Nesses casos, a entidade deve aplicar os requisitos dessa norma. As entidades também devem aplicar essa norma a todos os derivativos ligados a participações em controladas, coligadas e *joint ventures*, a não ser que o derivativo corresponda à definição de instrumento patrimonial da IPSAS 28 - Instrumentos Financeiros: Apresentação;
- aos direitos e às obrigações dos empregadores decorrentes de planos de benefícios de empregados, aos quais se aplica a IPSAS 25 - Benefícios a Empregados;
- aos direitos e às obrigações decorrentes de contratos de seguro.

Contudo, essa norma se aplica:

- aos derivativos embutidos em contratos de seguro, caso a IPSAS 29 - Instrumentos Financeiros: Reconhecimento e Mensuração exija que a entidade contabilize-os separadamente;
- a um emissor de contratos de garantia financeira, caso o emissor aplique a IPSAS 29 - Instrumentos Financeiros: Reconhecimento e Mensuração no reconhecimento e na mensuração dos contratos, mas deve-se aplicar a norma internacional ou nacional pertinente que trata de contratos de seguro, caso o emitente opte por essa norma no reconhecimento e na mensuração dos contratos de seguro;
- aos instrumentos financeiros, aos contratos e às obrigações decorrentes de operações de pagamento baseados em ações aos quais a norma internacional ou nacional pertinente que trata de pagamentos baseados em ações se aplica, exceto para contratos dentro do alcance dos parágrafos 4 a 6 da IPSAS 29 - Instrumentos Financeiros: Reconhecimento e Mensuração, aos quais essa norma se aplica;
- aos instrumentos necessariamente classificados como instrumentos patrimoniais, de acordo com os parágrafos 15 e 16 ou parágrafos 17 e 18 da IPSAS 28 - Instrumentos Financeiros: Apresentação.

Os termos seguintes são usados nessa norma com significados específicos:

- Risco de crédito é o risco de uma das partes contratantes de instrumento financeiro causar prejuízo financeiro à outra parte pelo não cumprimento de sua obrigação.

- Risco de moeda é o risco de o valor justo ou os fluxos de caixa futuros de instrumento financeiro oscilar por causa das mudanças nas taxas de câmbio de moeda estrangeira.
- Risco de taxa de juros é o risco de o valor justo ou os fluxos de caixa futuros de instrumento financeiro oscilar por causa das mudanças nas taxas de juro de mercado.
- Risco de liquidez é o risco de a entidade enfrentar dificuldades para cumprir obrigações relacionadas a passivos financeiros liquidadas pela entrega de caixa ou outro ativo financeiro.
- Empréstimos a pagar são passivos financeiros que não sejam contas a pagar comerciais de curto prazo, sob prazos normais de crédito.
- Risco de mercado é o risco de que o valor justo ou os fluxos de caixa futuros de instrumento financeiro oscile por causa das mudanças nos preços de mercado. O risco de mercado compreende três tipos de risco: risco de moeda, risco de taxa de juro e outros riscos de preço.
- Outro risco de preço são os riscos de o valor justo ou os fluxos de caixa futuros de instrumento financeiro oscilar como resultado de alterações nos preços de mercado (não decorrentes do risco de taxa de juros ou riscos cambiais), quer sejam essas alterações por fatores específicos do instrumento financeiro quer por fatores que afetam todos os instrumentos financeiros semelhantes negociados no mercado.
- Ativo financeiro vencido é aquele cuja contraparte não faz o pagamento contratualmente devido.

1.1.31 IPSAS 31 – Ativo Intangível

O objetivo da IPSAS 31 é definir o tratamento contábil dos ativos intangíveis que não são abrangidos especificamente em outra norma e estabelecer que uma entidade deve reconhecer um ativo intangível se, e somente se, determinados critérios especificados forem atendidos.

Uma entidade que elabora e apresenta demonstrações contábeis sob o regime de competência deve aplicar essa norma à contabilização de ativos intangíveis.

A presente norma se aplica à contabilização de ativos intangíveis, exceto:

- ativos intangíveis dentro do alcance de outra norma;
- ativos financeiros, conforme definido na IPSAS 28 – Instrumentos Financeiros: Apresentação;

- reconhecimento e mensuração do direito de exploração e avaliação de ativos (ver norma contábil internacional ou nacional relevante que trata dos direitos de exploração e avaliação de recursos minerais);
- gastos com o desenvolvimento e a extração de recursos minerais, petróleo, gás natural e outros recursos não renováveis similares;
- ativo intangível adquirido em combinação de negócio (ver norma contábil internacional ou nacional relevante que trata de combinação de negócios).
- ágio pago por expectativa de rentabilidade futura (*goodwill* ou fundo de comércio) decorrente da combinação de negócios (ver norma contábil internacional ou nacional relevante que trata de combinação de negócios);
- direitos e poderes conferidos pela legislação, pela constituição ou por meios equivalentes;
- ativos fiscais diferidos (ver norma contábil internacional ou nacional relevante que trata de tributação sobre o superávit ou déficit);
- custos de aquisição diferidos e ativos intangíveis resultantes dos direitos contratuais de seguradora, segundo contratos de seguro dentro do alcance da norma internacional ou nacional relevante que trata de contrato de seguro. No caso em que as normas contábeis internacionais ou nacionais relevantes não estabelecem requerimentos e divulgação específicos para esses ativos intangíveis, os requerimentos de divulgação contidos nessa norma são aplicáveis.

(Alguns) Ativos intangíveis podem ter substância física, como um disco (como no caso de software), documentação jurídica (no caso de licença ou patente) ou em um filme. Para saber se um ativo que contém elementos intangíveis e tangíveis deve ser tratado de acordo com a IPSAS 17 - Ativo Imobilizado, ou como ativo intangível, nos termos da presente norma, a entidade deve avaliar qual elemento é mais significativo. Por exemplo, um software de uma máquina-ferramenta controlada por computador que não funciona sem esse software específico é parte integrante do referido equipamento, devendo ser tratado como ativo imobilizado.

1.2 PROCESSO DE CONVERGÊNCIA

Toda norma, prática contábil ou legislação possui um prazo de adequação para entrar em vigor, para o **processo de convergência** das normas internacionais; nesse caso, foi estabelecido um cronograma para implantação.

A seguir, encontram-se os principais passos desse processo de convergência:

- 2007: criação do grupo assessor da área pública do CFC. Elaboração das minutas das dez primeiras NBCASP e da Resolução CFC n. 1.111, de 2007, que interpretou os princípios da Contabilidade sob a ótica do setor público;
- 2007 e 2008: realização de seminários regionais para discussão e disseminação em todo o Brasil do conteúdo técnico das NBCASP;
- 2008: edição das dez primeiras NBCASP, criação do Grupo de Trabalho (GT) da Contabilidade Pública no Comitê da Convergência no Brasil e edição da Portaria n. 184 do Ministério da Fazenda (MF);
- 2009: edição do Manual de Contabilidade Aplicada ao Setor Público (MCASP) e Plano de Contas Aplicada ao Setor Público (PCASP) pela Secretaria do Tesouro Nacional (STN);
- 2009 e 2010: assinatura de convênios e termos de cooperação técnica com a Secretaria Executiva do MF e com a Associação dos Tribunais de Contas do Brasil (Atricon);
- 2011: edição da Norma de Custos para o Setor Público;
- 2012: consolidação das NBC TSP (Portaria STN n. 828, de 2011), disponibilização das IPSAS traduzidas, assinatura do convênio com o Instituto Rui Barbosa (IRB) e discussão entre CFC e STN sobre o plano de abrangência da convergência das normas locais às IPSAS;
- 2014: consolidação das NBC TSP, disseminação das IPSAS, objetivando a socialização do conhecimento, e contribuição para o aperfeiçoamento das IPSAS;
- 2015: definição e apresentação do modelo e amplitude da convergência brasileira.

Além das IPSAS, outros elementos compõem o moderno quadro da Contabilidade Pública e sua utilização, como a existência de controladorias aplicadas às entidades públicas e também a questão da tecnologia aplicada aos sistemas de informações operacionais, chamados aqui de sistemas estruturantes do setor público.

1.3

CONTROLADORIA GOVERNAMENTAL

Um componente que ganhou importância no atual cenário da gestão pública é a área de Controladoria e o exercício de suas atividades no âmbito do setor público. A **Controladoria Governamental** é um importante componente do atual sistema administrativo e contábil do Estado.

Na sociedade democrática, o Estado representa a nação por meio de seus gestores, como tomador de decisão e prestador de serviço. As prioridades na utilização dos recursos são estabelecidas de acordo com as demandas de saúde, saneamento, educação e desenvolvimento, denominadas **políticas públicas**.

Os políticos e os partidos analisam as prioridades políticas mais importantes e formulam seus programas. Assim, o *controller*, o administrador e o economista trabalham em cima desses projetos na busca de otimizar a utilização dos recursos.

A necessidade da criação de indicadores de desempenho surge para avaliar a eficácia do Estado, isto é, para verificar se o que foi estipulado está sendo cumprido e de que forma.

O *controller*, cuja posição na organização é fundamental, tem atribuições diferentes do contador; ele é o analisador, intérprete e divulgador de informações econômico-financeiras para todas as partes interessadas. É, muitas vezes, a liderança orçamentária, o historiador da empresa e o tradutor de números para não contadores e financistas. Com o uso da informação contábil, ele ajuda a organização a encontrar novos caminhos e estratégias, a decidir sobre *mix* de produtos e serviços, a adotar tecnologias e projetos a serem empreendidos. Seus principais instrumentos no ambiente organizacional para o desempenho de suas funções englobam o processo de planejamento, controle e orçamento, considerando o envolvimento de todos os colaboradores. Essa área é apoiada por um sistema de informações e uma visão multidisciplinar, a fim de proporcionar maior precisão aos usuários de suas informações.

Principais atribuições:

- monitorar a Contabilidade Fiscal;
- elaborar orçamentos e previsões de negócios;
- desenvolver projetos;
- gerenciar a tesouraria;
- acompanhar o departamento financeiro;
- organizar o planejamento tributário;
- participar da Previsão Orçamentária Anual (*budget*);
- participar do planejamento estratégico;
- elaborar relatórios para tomada de decisões.

Existem hoje várias controladorias em atuação no setor público brasileiro nas esferas federal, estadual e municipal da administração pública.

1.4

SISTEMAS ESTRUTURADORES

No ambiente de informações do setor público brasileiro, existem alguns sistemas básicos que controlam eventos relacionados a finanças, compras, pessoal, dentre outros. Esses sistemas, além do controle operacional de atividades de interesse, também servem como base de dados para os sistemas de informações econômico-financeiros da área pública.

Em termos históricos, um marco foi o Sistema Integrado de Administração Financeira (SIAFI), criado pela STN, em 1986, com o Decreto n. 95.432, de 1986, na estrutura do Ministério da Fazenda, com o objetivo de promover a integração e a modernização dos sistemas de programação financeira, de contabilidade e de execução orçamentária dos órgãos e das entidades públicas do governo federal.

Segundo Cochrane,[8] a STN passou a controlar o movimento financeiro da União e essa nova estrutura mudou o foco de controle e auditoria para a ênfase nos aspectos financeiros do orçamento. A criação da STN foi seguida pela instituição do SIAFI, que, segundo Cochrane,[9] foi o início de uma nova era na Contabilidade Pública brasileira e surgiu como uma evolução da administração gerencial.

De acordo com Silva,[10] até o exercício de 1986, o governo federal sofria com vários problemas de natureza administrativa, o que dificultava a correta gestão dos recursos públicos. Dentre esses problemas estavam a aplicação de métodos impróprios de trabalho, defasagem de, pelo menos, 45 dias entre o fim do mês e o levantamento das demonstrações patrimoniais, financeiras e orçamentárias, falta de integração entre os sistemas de informações, entre outros. A criação do SIAFI, em 1987, ajudou a resolver esses problemas administrativos da União e, com o passar dos anos, foram desenvolvidos e contratados outros tipos de sistemas integrados, como Sistema Integrado de Administração de Serviços Gerais (SIASG), Sistema Integrado de Administração de Pessoal (SIAPE), Sistema Integrado de Dados Orçamentários (SIDOR) e Sistema de Informação das Empresas Estatais (SIEST).

Os principais sistemas estruturadores do governo federal são apresentados a seguir.

1.4.1 Sistema Integrado de Administração Financeira do Governo Federal (SIAFI)

O SIAFI é um sistema informatizado que processa e controla, em tempo real, por meio de terminais instalados em todo o território nacional, a execução orçamentária, financeira, patrimonial e contábil dos órgãos da administração pública direta federal, das autarquias, das fundações e das empresas públicas federais e das

8. COCHRANE, T. M. C. *A importância do controle interno na administração pública brasileira e a contribuição da Contabilidade como principal instrumento na busca da eficiência da Gestão Pública*. 2003. 21 f. Trabalho de Conclusão de Curso (Especialização 28 em Gestão e Finanças Públicas) – Faculdade de Economia, Administração, Atuária e Contabilidade, Universidade Federal do Ceará (UFC), Fortaleza, 2003.
9. COCHRANE, 2003.
10. SILVA, C. C. E. et al. *Evolução da contabilidade pública*. 2004. 21 f. Trabalho de conclusão de curso (Especialização em Contabilidade e Auditoria Governamental) – Faculdade de Estudos Sociais Aplicados, Universidade de Brasília (UnB), Brasília, 2004.

sociedades de economia mista contempladas no orçamento fiscal e/ou no orçamento da seguridade social da União.

Por meio desses terminais, os usuários das diversas Unidades Gestoras (UG), integrantes do sistema, registram seus documentos e efetuam consultas *on-line*. O acesso para registro de documentos ou para consultas no SIAFI somente será autorizado após o prévio cadastramento e a habilitação dos usuários. Para viabilizar esse cadastramento, cada órgão da administração direta do governo federal deve indicar formalmente à STN um servidor e seu substituto, denominados cadastradores de órgão, para serem os responsáveis pelo processo de cadastramento dos usuários do sistema no âmbito do respectivo órgão.

O **SIAFI (cadastradores de órgão)** visa ao controle diário; à unificação dos recursos de caixa; à Contabilidade Pública como fonte segura e tempestiva de informações gerenciais, à padronização dos métodos e das rotinas de trabalho; ao registro contábil dos balancetes dos estados e dos municípios e de suas supervisionadas; ao controle da dívida interna e externa, bem como das transferências negociadas, da integração e da compatibilização das informações no âmbito do governo federal; ao acompanhamento; e à avaliação do uso dos recursos públicos e da transparência dos gastos do governo federal. O SIAFI abrange desde o registro do orçamento inicial da receita e da despesa em todas as UG até a emissão de demonstrações contábeis mensais e anuais.

O sistema pode ser utilizado pelas entidades públicas federais, estaduais e municipais apenas para receberem, pela conta única do governo federal, suas receitas (taxas de água, energia elétrica, telefone etc.) advindas dos órgãos que utilizam o sistema.

O SIAFI foi viabilizado para que fosse promovida a modernização dos procedimentos utilizados pela administração pública, com uma execução orçamentária que pudesse ser unificada e uma contabilidade que fosse informativa para todos os órgãos e entidades públicas do governo federal. Essa viabilização ocorreu a partir da criação da STN, o órgão gestor do SIAFI.

Entidades de caráter privado também podem utilizar o SIAFI desde que autorizadas pela STN. No entanto, essa utilização depende do fechamento de convênio ou da assinatura de termo de cooperação técnica entre os interessados e a STN. O SIAFI oferece muitas vantagens a toda administração pública que o utiliza, propiciando facilidades desenvolvidas para registrar as informações pertinentes às três tarefas básicas da gestão pública federal dos recursos arrecadados legalmente da sociedade: execução orçamentária, execução financeira e elaboração das demonstrações contábeis, consolidadas no balanço geral da União.

A partir da implantação do SIAFI, a Contabilidade na área pública passou a emitir as demonstrações contábeis de forma mais confiável e reconheceu os saldos orçamentários e financeiros de cada UG e do governo federal como um todo.

1.4.2 Sistema Integrado de Administração de Serviços Gerais (SIASG)

O SIASG foi criado com o objetivo de atender a toda a área dos ministérios, oferecendo ferramentas como a capacidade de controlar contratos, fornecedores e licitações. É o sistema auxiliar do Sistema de Serviços Gerais (SISG), destinado à sua informatização e sua operacionalização, com a finalidade de integrar e dotar os órgãos da administração direta, autárquica e fundacional de instrumento de modernização. Esse sistema oferece suporte ao processo de compras do governo, por meio do acompanhamento de contratos e licitações. Todo o processo de licitações deve ser efetuado de forma criteriosa para que seja possível a liberação no sistema SIAFI, desde a elaboração do contrato, a emissão de empenho, a publicação no Diário Oficial e depois o acompanhamento das notas fiscais e a confirmação das faturas.

A responsável por esse sistema é a Secretaria de Logística e Tecnologia da Informação (SLTI/MPOG). A SLTI, com o intuito de dotar os órgãos e as entidades da administração pública federal direta, autárquica e fundacional de instrumentos de gerenciamento das compras governamentais, além de manter, consolidar e atualizar o sistema de acompanhamento de obras e serviços de engenharia, em 2010, continuou a direcionar esforços para atender a demandas de sistemas e projetos de logística pública, dando continuidade às ações de manutenção e evolução dos sistemas, às compras governamentais (SIASG e Compras Net) e ao desenvolvimento do novo sistema de transferências voluntárias da União, o Sistema de Gestão de Convênios e Contratos de Repasse/Portal de Convênios (SICONV – S), com o objetivo de alcançar melhores níveis de transparência, controle, redução de custos operacionais, agilidade e economia.

1.4.3 Sistema Integrado de Administração de Pessoal (SIAPE)

O SIAPE é o sistema informatizado de gestão de recursos humanos do poder executivo federal, que controla as informações cadastrais e processa os pagamentos dos servidores da Administração Pública Federal (APF), isto é, ativos, pensionistas e aposentados.

É um sistema *on-line*, de abrangência nacional, que se constitui hoje na principal ferramenta para a gestão da pessoa civil do governo federal, realizando mensalmente o pagamento de cerca de 1 milhão e 300 mil servidores ativos, aposentados e pensionistas em 214 órgãos da administração pública federal direta, instituições federais de ensino, ex-territórios federais, autarquias, fundações e empresas públicas. A responsável por gerir esse sistema é a Secretaria de Recursos Humanos (SRH/MPOG).

A plataforma "SIAPE net" foi implantada como o centro das informações do sistema integrado de administração de recursos humanos. A SRH/MPOG, como órgão central e gestor do Sistema de Pessoa Civil (SIPEC), e em conjunto com os usuários dos órgãos integrantes desse sistema, vem buscando modernizar esse instrumento com o objetivo de tornar disponível aos servidores, de forma ágil e transparente, suas informações pessoais, funcionais e financeiras. Desde outubro de 2006, o SIAPE foi reestruturado com base no conceito de portal, no qual está disponível um conjunto de funcionalidades de recursos humanos, com a possibilidade de comunicação, por meio de informes, entre o órgão central e suas unidades setoriais e seccionais. O portal possibilita ao servidor efetuar consultas, atualização e impressão de dados extraídos diretamente do SIAPE. Dessa forma, os servidores ativos, aposentados e pensionistas podem acompanhar de forma mais detalhada sua vida funcional e seus dados pessoais e financeiros sem burocracia e com segurança, fazendo com que as informações constantes na base SIAPE sejam consistentes e confiáveis, para subsidiar políticas de gestão de pessoas do governo federal.

No sistema SIAPE, estão disponíveis as seguintes opções: atualização cadastral, consulta (cadastral, financeira e gerencial), documentação e legislação e obtenção e envio de arquivos.

1.4.4 Sistema Integrado de Dados Orçamentários (SIDOR)

O SIDOR é o sistema responsável pela elaboração da proposta orçamentária do governo federal. Seu principal produto é o Projeto de Lei Orçamentária enviado, anualmente, ao Congresso Nacional para aprovação e geração da Lei Orçamentária Anual. O SIDOR permite aprimorar o processo orçamentário federal. Nele, é registrada toda a programação orçamentária, como ações e programas de governo, com seus respectivos valores e destinações geográficas planejadas para a execução no ano seguinte.

O SIDOR orienta a liberação de recursos e a execução pelo SIAFI, gerando os volumes para publicação, pela Imprensa Nacional, no Diário Oficial da União.

Cada órgão público (os usuários "de entrada" do SIDOR) informa suas ações e suas previsões orçamentárias ao sistema. Depois disso, cada ministério realiza a consolidação dessas informações que, finalmente, chegam à Secretaria de Orçamento Federal para uma consolidação final.

Desenvolvido pela Secretaria de Orçamento Federal, o sistema foi migrado para o Serviço Federal de Processamento de Dados (Serpro) em 2004. A partir dessa data, a empresa ficou responsável por sua produção, sua hospedagem e sua manutenção corretiva e evolutiva.

O SIDOR é dividido em módulos, denominados como subsistemas: Habilitação, Tabelas de Apoio, Elaborar Proposta, Plurianual, Publicação da Lei, Acompanhar Execução Orçamentária, Projeção, Acompanhar Dispêndio com Pessoal, Acompanhar Operações de Crédito, Acompanhar Despesas com outros Custeios e Capital e Perfil das Empresas Estatais. Com exceção dos subsistemas Habilitação e Tabelas de Apoio, todos os demais estão interligados ao Ciclo Orçamentário.

1.4.5 Sistema de Informações das Empresas Estatais (SIEST)

O SIEST é o sistema que oferece suporte ao Departamento de Coordenação e Controle das Empresas Estatais (Dest), do Ministério do Planejamento, Orçamento e Gestão, na captação de propostas de investimentos das empresas estatais para o exercício financeiro subsequente. Agiliza os processos organizacionais do DEST, em especial o orçamentário, disponibilizando instrumentos para a análise na elaboração dos orçamentos.

É constituído pelos seguintes módulos: Programa de Dispêndios Globais (PDG), Orçamento de Investimento, Cadastro Geral das Empresas Estatais, Balanços Patrimoniais e Endividamento. Acompanha a execução e revisão do Programa de Dispêndios Globais (PDG) para o exercício financeiro vigente e fornece informações para o Balanço Geral da União. Cuida ainda da manutenção de informações cadastrais (perfil das estatais), contábeis (endividamento, plano de contas e balanço patrimonial) e econômico-financeiras (política de aplicações) das empresas federais.

1.4.6 Sistema de Informação de Custo (SIC)

O SIC atua como um depósito de dados digitais, armazenando informações detalhadas, criando e organizando relatórios por meio de históricos usados pela empresa para ajudar a tomar decisões importantes com base nos fatos apresentados dos sistemas estruturantes da administração pública federal, assim como SIAPE, SIAFI e SIGPlan.

Tem por objetivo subsidiar decisões governamentais e organizacionais que conduzam à alocação mais eficiente do gasto público, sendo essencial para a transformação dos paradigmas que existem atualmente na visão estratégica do papel do setor público. Essa ferramenta verifica espaços para a melhoria de serviços destinados à população, bem como proporciona instrumentos de análise para a eficácia, a eficiência, a economicidade e a avaliação dos resultados do uso dos recursos públicos.

Sua existência atende a Lei Complementar n. 101, de 4 de maio de 2000,[11] a Lei de Responsabilidade Fiscal (LRF), que obriga a administração pública a manter um sistema de custos que permita a avaliação e o acompanhamento da gestão orçamentária, financeira e patrimonial. Conforme a Lei n. 10.180, de 6 de fevereiro de 2001,[12] que organiza e disciplina o Sistema de Contabilidade Federal do Poder Executivo, compete à STN tratar de assuntos relacionados à área de custos na administração pública federal.

Desse modo, a STN publicou, em 9 de março de 2011, em sua Portaria n. 157,[13] a criação do sistema de custos do governo federal, estruturado na forma de um subsistema organizacional da administração pública federal brasileira e vinculado ao Sistema de Contabilidade Federal, uma vez que se encontra sob gestão da Coordenação-Geral de Contabilidade e Custos da União.

Por meio dessa estrutura matricial de gestão governamental, integram-se à STN, como órgão central, e às unidades de gestão interna do poder público da União, como órgãos setoriais, os quais se tornam responsáveis pelo uso do SIC, como ferramenta de suporte tecnológico para acompanhamento dos custos em suas organizações públicas.

O acesso ao SIC está restrito a servidores integrantes dos comitês de análise e avaliação das informações de custos nos órgãos superiores da administração pública federal ou indicados por unidades de gestão interna reconhecidas como órgãos setoriais do sistema de custos do governo federal.

Para usar o SIC, o servidor deve estar devidamente cadastrado e habilitado, em posse de senha pessoal e intransferível vinculada a seu CPF. Além disso, sugere-se que qualquer usuário do SIC seja suficientemente capacitado para usá-lo adequadamente.

11. BRASIL. *Lei Complementar n. 101, de 4 de maio de 2000.* Estabelece normas de finanças públicas voltadas para a responsabilidade na gestão fiscal e dá outras providências. Disponível em: <http://www.planalto.gov.br/ccivil_03/leis/lcp/lcp101.htm>. Acesso em: 27 abr. 2019.

12. BRASIL. *Lei n. 10.180, de 6 de fevereiro de 2001.* Organiza e disciplina os Sistemas de Planejamento e de Orçamento Federal, de Administração Financeira Federal, de Contabilidade Federal e de Controle Interno do Poder Executivo Federal, e dá outras providências. Disponível em: <http://www.planalto.gov.br/ccivil_03/leis/leis_2001/l10180.htm>. Acesso em: 20 abr. 2019.

13. BRASIL; MINISTÉRIO DA FAZENDA; SECRETARIA DO TESOURO NACIONAL. *Portaria n. 157, de 9 de março de 2011.* Dispõe sobre a criação do Sistema de Custos do Governo Federal. Disponível em: <http://www.fazenda.gov.br/pmimf/frentes-de-atuacao/custos/download-de-arquivos/portstn_157_09mar2011.pdf>. Acesso em: 20 abr. 2019.

CONSIDERAÇÕES FINAIS

Apresentou-se, neste capítulo, algumas das IPSAS, bem como foi comentado seu processo de adoção. Verificou-se que as normas internacionais são complexas e abrangentes, passando por praticamente todos os campos da Contabilidade e de sua aplicação no cotidiano do setor público.

Dentre seus vários objetivos, vale destacar:

- padrão de contabilidade internacional;
- comparabilidade;
- mensuração de ativos e passivos;
- apuração de custos e mensuração de eficiência, eficácia, efetividade e economicidade;
- informações úteis, tempestivas e fidedignas para tomada de decisão e instrumentalização dos controles internos, externo e social.

Para que esses quesitos fossem atendidos, novos sistemas de informações digitais, também conhecidos como sistemas estruturadores que têm a função de auxiliar nessa questão e facilitar os processos, pois, além de serem ágeis e confiáveis, trazem autonomia para cidadãos e agentes fiscalizadores, foram implantados.

O governo federal vinha enfrentando diversas dificuldades em conseguir gerir de forma adequada os recursos públicos, tanto para que a gestão melhorasse como para proporcionar mais transparência e confiabilidade em relação aos recursos. Assim, surgiu a necessidade de criar indicadores de desempenho nas atividades do Estado, os chamados sistemas estruturadores - como o SIAFI, o SIASG, o SIAPE, o SIDOR e o SIEST - que oferecem apoio informatizado a atividades como execução financeira e orçamentária do governo federal, da administração de pessoal, da contabilidade pública etc.

Quando se trata do SIC, pode-se mencionar que ele contribui para a integração dos outros sistemas, consolida as informações geradas nos sistemas estruturantes (SIAFI, SIAPE, SIASG), armazenando informações mais detalhadas e gerando relatórios por meio dos dados fornecidos. Ele é uma base de dados importante para auxiliar no processo de tomada de decisões governamentais e organizacionais, cujo objetivo é conduzir à alocação mais eficiente do gasto público e otimizar os processos.

Pode-se concluir, considerando os pontos apresentados, que os sistemas de informações do setor público implementam ações que envolvem toda a gestão e a sociedade a fim de contribuir para transparência, agilidade, qualidade nas tomadas de decisões, aplicação de recursos, cumprimento de propostas, construção de um novo conceito de gestão pública baseado na integração de informações e na melhoria constante na entrega de serviços e no atendimento das necessidades da sociedade.

RESUMO

A Lei n. 4.320, de 1964, é um marco da Contabilidade Pública no Brasil. Com o passar do tempo, ficou desatualizada diante das necessidades do mundo globalizado, que necessita de normas comuns a todos os países. Nesse contexto, surge em 2007 um processo de harmonização das normas contábeis brasileiras com as normas internacionais, as Normas Internacionais de Contabilidade Aplicadas ao Setor Público, chamadas de International Public Sector Accounting Standards (IPSAS), cuja responsabilidade de edição é do Conselho Federal de Contabilidade, e em conjunto realiza-se a adequação de sistemas tecnológicos como: o Sistema Integrado de Administração Financeira (SIAFI) e o Sistema Informatizado de Contas dos Municípios (SICOM). Este capítulo visita as IPSAS, de forma resumida e didática, um assunto pouco tratado e muitas vezes revestido de certo tabu entre os profissionais de Contabilidade que não trabalham no setor público.

QUESTÕES PARA PESQUISA

1. Qual é a importância da padronização das normas internacionais no Brasil?
2. O que são as IPSAS?
3. O que a IPSAS 1 alterou na Contabilidade Pública no Brasil?
4. O que é fluxo de caixa?
5. O que é *joint venture*? Dê exemplos.
6. Qual é a importância da publicação da IPSAS 12, que trata de estoques, para a Contabilidade Pública no Brasil?
7. Explique como ocorre o reconhecimento do Ativo Imobilizado no setor público. Exemplifique.
8. O que são Ativos Contingentes e Passivos Contingentes?
9. Faça uma linha histórica do processo de harmonização das Normas Internacionais de Contabilidade aplicada ao setor público no Brasil.
10. Quais os principais sistemas tecnológicos do setor público?

CAPÍTULO 2

Contabilidade e gestão pública

OBJETIVOS

Este capítulo foi escrito com o objetivo de apresentar aspectos relacionados à gestão pública, como estruturação, processos e desafios, e sua relação com a Contabilidade, por meio de um breve relato sobre o arcabouço legal e normativo que permite a visualização da Contabilidade Pública do Brasil atualmente.

VISÃO GERAL

Este capítulo apresenta, inicialmente, a definição e a contextualização da gestão pública na realidade brasileira. Na sequência, são definidos os conceitos de serviço público e a relação da gestão pública com a Contabilidade. E, por fim, é introduzido o conceito de política pública, desenvolvido mais detalhadamente no Capítulo 3.

INTRODUÇÃO

Por meio de análise da contextualização social da Administração e da Contabilidade Pública, torna-se clara a necessidade de aprimorá-las tecnicamente - aprimoramento este que, em geral, ocorre pela harmonização das normas brasileiras com as normas internacionais. Esses fatores interferem no ambiente contábil e na gestão pública em si, agregando aspectos de modernização à sociedade, como agilidade e precisão na informação - fatores importantes na *accountability*.

2.1 CONTEXTO SOCIOPOLÍTICO

Alguns países, principalmente em desenvolvimento, apresentam grande desigualdade social - o que, no caso do Brasil, é acentuada por sua grande extensão territorial e seus vários tipos de relevos, climas, fauna, flora, costumes, culturas e economias particulares. Somam-se a esses aspectos, a colonização e a vocação cartorial e burocrática que geram uma economia ineficiente, ainda dependente do Estado, com tendências clientelistas e patrimonialistas.

Nesse contexto, com o objetivo de propiciar oportunidades de realização e prosperidade aos cidadãos, surge a necessidade do controle econômico das decisões. O gestor público tem a missão de elevar os níveis de prosperidade da sociedade e seu bem-estar geral. Com essa meta, precisa de instrumentos gerenciais na forma de processos estruturados de decisão e de sistemas de informações preparados para aprimorar a qualidade das decisões e que possibilitem a escolha das melhores alternativas, dentre um elenco de possibilidades. De um ponto de vista gerencial, essa é a primeira razão para a existência do sistema de informação contábil: **a busca pela eficácia nas decisões tomadas pelos gestores.**

Nas sociedades democráticas, esses gestores são selecionados pelo voto e escolhidos de acordo com a decisão do cidadão, detentor de direitos e deveres. Com frequência, nas discussões sobre gestão pública, são encontrados os conceitos de prestação de contas, transparência e participação. Parecem ser elementos básicos de um Estado democrático, e, desse ponto de vista, aparece novamente a Contabilidade com vital importância como a linguagem por meio da qual se comunica o resultado das decisões econômicas, que, por sua vez, no caso do Estado, envolvem a disponibilização dos serviços públicos e o consumo de recursos da sociedade, ambos com valor econômico. Assim, percebe-se que a atividade pública gera resultado econômico e agrega valor à sociedade, sendo os impactos patrimoniais, financeiros e econômicos das decisões medidos e informados pela contabilidade.

À semelhança da Contabilidade para entidades privadas, a Contabilidade Pública passou recentemente por um processo de modernização e de harmonização com as práticas internacionais. É a existência de um bom sistema contábil, apoiado em sólida base conceitual e bons sistemas de controles internos, que viabiliza a prestação de contas, a transparência e mesmo a participação da comunidade nas escolhas quanto à destinação de seus recursos. Um Estado democrático necessita de uma Contabilidade Pública de qualidade, moderna, oportuna, correta e confiável, capaz de refletir adequadamente os impactos econômico-financeiros das decisões.

O ambiente da Contabilidade Pública brasileira e da administração pública obedece ao princípio da estrita legalidade e tem como norteador uma legislação específica que será tratada oportunamente neste livro.

No quesito legislação, a Constituição Federal de 1988 recepcionou a Lei n. 4.320, de 1964, como a norma a ser seguida no setor público no que concerne aos atos administrativos que versam sobre finanças. Por esse motivo, a Lei Complementar n. 101,[1] conhecida como Lei de Responsabilidade Fiscal (LRF), tornou-se o principal diploma legal da Contabilidade Pública brasileira, publicada em 2000, com a perceptiva de modernizar a legislação da gestão pública e renovar o ambiente contábil.

Em 2008, o Conselho Federal de Contabilidade (CFC), no compasso da globalização que trouxe a reboque a padronização das normas contábeis internacionais com reflexos na modernização da gestão pública, adequa-se em um trabalho conjunto com universidades e a Secretaria do Tesouro Nacional (STN), entre outros órgãos que abraçam a harmonização das normas contábeis de acordo com as International Public Sector Accounting Standards (IPSAS), e gera as Normas Brasileiras de Contabilidade Aplicadas ao Setor Público (NBCASP).

Passos[2] relata o tema:

> A Portaria n. 184, de 25 de agosto de 2008, do Ministério da Fazenda, publicada no Diário Oficial da União em 26 de agosto de 2008, dispõe sobre as diretrizes a serem observadas no setor público (pelos entes públicos) quanto aos procedimentos, práticas, elaboração e divulgação das demonstrações contábeis, de forma a torná-los convergentes com as Normas Internacionais de Contabilidade Aplicadas ao Setor Público, preconiza diversos pontos sobre esta questão, dentre os quais destacam-se: a) que há necessidade de promover a convergência das práticas contábeis vigentes no setor público com as normas internacionais de contabilidade, tendo em vista as condições, peculiaridades e o estágio do desenvolvimento do país; b) que a adoção de boas práticas

1. BRASIL. *Lei Complementar n. 101, de 4 de maio de 2000.* Estabelece normas de finanças públicas voltadas para a responsabilidade na gestão fiscal e dá outras providências. Disponível em: <http://www.planalto.gov.br/ccivil_03/leis/lcp/lcp101.htm>. Acesso em: 22 abr. 2019.
2. PASSOS, L. H. S. O impacto das normas brasileiras de contabilidade aplicadas ao setor público: cenário atual e perspectivas na Administração Pública Federal. *Revista de Administração de Roraima (RARR)*, v. 2, n. 1, p. 124, 2012.

contábeis fortalece a credibilidade da informação, facilita o acompanhamento e a comparação da situação econômico-financeira e do desempenho dos entes públicos, possibilita a economicidade e eficiência na alocação de recursos.

As normas contábeis brasileiras, até então defasadas dos padrões internacionais, sofreram mudanças a fim de se harmonizarem com as normas de contabilidade internacionais para o setor público, passando por processo semelhante ao realizado na contabilidade para o setor privado. Foi feito, então, em 2007, o trabalho de edição das NBCASP pelo CFC. Por se tratar de uma grande mudança, o processo foi desenvolvido de maneira gradual, com o setor público seguindo um movimento de transformação e modernização do arcabouço legal e normativo.

No compasso da convergência, o CFC tomou como base as traduções oficiais elaboradas pelo Instituto de Auditores Independentes do Brasil (IBRACON), feitas a partir das normas editadas pelo International Federation of Accountants (IFAC) – órgão internacional de Contabilidade, cujo objetivo é proteger o interesse público por meio de boas práticas contábeis –, com coordenação da STN.

A importância da padronização foi justificada pelo CFC e reproduzida por Passos:[3]

> As normas e as técnicas próprias da Contabilidade Pública são aplicadas por todos os entes que recebam, guardem, apliquem ou movimentem recursos públicos. Adicionalmente, se inscrevem, também, como campo de aplicação da Contabilidade Pública as entidades que, por acordo, necessitem registrar as operações orçamentárias, bem como todas as entidades que atuem sob a perspectiva do cumprimento de programas, projetos e ações de fins ideais, os serviços sociais, os conselhos profissionais, bem como aquelas sem fins lucrativos sujeitos a julgamento de suas contas pelo controle externo.

Podemos acrescentar ao parágrafo acima a necessidade de a administração pública realizar operações com credores nacionais e internacionais que, com a padronização, tornaram-se mais fáceis e trouxeram credibilidade e transparência aos relatórios contábeis.

O comitê gestor, responsável pela elaboração das normas, teve como preceito principal a conciliação com as normas internacionais. Um aspecto relevante, quando se estuda a aplicação da Contabilidade no setor público, é a legislação vigente, que está desatualizada diante das modernas necessidades da sociedade atual. Um exemplo é a Lei n. 4.320, de 1964,[4] norteadora da Contabilidade Pública, que possui mais de 50 anos.

3. PASSOS, 2012, p. 112.
4. BRASIL. *Lei n. 4.320, de 17 de março de 1964.* Estatui Normas Gerais de Direito Financeiro para elaboração e controle dos orçamentos e balanços da União, dos Estados, dos Municípios e do Distrito Federal. Disponível em: <http://www.planalto.gov.br/CCivil_03/leis/L4320.htm>. Acesso em: 22 abr. 2019.

Associada a essa dificuldade está o aspecto burocrático da carreira pública apegada às normas e aos procedimentos e que muitas vezes não incentiva o profissional a criticar e questionar os processos com vistas ao seu aprimoramento. A discussão no ambiente do setor público quanto ao papel atribuído à Contabilidade e à gestão pública nesse cenário, descrito pela Constituição Federal de 1988, é imperativa.

Uma faceta do ambiente é o processo de aplicação de recursos econômicos da sociedade em planos e projetos voltados às suas próprias necessidades, conforme as metas e as prioridades previamente estabelecidas, isto é, surge a questão de como distribuir os recursos para as áreas da saúde, da educação e da segurança, por exemplo, o que significa decidir sobre como estabelecer as políticas públicas.

As decisões tomadas por gestores públicos são sujeitas à estrita legalidade definida por leis e atos normativos, como já mencionado, por outro lado, deve-se considerar que os agentes políticos atendem à plataforma do governo que é validada por seus eleitores em um sistema burocrático e dinâmico. Para uma tomada de decisão eficiente durante o planejamento e o controle da proposta orçamentária, é importante fazer com que as informações, corretas e confiáveis, cheguem ao gestor oportunamente, observando todos os parâmetros legais, normativos, políticos e sociais, bem como financeiros, para uma gestão equilibrada.

O ambiente decisório do setor público, do ponto de vista regulatório, é altamente estruturado, sendo definidas fases de planejamento e controle, informações e procedimentos, por exemplo, para que sejam efetuadas despesas e realizadas receitas. Como marcos regulatórios, merecem destaque a Lei n. 4320, de 1964,[5] a LRF e a Lei n. 101, de 2000, da Constituição Federal de 1988. Além da legislação citada, existem outras leis e normas profissionais que se relacionam ao processo decisório do gestor público. Esse ambiente em que o processo decisório ocorre, por causa da necessidade de controle existente, tende a ser burocrático: as prioridades, o planejamento e o orçamento para nortear os projetos, as ações e os planos de governo são mediados por inúmeras normas e procedimentos voltados ao controle interno e à economicidade, à eficiência e à eficácia das escolhas do gestor em qualquer âmbito da administração pública.

O entendimento sobre esse ambiente decisório é importante para que o leitor possa ter uma percepção sobre o contexto de atuação do sistema de informação contábil na área pública de acordo com as características próprias do setor. A definição das políticas públicas traz ao ambiente da Contabilidade e da gestão pública um aspecto que antecede o caráter técnico das Ciências Contábeis. Esse é um conceito de fundamental importância na gestão pública e é definido com o estabelecimento de prioridades no uso dos recursos públicos, isto é, como são

5. BRASIL, 1964.

estabelecidas, executadas e controladas. O componente político não pode ser excluído, uma vez que é intrínseco a todos os relacionamentos humanos e age como aspecto fundamental na decisão sobre o uso dos recursos da sociedade, a fixação dos objetivos e a padronização das normas e dos controles.

2.2

CONTEXTO DA ADMINISTRAÇÃO PÚBLICA

A administração pública é responsável pela gestão dos serviços públicos, seja prestando serviços diretamente, seja delegando-os a agentes privados – como é o caso da educação e da saúde.

Dessa maneira, a administração pública necessita de instrumentos de gerenciamento, a fim de propiciar serviços públicos eficazes, eficientes e econômicos para a sociedade, respeitando o princípio da economicidade ao qual se refere a Constituição de 1988. Conforme afirma Machado,[6] "o interesse público, que à administração incumbe zelar, encontra-se acima de quaisquer outros. É obrigada a desenvolver atividade contínua, para perseguir suas finalidades públicas". Destaca-se que são de interesse da sociedade, a prosperidade, o crescimento e a melhor qualidade de vida. Junto a essas necessidades, existem as do Estado como um todo: integridade territorial e institucional, ordem interna, desenvolvimento e paz.

O gestor público, de acordo com a visão política que adota e com a qual foi eleito, priorizará, dentre o conjunto de necessidades sociais, o uso dos recursos disponíveis, desenvolvendo metas e planos de governo, e estabelecendo, assim, um conjunto de políticas públicas a serem implementadas. Dessa forma, as políticas públicas correspondem ao conjunto de metas que o governo define de acordo com sua visão política, econômica, ideológica e do conjunto de recursos disponíveis. Da qualidade dessa definição, fazem parte ainda a tecnologia e o conhecimento disponíveis sobre os recursos existentes.

Esse conjunto de metas, disposto no plano de governo, deve estar afinado com o orçamento. Muitas vezes, propõem-se políticas públicas na época das eleições que, posteriormente, são abandonadas, porque não há contrapartida orçamentária para executá-las. Há serviços públicos associados às esferas da União, do estado ou dos municípios e há outros de abrangência concorrente, e de competência de mais de um nível governamental, como a saúde, de competência tanto da União como dos estados e dos municípios.

6. BANDEIRA DE MELO *apud* MACHADO, C. C.; TSURUSHIMA, T. B.; MARTINS, L. M. Importância da análise de custos na administração pública. *Revista Terra e Cultura*, ano 22, n. 43, jul./dez., 2006. Disponível em: <http://web.unifil.br/docs/revista_eletronica/terra_cultura/n43/terra_04.pdf>. Acesso em: 13 abr. 2019.

No contexto deste livro, supõe-se uma sociedade democrática como pano de fundo, ou seja, adota-se a premissa de um Estado onde os cidadãos têm direitos e responsabilidades e o administrador público é obrigado a prestar contas, além da cobrança por transparência e participação. Existe, ainda, mecanismos de pressão social, mais ou menos formais, que podem forçar decisões públicas em uma direção ou em outra.

A Contabilidade Pública fornece os insumos para o estudo da viabilidade econômica e a avaliação da eficácia de políticas públicas propostas e implementadas, por exemplo, o processo de planejamento e orçamento permite verificar se os recursos disponíveis são suficientes para aquela demanda e estabelecer o grau de prioridade de uma necessidade em relação às outras. Sistemas de Contabilidade de Custos e de Contabilidade Pública permitem o estudo sobre o custo, bem como o acompanhamento da execução orçamentária dessas políticas. Nesse conjunto de instrumentos gerenciais de informação e de planejamento, o orçamento público se torna a instância em que as políticas públicas ganham realidade efetiva. É nele que a distribuição dos recursos da sociedade toma forma efetiva para o atendimento das várias necessidades, como educação, saúde, infraestrutura e crescimento econômico de acordo com as várias regiões geográficas e camadas da população.

O planejamento de ações ocorre em um ambiente em que os objetivos institucionais podem ser alterados de acordo com fatores políticos, tecnológicos, econômicos e sociais e os gestores públicos devem estar aptos para executar as mudanças adequadamente. Um exemplo de problema perene na gestão pública, que gera grande desperdício de recursos durante o processo de planejamento de elaboração das metas, ocorre diante de uma mudança no poder executivo, sendo chamado de **descontinuidade administrativa**, isto é, uma súbita mudança de planos e ações por parte de um executivo quando substitui o anterior. Historicamente, esse tipo de evento tem ocorrido em todas as esferas do poder público: estadual, municipal e federal. Por exemplo, a prefeita Luiza Erundina, quando substituiu o então prefeito Jânio Quadros, paralisou as obras do túnel na Avenida Juscelino Kubitschek. Decisões desse tipo, independentemente de motivação política ser justa ou não, implicam desperdícios, causando com isso perdas de recursos em relação às ações paralisadas, para não falar no desperdício do esforço de planejamento e estudo anteriores.

Os planos de governo têm que atender a demandas diversas visando abranger as várias classes sociais e os setores da sociedade civil, com suas necessidades específicas. Portanto, o planejamento é complexo, há muitas demandas e poucos recursos para atendê-las. Caso não disponha de instrumentos de gestão de qualidade, os planos de governo lançados no período eleitoral correm o risco de se transformarem em peças de ficção, por não serem factíveis, pela ausência de controle ou por não serem otimizados.

A proposição de políticas públicas exige, neste momento da história, um preparo ainda maior do executivo público. As mudanças tecnológicas são de tal monta que alguns cientistas e filósofos falam que a sociedade humana se encontra às margens de uma singularidade, como a que ocorre atrás do horizonte de eventos de um buraco negro, dentro do qual as leis da física não valem mais e não é possível fazer previsões sobre o que acontece lá dentro. Tornou-se impossível prever os impactos sociais e políticos das mudanças tecnológicas na sociedade em termos de emprego, renda, costumes, entre vários outros aspectos.

Como exemplo de tecnologias impactantes, há ocorrências em campos como inteligência artificial; economia, com o custo marginal tendendo a zero para muitos produtos; impressão 3D; sustentabilidade; cidades e edifícios sustentáveis; transportes; carros elétricos; carros inteligentes; genética; novos materiais; dispositivos móveis; interfaces biotecnológicas; colônias em marte; energia limpa; entre outras transformações prováveis.

Essas mudanças ainda não são compreendidas, como já dito, na totalidade de seus efeitos sobre a sociedade e a gestão de seus recursos. Talvez gerem novas oportunidades para lidar com velhos problemas, como analfabetismo, fome, falta de moradia, doenças e desigualdade de oportunidades, mas com certeza trazem novos desafios ao Estado democrático no cumprimento de seu papel de incrementar a prosperidade e a capacidade de realização de seus cidadãos. Aspectos como direito à privacidade, respeito aos direitos individuais, igualdade de oportunidades, dignidade e valor da vida humana, emprego e sobrevivência das culturas locais e regionais, são algumas das preocupações que devem ser abordadas nesse novo mundo.

Esses desenvolvimentos ocorrem em uma realidade em que o Estado brasileiro, a administração pública, a prestação de serviços públicos e, fundamentalmente, o país lidam com problemas como necessidade de crescimento, falência do Estado, ineficiências, desigualdades regionais e sociais, sistema educacional com necessidades de aprimoramento, déficit habitacional, baixo crescimento econômico, organização dos serviços de saúde, pobreza, entre outros.

2.3

O FUTURO DO BRASIL

Nas duas décadas iniciais do século XXI, o mundo parece ter acelerado as mudanças em todas as áreas. Tanto no campo econômico e tecnológico como no político e social, as transformações são revolucionárias e seus efeitos ainda não podem ser totalmente definidos, uma vez que ainda estão em curso. Assim, aspectos como a gestão pública, em um contexto em que o custo marginal de produção de alguns produtos pode ser zero ou próximo disso, ainda precisam ser entendidos.

Com as mudanças como a impressão 3D, é possível que o Estado futuro invista e forneça instalações para que as pessoas apenas imprimam seus móveis, suas roupas e suas casas. Com o advento dos carros inteligentes autodirigidos, muitos empregos desaparecerão, como motoristas de táxi e de Uber, motoristas de caminhão etc. Ao mesmo tempo, pode ser que o Estado disponibilize frotas de veículos às pessoas mediante uma taxa para uso, paga com o cartão de crédito por viagem. Evoluções no transporte coletivo, usando energia limpa, podem tornar a necessidade de posse de um automóvel ainda mais distante. O conhecimento de genética pode levar a vidas mais longas, pessoas mais inteligentes e saudáveis. Quais os impactos sobre previdência, gastos com saúde e produtividade? Pesquisadores falam em computadores (hardware e software) superinteligentes. Com isso, seriam essas máquinas os futuros administradores públicos? Qual o papel do político eleito nesse contexto?

Ao mesmo tempo, o Brasil convive com a miséria de grande parte da população, com a febre amarela, com mercados ineficientes, com analfabetismo, com violência. O aspecto da segurança talvez seja um dos mais dramáticos para a sociedade brasileira, uma vez que - de acordo com vários filósofos e pensadores, como Rousseau, Hobbes e Locke - a proteção contra a violência do próximo e a possibilidade de usufruir de seu próprio trabalho são as principal razões pelas quais se constitui o pacto social que é o Estado. Pensador relacionado à Escola de Frankfurt, Weber chegou a definir o Estado como "uma entidade que reivindica o monopólio do uso legítimo da força física",[7] sendo essa uma definição geralmente aceita pelos estudiosos da política.

Desse modo, parece que as políticas públicas implementadas deveriam considerar as oportunidades e as ameaças do momento atual para propiciar aos cidadãos o potencial de usufruir das maravilhas que se vislumbram. É necessário promover o crescimento econômico, na educação e na saúde, mas o Brasil ainda convive de forma endêmica com o patrimonialismo, com sistemas de informação ineficientes e ineficazes - por exemplo, com a edição da Resolução CFC n. 1.366, de 2011,[8] fala-se em resultado econômico no setor público e começam a ser implementados sistemas de custos.

A administração pública moderna se dá em um contexto de poder burocrático e impessoal, isto é, deve-se obediência às normas, e não às pessoas. A burocracia, em uma visão weberiana, configura um poder com base no domínio da lei. Ocorre que, eventualmente, com as mudanças inevitáveis da vida social, pode se tornar excessiva,

7. WEBER, M. *Ciência e política:* duas vocações. São Paulo: Cultrix, 2004.
8. CONSELHO FEDERAL DE CONTABILIDADE (CFC). *Resolução n. 1.366/11.* Aprova a NBC T 16.11 - Sistema de Informação de Custos do Setor Público. Disponível em: <http://www1.cfc.org.br/sisweb/SRE/docs/RES_1366.pdf>. Acesso em: 22 abr. 2019.

ineficaz ou injusta. Para que a administração pública seja capaz de atender às aspirações da sociedade moderna descritas anteriormente, há a necessidade de modernizar o Estado, deixando de lado sua burocracia desnecessária, ineficiente, cara e lenta. É necessário transformá-la para que cumpra seus objetivos de controle para assegurar o cumprimento dos direitos e das responsabilidades dos cidadãos. Dessa maneira, novos desafios orientam os objetivos da administração pública brasileira.

O primeiro passo para esse longo caminho é a padronização de procedimentos e a confiabilidade das informações. Por exemplo, a administração pública federal conta, desde 1987, com o Sistema Integrado de Administração Financeira (SIAFI), desenvolvido pela STN, com o apoio tecnológico do Serviço Federal de Processamento de Dados (Serpro).

Do Tesouro Nacional, colhemos a seguinte informação:

> Desse modo, a STN definiu e desenvolveu, em conjunto com o SERPRO, o Sistema Integrado de Administração Financeira do Governo Federal (SIAFI) em menos de um ano, implantando-o em janeiro de 1987, para suprir o Governo Federal de um instrumento moderno e eficaz no controle e acompanhamento dos gastos públicos.
>
> Com o SIAFI, os problemas de administração dos recursos públicos que apontamos acima ficaram solucionados. Hoje o Governo Federal tem uma Conta Única para gerir, de onde todas as saídas de dinheiro ocorrem com o registro de sua aplicação e do servidor público que a efetuou. Trata-se de uma ferramenta poderosa para executar, acompanhar e controlar com eficiência e eficácia a correta utilização dos recursos da União.[9]

Outro exemplo digno de nota é o fato de que, antes do exercício de 1987, o governo federal não possuía balanço unificado, um dos muitos problemas da Contabilidade Pública da época.

O Tesouro Nacional lista uma série de dificuldades desse período:

- Emprego de métodos rudimentares e inadequados de trabalho, onde, na maioria dos casos, os controles de disponibilidades orçamentárias e financeiras eram exercidos sobre registros manuais;
- Falta de informações gerenciais em todos os níveis da Administração Pública e utilização da Contabilidade como mero instrumento de registros formais;
- Defasagem na escrituração contábil de, pelo menos, 45 dias entre o encerramento do mês e o levantamento das demonstrações Orçamentárias, Financeiras e Patrimoniais, inviabilizando o uso das informações para fins gerenciais;

9. SECRETARIA DO TESOURO NACIONAL. *História*. Disponível em: <http://www.tesouro.fazenda.gov.br/historia>. Acesso em: 3 abr. 2019.

- Inconsistência dos dados utilizados em razão da diversidade de fontes de informações e das várias interpretações sobre cada conceito, comprometendo o processo de tomada de decisões;
- Despreparo técnico de parte do funcionalismo público, que desconhecia técnicas mais modernas de administração financeira e ainda concebia a contabilidade como mera ferramenta para o atendimento de aspectos formais da gestão dos recursos públicos;
- Inexistência de mecanismos eficientes que pudessem evitar o desvio de recursos públicos e permitissem a atribuição de responsabilidades aos maus gestores;
- Estoque ocioso de moeda dificultando a administração de caixa, decorrente da existência de inúmeras contas bancárias, no âmbito do Governo Federal. Em cada Unidade havia uma conta bancária para cada despesa. Exemplo: conta bancária para Material Permanente, conta bancária para Pessoal, conta bancária para Material de Consumo etc.

No contexto em que foi implantado, durante a década de 1980, observou-se um momento político significativo à denominada redemocratização do país, aliado com um período inflacionário que fomentou na população um maior controle sobre os gastos públicos efetuados pela administração pública.

Silva[10] relata:

> Os anos são respectivamente 1985 e 1986, os quais foram marcos na redemocratização do país com a campanha das "Diretas Já", em que a nação clamava por reformas e transparência. O Povo queria livrar-se de um período de burocratização e de centralização administrativa que tinha reflexos diretos na economia, na gerência de recursos públicos e na pobreza de controle para acompanhamento de programas e execução do orçamento do setor público.

Além da inflação já citada, o governo usava outros mecanismos no desempenho de suas funções que distorciam os dados contábeis e financeiros, oriundos da proposta orçamentária inicial, sendo o monitoramento diário do fluxo de recursos existentes no Banco do Brasil nas várias contas dos órgãos públicos federais e o montante necessário para o pagamento de sua atividade os elementos principais. Quando os saldos eram insuficientes, a diferença era solicitada ao Banco Central para cobertura, usando, então, o sistema bancário como fonte de informação do montante da despesa pública.

10. SILVA, G. L. C.; PALMEIRA, E. M.; QUINTANA, A. C. Sistema Integrado de Administração Financeira do Governo Federal (SIAFI): necessidade criação e evolução. *Observatorio de la Economia Latinoamericana*, v. 86, p. 1-16, 2007.

O SIAFI foi criado para controlar as receitas e as despesas da administração pública federal por meio de uma conta contábil chamada de "Disponibilidade por fonte de recurso" e fiscalizar os recursos financeiros por meio da "Conta Única do Tesouro Nacional", além de um plano de conta unificado, atendendo ao disciplinado pela Lei n. 4.320, de 1964.[11]

Silva[12] descreve as bases do SIAFI:

> O SIAFI tem sua base de informações e gerenciamento centralizado em Brasília, e está ligado a todas as UGs, e ao órgão central (STN), por teleprocessamento. As UGs, Unidades Gestoras, têm acesso ao sistema em duas modalidades, definidas pela STN, sejam elas: on-line, ou, off-line.
>
> Na modalidade on-line, todos os documentos orçamentários e financeiros são emitidos diretamente pelo sistema, e a própria UG atualiza os arquivos digitando, por meio de terminais conectados ao Siafi, dados relativos às suas operações. Na modalidade off-line, a UG emite seus documentos orçamentários, financeiros, patrimoniais e contábeis, previamente à introdução dos dados no sistema, o que é feito por meio de uma outra unidade chamada de Polo de Digitação. A forma de acesso ao sistema é feita por meio de senha, em níveis hierárquicos de pesquisa e introdução de dados e acesso a transações, permitindo ao usuário, conforme seu perfil, ter acesso a outras UGs.

Na Figura 2.1, Silva[13] apresenta o diagrama do sistema SIAFI, no qual são apresentados os relacionamentos sistêmicos do SIAFI com outros sistemas de informação do setor público.

Com o passar dos anos e com o aumento das Unidades Gestoras (UG), o sistema passou a enfrentar dificuldades para atender a todas as demandas.

Silva[14] relata:

> No entanto, com o passar do tempo, com o ingresso de praticamente todas as UGs que executam Orçamento Público Federal, a STN passou a enfrentar muitas dificuldades para atender à demanda dos usuários e das necessidades de adaptação às realidades das UGs.

Acrescenta-se a necessidade de adaptações em razão da padronização das normas internacionais.

11. BRASIL, 1964.
12. SILVA; PALMEIRA; QUINTANA, 2007, p. 4-5.
13. SILVA; PALMEIRA; QUINTANA, 2007, p. 5.
14. SILVA; PALMEIRA; QUINTANA, 2007, p. 6.

FIGURA 2.1
Diagrama do sistema (Árvore do SIAFI)

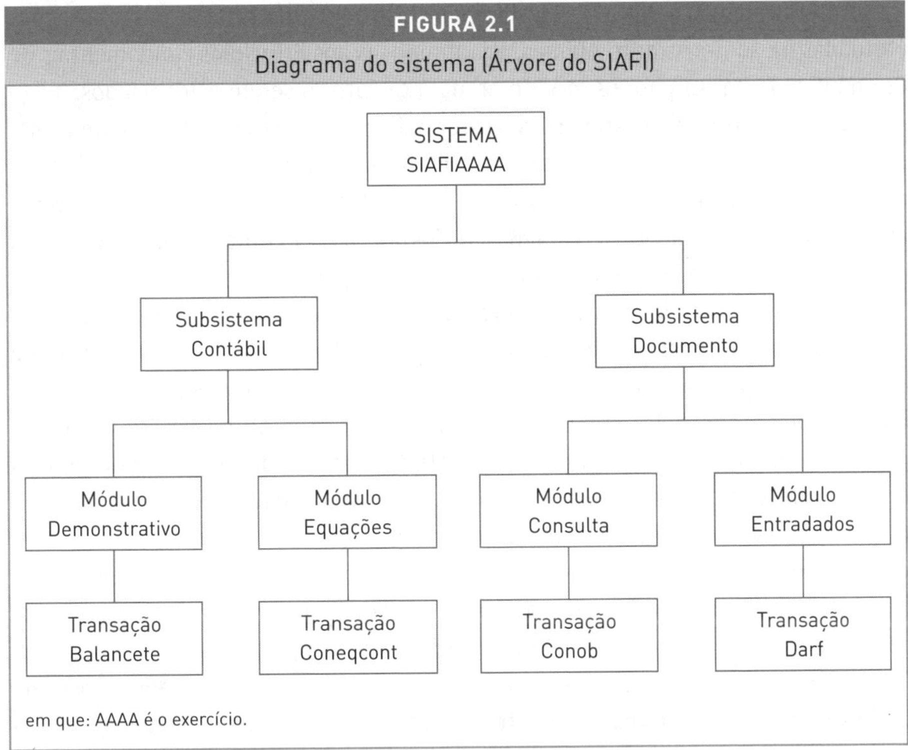

Fonte: SILVA; PALMEIRA; QUINTANA, 2007.

O SIAFI foi atualizado em 2008 para atender aos Princípios Fundamentais da Contabilidade: competência, oportunidade e demonstração adequada do patrimônio do órgão público (patrimônio líquido).

Fazendo uma análise das principais atualizações contábeis realizadas no SIAFI, apontam-se as seguintes:

- registro da provisão na folha de pessoal;
- registro de adiantamentos na folha de pessoal;
- registro do adiantamento no suprimento de fundos;
- registro de depreciações – manual de despesa pública;
- reconhecimento de passivos sem suporte orçamentário;
- contabilização da depreciação, da amortização e da exaustão;
- introdução da informação de custo, disciplinado na NBC T 16.11 – Resolução CFC n. 1.366, de 2011, que normatiza o Sistema de Informação de Custo do Setor Público (SICSP) e define os elementos de custo para o serviço público.

Anteriormente, a NBC T 16.5 disciplinava o registro contábil das transações efetuadas na administração pública, adaptando-os aos Princípios Fundamentais de Contabilidade, tanto para os atos como para os fatos a serem evidenciados.

O tema **método de custeio** para o setor público já conta com alguma literatura, na forma de pesquisas, livros e artigos. Dentre os autores que abordam o tema, pode-se citar Marcos Alonso,[15] Afonso[16] e Nelson Machado.[17] Alonso, por exemplo, além de eleger o custeio Activity-Based Costing (ABC) como o mais apropriado para o setor público, introduz medidores de desempenho.

Modelos de avaliação de desempenho pode soar como um tema deslocado quando aplicado à gestão pública. Antigamente, muitas pessoas tinham dificuldade com sua inserção na atividade social, visto que, no setor privado, está associado ao lucro alcançado pelas empresas. Modernamente, a visão da gestão como um processo que envolve planejamento e controle, com o objetivo de aprimorar os graus de eficácia de uma entidade, alcançar objetivos e gerar valor, faz com que a noção da necessidade de instrumentos para avaliação de desempenho no Estado esteja solidamente estabelecida. Além disso, os desempenhos devem agregar valor à sociedade, atentar ao aspecto da economicidade, gerar mais valor do que consomem e a relação benefício/custo deve ser positiva.

Assim, os atuais sistemas de gestão pública associam um medidor de desempenho em entes públicos como uma ferramenta para apurar a qualidade do serviço prestado à população sob os vários aspectos da gestão: operacionais, econômicos e financeiros. Esses medidores, muitas vezes, estão atrelados aos vencimentos dos servidores públicos em forma de gratificação de desempenho. Como exemplo, apresenta-se a seguir a Gratificação de Desempenho de Atividade do Seguro Social (GDASS), de que trata a Lei n. 10.855, de 1º de abril de 2004,[18] regulamenta pelo Decreto n. 6.493, de 30 de junho de 2008.

> Art. 1º A Gratificação de Desempenho de Atividade do Seguro Social (GDASS), a que se refere o art. 11 da Lei n. 10.855, de 1º de abril de 2004, fica regulamentada segundo as disposições deste Decreto.
>
> Art. 2º A GDASS é devida aos integrantes da Carreira do Seguro Social, em função do desempenho institucional e individual.

15. ALONSO, M. Custos no serviço público. *Revista do Serviço Público*, v. 50, n. 1, p. 37-63, 1999.
16. AFONSO, 2000.
17. MACHADO, N. *Sistema de informação de custo:* diretrizes para integração ao orçamento público e à Contabilidade Governamental. 2002. Tese (Doutorado em Controladoria e Contabilidade) – Faculdade de Economia, Administração e Contabilidade (FEA), Universidade de São Paulo (USP), São Paulo, 2002.
18. BRASIL. *Lei n. 10.855, de 1º de abril de 2004.* Dispõe sobre a reestruturação da Carreira Previdenciária, de que trata a Lei n. 10.355, de 26 de dezembro de 2001, instituindo a Carreira do Seguro Social, e dá outras providências. Disponível em: <http://www.planalto.gov.br/ccivil_03/_ato2004-2006/2004/lei/l10.855.htm>. Acesso em: 22 abr. 2019.

Art. 3º A GDASS será paga observado o limite máximo de cem pontos e o mínimo de trinta pontos por servidor, correspondendo cada ponto, em seus respectivos níveis e classes, ao valor estabelecido no Anexo VI da Lei n. 10.855, de 2004.

Art. 4º A pontuação referente à GDASS será assim distribuída:

I - até vinte pontos serão atribuídos em função dos resultados obtidos na avaliação de desempenho individual; e

II - até oitenta pontos serão atribuídos em função dos resultados obtidos na avaliação de desempenho institucional.

Art. 5º As avaliações de desempenho individual e institucional serão realizadas semestralmente, considerando-se os registros mensais de acompanhamento, e utilizadas como instrumento de gestão, com a identificação de aspectos do desempenho que possam ser melhorados por meio de oportunidades de capacitação e aperfeiçoamento profissional.

§ 1º O primeiro ciclo de avaliação terá início trinta dias após a data de publicação das metas de desempenho a que se refere o § 1 do art. 10.

§ 2º O resultado da primeira avaliação de desempenho gerará efeitos financeiros a partir do início do primeiro período de avaliação, devendo ser compensadas eventuais diferenças pagas a maior ou a menor.

§ 3º As avaliações de desempenho individual e institucional serão consolidadas semestralmente, e processadas no mês subsequente ao da consolidação.

§ 4º A avaliação individual somente produzirá efeitos financeiros se o servidor tiver permanecido em exercício das atividades por, no mínimo, dois terços de um ciclo de avaliação completo.

§ 5º O resultado consolidado de cada período de avaliação, após o primeiro ciclo, terá efeito financeiro mensal, durante igual período, a partir do mês subsequente ao de processamento das avaliações.

Art. 6º Para fins do disposto neste Decreto, avaliação de desempenho consiste no acompanhamento sistemático e contínuo da atuação individual e institucional do servidor, tendo como finalidade o alcance das metas, considerando a missão e os objetivos do Instituto Nacional do Seguro Social (INSS).

Art. 7º A avaliação de desempenho individual visa a aferir o desempenho do servidor no exercício das atribuições do cargo ou função, com foco na contribuição individual para o alcance dos objetivos organizacionais.

Na visão de Saliba,[19] a existência de indicadores para a avaliação de desempenho também é aceita, conforme a seguinte observação:

19. SALIBA, M. C. T. *Uma contribuição ao processo decisório na definição de projetos no âmbito dos conselhos participativos para inclusão no orçamento do município de São Paulo*. 2016. 144 f. Dissertação (Mestrado em Ciências Contábeis e Atuariais) - Programa de Estudos Pós-Graduados em Ciências Contábeis e Atuariais, Pontifícia Universidade Católica de São Paulo (PUC), São Paulo, 2016, p. 58.

> Essa visão também pode ser verificada na própria NBC T 16.11 - 1.366 de 25/11/2011, item 3, alínea "b", que estimula a geração de medidores de desempenho a fim de se comparar a prestação de serviços entre as entidades objetivando a otimização dos custos alocados para aquele determinado serviço prestado à comunidade.

Para a gestão pública, o desempenho é a fase do processo decisório em que ocorre o consumo de recursos que devem ser aportados para o atendimento ao cidadão, sendo os custos do serviço público compostos desses recursos. Para a mensuração dos custos, torna-se necessária a implementação de sistemas de informação de custos, componente importante para a avaliação do desempenho.

As alterações introduzidas pelas normas internacionais no SIAFI causaram impacto na qualidade e na confiabilidade dos dados reportados aos usuários do sistema, repercutindo na *accountability* horizontal da gestão pública federal. Fontes e Naves[20] conceituam *accountability* da seguinte forma:

> O conceito de *accountability* está fundamentalmente ligado às ideias de prestação de contas e responsabilização, englobando o dever de transparência, de publicação de atos públicos e de propiciar a participação da população nos processos das tomadas de decisões da administração pública.

Mais adiante, Fontes e Naves,[21] citando O'Donnell, acrescentam:

> Conforme citado anteriormente, O'Donnell classifica a *accountability* em vertical e horizontal. A primeira pode ser promovida por meio do processo eleitoral, na escolha daqueles que ocupam posições em instituições do Estado, de reivindicações sociais e da cobertura regular pela mídia de atos supostamente ilícitos de autoridades públicas. Já a perspectiva horizontal remete àquela que deve ser exercida por uma rede de agências estatais que têm o direito e o poder legal para supervisionar, controlar, prevenir, aplicar sanções legais ou realizar *impeachment* contra ações ou omissões qualificadas como criminosas de outros agentes ou agências do Estado, na forma de freios e contrapesos entre os Poderes Executivo, Legislativo e Judiciário. No Brasil, no âmbito federal, o Tribunal de Contas da União (TCU), a Controladoria Geral da União (CGU) e outros órgãos federais específicos exercem a função de controle e fiscalização como forma de AH. O SIAFI oferece recursos de controle e fiscalização a outras formas de *accountability* intraestatal, nas perspectivas de controle parlamentar, judicial, administrativo-financeiro, de resultados e social.

20. FONTES FILHO, J. R.; NAVES, G. G. A contribuição do Sistema Integrado de Administração Financeira do Governo Federal (SIAFI) para a promoção da accountability horizontal: a percepção dos usuários. *Brazilian Business Review (BBR)*, v. 11, n. 3, 2014, p. 2.

21. FONTES; NAVES, 2014, p. 5.

CONSIDERAÇÕES FINAIS

A gestão ocorre sempre com o objetivo de aprimorar os graus de eficácia de uma entidade, seja uma microempresa, seja um país de dimensão continental como o Brasil.

Garantir uniformidade de procedimentos é complexo. Desde 2007, o país vem passando por um processo de padronização das normas contábeis com as normas internacionais, em que pese precisar também de avanços no sistema de normas legais, alguns com mais de 50 anos.

Nos debates sobre gestão pública, em grande parte das vezes estão presentes as preocupações com transparência, participação e prestação de contas. Em uma sociedade democrática, os cidadãos têm direitos e responsabilidades e o gestor público se sujeita à *accountability* de suas decisões. A Contabilidade é o instrumento que estrutura a informação, o controle e a comunicação necessários para sua *accountability*, possibilitando a existência de uma multinacional como a Intel Corporation e o controle de um país tão diverso como o Brasil.

A administração pública conta com o sistema SIAFI, implantado em 1986, que teve como objetivo uniformizar e controlar as contas públicas – hoje, com a padronização das normas internacionais, funciona como *accountability* da gestão pública. Esse sistema é considerado um avanço na qualidade da informação disponível.

Verifica-se a necessidade de o país se preparar para as mudanças que estão ocorrendo, em que instrumentos de planejamento e controle tornam-se cruciais. O controle interno, como demonstram as notícias e os escândalos dos últimos anos, é também de vital importância.

Assim, torna-se evidente que a qualidade da Contabilidade Pública é vital tanto para o gestor público em seu processo decisório como para os cidadãos.

RESUMO

Neste capítulo, apresentou-se uma visão geral da Contabilidade e da gestão pública. Foram colocadas como instrumentos de interesse nos debates sobre gestão pública as questões da participação, da transparência e da prestação de contas. Esses elementos foram circunstanciados em termos da realidade brasileira e suas enormes potencialidades e carências e, bem como pelas perspectivas de enormes mudanças, como nas variáveis de tecnologia, política, sociedade e economia. Essas mudanças potenciais afetarão vários aspectos, como emprego, previdência, moradia, educação etc.

QUESTÕES PARA PESQUISA

1. Quais as três preocupações comuns definidas nos debates sobre gestão pública?
2. Neste capítulo, usou-se o termo "patrimonialismo" como algo a ser enfrentado. Qual o sentido desse termo?
3. Qual o sentido de transparência quando aplicado à gestão pública? Discorra sobre dois tipos de transparência de interesse para os cidadãos.
4. Defina prestação de contas em sua aplicação à gestão pública.
5. Defina política pública e forneça três exemplos.
6. Você considera a Contabilidade Pública importante no processo de crescimento e prosperidade da sociedade? Justifique sua resposta.
7. Defina descontinuidade administrativa.
8. Como o SIAFI se atualizou para atender aos princípios fundamentais na nova visão da Contabilidade Pública?
9. Ao seu entender, qual é a importância do método de custeio para o setor público.
10. Qual é a diferença entre avaliação de desempenho do setor privado e do setor público?

CAPÍTULO 3

Histórico da Contabilidade Pública

OBJETIVOS

Este capítulo apresenta o histórico da Contabilidade Pública no Brasil, para melhor entendimento do leitor sobre a relação dos fatos históricos de cada passo evolutivo dado na Contabilidade Pública nacional.

VISÃO GERAL

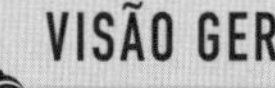

Este capítulo refaz o caminho dos momentos históricos do Brasil desde o período colonial até a República, demonstrando a correlação entre cada evento da história nacional e os acontecimentos mundiais, como a descoberta do Brasil, a vinda da Família Real (1808), a produção agrícola nos períodos colonial e imperial baseado no trabalho escravo e a derrocada desse tipo de mão de obra, abrindo espaço para a República (1889), primeiramente, ainda com os reflexos do Império exercendo forte influência sobre a oligarquia agrícola (até 1930), mas aos poucos perdendo espaço para uma nova oligarquia e para a burguesia industrial. Associados a esse panorama, estão os eventos históricos da Contabilidade Pública, como a criação das alfândegas (1534), da Casa dos Contos (1679), do Erário Régio (1761), do Alvará (1809), do Código de Contabilidade Pública (1822), do Tesouro Nacional (1831), do Ato Adicional (1834), da Lei n. 556, de 1850, do Decreto n. 4.536, de 1922 e da Lei n. 4.320, de 1964.

INTRODUÇÃO

A Contabilidade divide-se, ao longo do tempo, em Contabilidade do Mundo Antigo, Contabilidade do Mundo Medieval, Contabilidade do Mundo Moderno e Contabilidade do Mundo Científico. No Brasil, a linha temporal é traçada desde a descoberta até a Constituição de 1988.

A partir dessa contextualização histórica, abordam-se os eventos da história do Brasil imersos nos acontecimentos mundiais, como a vinda da Família Real ao Brasil (1808), que proporcionou a abertura dos portos brasileiros às nações amigas, produzindo, assim, reflexos alfandegários e, portanto, estendendo-se à Contabilidade Pública; o Brasil Imperial, com sua produção agrícola baseada na mão de obra escrava, com impacto direto na gestão de recursos públicos, uma vez que a escravidão era fato gerador de impostos de importação e exportação, tendo sido publicado nessa época o Código da Contabilidade da União (1822); e, por fim, o processo de imigração no Brasil, sob influência do processo de industrialização, levando novos desafios à Contabilidade Pública, uma vez que se verificou a necessidade de atualização do Código da Contabilidade da União (1940), com o objetivo de harmonização nacional, e mais tarde com o advento da Lei n. 4.320, de 1964, vigente até hoje.

3.1 CONTEXTUALIZAÇÃO HISTÓRICA DA CONTABILIDADE

Desde o início da história, o ser humano teve necessidade de "contar" seu patrimônio, sejam animais, bens móveis etc., vinculando, assim, sua origem com a da Contabilidade. Agostini e Carvalho,[1] citando Sá, discorre: "Para que se compreenda a Contabilidade, pois, como ramo importante do saber humano que é, necessário se faz remontar a suas profundas origens".

Assim, a Contabilidade faz parte da Humanidade, com uma forma estruturada a partir da atividade comercial, por volta de 4.500 a.C. De acordo com Agostini e Carvalho,[2] citando Palhares e Rodrigues:

> Os primeiros indícios de atividades comerciais surgiram a 4.500 a.C., onde civilizações, assírios, caldeus e sumérios, da Mesopotâmia, se dedicaram à agricultura e fizeram surgir cidades e desenvolver atividades comerciais. O registro dessas transações era feito em placas de argila, onde nelas eram constatados os resultados obtidos numa colheita, os objetos trocados, os impostos e taxas coletadas pelas seitas religiosas.

1. SÁ, A. L. Teoria da Contabilidade. 4. ed. São Paulo. Atlas, 2008. In: AGOSTINI, C.; CARVALHO, J. T. A evolução da contabilidade: seus avanços no Brasil e a harmonização com as normas internacionais. Instituto de Ensino Superior Tancredo de Almeida Neves, *Armário de Produção*, v. 1, n. 1, 2011, p. 3.
2. PALHARES, A.; RODRIGUES, L. C. *Introdução à Contabilidade*. São Paulo: Scipione, 1990. In: AGOSTINI; CARVALHO, 2011, p. 3.

Agostini e Carvalho[3] apresentam o relato de Iudícibus:

> É assim, fácil de entender, passando por cima da Antiguidade, por que a Contabilidade teve seu florescer, como disciplina adulta e completa, nas cidades italianas de Veneza, Gênova, Florença, Pisa e outras. Estas cidades e outras da Europa fervilhavam de atividade mercantil, econômica e cultural, momento a partir do século XIII até o início do século XVII. Representaram o que de mais avançado poderia existir, na época, em termos de empreendimentos comerciais e industriais incipientes. Foi nesse período, obviamente, que Pacioli escreveu seu famoso *Tractatus de coputis et scripturi*, provavelmente o primeiro a dar uma exposição completa e com muitos detalhes, ainda hoje atual, da Contabilidade.

Aqui vale destacar o Quadro 3.1, reproduzido por Agostini e Carvalho[4] da obra de Lima.

QUADRO 3.1

A evolução da Contabilidade

Período	**Características**
Contabilidade do Mundo Antigo	Período que se inicia com a civilização humana e vai até 1202 da Era Cristã, quando apareceu "Líber Abaci", de autoria de Leonardo Fibonaci, o Pisano.
Contabilidade do Mundo Medieval	Período que vai de 1202 da Era Cristã até 1494, quando apareceu "Tratactus de Computis et Seriptures" (Contabilidade por Partidas Dobradas), de Frei Luca Pacioli, publicado em 1494, enfatizando que a teoria contábil do débito e do crédito corresponde à teoria dos números positivos e negativos, obra que contribui para inserir a Contabilidade entre os ramos do conhecimento humano.
Contabilidade do Mundo Moderno	Período que vai de 1494 até 1840, com o aparecimento da obra "La Contabilità Applicatta Alle Amministrazioni Private e Pubbliche", de autoria de Francesco Villa, premiada pelo governo da Áustria e marcante na história da Contabilidade.
Contabilidade do Mundo Científico	Período que se inicia em 1840 e continua até os dias de hoje.

Fonte: LIMA, A. A. *Contabilidade básica*. 2007, p. 1. Disponível em: <https://pt.slideshare.net/srcontabilidade/contabilidade-basica-prof-arievaldo-alves-de-lima>. Acesso em: 4 jul. 2019.

3. AGOSTINI; CARVALHO, 2011, p. 3-4.
4. AGOSTINI; CARVALHO, 2011, p. 3-4.

3.2

A LINHA DO TEMPO DA CONTABILIDADE NO BRASIL

O Brasil, em seus primeiros 30 anos de existência, foi alvo de ataques de piratas e corsários que roubavam pau-brasil. A Coroa Portuguesa, visando inibir essa situação, criou as alfândegas, marco inicial do comércio no Brasil. A criação da alfândega de Porto Seguro, em 1534, responsável por toda a exportação de pau-brasil, evento concomitante com a criação das Capitanias Hereditárias, permitiu o comércio com as outras nações, o que até então era reprimido pela Coroa Portuguesa.

Com a abertura das alfândegas, o comércio era livre mediante o pagamento devido de impostos. No livro comemorativo de 200 anos de abertura das alfândegas brasileiras, editado pela Receita Federal do Brasil,[5] colhemos o seguinte relato:

> [...] somente em 1534, juntamente com as capitanias hereditárias, criou uma rede de Alfândegas ao longo do litoral brasileiro. O comércio com outras nações era livre, desde que pagos os tributos para a Fazenda Real, conforme dispunham os forais das capitanias.

Inicialmente, o controle alfandegário era exercido pelo juiz de alfândega. A estrutura precária de armazenagem e fiscalização, porém, facilitava a pirataria e a corsária, permitindo a invasão holandesa. A Receita Federal[6] faz um relato desse período ao descrever a alfândega de Salvador:

> Certamente é uma das mais antigas do Brasil, pois sabe-se que em 1536 lá havia um Juiz da Alfândega. Nessa época situava-se na atual praça Tomé de Sousa, o que dificultava a fiscalização e armazenagem. A exportação de pau-brasil, tabaco e açúcar deu-lhe intenso movimento, o que atraiu o ataque de piratas, corsários e até uma invasão holandesa.

Somente em 1549 foram criados os armazéns alfandegários, comandados pelo contador-geral das terras do Brasil, Gaspar Lamego, nomeado por Portugal. Os armazéns tinham a finalidade de controlar as exportações e o recolhimento dos impostos devidos, sendo o embrião da Contabilidade Pública no Brasil, uma vez que tinha a finalidade de contabilizar a riqueza da Coroa Portuguesa no país.

Entre 1580 e 1640, Espanha e Portugal formaram a União Ibérica, após a morte do rei Dom Sebastião de Portugal, em 1578, que não deixou herdeiros, tendo assumido o trono seu tio-avô, o cardeal Dom Henrique, que veio a falecer em 1580, como o último rei da dinastia de Avis. O rei da Espanha, Felipe II, neto de Dom

5. BRASIL. RECEITA FEDERAL DO BRASIL. *Alfândegas brasileiras 200 anos*. 2. ed. 2012. Disponível em: <http://receita.economia.gov.br/acesso-rapido/direitos-e-deveres/ educacao_fiscal/publicacoes/livro-alfandegas-brasileiras-200-anos-2a-edicao.pdf>. Acesso em: 24 jun. 2019.

6. BRASIL, 2012, p. 19.

Manuel I, o Duque de Alba, derrotou as forças de Prior do Crato, outro aspirante ao trono que tinha apoio de grande parte dos portugueses.

O rei Felipe II foi aceito pelos nobres portugueses com algumas condições, por exemplo, o respeito aos costumes e a manutenção de funcionários portugueses na administração de Portugal e de seus domínios ultramarinos – condições aceitas pelo rei Felipe II, coroado, então, como Felipe I de Portugal, nomeando um vice-rei responsável por governar Portugal.

Durante a União Ibérica, as colônias portuguesas tornaram-se alvo dos inimigos espanhóis, os ataques dos ingleses e dos franceses ao Brasil foram intensificados, e os holandeses, antes governados pela Espanha, iniciaram suas investidas nos domínios ultramarinos portugueses. Os inúmeros conflitos da União Ibérica levaram, em 1605, o rei Felipe I a vedar as transações comercias do Brasil com outros países. Isso significava que toda exportação e importação teria de ser feita com a intermediação de Lisboa, o que causou a estagnação no comércio brasileiro e, consequentemente, na Contabilidade Brasileira. A Receita Federal[7] aborda o assunto:

> Em 1605, porém, o rei espanhol Felipe II, então em guerra com a maior parte das nações europeias, proibiu expressamente que mercadorias transportadas por navios estrangeiros fossem comercializadas diretamente com o Brasil: toda e qualquer importação ou exportação teria que, obrigatoriamente, passar por portos portugueses. Assim, durante os dois séculos que se seguiram, o Brasil somente importava de empresas portuguesas e vendia seus produtos de exportação por intermédio do comércio lisboeta.
>
> Mesmo o Brasil tendo se transformado na mais rica colônia de todo o planeta era o maior produtor mundial de açúcar, tabaco, ouro, diamantes, madeira, farinha de mandioca, charque e carne de porco salgada, o regime aduaneiro adotado nesse período oprimia o seu comércio, impedindo a procura pelo melhor preço para sua produção, e pelo menor custo para suas importações.

Essa situação se modificou apenas em 1679, com o advento da Carta Régia, que criou a Casa dos Contos no Brasil, órgão incumbido de processar e fiscalizar as receitas e as despesas do Estado, já existente em Portugal desde 1389. Por zelo histórico, vale reproduzir aqui um trecho do texto da página do Tribunal de Contas de Portugal.[8]

> [...]
>
> Com o Regimento e Ordenações da Fazenda de D. Manuel, em 1516, renovaram-se e sistematizaram-se normas que orientaram durante mais de um século a contabilidade pública.

7. BRASIL, 2012.
8. TRIBUNAL DE CONTAS DE PORTUGAL. *Órgão de ordenação e fiscalização das receitas e despesas do Estado.* Disponível em: <https://www.tcontas.pt/pt/apresenta/historia/tc1389-1761.shtm>. Acesso em: 3 abr. 2019.

> Cerca de 1530 é criada a Casa dos Contos de Goa. Com D. Sebastião, por Alvará de 1560, unificou a contabilidade pública dando-se o ponto final da evolução, os Contos de Lisboa ficaram ligados aos Contos do Reino e Casa.
>
> Durante o domínio filipino (1591) criou-se o Conselho da Fazenda em substituição da Mesa dos Vedores da Fazenda. Pelo Regimento de Filipe II, de 1627, efectuou-se uma importante reforma dos Contos: centralizou-se nos Contos do Reino e Casa toda a contabilidade pública, tanto da Metrópole com o do Ultramar, extinguindo-se a Casa dos Contos de Goa.
>
> Como afirma a historiadora Virgínia Rau estavam lançadas as normas que haviam de regular a contabilidade do Estado Português até meados do século XVIII.
>
> Com D. João IV manteve-se o sistema filipino, estendendo-se as normas do regimento dos Contos a outros sectores da administração pública: deu-se regimento aos Contos do Estado do Brasil.
>
> Mais tarde, os Contos do Reino e Casa englobam dois tribunais: a Casa dos Contos (a que presidia diariamente o Contador-Mor) e o Tribunal da Junta (que reunia três vezes por semana, presidido pelo Vedor da Fazenda).

Dom José I assume o trono em Portugal, em 1750, após a morte de Dom João V, em meio a crises econômicas, dado que a Coroa dependia das riquezas de suas colônias, em especial do ouro. O Brasil contribuía para esse cenário, pois enfrentava o início da crise da mineração e urgia medidas saneadoras. Para tanto, é nomeado Sebastião José de Carvalho e Melo (futuro Marquês de Pombal), indicado por Dom José I no ano em que iniciou seu reinado, como Secretário dos Negócios Estrangeiros e, posteriormente, Primeiro-Ministro português, com a tarefa de reestruturar a economia portuguesa.

Essa reestruturação teve como pilar o nacionalismo, que vislumbrava independência econômica da Inglaterra. Nesse ínterim, morre Dom José (1750-1777), causando a exoneração de Pombal. No exercício de seu cargo como Primeiro-Ministro, foi o responsável por mudanças na política portuguesa e em suas colônias.

A criação do Erário Régio, em Portugal, e das Juntas da Real Fazenda, em suas colônias, destaca-se entre as medidas adotadas, bem como a unificação dos sistemas de administração contábil fazendária, obrigados, então, a prestar contas ao Real Erário. Com a morte do rei, assume o trono Dona Maria I, que, por conta de sua saúde prejudicada, passa o reinado em 1799 a seu filho João, que ascende como príncipe regente.

No início do século XIX, Portugal passava por uma crise com Napoleão, fazendo a família real imigrar para o Brasil. Em 1808, a chegada da Família Real estimula a atividade econômica na colônia, com, por exemplo, a abertura dos Portos às nações amigas e a criação do Banco do Brasil, responsável pela impressão da moeda. No entanto, em razão do déficit da Coroa, foi fechado no ano seguinte.

Com a Família Real e sua corte no Brasil, produtos que não eram necessários antes passam a ser requeridos, levando o país a importar mais do que a exportar, prejudicando, assim, a balança comercial e fazendo o déficit da Coroa aumentar. Para ajustar esse déficit, foi proposto o imposto de renda. Reis e Silva,[9] citando Martins e Silva, afirmam:

> Através da Lei de Orçamento 317, de 21 de outubro, estabeleceu-se o imposto progressivo sobre os vencimentos recebidos dos cofres públicos, título de contribuição extraordinária, que só vigorou nos anos de 1843 a 1845. Essa foi a primeira experiência de implantação do Imposto de Renda, o que só se implantaria na República.
>
> Com o desenvolvimento econômico trouxe o desenvolvimento social, proporcionando até a criação do Museu Nacional e da Biblioteca Real, atualmente Biblioteca Nacional.
>
> Esta atividade social aumentou os gastos públicos, que para maior controle foi criada o Erário Régio, responsável pelo controle dos gastos públicos.

Com o Erário Régio, foram implantadas no Brasil metodologias contábeis já vigentes na Coroa, como o método das partidas dobradas. Sobre isso, Reis e Silva[10] relatam:

> O processo de escrituração contábil nos órgãos públicos tornou-se obrigatório em Portugal através do Alvará de 24 de dezembro de 1768. No Brasil, a primeira referência oficial à escrituração e relatórios contábeis ocorreu no ano de 1808, elaborada pelo Príncipe Regente D. João VI, conforme dispõe o texto da Carta:
>
> "Para o método de Escrituração e fórmulas de Contabilidade de minha real fazenda não fique arbitrário a maneira de pensar de cada um dos contadores gerais, que sou servido a criar para o referido Erário: - ordeno que a escrituração seja mercantil por partidas, por ser a única seguida pelas nações mais civilizadas, assim pela sua brevidade, para o manejo de grandes somas como por ser mais clara e a que menos lugar dá a erros e subterfúgios, onde se esconde a malícia e a fraude dos prevaricadores".

O processo de escrituração das contas só poderia ser feito por profissionais que estudassem aulas de comércio, originárias de Portugal e realizadas no Brasil, que preparavam os empregados do comércio para o exame na Junta Comercial.

9. REIS, A. J.; SILVA, S. L. da. A história da contabilidade no Brasil. *Seminário Estudantil de Produção Acadêmica*, v. 11, n. 1, 2008, p. 3.
10. REIS; SILVA, 2008, p. 2.

Para que se viabilizasse a Carta Régia, foi publicado um decreto instituindo as aulas de comércio no Brasil pelo príncipe regente Dom João VI:[11]

> Sendo absolutamente necessário o estudo da Sciencia Econômca na presente conjuntura [...], e por me constar que José da Silva Lisboa (futuro Visconde de Cairu) [...] tem todas as provas de ser muito hábil para o ensino daquela sciencia sem a qual se caminha às cegas e com passos muito lentos, [...] lhe faço mercê da propriedade e regência de uma Cadeira e Aula Pública, que por este mesmo Decreto sou servido criar no Rio de Janeiro, [...]

Em 1809, o decreto se concretizou com o alvará de 15 de julho de 1809, sobre o qual Reis e Silva[12] referem: "No Brasil, através do alvará de 15 de julho de 1809, foi oficializado as Aulas de Comércio no Brasil, com nomeação do Sr. José Antônio Lisboa, que se torna o primeiro professor de Contabilidade no Brasil".

Com a Independência do Brasil, em 1822, o país já nasce com uma dívida com a Inglaterra e vivencia várias mudanças no Império de Dom Pedro I, até 1831. Segundo Silva e Assis:[13]

> Com o surgimento da dívida externa, quando em 1822, o Brasil ao se declarar independente, para não enfrentar a revolta Portuguesa, se viu obrigado a pagar uma alta indenização adquirindo junto à Inglaterra o empréstimo para tal.

O ciclo do ouro permanece, então, como a maior fonte de recurso do país. Com um legado de continuísmo, o Brasil é marcado com a veia da expansão territorial. Para adquirir uma "fronteira natural" no Rio da Prata, o Império do Brasil e a Confederação Argentina entram em conflito, cessado apenas em 1828, quando assinam, sob a mediação da Inglaterra, o Tratado do Rio de Janeiro, que dispunha a emergência do Uruguai como um novo estado soberano na América do Sul.

Outra questão envolvendo o governo britânico foi a negociação em 1826 que visava ao reconhecimento da Inglaterra da Independência do Brasil – ponto que, para o Brasil, era crítico, uma vez que o comércio de escravos era uma fonte de recursos para o Império, dado o imposto de importação. O fim da escravidão já estava estabelecido na negociação com a Inglaterra, que consagrava o reconhecimento da Independência do Império do Brasil diante do comprometimento das autoridades brasileiras em extinguir o tráfico de escravos africanos no prazo de três anos. Objeto de penosas negociações e esforços de prorrogação, o tráfico foi legalmente banido pelo governo brasileiro pela Lei de 7 de novembro de 1831.

11. SANTI, E. M. D. (Coord.). *Curso de direito tributário e finanças públicas:* do fato à norma, da realidade ao conceito jurídico. São Paulo: Saraiva, 2008.
12. REIS; SILVA, 2008, p. 2-3.
13. SILVA, M. S.; ASSIS, F. A. A história da contabilidade no Brasil. *Negócios em projeção*, v. 6, n. 2, p. 35-44, 2015, p. 38.

O centro da questão envolvendo Inglaterra e Brasil está no fato de que, nessa época, a Inglaterra já estava envolta na Revolução Industrial, e seu objetivo primeiro era a busca de mercados interno e externo.

Sob esse prisma, não era interessante ao governo britânico apoiar um Estado escravocrata, fato que motivaria o conflito norte-americano entre norte e sul, de 1861 até 1865, em que o sul possuía as mesmas características do Brasil: escravocrata e de economia agrícola.

O Brasil, como relatado anteriormente, Estado escravocrata e agrícola, com o agravante de seu orçamento, era composto, em grande parte, de imposto de importação dos escravos. Parron[14] relata:

> Igualmente ameaçada ficava a arrecadação fiscal do Brasil. As parcas receitas do Império provinham por grande parte dos impostos alfandegários sobre os escravos recém-desembarcados e do fisco sobre suas revendas no interior das províncias. Conforme o relatório do Ministério da Fazenda de 1823, do total de 262$797 mil réis colhidos sobre cativos no ano anterior, 182$478 (isto é, 70%) derivaram do tráfico negreiro. Assim, em 1828, um ano de altas operações, a fiscalidade negreira chegaria a perfazer 14% do total dos réditos nacionais, sendo que, após o início do tratado, em 1833, já tinham despencado para 2%. Prevendo esses dados, Cunha Matos advertiu que o Império não honraria o emolumento dos "empregados públicos" nem faria frente aos "infalíveis desempenhos dos [seus] cofres", apurados com as crises do Banco do Brasil e com as operações de guerra na Banda Oriental.

Essa questão gerou uma crise política de tal monta que cominou com a abdicação de Dom Pedro I em favor de seu filho em 7 de abril de 1831, o príncipe regente Dom Pedro de Alcântara, à época com cinco anos. José Bonifácio de Andrada e Silva foi nomeado seu tutor e depois foi substituído por Manuel Inácio de Andrade Souto Maior Pinto Coelho. Aos 15 anos, foi declarado maior e coroado como segundo imperador do Brasil, Dom Pedro II.

O Erário Régio e o Conselho da Fazenda foram extintos pela Lei de 4 de outubro de 1831 e substituídos pelo Tesouro Público Nacional e pelas Tesourarias Provinciais. Na Província, eram compostas de um inspetor, um contador e um procurador fiscal, destinando-se à arrecadação, à distribuição, à contabilidade e à fiscalização de todas as rendas públicas. Todas as repartições ou estações fiscais na Província ficariam dependentes das Tesourarias e estas, por sua vez, diretamente do Tesouro Nacional.

---

14. PARRON, T. P. *A política da escravidão no império do Brasil*, 1826-1865. 2011. Tese (Doutorado em História Social) - Faculdade de Filosofia, Letras e Ciências Humanas, Universidade de São Paulo (USP), São Paulo, 2011, p. 53-54.

A lei também determinava que os indivíduos que pretendessem ser admitidos no serviço da fazenda deviam se submeter a concurso público, sendo uma das exigências o conhecimento de escrituração por partidas dobradas e cálculo mercantil e ter idade acima de 21 anos.

A Lei de 24 de outubro de 1832 separou as rendas provinciais das gerais, definindo rendas gerais, ordenando sua escrituração e seu recolhimento em cofres distintos aos proventos provinciais e gerais. Em 1834, sobreveio um Ato Adicional que alterou a legislação fiscal - a principal reforma fiscal do Império -, separando pela primeira vez as competências fiscais do centro e das províncias. Esse ato consistia na elaboração de uma partilha, do legado fiscal joanino, atribuindo ao centro às rendas aduaneiras, além de toda a renda do Município Neutro (Rio de Janeiro, centro administrativo do Império), e deixando separadas as rendas das províncias, bem como o antigo dízimo, agora cobrado no ato da exportação, e o conjunto de rendas internas então consolidados no período joanino: selo de legados e heranças, Serviço de Impostos de Sua Alteza (SISA) dos prédios, meia SISA dos escravos ladinos (escravos que nasceram no Brasil), imposto de transmissão de propriedade, entre outras rubricas de menor importância.

A partir de 1839, o Império implantou uma estratégia visando minimizar o tráfico negreiro e a consequente fuga de recursos públicos, que consistia na obrigatoriedade da venda de escravos por escritura pública. Costa[15] discorre:

> [...] Dizia ele que "As fraudes que se cometem nas transações de compras e vendas dos ditos escravos devem ser reprimidas, até mesmo para o que nelas se pratica, em prejuízo do crédito público, não se considere moralidade". E propunha: 1. O declarar-se nula toda compra e venda de escravos cujo papel não fosse averbado em notas públicas do lugar onde for efetuada, depois do pagamento da Sisa correspondente, [...] não sendo admitida em juízo nenhuma ação que por qualquer modo verse sobre escravo, sem constar ter-se satisfeito aquela condição; e 2. Poderem os Empregados da Recebedoria impugnar as vendas feitas por preços simulados e lesivos, em prejuízo do imposto, da mesma maneira que se pratica nas Alfândegas.

Ambas as medidas tomaram força de lei em 30 de novembro de 1841 e logo demonstraram seu acerto por meio do aumento da arrecadação. Exigiam, porém, para demonstrarem sua plena eficiência, a matrícula de todos os escravos, medida que vinha enfrentando grande resistência dos proprietários, pois a principal forma de burla mencionada pelo ministro Joaquim Francisco Vianna à recente Lei de novembro de 1841, era feita no momento de declarar a origem, a idade, a nação

15. COSTA, W. P. O império do Brasil: dimensões de um enigma. *Almanack braziliense*, n. 1, 2005, p. 27-43, 40-41.

e as características pessoais dos escravos - precisamente os procedimentos que poderiam ser denunciadores do tráfico ilícito.

No período do segundo Império, em 1850, os contadores tinham a denominação de guarda-livros, conforme transcreve a Lei n. 556, de 1850,[16] revogada parcialmente em 2002 com o novo Código Civil:

> Art. 35. - São considerados agentes auxiliares do comércio, sujeitos às leis comerciais com relação às operações que nessa qualidade lhes respeitam:
>
> 1 - os corretores;
>
> 2 - os agentes de leilões;
>
> 3 - os feitores, guarda-livros e caixeiros;
>
> 4 - os trapicheiros e os administradores de armazéns de depósito;
>
> 5 - os comissários de transportes.

Em contraponto, o imperador decreta a reforma do Tesouro Público Nacional e das Tesourarias das Províncias, visto como um retrocesso na Contabilidade Pública, pois desobrigava a utilização do método das partidas dobradas para algumas repartições, frustrando a tendência de unificar os procedimentos contábeis. Em 1868, o Decreto n. 4.153[17] reorganiza o Tesouro Nacional e as Tesourarias e a eliminação da escrituração contábil do órgão central do Império:

> Art. 6º Na Directoria Geral da Contabilidade serão supprimidos os seguintes serviços:
>
> 1º A verificação prévia dos calculos arithmeticos de todos os documentos dos outros Ministerios, e dos das Collectorias e Mesas de Rendas por occasião da entrega da renda mensal ou trimensal.
>
> 2º A escripturação a limpo dos livros de receita despeza classificadas.
>
> 3º A escripturação dos livros de contas correntes com os Administradores das Mesas de Rendas Collectores da Provincia do Rio de Janeiro.
>
> 4º A escripturação central do Imperio.
>
> 5º O assentamento da divida activa.
>
> 6º As contas correntes dos devedores da Fazenda Nacional pelos impostos lançados.

O pano de fundo à época era a questão ainda mal resolvida do Rio Prata. Apenas em 1851 o Império assina um tratado com o Uruguai, garantindo não apenas um traçado de fronteiras favorável ao interesse do Império (incorporando

16. BRASIL. *Lei n. 556, de 25 de junho de 1850.* Institui o Código Comercial. Disponível em: <https://www2.camara.leg.br/legin/fed/leimp/1824-1899/lei-556-25-junho-1850- 501245-publicacaooriginal-1-pl.html>. Acesso em: 27 maio 2019.

17. BRASIL. *Decreto n. 4.153, de 6 de abril de 1868.* Disponível em: <https://www2.camara. leg.br/legin/fed/decret/1824-1899/decreto-4153-6-abril-1868-553388-publicacaooriginal- 71221-pe.html>. Acesso em: 27 maio 2019.

o Território das Missões da Banda Oriental), como também obrigando os uruguaios à extradição de escravos fugidos. Esse tratado foi combatido pelo Partido Blanco em Montevidéu e utilizado para desestabilizar os governos com inclinações pró-brasileiras. Costa[18] relata:

> Em 1864, quando uma intervenção brasileira no Uruguai foi o estopim para o mais sangrento conflito do continente, as reclamações de ambos os lados, envolviam, sobretudo, acusações sobre aliciamento de fugas de escravos (por parte dos brasileiros) e a "redução ao cativeiro de pessoas de cor nascidas na República (do Uruguai) ou trazidas do Império para o seu território", por parte dos uruguaios.

Desse modo, entre 1831 e 1850, a territorialização da escravidão no Império infletia sobre a fronteira platina, conduzindo o Império a uma linha arriscada em sua política externa. Proteger os interesses dos súditos do Império, no livre trânsito de gado e escravos, em ambos os lados da fronteira, havia redundado em uma virtual imposição da escravidão sobre o território vizinho, onde a escravidão de indivíduos nascidos na República era proibida desde 1825, bem como o tráfico de escravos vindos de países estrangeiros. O tema é um elemento estratégico para se rever a ideia da chamada "Questão Platina" como um traço de continuidade entre o Império Português e o Império Brasileiro, pois o que se passava na região a partir de 1828 não era herança de lutas passadas, mas estava ancorado nos dilemas contraditórios do presente: estados que se formavam com regimes distintos, processos de trabalho distintos e fronteiras vivas e não delimitadas.

Em 1870, foi criada a profissão de guarda-livros, a primeira profissão liberal do Brasil. Félix[19] discorre:

> Em meio a este período de desorganização da contabilidade no país, em 1869 foi criada a Associação dos Guarda-Livros da Corte, que foi reconhecida oficialmente apenas em 1870, pelo Decreto Imperial n. 4.475. Segundo o Tribunal de Contas do Estado de São Paulo (2010), este Decreto foi importante, pois o guarda-livros passou a ser a primeira profissão liberal do Brasil e era o nome dado antigamente ao profissional de Contabilidade. O guarda-livros era um profissional que tinha como função: controlar a entrada e saída de dinheiro, através de pagamentos e recebimentos; elaborar contratos e distratos; criar correspondências e fazer toda a escrituração mercantil. Também era exigido que estes profissionais devessem ter o domínio das línguas portuguesa e francesa, além de uma refinada caligrafia.

18. COSTA, 2015, p. 33.

19. FÉLIX, L. P. *Evolução da contabilidade pública no Brasil.* 2013, 30 f. Trabalho de Conclusão de Curso (Bacharel em Ciências Contábeis) – Faculdade de Tecnologia e Ciências Sociais Aplicadas, Centro Universitário de Brasília (UniCEUB), Brasília, 2013, p. 10. Disponível em: <https://repositorio.uniceub.br/jspui/bitstream/235/5001/1/21005066.pdf.>. Acesso em: 17 nov. 2017.

O sentimento de continuísmo da colônia, conjugado com as campanhas do exército frustradas e aliadas ao descontentamento da classe dominante agrícola que culminou com a abolição dos escravos em 1888, serviram de estopim para uma aliança civil e militar cuja intenção era derrubar a monarquia e implantar a república, uma vez que o cenário econômico norte-americano acenava positivamente nesse sentido e um dos motivos apontados era a adoção da república naquele país.

O movimento republicano se concretizou em 15 de novembro de 1889, quando o marechal Deodoro da Fonseca proclamou a República no Brasil. O século XX foi palco de vários eventos e mudanças, entre os mais relevantes sendo os conflitos mundiais e as conjunturas políticas econômicas que levaram a eles. Por esse motivo, dá-se primeiro destaque ao momento histórico brasileiro sob influência dos eventos mundiais para depois adentrar em sua influência sobre a Contabilidade Pública nacional.

A Constituição de 1891 regulou a Primeira República Brasileira, que perdurou até 1930, quando o Decreto n. 19.398, de 11 de novembro, passou a exercer o papel de autêntica Constituição no país. A Constituição de 1891 teve seus parâmetros baseados na Constituição norte-americana, ou seja, com princípios do liberalismo individualista.

A Constituição Republicana não faz referência sobre os direitos individuais, que só veio ao ordenamento jurídico na Constituição de 1934. Portanto, a cidadania no Brasil teve sua origem em uma concepção positivista-liberal que expressa elementos ligados à dignidade da pessoa humana – o que é recente em nosso país.

A representação política na Primeira República (1889-1930) não constituiu grande mudança no âmbito político e econômico brasileiro, apesar da eclosão da Primeira Guerra Mundial (1914-1918). A Federação, o modelo dos Estados Unidos, foi a estrutura de Estado escolhida e os presidentes dos estados (antigas províncias) passaram a ser eleitos pela população. A descentralização aproximou principalmente as elites locais, facilitando o surgimento das oligarquias estaduais, sem alterar a essência da classe dominante.

Nesse período, há de se destacar o movimento de imigração urbana que, a partir da primeira década do século, acentuou-se por diversos motivos, desde fugas da Primeira Guerra Mundial até perseguições políticas. Os imigrantes que chegavam ao Brasil eram de todos os grupos sociais, desde empresários, comerciantes e profissionais liberais até operários, artesãos e vendedores ambulantes. Esses imigrantes eram trabalhadores urbanos ou rurais, que vinham ao Brasil com qualificação técnica e especializada. No estado de São Paulo, em 1920, muitas das empresas eram de propriedade de estrangeiros.

Para algumas nacionalidades de imigrantes, como portugueses, sírio-libaneses e alemães, a presença no empresariado e na classe média comercial era proporcionalmente consistente desde o início do processo migratório; por outro lado, os italianos e os espanhóis tinham forte caracterização proletária, com um número nada desprezível de industriais, alguns entre os mais importantes do país, como os Matarazzo, os Crespi e os Siciliano.

Essa imigração teria grande influência no movimento operário do Brasil e nas respectivas lideranças sindicais e políticas, levando a classe operária a desempenhar um papel fundamental nos eventos das décadas seguintes no Brasil.

Enquanto isso, a aliança das oligarquias dos grandes estados, sobretudo de São Paulo e Minas Gerais, permitiu que mantivessem o controle da política nacional até 1930. O Brasil viveu momentos tensos no início da República, pois, de um lado, estavam os civis, e, do outro, os militares, com o país em meio a revoltas e conflitos. Foi então que em 1910, na campanha eleitoral, o povo escolheu para presidente o marechal Hermes e Rui Barbosa, um representando o militarismo e o outro civilista, agravando ainda mais as manifestações.

Quase simultaneamente a esses fatos, temos o advento da Primeira e da Segunda Guerra Mundial, que agravaram ainda mais as diferenças. Nesse ínterim, o processo de industrialização no Brasil começou a tomar fôlego no pós-guerra, tendo em vista que as grandes potências industriais estavam em crise por causa das participações nas guerras e da crise de 1929, com a quebra da bolsa de valores de Nova York, que configurou o cenário para a queda das exportações de produtos agrícola, como o café, fazendo com que a oligarquia agrícola brasileira perdesse espaço para uma nova oligarquia e para a burguesia industrial.

Nesse ambiente, Getúlio Vargas assume o poder na chamada Era Vargas (1930-1945). Figura antagônica em nossa história, Vargas ascende por meio de um golpe militar e torna-se responsável por avanços sociais, como a elaboração da Consolidação das Leis do Trabalho (CLT) e por avanços na indústria nacional, com a criação da Companhia Siderúrgica Nacional (CSN), em 1941, a Companhia Vale do Rio Doce, em 1942, e a Fábrica Nacional de Motores, também em 1942. Entretanto, por ser um governante centralizador, retirou a autonomia de vários estados, colocando interventores em seu lugar. Houve ainda um segundo mandato, entre 1952 e 1954, quando se suicidou.

No que concerne à Contabilidade Pública, seu desmonte em meados de 1800 teve reflexos negativos, evidenciados em 1914, quando o Brasil teve seu pedido de empréstimo com o governo britânico barrado por falta de escrita pública confiável – a Inglaterra alegou que não haviam documentos contábeis que sustentassem as garantias oferecidas. Essa problemática deu origem a uma comissão que tinha por objetivo organizar as escritas contábeis, principalmente as receitas e as despesas, e que foi transformada em uma seção técnica da diretoria-geral de Contabilidade Pública, cuja função era reorganizar os dados contábeis em 1918.

Como o Brasil estava em pleno desenvolvimento econômico no início de 1922, foi assinado por Epitácio Pessoa, o presidente da República dos Estados Unidos do Brasil, o Decreto n. 4.536, que aprovou o Código de Contabilidade Pública, responsável por revolucionar a área pública com a reorganização do sistema de contabilidade e do orçamento público. O Código disciplinava que a Contabilidade da União ficaria responsável pelas contas de gestão do patrimônio do país, principalmente o controle das receitas e das despesas federais, e estabeleceu, ao mesmo tempo, que a diretoria central de contabilidade tivesse a função de organizar, orientar e fiscalizar todos os atos de escrituração das repartições federais.

No aspecto técnico, o código estabeleceu:

- a parametrização entre o exercício financeiro com o ano civil;
- a classificação da receita, das despesas típicas da área pública, como dívida ativa, das despesas de exercícios anteriores, do orçamento e de sua execução;
- a fiscalização pelo Tribunal de Contas como controle externo.

Félix[20] relata a visão de Lock e Pigatto[21] sobre o Código de 1922:

> [...] o código de contabilidade pública de 1922 foi o coroamento dos esforços de organização e sistematização para se construir uma contabilidade realmente informativa. Tal fato já caracterizava uma preocupação maior dos governantes para com a população, entendendo que se devia dar um destino mais correto para o dinheiro público, que de alguma forma beneficiasse a população, e não a uma minoria, mas ainda sem transparência alguma. Isto também já era um sinal do enfraquecimento da administração patrimonialista.

Já em 1940 foi editado o Decreto-Lei n. 2.416 para a atualização do Código de Contabilidade, cuja base foi tirada das sugestões da II Conferência dos Técnicos em Contabilidade Pública, e as medidas adotadas tiveram como eixo, conforme afirma Félix,[22] "a harmonização de padrões a serem observados pelos governos estaduais e municipais, referentes aos serviços de contabilidade e aos procedimentos e classificações orçamentárias da receita e da despesa".

20. FÉLIX, 2013, p. 11.
21. LOCK, F. N.; PIGATTO, J. A. M. A dificuldade de alinhamento entre a contabilidade pública brasileira e o Government Finance Statistics (GFS). *Revista Eletrônica de Contabilidade Curso de Ciências Contábeis UFSM.* Santa Maria, v. 1, n. 3, p. 162-181, 2005. Disponível em: <https://periodicos.ufsm.br/contabilidade/article/view/161/3956>. Acesso em: 3 nov. 2017.
22. FÉLIX, 2013, p. 11.

Outros aspectos da Contabilidade Pública foram levados em conta, os quais viriam compor a Lei n. 4.320, de 1964, como:

- a classificação do orçamento;
- regras para o levantamento de inventário e estrutura do balanço patrimonial em ativo e passivo, ativo e passivo não financeiro e ativo e passivo compensado.

O Brasil, nessa época, vivia a República Velha, com características centralizadora e burocrática, fruto da influência da aliança civil e militar no governo, gerando, com isso, uma administração pública também burocrática. Em 1936, foi criado o Departamento Administrativo do Serviço Público (DASP) que tinha como finalidade modernizar a administração pública para atender às necessidades de gestão do Estado Liberal do século XIX. Em 17 de março de 1964, foi publicada a Lei n. 4.320 que ainda vigora até os dias de hoje e disciplina sobre as normas orçamentárias e contábeis, reafirma os conceitos de exercício financeiro e determina quais demonstrações devem ser apresentadas pelas entidades da administração e a estrutura dessas demonstrações. A lei foca o orçamento público, ou seja, a arrecadação da receita e a execução da despesa em confronto com a previsão e a fixação inclusas na Lei do Orçamento. Essa lei estabeleceu regras importantes para assegurar o equilíbrio das finanças públicas no Brasil, sendo a utilização do orçamento público o principal instrumento para atingir esse objetivo.[23]

Com o governo militar que assumiu em 1964, a Contabilidade Pública hiberna novamente, pois, com um governo centralizador e contraditoriamente estatizante, que abriu diversas estatais sem controle orçamentário adequado, levou o país a um período de inflação alta, ocasionando a necessidade de vários empréstimos com o Fundo Monetário Internacional (FMI) e outros agentes financeiros internacionais. Apenas com a Constituição de 1988 que novas regras foram disciplinadas.

Desse ponto em diante, os dispositivos legais e a contextualização estão em capítulos próprios.

23. BRASIL. *Lei n. 4.320, de 17 de março de 1964.* Estatui Normas Gerais de Direito Financeiro para elaboração e controle dos orçamentos e balanços da União, dos Estados, dos Municípios e do Distrito Federal. Disponível em: <https://www.planalto.gov.br/ccivil_03/Leis/L4320.htm> Acesso em: 26 abr. 2019.

CONSIDERAÇÕES FINAIS

A Contabilidade Pública, como segmento das Ciências Contábeis e pertencente às Ciências Humanas, não pode ficar inócua aos acontecimentos históricos. Este capítulo deixa evidente que os eventos históricos serviram como motivação para a modificação de procedimentos na Contabilidade Pública brasileira.

É interessante notar que os momentos de inércia contábil diante de um evento histórico, como em 1914, período pós-república e início da Primeira Guerra Mundial, fizeram com que o Brasil perdesse oportunidades por não ter a Contabilidade adequada de suas contas.

Por isso que, no momento histórico que vivemos, a globalização, é muito importante padronizar as práticas contábeis o mais rápido possível, sob pena de arcar com o custo da história.

RESUMO

Este capítulo faz referência aos eventos históricos do Brasil, como a vinda da Família Real ao Brasil (1808), passando pelo Brasil Imperial, pela República, pelo fluxo imigratório no Brasil, pela crise mundial em 1929 e pelas guerras mundiais, chegando, por fim, à publicação da Lei n. 4.320, de 1964, vigente até hoje, procurando traçar uma linha temporal com os acontecimentos mundiais e sua correlação com a evolução da Contabilidade Pública do Brasil.

QUESTÕES PARA PESQUISA

1. Como você vê a correlação de fatos históricos como eventos modificadores da Contabilidade Pública?
2. Quais foram os benefícios ao Brasil com a vinda da Família Real?
3. Qual foi a importância da criação do Erário Régio para a Contabilidade Pública?
4. Por que a escravidão era tão importante para o Brasil, sob o ponto de vista contábil?
5. O que a Era Vargas trouxe de novo ao Brasil?

QUESTÕES PARA PESQUISA

6. Comente o período de evolução da Contabilidade e suas respectivas características.
7. Qual foi a importância da abertura das alfândegas no Brasil?
8. No decorrer da história do Brasil, o contador passou por mudanças de atribuições. Explique a figura do guarda-livros e a do contador atual.
9. Qual foi o fato que fomentou a Contabilidade Pública no início do século XX? Comente.
10. Qual foi a importância histórica para o Brasil da entrada em vigor da Lei n. 4.320, de 1964?

CAPÍTULO 4

Políticas públicas

OBJETIVOS

Este capítulo tem por objetivo apresentar o conceito de políticas públicas e discutir os aspectos relacionados com sua definição, sua implementação e seu controle.

VISÃO GERAL

Este capítulo, inicialmente, discute a gênese histórica de alguns problemas endêmicos de países em desenvolvimento, como a instabilidade político-econômica. A seguir, conceitua política pública e sua importância e constata que sua implementação se dá mediante a configuração de serviços públicos relacionados que precisam ser administrados em um processo decisório a cargo da administração pública responsável pelas fases de planejamento, execução e controle. A conformação prática das políticas públicas se dá no orçamento público. Um problema frequente, nesse contexto, é o da descontinuidade administrativa, isto é, quando um executivo sucede a outro e não dá continuidade aos projetos iniciados pelo antecessor em função de ideologia, questões partidárias ou meramente por objetivos pessoais.

Outro viés das políticas públicas que exploramos como exemplo foi a Previdência, que tem participação direta da sociedade com contribuições específicas para esse fim, e a Assistência Social, com recursos que não requerem contribuição direta da sociedade. Em ambos os casos, o objetivo das políticas públicas é trazer o bem-estar dos cidadãos que se encontram em estado de vulnerabilidade.

Nesse cenário, o processo de *accountability* (prestação de contas) se faz necessário na administração pública.

INTRODUÇÃO

As políticas públicas são definidas com vistas ao estabelecimento de prioridades no uso dos recursos públicos e, então, são executadas e controladas. Como os recursos econômicos da sociedade são escassos e muitas necessidades precisam ser satisfeitas, urge estabelecer como distribuí-los entre, por exemplo, saúde, educação e segurança.

4.1 NECESSIDADES SOCIAIS: POLÍTICAS PÚBLICAS E ORÇAMENTO PÚBLICO

Os países subdesenvolvidos, muitas vezes, apresentam desigualdade social acentuada pela extensão territorial, pela variação da densidade demográfica e pela existência de fenômenos naturais que assolam o território. O Quadro 4.1 apresenta a relação entre a extensão territorial e a densidade demográfica, como variáveis dos 48 países mais pobres do mundo.

QUADRO 4.1

Extensão territorial, densidade demográfica e colonização/países (dados estimados)

País	População	Área (km²)	Hab./km²	Independência/ país colonizador	IDH/Rank
África					
Angola	12.531.357	1.246.700	10,05	1975/Portugal	0,403/146°
Benin	8.294.941	112.620	73,65	1960/França	0,435/134°
Burkina Fasso	15.264.735	274.200	55,67	1960/França	0,305/161°
Burundi	8.691.005	27.830	312,29	1962/França	0,202/166°
Chade	10.111.337	1.284.000	7,87	1960/França	0,295/163°
Rep. Dem. Congo	66.514.506	2.345.410	28,36	1960/Bélgica	0,239/168°
Djibuti	506.221	23.000	22,01	1977/França	0,402/147°
Eritreia	5.028.475	121.320	41,45	1993/Itália	157°
Etiópia	78.254.090	1.127.127	69,43	1941/Itália	0,328/157°
Gâmbia	1.735.464	11.300	153,58	1965/Reino Unido	0,390/151°
Guiné	10.211.437	245.857	41,53	1958/França	0,340/156°
Guiné Bissau	1.503.182	36.120	41,62	1973/Portugal	0,289/164°
Guiné Equatorial	616.459	28.051	21,98	1968/Espanha	0,538/117°
Ilhas Comores	731.775	2.170	337,22	1975/França	0,428/140°
Lesoto	2.128.180	30.355	70,11	1966/Reino Unido	0,427/141°
Libéria	3.334.587	111.370	29,94	República em 1847	0,300/162°
Madagascar	20.042.551	587.040	34,14	1960/França	0,435/135°

País	População	Área (km²)	Hab./ km²	Independência/ país colonizador	IDH/Rank
Malawi	13.931.831	118.480	117,59	1964/Reino Unido	0,385/153°
Mali	12.324.029	1.240.000	9,94	1960/França	0,309/160°
Mauritânia	3.364.940	1.030.700	3,26	1960/França	0,433/136°
Moçambique	21.284.701	801.590	26,55	1975/Portugal	0,284/165°
Níger	13.272.679	1.260.000	10,53	1960/França	0,261/167°
R. Cent.-Africana	4.434.873	622.984	7,12	1960/França	0,315/159°
Ruanda	10.186.063	26.338	386,74	1962/Bélgica	0,385/152°
S. Tomé e Príncipe	206.178	1.001	205,97	1975/Portugal	0,488/127°
Senegal	12.853.259	196.190	65,51	1960/França	0,411/144°
Serra Leoa	6.294.774	71.740	87,74	1961/Reino Unido	0,317/158°
Somária	9.558.666	637.657	14,99	1960/Reino Unido e Itália	Sem IDH
Sudão	40.218.455	2.505.810	16,05	1956/R. Unido e Egito	0,379/154°
Tanzânia	40.213.162	945.087	42,55	1961 e 1963/ Reino Unido	0,398/148°
Togo	5.858.673	56.785	103,17	1960/França	0,428/139°
Uganda	31.367.972	236.040	132,89	1962/Reino Unido	0,422/143°
Zâmbia	11.669.534	752.614	15,51	1964/Reino Unido	0,395/150°
América					
Haiti	8.924.553	27.750	321,61	1804/França	0,404/145°
Ásia					
Afeganistão	32.738.376	647.500	50,56	1919/Reino Unido	0,349/155°
Bangladesh	153.546.901	144.00	1.066,3	1971/Paquistão	0,469/129°
Butão	682.321	47.000	14,52	1949/Índia	133°
Camboja	14.241.640	181.040	78,67	1953/França	0,494/124°
Iêmen	23.013.376	527.968	43,59	Unificação em 1990	0,439/133°
Ilhas Salomão	581.318	28.450	20,43	1978/Reino Unido	0,494/123°
Kiribati	110.356	811	136,07	1979/Reino Unido	0,515
Laos	6.677.534	236.800	28,2	1949/França	0,497/122°
Myanmar	47.758.181	678.500	70,39	1948/Reino Unido	0,451/132°
Nepal	29.519.114	147.181	200,56	República em 2008	0,428/138°
Samoa	217.083	2.944	73,74	1962/Zona Zelândia	Saiu
Timor-Leste	1.108.777	15.007	73,88	1975/Portugal	0,502/120°
Tuvalu	12.177	26	0,47	1978/Reino Unido	0,583
Vanuatu	215.446	12.200	17,66	1980/França	0,693
Total	**801.875.079**	**20.814.663**			

Fonte: ASSAD, L. Pobreza inviabiliza autodeterminação de nações. *Ciência e Cultura*, v. 64, n. 1, 2012.

Assad,[1] então, apresenta o quadro:

> Atualmente, 48 nações são consideradas pela Organização das Nações Unidas (ONU) como países menos desenvolvidos. Juntas ocupam quase 21 milhões de quilômetros quadrados, ou cerca de duas vezes e meia o território brasileiro. Nelas vivem mais de 800 milhões de habitantes, a grande maioria sobrevivendo com menos de um dólar americano por dia. O continente africano abriga quase 70% desses países, enquanto que 14 se encontram na Ásia e na Oceania e apenas um no continente sul-americano: o Haiti que no século XVIII era considerada a mais próspera colônia da região e, há algumas décadas, é o país mais pobre das Américas.

É possível observar também o país colonizador, variável importante na equação, uma vez que o tipo de colonização influencia o desenvolvimento econômico do país. O Brasil, por exemplo, tem peculiaridades próprias, apresentando grande extensão territorial, com densidade demográfica variada, agregada à massiva desigualdade econômica. Nas regiões Sudeste e Sul, apresenta forte industrialização, enquanto nas demais a economia é basicamente agrícola, herança do Brasil colonial. Por essa razão, o país apresenta grande desequilíbrio social. Dessa forma, o Brasil, como toda nação, precisa da definição de políticas públicas para atingir o equilíbrio social, sendo algumas dessas definidas pela Constituição Federal de 1988, em termos de patamares mínimos de gastos, o que aumenta a necessidade de recursos públicos.

4.2

A ADMINISTRAÇÃO PÚBLICA E A RESPONSABILIDADE PELOS SERVIÇOS PÚBLICOS

No final deste capítulo, é descrita a importância da Contabilidade Pública como agente de fiscalização e controle das políticas públicas. No Brasil, a administração pública é responsável pelos serviços públicos – alguns serviços apenas ela pode prestar, como os serviços diplomáticos e de segurança territorial, enquanto outros, como educação, saúde e transporte, podem ser compartilhados com a sociedade civil. A administração pública, de acordo com os princípios contidos na Constituição de 1988, está servida de instrumentos de gerenciamento para executar os serviços de maneira eficaz e eficiente para a sociedade.

Em outras palavras, a administração pública é responsável pela prestação do serviço público, indispensável à sociedade organizada. A definição de quais serviços serão implementados e quanto de recurso lhes será destinado ocorre na

1. ASSAD, L. Pobreza inviabiliza autodeterminação de nações. *Ciência e Cultura*, v. 64, n. 1, 2012, p. 14-16.

incorporação prática das políticas públicas definidas no momento de definição do orçamento público.

Machado destaca o relatado por Celso Antônio Bandeira de Mello:[2] "O interesse público, que à administração incumbe zelar, encontra-se acima de quaisquer outros. É obrigada a desenvolver atividade contínua, para perseguir suas finalidades públicas". Essas finalidades públicas, aliadas às visões políticas do executivo no poder, desenvolverão um plano de governo que priorize o consumo dos recursos públicos de acordo com sua percepção de necessidade, desenvolvendo metas e planos de governo e estabelecendo, assim, seu conjunto de políticas públicas a serem implementadas.

4.3

POLÍTICAS PÚBLICAS: PRESTAÇÃO DE SERVIÇOS PÚBLICOS E TOMADA DE DECISÃO

Políticas públicas é o conjunto de metas que o governo define de acordo com sua visão política, econômica e ideológica. Entretanto, esse conjunto de metas, disposto no plano de governo, tem de estar afinado com o orçamento público, definido todo ano na forma da Lei Orçamentária Anual. A questão do equilíbrio fiscal é um problema recorrente no Brasil, uma vez que, muitas vezes, executivos despreparados ou com discursos meramente populistas defendem políticas públicas que são abandonadas ao longo do tempo por sua falta de sustentação orçamentária.

As políticas públicas sempre estão atreladas a serviços públicos implementados pela administração pública, seja diretamente, seja delegando-os a elementos da sociedade civil. Há serviços públicos associados às esferas da União, do estado ou dos municípios e há outros de abrangência concorrente, de competência de mais de um nível governamental, por exemplo, a saúde, de competência tanto da União como dos estados e dos municípios. Como é possível perceber, as políticas públicas estão intrinsecamente ligadas à tomada de decisão dos governantes e aos seus mecanismos, porque estão associadas "à vontade política" de quem governa.

No contexto deste livro, supõe-se uma sociedade democrática como pano de fundo, ou seja, um Estado onde o cidadão tem direitos e responsabilidades, onde o administrador público se vê com a obrigação de prestar contas diante da cobrança por transparência e participação e onde existem mecanismos de pressão social, mais ou menos formais, que podem forçar decisões públicas em determinada direção.

2. MELLO, C. A. B. de. Elementos do direito administrativo. *Revista dos Tribunais*, São Paulo, 1981 apud MACHADO, C. C. et al. A importância da análise de custos na Administração Pública. *Terra e Cultura*, ano 22, n. 43, jul./dez., 2006, p. 46. Disponível em: <http://web.unifil.br/docs/revista_eletronica/terra_cultura/n43/terra_04.pdf>. Acesso em: 13 abr. 2019.

4.4

TRANSPARÊNCIA E CONTROLE NA IMPLEMENTAÇÃO DAS POLÍTICAS PÚBLICAS

As políticas públicas, em sua definição e controle, têm aspectos políticos e técnicos. Em última análise, a decisão "manteiga ou canhões" é política; no entanto, o técnico também tem lugar, inclusive mostrando sua exequibilidade, seus custos, seus resultados e fornecendo instrumentos para o controle de eficiência e eficácia da implementação da decisão escolhida. A Contabilidade Pública fornece os conceitos e os instrumentos para o estudo da viabilidade econômica dessas políticas públicas e para o controle econômico da eficácia em sua implementação. Do ponto de vista das políticas públicas, o orçamento público é um instrumento de planejamento e controle que verifica se os recursos disponíveis são suficientes para aquela demanda, para a consideração de seu custo e para o acompanhamento da execução orçamentária. Em suma, o orçamento público é a instância em que as políticas públicas ganham realidade efetiva. O estudo da viabilidade de determinada meta deveria ser realizado antes de seu planejamento, conforme relata Saliba:[3]

> Tendo em vista que a administração pública hoje trabalha com vários medidores de desempenho institucionais, segundo Alonso (1999), a preocupação pela alocação de recursos, que faça os indicadores de desempenho ser considerados adequados, tem que ser uma preocupação constante do gestor público.
>
> Neste contexto, o planejamento de ações requer a tomada de decisões prioritárias adequadas, pois na administração pública os objetivos institucionais podem se alterar por fatores políticos, econômicos ou sociais, sendo necessária a alteração ou o ajustamento das políticas públicas, assim, os gestores públicos têm que estar aptos para executar as mudanças adequadamente.
>
> A administração pública atualmente presta seus serviços na forma de processos de trabalho, onde cada etapa do processo pode ter uma ou mais atividades envolvidas e, consequentemente, há custo diferenciado em cada atividade do processo.

Instrumentos de controle interno e externo são necessários na administração pública, uma vez que, em geral, os objetivos institucionais e sociais sofrem com a existência de conflitos de interesses políticos ou pessoais. Na gestão pública, existe o que se denomina **conflito de agência**, o qual surge quando os objetivos daquele que exerce o poder diferem em algum grau dos objetivos daqueles que lhe

3. SALIBA, M. C. T. *Uma contribuição ao processo decisório na definição de projetos no âmbito dos conselhos participativos para inclusão no orçamento do município de São Paulo.* 2016. 144 f. Dissertação (Mestrado em Ciências Contábeis e Atuariais) – Programa de Estudos Pós-Graduados em Ciências Contábeis e Atuariais da Pontifícia Universidade Católica de São Paulo (PUC-SP), São Paulo, 2016, p. 58.

delegaram o poder - o que pode ocorrer, por exemplo, entre executivos e acionistas em uma empresa privada ou entre cidadãos e executivos públicos no Estado -, podendo surgir de fatores políticos, econômicos ou sociais.

Um problema de controle de gestão pública que muitas vezes ocorre se dá na troca de executivos, por ocasião da eleição. No ano eleitoral, vota-se o orçamento para o ano seguinte; assim, caso vença um candidato que não é do mesmo partido do atual mandatário, este trabalhará com o orçamento em que não estão contempladas suas metas do plano de governo, fazendo com que políticas públicas prometidas não tenham os recursos necessários para serem executadas e paralisando algumas já em desenvolvimento, a fim de que os recursos alocados para essas ações sejam realocados para as ações do atual plano de governo. O ministro Walton Alencar Rodrigues,[4] do Tribunal de Contas da União (TCU), em 2013, em entrevista à Revista Fiscobras, relatou essa preocupação:

> Esta relevante missão, confiada ao Tribunal, decorre da interação existente entre o TCU e o Parlamento, em vista da significativa quantidade de obras públicas paralisadas, após vários anos de execução, com surpreendente desperdício de recursos públicos. Tal interação se insere nos papéis de titular e executor do controle externo e tem sido decisiva para expor e superar o quadro de abandono das obras e desperdício de recursos públicos.

Desse modo, a implementação de políticas públicas se inicia no processo de planejamento público, durante a confecção do plano plurianual - com duração, prevista constitucionalmente, de quatro anos, ao longo do mandato do político eleito -, o qual será a base para a confecção de um plano anual, denominado Lei de Diretrizes Orçamentárias (LDO), com duração de um ano. A LDO é a base para a confecção da Lei Orçamentária Anual (LOA), isto é, o orçamento público. Esses processos podem ser mais ou menos participativos. Hoje, em quase todo o processo orçamentário do setor público, no tocante às esferas federal, municipal e estadual, existe algum grau de participação da sociedade civil na elaboração do planejamento e em sua execução. Contudo, nada estará nos trilhos se a tomada de decisão ideal para o processo de planejamento em questão e sua implementação não tiver o devido acompanhamento.

4.5

POLÍTICAS PÚBLICAS: PLANEJAMENTO E IMPLEMENTAÇÃO

Como é possível depreender até aqui, as políticas públicas envolvem um trinômio: planejamento, tomada de decisão e implementação. O planejamento das políticas públicas em um país com uma grande desigualdade social é muito complexo,

4. RODRIGUES, W. A. Fiscobras 2013. *Revista do TCU*, n. 126, 2013, p. 8-15.

pois um plano que se adequa em determinada região pode não servir para outra. Suponha, por exemplo, que na cidade de São Paulo, onde há uma região urbana e outra rural, existe um planejamento da erradicação do mosquito transmissor da dengue. O planejamento da zona rural é diferente da zona urbana, mas o que pode ter sucesso em ambas as regiões é a flexibilidade do planejamento adotado.

Com esse exemplo, pode-se notar que há ações do poder público que não podem ser planejadas em um eixo central rígido, havendo necessidades de descentralização e de delegação, pois as ações carecem de ajustes locais para atingir a meta definida. Essa necessidade de delegação e descentralização implica a prestação de contas do gestor público, responsável não só por tomar as decisões, mas também por relatar seu desempenho de forma transparente e oportuna. Existem decisões que, em determinado grau de abstração, transcendem essas variações regionais, como as ações macros, por exemplo, um Plano Econômico Nacional, considerando que as políticas públicas podem ser de âmbito nacional ou local.

Como visto anteriormente, existem serviços públicos que o governo pode delegar ao particular, sem perder o caráter público, como a educação e a saúde. Isso é feito, em geral, quando o volume de recursos necessários para a manutenção desses serviços é escasso. Nesse ponto, torna-se necessário introduzir a ideia de política social, a qual funciona como uma política pública direcionada à população na tentativa de equilibrar a qualidade de vida entre as classes sociais.

Esse fato acarreta dificuldades nos planos do governo dos executivos eleitos, pois têm de atender às demandas diversas, visando abranger as várias classes sociais e os setores da sociedade civil e suas necessidades específicas. Portanto, o planejamento é muito complexo, uma vez que há muitas demandas e poucos recursos. Diversos políticos demagogos se valem dessa complexidade, propondo plataformas populistas, sabedores das grandes carências da sociedade, e prometendo plataformas irreais para uma maioria desprovida de informação e capacidade crítica. Com base nessa maioria e em caras campanhas de marketing, terminam por se eleger. Isso faz com que muitos planos de governo sejam peças de ficção, pois os mandatários sabem ser impossível cumpri-las em sua totalidade.

4.6

SOCIEDADE SEGMENTADA: IMPACTO NA DISTRIBUIÇÃO DOS RECURSOS

As diferenças sociais produzem expectativas de políticas públicas diferentes entre os vários segmentos da sociedade. A quem possa dizer que políticas públicas são de caráter geral, favorecendo a todos, mas na prática isso não acontece. A escolha na divisão dos recursos é política. O executivo público representa um conjunto de forças da sociedade e seu exercício de poder é a expressão das forças sociais que o elegeram em confronto com os segmentos excluídos. Se a desigualdade social diminuir, naturalmente essa camada incorporará o contingente de contribuintes de impostos, aumentando, assim, os recursos públicos. Então, essa visão de investimento para que a desigualdade diminua é até uma estratégia de aumento de recursos, estabelecendo um ciclo econômico de investimento. Oliveira[5] comenta o assunto:

> Dentro dessa concepção, a redução das desigualdades resultaria naturalmente dos impactos indiretos dos investimentos produtivos; expandindo-se a produção e a base tributária da economia, o governo teria condições de mobilizar recursos necessários para atender aos problemas dos segmentos mais pobres da população.

Oliveira[6] apresenta um quadro em que o perfil de distribuição de renda no Brasil é mostrado:

> O crescimento econômico traça um iníquo perfil da distribuição de renda: os brasileiros mais ricos (1% do total) detinham, em 1960, cerca de 12% da renda; tal participação elevou-se para 15% em 1970 e 17% em 1980. Estima-se que, em 1983, os 10% mais ricos captavam cerca de 46% da renda, enquanto os 20% mais pobres ficavam com menos de 4%. Os desequilíbrios regionais não ficaram fora desta estatística, a participação do Nordeste na renda nacional declinou de 15% para menos de 12% ao longo das duas últimas décadas.

4.7

UM EXEMPLO DE POLÍTICA PÚBLICA: O CASO DA PREVIDÊNCIA SOCIAL

Com esses dados, torna-se imperativa a questão: Como formulação e implementação de políticas públicas coerentes afetam o bem-estar do país? Para a resposta a essa situação, veja a seguir o exemplo de como a previdência social pode ser encarada como uma política pública na área da assistência social do governo federal, com a Lei Orgânica de Assistência Social (LOAS).[7]

A previdência social pode ser considerada uma política social a longo prazo, pois sua finalidade é a concessão de benefícios programados, aposentadoria por tempo de contribuição, aposentadoria por idade, pensões e benefícios não programados, como

5. OLIVEIRA, L. R. A previdência social brasileira como política pública e a questão da sua efetividade. Brasília-DF: *Conteúdo Jurídico*, 30 nov. 2011. Disponível em: <http://www.conteudojuridico.com.br/artigo,a-previdencia-social-brasileira-como-politica-publica-e-a-questao-da-sua-efetividade,34735.html>. Acesso em: 3 abr. 2019.
6. OLIVEIRA, 2011.
7. BRASIL. *Lei n. 8.742, de 7 de dezembro de 1993.* Dispõe sobre a organização da Assistência Social e dá outras providências. Disponível em: <http://www.planalto.gov.br/ccivil_03/LEIS/L8742compilado.htm>. Acesso em: 27 abr. 2019.

auxílios-doença, auxílios-acidente etc. Essa política pública tem como objetivo garantir uma renda ao indivíduo que se encontra em estado de vulnerabilidade, seja pela idade, seja por sinistros eventuais da vida humana, como doença ou perda de um ente da família, preservando seu bem-estar. A previdência social faz parte da seguridade social - política pública custeada por toda a sociedade - e tem o caráter solidário, conforme disciplina o art. 194 da Constituição Federal:[8]

> Art. 194. A seguridade social compreende um conjunto integrado de ações de iniciativa dos Poderes Públicos e da sociedade, destinadas a assegurar os direitos relativos à saúde, à previdência e à assistência social.
>
> Parágrafo único. Compete ao Poder Público, nos termos da lei, organizar a seguridade social, com base nos seguintes objetivos:
>
> I - universalidade da cobertura e do atendimento;
> II - uniformidade e equivalência dos benefícios e serviços às populações urbanas e rurais;
> III - seletividade e distributividade na prestação dos benefícios e serviços;
> IV - irredutibilidade do valor dos benefícios;
> V - equidade na forma de participação no custeio;
> VI - diversidade da base de financiamento;
> VII - caráter democrático e descentralizado da administração, mediante gestão quadripartite, com participação dos trabalhadores, dos empregadores, dos aposentados e do Governo nos órgãos colegiados.

A fonte de recurso da previdência social está disposta na Constituição de 1988:[9]

> Art. 195. A seguridade social será financiada por toda a sociedade, de forma direta e indireta, nos termos da lei, mediante recursos provenientes dos orçamentos da União, dos Estados, do Distrito Federal e dos Municípios, e das seguintes contribuições sociais:
>
> I - do empregador, da empresa e da entidade a ela equiparada na forma da lei, incidentes sobre:
>
> a) a folha de salários e demais rendimentos do trabalho pagos ou creditados, a qualquer título, à pessoa física que lhe preste serviço, mesmo sem vínculo empregatício;
> b) a receita ou o faturamento;
> c) o lucro;

8. BRASIL. *Art. 194 da Constituição da República Federativa do Brasil de 1988*. Disponível em: <http://www.planalto.gov.br/ccivil_03/constituicao/constituicaocompilado.htm>. Acesso em: 23 abr. 2019.
9. BRASIL, 1988.

II - do trabalhador e dos demais segurados da previdência social, não incidindo contribuição sobre aposentadoria e pensão concedidas pelo regime geral de previdência social de que trata o art. 201;

III - sobre a receita de concursos de prognósticos.

IV - do importador de bens ou serviços do exterior, ou de quem a lei a ele equiparar.

Por outro lado, o Amparo Assistencial ao Idoso ou a Pessoa com Deficiência, LOAS, ou Prestação Continuada, política pública voltada ao idoso, mulheres e homens com idade igual ou superior a 65 anos, e as pessoas com deficiência impossibilitadas de trabalhar, tem características diferente da Previdência Social, não requer contrapartida do beneficiário, além do quesito idade ou capacidade de trabalho, requer estado de vulnerabilidade do cidadão, este quesito é verificado tomando-se a renda per capita do grupo familiar do pretendente ao benefício, que deve ser inferior a ¼ do salário mínimo nacional, nos termos do art. 20 da Lei n. 8.742, de 7/12/1993, abaixo:

Art. 20. O benefício de prestação continuada é a garantia de um salário mínimo mensal à pessoa com deficiência e ao idoso com 65 (sessenta e cinco) anos ou mais que comprovem não possuir meios de prover a própria manutenção nem de tê-la provida por sua família.

§ 1º Para os efeitos do disposto no *caput*, a família é composta pelo requerente, o cônjuge ou companheiro, os pais e, na ausência de um deles, a madrasta ou o padrasto, os irmãos solteiros, os filhos e enteados solteiros e os menores tutelados, desde que vivam sob o mesmo teto.

§ 2º Para efeito de concessão do benefício de prestação continuada, considera-se pessoa com deficiência aquela que tem impedimento de longo prazo de natureza física, mental, intelectual ou sensorial, o qual, em interação com uma ou mais barreiras, pode obstruir sua participação plena e efetiva na sociedade em igualdade de condições com as demais pessoas.

§ 3º Considera-se incapaz de prover a manutenção da pessoa com deficiência ou idosa a família cuja renda mensal per capita seja inferior a 1/4 (um quarto) do salário mínimo.

§ 4º O benefício de que trata este artigo não pode ser acumulado pelo beneficiário com qualquer outro no âmbito da seguridade social ou de outro regime, salvo os da assistência médica e da pensão especial de natureza indenizatória.

Esse exemplo foi colocado com a intenção de mostrar ao leitor que pode haver participação direta da sociedade na captação de recursos para as políticas públicas e há políticas públicas em que a participação da sociedade é indireta, uma vez que os recursos têm como origem os cofres do governo, com fontes de receitas dos governos como um todo, com impostos e tributos em geral ou com outras fontes de receitas, como as loterias, por exemplo.

4.8

ACCOUNTABILITY NA ADMINISTRAÇÃO PÚBLICA

O gerenciamento desses recursos é muito complexo, pois, como visto, há recursos com destinação certa, "rubricas carimbadas", que, não raro, pegam desvios no meio do caminho ou têm destinações não adequadas, feitas apenas para cumprir os percentuais constitucionais, para a educação e para a saúde, por exemplo.

É nesse ponto que o preceito da a*ccountability* na administração pública se faz necessário, como mostra Fernandes,[10] ao citar Kanaane:

> *Accountability* é o termo que sintetiza a responsabilidade pela prestação de contas de uma organização aos seus *stakeholders*, que no caso do serviço público tem como representantes: os servidores, os fornecedores, o governo e o cliente-cidadão. O cliente-cidadão é o contribuinte, o consumidor real ou potencial dos serviços públicos ofertados direta ou indiretamente pelo estado. E esse termo nos traz o juízo que o cidadão deve ser visto pelo setor público da mesma forma que o cliente é visto pelo setor privado: como a razão de existir da organização.

Nesse cenário, o contador público deve auxiliar os tomadores de decisão com a apresentação de informações precisas, essenciais no processo de governança, para que o processo de *accountability* seja bem-sucedido, como relatam Azevedo e Anastasia, citando Melo:[11]

> Assim, o conceito de governança aqui utilizado não se limita ao formato institucional e administrativo do Estado e à maior ou menor eficácia da máquina estatal na implementação de políticas públicas. Se o conceito de governabilidade remete às condições sistêmicas sob as quais se dá o exercício do poder, ou seja, aos condicionantes do exercício da autoridade política, governança qualifica o modo de uso dessa autoridade. Envolve, portanto, além das questões político-institucionais de tomada de decisões, as

10. KANAANE, R.; FIEL FILHO, A.; FERREIRA, M. G. *Gestão pública:* planejamento, processos, sistemas de informação e pessoas. 1. ed. São Paulo: Atlas, 2010 *apud* FERNANDES, L. D. L. F.; BORGES, T. J.; LEITE JÚNIOR, M. C. R. Auditoria e controle interno no setor público e sua contribuição para a democracia. *Revista da Universidade Vale do Rio Verde*, Três Corações, v. 15, n. 1, 2017, p. 642-654.

11. MELO, M. A. Governance e reforma do estado: o paradigma agente X principal". *Revista do Serviço Público*, Brasília, ano 47, v. 120, n. 1, jan./abr., 1996.

formas de interlocução do Estado com os grupos organizados da sociedade, no que se refere ao processo de definição, acompanhamento e implementação de políticas públicas.

Temos que ressaltar aqui que a NBC TSP - Estrutura Conceitual, de 23 de setembro de 2016, vigente a partir de 1º de janeiro de 2017, disciplina a estrutura conceitual para elaboração e divulgação de informação contábil de propósito geral pelas entidades do setor público, a partir do Relatório Contábil de Propósito Geral das Entidades do Setor Público (RCPG), utilizado pelos tomadores de decisão para questões técnicas. Portanto, a governança está vinculada a essas informações técnicas, de responsabilidade do contador público - responsabilidade que pode ser depreendida por analogia ao contador societário, responsável pela governança do negócio. De acordo com Masayuki Nakagawa, Sordi Relvas e Dias Filho:[12]

> [...] o que se busca é evidenciar a *accountability* da empresa, em termos de conformidade (*compliance*) de suas operações às leis que regulamentam suas atividades no Brasil. Cabe ao contador evidenciar, por meio de uma adequada contabilização (*bookkeeping*), a conformidade contábil da empresa às normas legais que regulam suas atividades no Brasil.

Pode-se imaginar que, no setor público, dada as intervenções políticas, o contador público tenha menos responsabilidade. Pode-se dizer, porém, que essa premissa é inválida, pois a responsabilidade do contador advém da profissão. Um médico servidor público está sujeito às mesmas responsabilidades do médico particular. Por que, então, com o contador não seria igual?

Nesse contexto, ensina Pederiva:[13]

> Ademais, esse estudo permite relacionar a responsabilidade pela prestação de contas nos poderes públicos e privados e comparar a *accountability* dos respectivos setores. Recorde-se que o conceito de contas, nesse contexto, também compreende o cumprimento de metas.
>
> Os demonstrativos contábeis constam entre as fontes de informação que suportam as tomadas de decisões e a *accountability*. Tais demonstrativos, por si, não asseguram que o governo opera como deveria.

12. NAKAGAWA, M.; RELVAS, T. R. S.; DIAS FILHO, J. M. Accountability: a razão de ser da contabilidade. *Revista de Educação e Pesquisa em Contabilidade*, v. 1, n. 3, p. 87, 2007.
13. PEDERIVA, J. H. *Accountability, constituição e contabilidade*. Brasília: Senado Federal, 1998, p. 18. Disponível em: <http://www2.senado.leg.br/bdsf/bitstream/handle/id/414/r140-03.pdf?sequence=4>. Acesso em: 13 abr. 2019.

Fica claro que a *accountability* não tem a função de ser um moderador da tomada de decisão dos que detêm essa atribuição, mas sim de verificar se a decisão tomada foi efetuada de acordo com a legalidade, bem definida em disposições constitucionais e infraconstitucionais.

Na Constituição, o assunto é tratado nos arts. 70 a 75:[14]

> Art. 70. A fiscalização contábil, financeira, orçamentária, operacional e patrimonial da União e das entidades da administração direta e indireta, quanto à legalidade, legitimidade, economicidade, aplicação das subvenções e renúncia de receitas, será exercida pelo Congresso Nacional, mediante controle externo, e pelo sistema de controle interno de cada Poder.
>
> Parágrafo único. Prestará contas qualquer pessoa física ou jurídica, pública ou privada, que utilize, arrecade, guarde, gerencie ou administre dinheiros, bens e valores públicos ou pelos quais a União responda, ou que, em nome desta, assuma obrigações de natureza pecuniária.

Nos arts. 71 a 75, são disciplinadas a forma de controle, as competências dos Tribunais de Contas e sua formação. Na esfera infraconstitucional, pode-se citar o que está regulamentado na NBC TSP - Estrutura Conceitual, mencionada anteriormente, sobre os relatórios contábeis para o setor público - tema do Capítulo 5 deste livro.

A *accountability*, acima de tudo, é uma relação democrática com o cliente-cidadão, pois a democracia, em um nível de conceituação elevado ao seu mais alto grau de entendimento, requer uma relação madura de cidadania. Quando políticas públicas são implementadas de forma racional, é obrigação do gestor público fornecer o respectivo feedback à sociedade, isto é, se aquela política pública foi produtiva para a sociedade ou não. A melhor forma de fornecer essa devolutiva é por meio de uma prestação de contas que não se prenda apenas ao valor monetário, porque, quando se trata de políticas públicas, o bem-estar social deve imperar. Para isso ser possível, o princípio da transparência, tão caro nos regimes democráticos, é vital. Dessa forma, a prestação de conta e a transparência fazem parte de um binômio que compõe a cidadania.

Não é raro acontecer de relatórios técnicos fornecerem ao gestor uma visão apenas burocrática para determinada tomada de decisão. Cabe ao gestor público, então, que tem uma relação com a sociedade, fazer a verdadeira aferição da política pública implantada. Isso não significa que a parte técnica deve ser deixada de lado, pelo contrário, ela deve ser a mais rigorosa possível, porque só assim o

14. BRASIL, 1988.

tomador de decisão se sentirá à vontade para tomar sua decisão. Entretanto, o gestor público deve se utilizar dos relatórios técnicos com critério, pois uma decisão sem perspectiva futura pode levar a erros consideráveis.

CONSIDERAÇÕES FINAIS

Compreender a definição de políticas públicas é primordial para a sociedade, uma vez que se discute sobre como os recursos serão repartidos entre as várias necessidades da sociedade - como saúde, educação, segurança -, em suas várias regiões - como região norte, nordeste, sul, centro-oeste, sudeste - e segmentos - como os extratos populacionais.

Em uma sociedade democrática, os cidadãos querem participar dessa formulação, direta ou indiretamente. As políticas públicas com participação direta da sociedade contam com a contribuição de recursos destinados para determinada ação, como é o caso da Previdência Social. Por outro lado, existem políticas públicas em que a ação do Estado se dá com recursos de fontes de receitas gerais.

Para garantir que os recursos sejam empregados adequadamente, a gestão pública faz uso da *accountability*. Durante esse processo, são usados os dados dos relatórios contábeis, em que os usuários podem acompanhar a utilização dos recursos. Nesse aspecto, a transparência torna-se um canal importante de comunicação entre a administração pública e a sociedade.

Sendo assim, a Contabilidade Pública funciona como o instrumento que viabiliza a participação, a transparência e a prestação de contas.

RESUMO

As políticas sociais representam definições políticas e técnicas sobre a priorização no uso dos recursos da sociedade. Sua implementação se dá por meio de um processo de planejamento, execução e controle, tomando a forma dos serviços públicos, os quais, por sua vez, podem ser delegados, então denominados de utilidade pública, como a educação e a manutenção das rodovias. Outros podem ser prestados apenas pelo Estado e são denominados serviços públicos propriamente ditos, como os serviços diplomáticos.

Na sociedade, surgem conflitos de interesse entre o executivo público e os cidadãos e cabe ao executivo público assumir o poder e representar os segmentos e suas especificidades. Por essa razão, existe a obrigação de *accountability*. A escolha na priorização dos recursos é uma escolha política. No entanto, exigências de participação, transparência e *accountability* dão lugar às necessidades de controles internos e externos. A Contabilidade Pública surge assim como um instrumento de vital importância em uma sociedade democrática.

QUESTÕES PARA PESQUISA

1. Defina políticas públicas.
2. O que são serviços públicos?
3. O que é *accountability*?
4. Defina orçamento público.
5. Pesquise na biblioteca sobre orçamento participativo e cite exemplos de cidades brasileiras com maior grau de participação da população no processo orçamentário.
6. Pesquise e cite exemplos de descontinuidade administrativa, fornecendo a fonte da informação.
7. Quais são os tipos de serviços públicos existentes no tocante à possibilidade de delegação pelo Estado?
8. Do ponto de vista orçamentário, cite um problema causado por plataformas populistas.
9. A visão sobre qual conjunto de políticas públicas deveria ser praticado é a mesma em todas as camadas da sociedade? Dê exemplos.
10. Pesquise sobre controles internos e discorra sobre a necessidade ou não de sua presença na gestão pública.

CAPÍTULO 5

Ambiente legal e normativo da Contabilidade Pública

OBJETIVOS

Este capítulo tem como objetivo apresentar o arcabouço legal e normativo que norteia a Contabilidade aplicada ao setor público, lembrando que esse é um tema em constante atualização.

Por ainda estar em movimento de normatização e mudança em razão da padronização das normas internacionais, as alterações têm sido realizadas de forma gradual e progressiva, para não causar um impacto muito forte no dia a dia da Contabilidade Pública no Brasil e consequentes prejuízos à administração pública.

VISÃO GERAL

Este capítulo aborda, inicialmente, as leis que regem a Contabilidade Pública no Brasil e, em seguida, as Normas Brasileiras de Contabilidade Técnicas Aplicadas ao Setor Público (NBC TSP), dispostas em tópicos desenvolvidos para obedecer a seu escopo.

INTRODUÇÃO

A atual Contabilidade Pública brasileira tem amparo legal, com leis defasadas dos padrões contábeis internacionais e, por esse motivo, passando por um processo de padronização, semelhante ao da Contabilidade para o setor privado, com a edição de normas de padronização editadas pelo Conselho Federal de Contabilidade (CFC), desde 2008, em um processo gradual. Um breve relato do arcabouço legal e normativo é descrito para propiciar ao leitor uma visualização do ambiente da Contabilidade Pública do Brasil atualmente.

5.1

A GESTÃO PÚBLICA E A LEGALIDADE ESTRITA

A administração pública possui características próprias e problemas específicos, o que faz com que a Contabilidade Pública tenha as mesmas dificuldades. Assim como a gestão pública está sujeita ao princípio da legalidade estrita, de acordo com o art. 37, *caput* da Constituição Federal,[1] a Contabilidade está, em toda a sua atividade, adstrita aos ditames da lei, não podendo dar interpretação extensiva ou restritiva.

Do ponto de vista do arcabouço legal relacionado à gestão pública e à Contabilidade Pública, alguns de seus componentes mais relevantes estão relacionados na Tabela 5.1, apresentada a seguir:

TABELA 5.1

Base legal

Atos	Descrição
CF, de 5 de outubro de 1988	Art. 37. A administração pública direta e indireta de qualquer dos Poderes da União, dos Estados, do Distrito Federal e dos Municípios obedecerá aos princípios de legalidade, impessoalidade, moralidade, publicidade e eficiência.
Lei n. 8.666, de 21 de julho de 1993	Regulamenta o art. 37, inc. XXI, da Constituição Federal, normas para licitações[2] e contratos da administração pública e dá outras providências.

1. BRASIL. *Constituição da República Federativa do Brasil de 1988*. Disponível em: <http://www.planalto.gov.br/ccivil_03/constituicao/constituicao.htm>. Acesso em: 23 abr. 2019.
2. Licitação é uma forma de tomada de decisão.

Atos	Descrição
Decreto-Lei n. 200, de 25 de fevereiro de 1967	Art. 6º As atividades da administração pública federal obedecerão aos seguintes princípios fundamentais: Planejamento, Coordenação, Descentralização, Delegação de Competência e Controle. Art. 79. A Contabilidade deverá apurar os custos dos serviços para evidenciar os resultados da gestão.
Decreto n. 2.271, de 1997	Art. 1º No âmbito da administração pública federal direta, autárquica e fundacional, poderão ser objeto de execução indireta as atividades materiais acessórias, instrumentais ou complementares aos assuntos que constituem área de competência legal do órgão ou da entidade.
LC n. 101, de 2000	Estabelece normas de finanças públicas voltadas para a responsabilidade na gestão fiscal, nos três âmbitos da Administração Pública – União, estado e município.

Fonte: elaborada pelos autores.

Deve ser considerada ainda, no tocante aos elementos que direcionam e orientam a Contabilidade Pública, além da base legal, um conjunto de normas e resoluções que formam uma base normativa, conforme apresentado na Tabela 5.2.

TABELA 5.2

Base normativa

NBC	Resolução CFC	Nome da norma	IFAC
NBC TSP ESTRUTURA CONCEITUAL	4 de outubro de 2016	Estrutura Conceitual para Elaboração e Divulgação de Informação Contábil de Propósito Geral pelas Entidades do Setor Público	Conceptual Framework
NBC TSP 01	28 de outubro de 2016	Receita de Transação sem Contraprestação	IPSAS 9
NBC TSP 02	28 de outubro de 2016	Receita de Transação com Contraprestação	IPSAS 9
NBC TSP 03	28 de outubro de 2016	Provisões, Passivos Contingentes e Ativos Contingentes	IPSAS 19
NBC TSP 04	6 de dezembro de 2016	Estoques	IFAC

NBC	Resolução CFC	Nome da norma	IFAC
NBC TSP 05	6 de dezembro de 2016	Contratos de Concessão de Serviços Públicos: Concedente	IPSAS 32
NBC T 16.6 R1	31 de outubro de 2014	Demonstrações Contábeis	Não há.
NBC T 16.7	1.134, de 2008	Consolidação das Demonstrações Contábeis	Não há.
NBC T 16.8	1.135, de 2008	Controle Interno	Não há.
NBC T 16.9	1.136, de 2008	Depreciação, Amortização e Exaustão	Não há.
NBC T 16.10	1.137, de 2008	Avaliação e Mensuração de Ativos e Passivos em Entidades do Setor Público	Não há.
NBC T 16.11	1.366, de 2011	Sistema de Informação de Custos do Setor Público	Não há.

Fonte: CONSELHO FEDERAL DE CONTABILIDADE (CFC). *NBC TSP – do Setor Público*. Disponível em: <http://cfc.org.br/tecnica/normas-brasileiras-de-contabilidade/nbc-tsp-do-setor-publico>. Acesso em: 26 mar. 2019.

5.2

A LEI N. 4.320, DE 1964

A Lei n. 4.320, de 17 de março de 1964,[3] editada sob a égide da Constituição Federal de 1946, tratada pelo então presidente João Goulart como essencial ao desenvolvimento do país. No âmbito orçamentário e contábil não foi diferente, pois a entrada em vigor da Lei Geral de Direito Financeiro, Orçamento e Contabilidade estava dentro das reformas esperadas. Martinho[4] afirma que, na realidade:

> A Lei n. 4.320, de 1964, é originariamente uma lei ordinária e foi recepcionada pela atual Constituição com status de lei complementar. Isso se deve ao fato de que o art. 163 da CF, de 1988, que determina os casos que devem ser disciplinados por lei complementar, traz em seu inciso I a matéria de finanças públicas. Por esse motivo, esta lei só poderá ser alterada por uma lei complementar.

A Contabilidade Pública trata também da execução orçamentária (balanço orçamentário) e dos fluxos financeiros que afetam as disponibilidades (balanço

3. BRASIL. *Lei n. 4.320, de 17 de março de 1964*. Estatui Normas Gerais de Direito Financeiro para elaboração e controle dos orçamentos e balanços da União, dos Estados, dos Municípios e do Distrito Federal. Disponível em: <https://www.planalto.gov.br/ccivil_03/Leis/L4320.htm> Acesso em: 23 abr. 2019.

4. MARTINHO, M. R. *Lei n. 4.320/64 comentada, em esquemas*. Joinville: Clube de Autores, 2010, p. 7.

financeiro). Desse ponto de vista, ela envolve os subsistemas contábeis patrimonial, orçamentário, financeiro, de compensação e de custos.

A lei impôs que as alterações em todos os ativos e passivos decorrentes da execução orçamentária ou independente dela sejam registradas com vistas à elaboração do balanço patrimonial. Da mesma forma, os eventos que alteram o resultado do exercício, decorrentes ou não da execução orçamentária, devem ser contabilizados, com vista à elaboração da demonstração das variações patrimoniais.

Deve-se mencionar que a lei também impõe que os eventos contábeis sejam escriturados por partidas dobradas. Um aspecto geral e talvez o mais importante é que as alterações do patrimônio líquido devem ser reconhecidas, decorram ou não da execução orçamentária, conforme arts. 100 e 104. Isso está relacionado com o fato de que a contabilidade deve prover informações não apenas relativas à execução orçamentária e às mudanças nas disponibilidades, mas também aquelas que permitam conhecer a composição patrimonial e os resultados econômicos, conforme art. 85. Assim, alguns eventos podem impactar o sistema patrimonial, e não o sistema orçamentário, e vice-versa, uma vez que esses subsistemas contábeis possuem bases conceituais diferentes. Por exemplo, existem receitas e despesas contabilizadas no sistema patrimonial, e não no sistema orçamentário, e receitas e despesas contabilizadas no sistema orçamentário, e não no sistema patrimonial. O sistema patrimonial avançou na direção de um sistema contábil em um regime de competência pleno. Já o sistema orçamentário, trabalho que se costuma denominar regime misto, trabalha com as despesas contabilizadas por competência e as receitas em regime de caixa.

A despesa orçamentária refere-se a determinado pagamento, autorizado pelo poder legislativo, que pode ocorrer no exercício ao qual está apropriada ou após seu encerramento. Algumas despesas orçamentárias podem ter correlação com despesas patrimoniais, mas o momento de reconhecimento dessas e daquelas pode não coincidir.

Do ponto de vista prático, o pagamento de obrigações decorrentes dessas despesas incorridas dependerá de autorização orçamentária. Assim, uma coisa é a competência da despesa - exercício em que o patrimônio líquido é afetado - e outra coisa é a competência da despesa orçamentária - exercício em que o crédito consignado ao orçamento é comprometido ao pagamento de obrigação decorrente daquelas despesas.

Relativamente à aquisição de ativos, as chamadas despesas de capital, a ordem de reconhecimento é inversa. A despesa orçamentária é reconhecida quando da utilização de dotação destinada à sua aquisição, e a despesa, do ponto de vista patrimonial, é reconhecida posteriormente, quando do consumo desse ativo - utilização de material de consumo ou depreciação de material permanente.

A receita orçamentária refere-se aos recursos que poderão ser utilizados no pagamento de despesa orçamentária e algumas delas podem ter um relacionamento com receitas do ponto de vista do sistema patrimonial. No entanto, a receita orçamentária é reconhecida apenas quando de sua arrecadação, podendo ser reconhecida antes, desde que não haja dúvidas a respeito da liquidez e da certeza do direito a receber, como dívida ativa, encargos relativos a empréstimos e financiamentos concedidos, dividendos a receber, juros sobre adiantamento para futuro aumento de capital, superávit do Banco Central do Brasil (BACEN) etc.

A Lei n. 4.320, de 1964, não estabeleceu um regime contábil de competência para a receita e a despesa, conforme descrito anteriormente neste capítulo. No entanto, as informações contábeis requeridas não podem ser produzidas sem perda de qualidade, se o regime de competência não for utilizado no reconhecimento de receitas e despesas. A disposição de que créditos da Fazenda Pública, exigíveis pelo transcurso do prazo para pagamento, devem ser reconhecidos como dívida ativa é um dos indicativos, contidos na própria lei, de que se deve adotar o regime de competência para o registro de fatos modificativos.

5.3

LEI N. 4.320, DE 1964, LEI N. 101, DE 2000, NORMAS DO CFC E CONSTITUIÇÃO FEDERAL

Em 2000, a Lei Complementar n. 101, publicada em 4 de maio,[5] estabeleceu normas de finanças públicas voltadas para a responsabilidade na gestão fiscal, nos três âmbitos da administração pública – União, estado e município – e em alguns de seus artigos concorre com o estabelecido na Lei n. 4.320, de 1964. Com esse conflito, geraram-se discussões e debates sobre a Contabilidade Pública no que tange a aspectos de elaboração, execução orçamentária, controle e, mais recentemente, no âmbito patrimonial. O aspecto de custos no setor público também ganhou mais relevância, gerando a publicação da Norma Brasileira de Contabilidade NBC T 16.11, Resolução CFC n. 1.366, de 25 de novembro de 2011.[6]

A Constituição Federal de 5 de outubro de 1988,[7] em particular o art. 37, afirma que a administração pública direta e indireta de qualquer dos poderes da

5. BRASIL. *Lei Complementar n. 101, de 4 de maio de 2000.* Estabelece normas de finanças públicas voltadas para a responsabilidade na gestão fiscal e dá outras providências. Disponível em: <http://www.planalto.gov.br/ccivil_03/leis/lcp/lcp101.htm>. Acesso em: 27 abr. 2019.
6. CONSELHO FEDERAL DE CONTABILIDADE (CFC). *Normas brasileiras de contabilidade – NBCs 16.1 a 16.11 – Contabilidade aplicada ao Setor Público, 2012.* Disponível em: <https://cfc.org.br/wp-content/uploads/2018/04/Publicacao_Setor_Publico.pdf>. Acesso em: 4 jul. 2019.
7. BRASIL, 1988.

União, dos estados, do Distrito Federal e dos municípios obedecerá aos princípios de legalidade, impessoalidade, moralidade, publicidade e eficiência. Igualmente prevê, em seu art. 165, a edição de uma lei complementar para substituir a Lei n. 4.320, de 1964, que estabelece normas gerais de direito financeiro para elaboração e controle dos orçamentos e dos balanços da União, dos estados, dos municípios e do Distrito Federal. Os arts. 165 a 167 também disciplinam o Plano Plurianual (PPA), a Lei de Diretrizes Orçamentária (LDO) e a Lei Orçamentária Anual (LOA), criando, assim, a necessidade de planejamento e a vedação de criação de despesa sem estar no orçamento.

5.4

LEI N. 8.666, DE 1993

A Lei n. 8.666, de 21 de julho de 1993,[8] regulamenta o art. 37, inc. XXI, da Constituição Federal, institui normas para licitações e contratos da administração pública e dá outras providências. Observa-se que licitação é uma forma de tomada de decisão.

5.5

NECESSIDADES DE MUDANÇAS: IPSAS E AS NOVAS NORMAS CONTÁBEIS

Conjuntamente com a legislação supracitada, há a necessidade de atender aos conceitos de gestão pública, de boas práticas em todo o processo de decisão de priorização de projetos. No entanto, considerando as mudanças no ambiente sociocultural, político e econômico brasileiro, a lei que trata de sistema orçamentário, sistema financeiro, sistema de compensação e sistema patrimonial, hoje está desatualizada, tendo em vista as novas exigências normativas introduzidas pelas Normas Internacionais de Contabilidade Aplicadas ao Setor Público (IPSAS), editadas pela Federação Internacional de Contadores (IFAC). Esse raciocínio é corroborado por Luciardo:[9]

> Em decorrência da evolução ocorrida na ciência contábil, principalmente a partir de 1990, a Lei n. 4.320/1964 carece de atualização, tal como ocorreu com a Lei n. 6.404/1976. Cabe lembrar que, apesar de ter representado uma evolução para a contabilidade

8. BRASIL. *Lei n. 8.666, de 21 de junho de 1993*. Regulamenta o art. 37, inciso XXI, da Constituição Federal, institui normas para licitações e contratos da Administração Pública e dá outras providências. Disponível em: <http://www.planalto.gov.br/ccivil_03/leis/l8666cons.htm>. Acesso em: 27 abr. 2019.

9. LUCIARDO, R. O. *Sistema de informação contábil para gestão pública em conformidade com as normas internacionais:* um estudo do modelo vigente. 2016. Tese (Doutorado em Administração) – Programa de Pós-Graduação em Administração, Universidade Municipal de São Caetano do Sul (USCS), São Caetano do Sul, 2016, p. 48-49.

pública, a Lei n. 4.320 foi publicada há mais de 50 anos e, desde então, houve muitas mudanças no cenário político e econômico do país, como o advento da Constituição Federal brasileira de 1988, os novos rumos da administração do País e a própria necessidade de reformas na legislação da contabilidade pública.

As IPSAS são normas internacionais, em âmbito global, de alta qualidade para a preparação de demonstrações contábeis por entidades do setor público. A tradução dessas normas para o português é conduzida pelo Comitê Gestor da Convergência no Brasil, composto do CFC, do Instituto dos Auditores Independentes do Brasil (IBRACON), da Comissão de Valores Mobiliários (CVM) e do BACEN, na disciplina do art. 2º da Resolução do CFC n. 1.103 de 28 de setembro de 2007.[10] Essas entidades são as tradutoras oficiais, no Brasil, das normas internacionais editadas pela IFAC, representando o coroamento dos esforços e das ações realizadas pelo CFC em consonância com a Secretaria do Tesouro Nacional (STN), por meio de sua Subsecretaria de Contabilidade, na busca da adoção, no Brasil, de novo modelo de Contabilidade Patrimonial, bem como da convergência das normas contábeis brasileiras aos padrões internacionais, entre elas as Normas Brasileiras de Contabilidade Aplicadas ao Setor Público (NBCASP) que teve, como primeira, a NBCASP 16.1, publicada com a Resolução CFC n. 1.128, de 21 de novembro de 2008.[11]

O Plano de Contas Aplicado ao Setor Público (PCASP)[12] estabelece que:

> Tendo em vista essa competência, a Portaria MF n. 184/2008 e o Decreto n. 6.976/2009 determinam que a STN, enquanto órgão central do Sistema de Contabilidade Federal, edite normativos, manuais, instruções de procedimentos contábeis e plano de contas de âmbito nacional, objetivando a elaboração e publicação de demonstrações contábeis consolidadas. Tais instrumentos encontram-se em consonância com as Normas Brasileiras de Contabilidade Técnicas Aplicadas ao Setor Público (NBC T SP) editadas pelo Conselho Federal de Contabilidade (CFC), e buscam a convergência às Normas Internacionais de Contabilidade Aplicada ao Setor Público – *International Public Sector Accounting Standards* (IPSAS) – editadas pelo *International Public Sector Accounting Standards Board* (IPSASB).

10. CONSELHO FEDERAL DE CONTABILIDADE (CFC). *Resolução n. 1.103, de 28 de setembro de 2007.* Disponível em: <www.cfc.org.br/sisweb/sre/docs/RES_1103.doc>. Acesso em: 23 abr. 2019.

11. CFC, 2012.

12. SÃO PAULO. *Plano de contas aplicado ao setor público (PCASP), 2014/2015*, p. 23. Disponível em: <http://www.tesouro.fazenda.gov.br/pt_PT/pcasp>. Acesso em: 3 abr. 2019.

Na Tabela 5.2, apresentada anteriormente, estão dispostas as Resoluções aprovadas pelo CFC, que publicaram as NBC TSP em ordem lógica, não cronológica, para melhor entendimento, assim dispostas no site do CFC.

Considerando que muitas das normas carecem de maior contextualização e desenvolvimento, optou-se, neste livro, por abordar algumas das normas listadas na Tabela 5.2 em capítulos específicos deste livro, assim distribuídas: a começar pela Norma 16.8, que aborda controles internos no setor público, tratada no Capítulo 4; NBC TSP 03 - Provisões, Passivos Contingentes e Ativos Contingentes e NBC T 16.9 - Depreciação, Amortização e Exaustão tratadas no Capítulo 9; Plano de Contas - NBC TSP 04 e NBC T 16.6, NBC T 16.7 e NBC T 16.10 tratadas no Capítulo 10; Demonstrativos Contábeis - NBC T 16.11 tratada no Capítulo 13; e as demais tratadas a seguir.

A primeira norma destacada é a NBC TSP - Estrutura Conceitual - Estrutura Conceitual para Elaboração e Divulgação de Informação Contábil de Propósito Geral pelas Entidades do Setor Público. Nessa norma, são apresentadas definições, requisitos e elementos dos Relatórios Contábeis de Propósito Geral das Entidades do Setor Público (RCPGs) a serem observados pelas entidades públicas. Essa é a norma mais detalhada de todas, uma vez que nela estão disciplinados todos os elementos do relatório contábil para uma entidade pública, em oito capítulos que tratam dos tópicos transcritos a seguir.

NBC TSP - ESTRUTURA CONCEITUAL

Capítulo 1 - Função, Autoridade e Alcance da Estrutura Conceitual

- **Função:** estabelece os conceitos estruturantes dos RCPGs, os quais devem ser elaborados com base no regime de competência.
- **Autoridade:** estabelece, em caso de omissão e conflito entre essa NBC T e outras, o que deve ser obedecido, e dispõe que os RCPGs são instrumentos de informação e transparência para os usuários da Contabilidade Pública.
- **Alcance:** estabelece as entidades sujeitas aos RCPGs.

Capítulo 2 - Objetivos e Usuários da Informação Contábil de Propósito Geral das Entidades do Setor Público

- **Objetivos:** disciplina que a finalidade dos RCPGs é o fornecimento de informações aos usuários para auxiliar na tomada de decisão e facilitar a prestação de contas e a responsabilização dos agentes públicos (*accountability*).

- **Usuários dos RCPGs:** apresenta os tipos de usuários e suas necessidades: os três níveis de governo (Executivo, Legislativos, Judiciário); outras entidades governamentais; fornecedores; órgãos de controle interno e externo; e a população em geral.
- **Prestação de contas e responsabilização (*accountability*) e tomada de decisão:** especifica e exemplifica o que é prestação de contas e responsabilização. Por exemplo:

  a) credores, doadores e outros que proveem recursos voluntariamente, incluindo transação com contraprestação, e tomam decisões sobre se proveem recursos para dar suporte às atividades atuais ou futuras do governo ou de outra entidade do setor público. Em algumas circunstâncias, os membros do legislativo ou de órgão representativo semelhante, que dependem dos RCPGs para obter a informação de que necessitam, podem tomar ou influenciar as decisões sobre os objetivos da prestação do serviço dos departamentos, dos órgãos ou dos programas do governo e os recursos alocados para dar suporte à sua realização;

  b) os contribuintes normalmente não proveem recursos ao governo ou a outra entidade do setor público voluntariamente ou como resultado de transação com contraprestação. Além disso, em muitos casos, eles não detêm a prerrogativa de escolher se aceitam ou não os serviços prestados pela entidade do setor público ou de escolher um prestador alternativo do serviço. Consequentemente, têm pouca capacidade direta ou imediata para tomar decisões sobre prover recursos ao governo, sobre os recursos a serem alocados para a prestação dos serviços por entidade do setor público em particular ou, ainda, se compram ou consomem os serviços prestados. Entretanto, os usuários dos serviços e os provedores de recursos podem tomar decisões sobre suas preferências de voto e das representações que delegam aos eleitos ou aos órgãos governamentais – essas decisões, em tese, podem ter implicação na alocação de recursos para determinadas entidades, setores ou serviços públicos.
- **Necessidade de informação dos usuários dos serviços e dos provedores de recursos:** apresenta a correlação entre os tipos de usuários e as informações fornecidas pelos RCPGs. Como visto, há vários tipos de usuários, cada um com sua peculiaridade e sua necessidade de

informação específica, por exemplo, credores se preocupam com liquidez, capacidade de pagamento, recursos físicos. Já os órgãos de controle estão preocupados se a gestão está sendo eficaz e eficiente, se as fontes de recursos são suficientes para os projetos pretendidos, enquanto o cidadão quer saber se seus tributos estão sendo geridos adequadamente.

- **Informação fornecida pelos RCPGs:** apresenta os tipos de informações fornecidas pelo RCPGs, como situação patrimonial, desempenho e fluxos de caixa, informações orçamentárias e sua execução, resultado da prestação de serviços, informações financeiras e não financeiras prospectivas e informação explicativa.
- **Demonstrações contábeis e a informação que as aprimore, complemente e suplemente:** como os RPCPs estão destinados aos usuários, os relatórios são de aspecto amplo, incluindo informações adicionais que visam a seu pleno esclarecimento.

Capítulo 3 – Características Qualitativas

- **Relevância:** evidencia a importância das informações financeiras e não financeiras na elaboração dos relatórios.
- **Representação fidedigna:** ressalta a necessidade da veracidade das informações.
- **Compreensibilidade:** ressalta a necessidade de as informações serem claras, dando exemplos quando for necessário, de maneira que todos os usuários as entendam.
- **Tempestividade:** ressalta a necessidade de as informações serem prestadas no momento dos fatos geradores.
- **Comparabilidade:** ressalta a necessidade de correlacionar duas ou mais informações fornecidas.
- **Verificabilidade:** ressalta a necessidade de verificar se as informações são fiéis.
- **Restrições acerca da informação incluída nos RCPGs:**
    - Materialidade: sua omissão ou não acarretará em erro na decisão dos tomadores de decisão ou na avaliação dos responsáveis pela análise da prestação de contas. Como as informações podem ser quantitativas ou qualitativas, o grau de materialidade dependerá das características de cada informação.

- Custo/benefício: deve ser avaliado considerando o custo da publicação da informação e seu benefício. Em alguns casos, o equilíbrio ou a compensação (*trade-off*) entre as características qualitativas pode ser necessário para se alcançar os objetivos da informação contábil. A importância relativa das características qualitativas em cada situação é uma questão de julgamento profissional. A meta é alcançar o equilíbrio apropriado entre as características para satisfazer os objetivos da elaboração e da divulgação da informação contábil.

Capítulo 4 – Entidade que Reporta a Informação Contábil

- **Características-chave de entidade do setor público que reporta a informação contábil:**
  a) ser uma entidade que capta recursos da sociedade ou em nome desta e/ou utiliza recursos para realizar atividades em benefício dela;
  b) existir usuários de serviços ou provedores de recursos dependentes de informações contidas nos RCPGs para fins de prestação de contas e responsabilização (*accountability*) e tomada de decisão.

O governo e algumas outras entidades do setor público têm identidade e enquadramento legal específicos (personalidade jurídica). Entretanto, as organizações, os programas e as atividades do setor público sem personalidade jurídica também podem captar ou empregar recursos, adquirir e administrar ativos, incorrer em obrigações, realizar atividades para atingir os objetivos da prestação de serviços ou, de outra maneira, implementar a política governamental. Os usuários de serviços e os provedores de recursos podem depender dos RCPGs para obter informação para os fins de prestação de contas e responsabilização (*accountability*) e tomada de decisão. Consequentemente, a entidade que reporta a informação contábil do setor público pode ter personalidade jurídica específica ou ser, por exemplo, organização, acordo administrativo ou programa sem personalidade jurídica. Por exemplo, o Serviço Funerário do Município de São Paulo é uma Autarquia Municipal, cujos recursos são provenientes de taxas municipais e concessão de terreno pagas pelos usuários do serviço e controladas pela Secretaria da Fazenda do Município de São Paulo. Portanto, tanto o Serviço Funerário como a Secretaria de Serviços do Município de São Paulo são responsáveis por prestarem informações aos usuários dos serviços. Por outro lado, o Bolsa Família, programa de distribuição de renda de cunho Federal, cuja gestão é descentralizada entre os municípios, não sendo uma entidade formal, tem a responsabilidade das informações descentralizada entre os gestores do programa.

O Capítulo 5 - Elementos das Demonstrações Contábeis e o Capítulo 6 - Reconhecimento nas Demonstrações Contábeis, por serem temas amplos e complexos, serão tratados no Capítulo 10 deste livro. Já o Capítulo 7 - Mensuração de Ativos e Passivos nas Demonstrações Contábeis será tratado no Capítulo 13 deste livro.

Capítulo 8 - Apresentação de Informação no Relatório Contábil de Propósito Geral das Entidades do Setor Público

- **Seleção da informação:** ressalta a necessidade de a informação selecionada ser adequada para possibilitar ao usuário depreender se os recursos estão sendo bem utilizados e as demandas atendidas e aos responsáveis pela avaliação da prestação de conta se a entidade está desenvolvendo suas atividades nos ditames legais. Essas informações são extraídas das informações do fluxo de caixa, situação patrimonial e desempenho.

  Lembrando que as informações têm de ser inteligíveis para todos os usuários.
- **Localização da informação:** ressalta que a localização da informação deve ter sua natureza e sua importância bem claras. Há informação que tem o caráter expositivo e aquelas que têm caráter de evidenciação.
- **Organização da informação:** ressalta que os agrupamentos de informações correlatas devem ser utilizados para melhor transmitir a informação. As informações técnicas contábeis têm de obedecer a seu rigor técnico. As demonstrações contábeis podem vir acompanhadas de informações adicionais ou notas explicativas visando a maior clareza da informação.

Com esse breve relato da NBC TSP - Estrutura Conceitual, procurou-se apresentar o conceito das NBC TSPs. A seguir, são expostas as NBC TSP específicas que tratam de peculiaridades da Contabilidade Pública.

Vale lembrar, mais uma vez, que a ordem é lógica, e não cronológica.

NBC TSP 01 – Receita de Transação sem Contraprestação[13]

- **Objetivo:** estabelece as exigências, para fins de demonstrações contábeis, para a receita proveniente de transações sem contraprestação, exceto para aquelas sem contraprestação que dão origem à combinação de entidades. Essa norma trata de questões que devem ser consideradas no reconhecimento e na mensuração da receita das transações sem contraprestação.
- **Alcance:** a entidade que elabora e apresenta as demonstrações contábeis sob o regime de competência deve aplicar essa norma na contabilização das receitas provenientes de transações sem contraprestação. Essa norma não se aplica à combinação de entidades, que também é uma transação sem contraprestação.

  Essa norma se aplica às entidades do setor público, conforme o alcance definido na NBC TSP – Estrutura Conceitual.

  Nessa norma, é possível identificar transferência sem contraprestação, como: tributos e heranças, multas, perdão de dívidas, doações, presentes, transferências (monetárias ou não monetárias), incluindo subsídios. Para identificar de que se trata de transferência sem contraprestação, é preciso estabelecer alguns conceitos técnicos norteados pelo conjunto de itens dessa norma.

  Considerar uma ou mais empresas públicas com a finalidade de prestação de serviços ao público em áreas afins, para melhor servir e por conveniência da administração pública, se decide pela fusão dessas empresas. Todos os ativos, tanto de uma como da outra, serão transferidos para o ativo da empresa resultante da fusão. Os ativos devem ser identificados; caso contrário, serão classificados como provisões, ativo contingente ou passivo contingente.
- **Definições:** os seguintes termos são usados nessa norma com significados específicos.
  - Condições sobre ativos transferidos são especificações que determinam que os benefícios econômicos futuros ou o potencial de serviços incorporados no ativo devam ser consumidos pelo recebedor conforme

13. CONSELHO FEDERAL DE CONTABILIDADE (CFC). *Norma Brasileira de Contabilidade – NBC TSP 01 – Receita de Transação sem Contraprestação*. Disponível em: <http://www2.cfc.org.br/sisweb/sre/detalhes_sre.aspx?Codigo=2016/NBCTSP01&arquivo=NBCTSP01.doc>. Acesso em: 23 abr. 2019.

especificado ou os benefícios econômicos futuros ou potencial de serviços devam ser devolvidos ao transferente.

- Controle do ativo ocorre quando a entidade pode utilizar ou se beneficiar do ativo em busca de seus objetivos e pode excluir, ou regular, o acesso de outras partes àquele benefício.

Despesas pagas por meio do sistema tributário são os montantes (valores) disponíveis aos beneficiários, independentemente de pagarem ou não tributos.

- Multas (penalidades) são benefícios econômicos ou potencial de serviços recebidos ou a receber pelas entidades do setor público, conforme determinado por tribunal ou por outra entidade com capacidade impositiva legal, como consequência de infração da legislação.
- Restrições sobre ativos transferidos são as especificações que limitam ou direcionam os objetivos pelos quais o ativo transferido pode ser utilizado, mas que não especificam que benefícios econômicos ou potencial de serviços futuros devem ser devolvidos ao transferente se não utilizados conforme especificado.
- Especificações sobre ativos transferidos são termos legais ou regulamentares, ou acordo obrigatório, impostos sobre o uso de ativo transferido por entidades externas à entidade que elabora as demonstrações contábeis.
- Gastos tributários são as disposições preferenciais da legislação tributária que fornecem benefícios fiscais a certos contribuintes e que não estão disponíveis a outros.
- Evento tributável é o evento que, por determinação do governo, do poder legislativo ou de outra autoridade, está sujeito à cobrança de impostos (ou qualquer outra forma de tributo).
- Tributos são benefícios econômicos ou potencial de serviços compulsoriamente pagos ou a pagar às entidades do setor público, de acordo com a legislação ou outra regulamentação, estabelecidos para gerar receita para o governo. Tributos não incluem multas ou outras penalidades aplicadas em caso de infrações legais.
- Transferências são ingressos de benefícios econômicos ou potencial de serviços futuros provenientes de transações sem contraprestação, diferentes de tributos.

É importante ressaltar que todos esses conceitos estão na NBC TSP 01 e têm suas funções específicas, podendo ser identificadas em qualquer evento que possa surgir em cada circunstância e estar conjuntamente inter-relacionada com outra norma, se for o caso.

A seguir, é apresentado um fluxograma ilustrativo, na Figura 5.1, extraído da própria norma, com a finalidade de explicar ao leitor como identificar uma transferência sem contraprestação e as ações que o profissional de Contabilidade deve adotar quando deparado com essa situação. Mantivemos os itens originais da norma para facilitar eventual consulta à norma.

FIGURA 5.1

Fluxograma

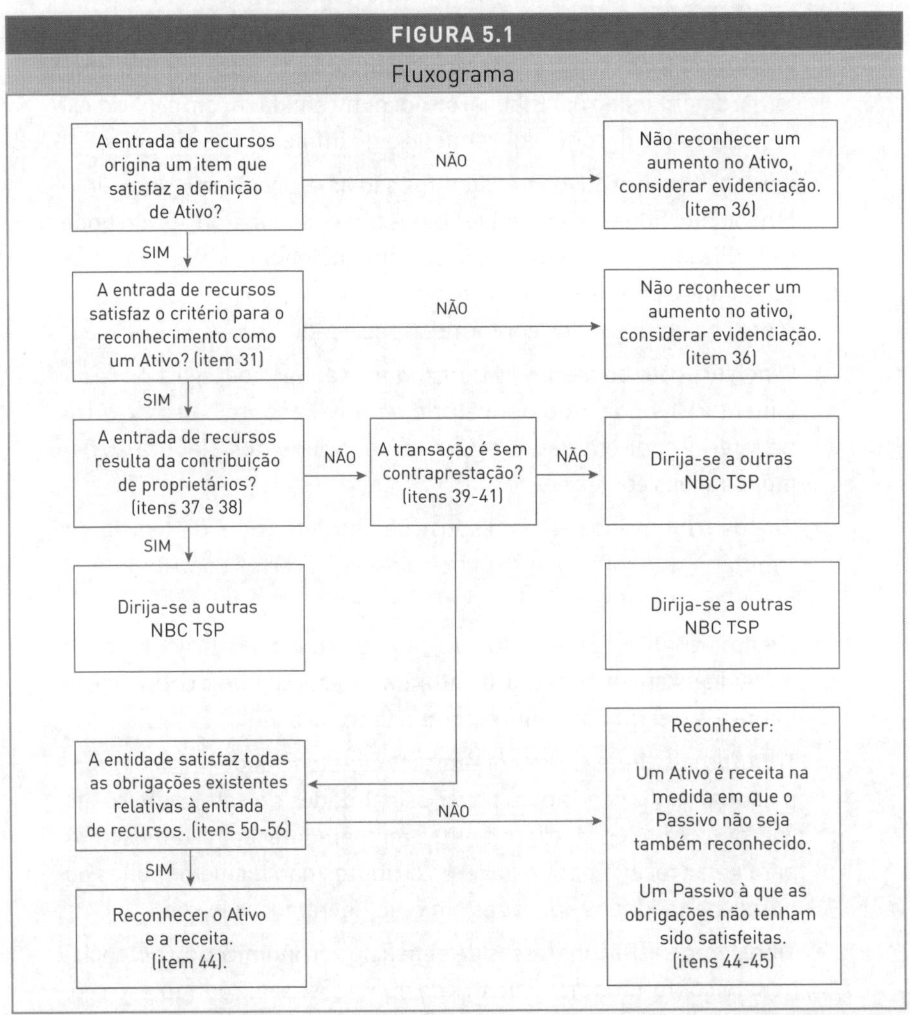

Fonte: CONSELHO FEDERAL DE CONTABILIDADE (CFC). *Norma Brasileira de Contabilidade – NBC TSP 01 – Receita de Transação sem Contraprestação, de 21 de outubro de 2016.* Disponível em: <http://www2.cfc.org.br/sisweb/sre/detalhes_sre.aspx?Codigo=2016/NBCTSP01&arquivo=NBCTSP01.doc>. Acesso em: 23 abr. 2019.

Se um ativo satisfaz a definição de ativo, temos que verificar se preenche os critérios para esses reconhecimentos, conforme estabelecido pelo item 31 da presente norma:

a) se for provável que os benefícios econômicos futuros e o potencial de serviços associados com o ativo fluam para a entidade;
b) se o valor justo do ativo puder ser mensurado de maneira confiável.

Caso contrário, a norma aplicável é a NBC TSP 01 – Receita de Transação sem Contraprestação,[14] item 36, pois se trata de ativo contingente.

Se os recursos preenchem critérios de reconhecimento de ativos, item 31, tem-se que verificar se a transição se qualifica como contribuição de proprietários disposto nos itens 37 e 38:

> 37. Para a transação se qualificar como contribuição dos proprietários, é necessário que ela satisfaça às características identificadas na definição da NBC TSP ESTRUTURA CONCEITUAL. Ao determinar se a transação satisfaz à definição de contribuição dos proprietários, a essência preferivelmente à forma da transação é considerada. O item 38 indica a forma que as contribuições dos proprietários podem assumir. Se, apesar da forma da transação, a essência for claramente aquela de empréstimo ou outro tipo de passivo ou de receita, a entidade deve reconhecê-la como tal e deve realizar evidenciação apropriada em notas explicativas às demonstrações contábeis, se ela apresentar materialidade.
>
> 38. A contribuição dos proprietários pode ser evidenciada, por exemplo, por meio de:
>   a) designação formal da transferência pelo transferidor ou por entidade controladora do transferidor como formadora do patrimônio líquido disponibilizada ao recebedor, antes da contribuição ocorrer ou no momento desta;
>   b) acordo formal, em relação à contribuição, estabelecendo ou aumentando a participação financeira existente no patrimônio líquido do recebedor, a qual pode ser vendida, transferida ou resgatada; ou
>   c) emissão, relacionada à contribuição, de instrumentos patrimoniais que possam ser vendidos, transferidos ou resgatados.

Se forem atendidos os itens supracitados, essa norma não se aplica. Caso contrário, verificar se trata de transações sem contraprestação, estabelecidas nos itens 39-41:

14. CFC. NBC TSP 01, 2016.

39. Os itens 40 e 41 abordam as circunstâncias em que a entidade obtém o controle dos recursos que incorporam benefícios econômicos futuros ou potencial de serviços, à exceção de contribuições de proprietários.
40. O item 11 da NBC TSP 02 define transações com e sem contraprestação, e o item 10 desta norma observa que a transação pode incluir dois componentes, um componente com contraprestação e outro sem contraprestação.
41. Quando o ativo é adquirido por meio de transação que possui um componente com e sem contraprestação, a entidade deve reconhecer o componente com contraprestação de acordo com os princípios e as exigências da NBC TSP 02. O componente sem contraprestação deve ser reconhecido de acordo com os princípios e exigências desta norma. Ao determinar se a transação possui componentes com e sem contraprestação identificáveis, realiza-se o julgamento profissional. Quando não for possível distinguir componentes com contraprestação e sem contraprestação em separado, a transação é tratada como sem contraprestação.

Se não forem atendidos os itens acima, essa norma não se aplica.

No caso de transações sem contraprestação, a entidade deve obedecer ao disciplinado sobre as obrigações relativas à entrada de recursos, estabelecidos nos itens 50-56:

Obrigação presente reconhecida como passivo

50. A obrigação presente derivada de transação sem contraprestação que se enquadre na definição de passivo deve ser reconhecida como passivo quando e somente quando:
    a) for provável que a saída de recursos que incorpora benefícios econômicos futuros ou potencial de serviços seja exigida para liquidar a obrigação; e
    b) estimativa confiável do montante das obrigações puder ser realizada.

Obrigação presente

51. A obrigação presente é o dever de agir ou realizar de determinada forma e pode originar um passivo relativo a qualquer transação sem contraprestação. As obrigações presentes podem ser impostas por determinações na legislação, em outras regulamentações ou acordos obrigatórios que estabelecem as bases de transferências. Podem se originar do ambiente normal de operações, tal como o reconhecimento de recebimentos antecipados.
52. Em muitos casos, os tributos são arrecadados e os ativos são transferidos às entidades do setor público em transações sem contraprestação conforme legislação,

regulamentações ou outros acordos obrigatórios que impõem especificações para que sejam utilizados em finalidades específicas. Por exemplo:

a) (não convergido);

b) transferências, estabelecidas por acordo obrigatório que inclui condições:

   i) do governo federal para governos estaduais ou municipais;

   ii) de governos estaduais para governos municipais;

   iii) de governos para outras entidades do setor público;

   iv) para agências governamentais que são criadas pela legislação ou por outras regulamentações a fim de executar funções específicas com autonomia operacional, tais como autoridades estatutárias ou conselhos ou autoridades regionais;

   (v) de agências doadoras para governos ou outras entidades do setor público.

53. No curso normal das operações, a entidade pode aceitar recursos antes da ocorrência de evento tributável. Em tais circunstâncias, o passivo de montante equivalente àquele do recebimento antecipado deve ser reconhecido até que o evento tributável ocorra.

54. Se a entidade recebe recursos antes da existência de acordo obrigatório de transferência, ela deve reconhecer o passivo pelo recebimento antecipado até o momento em que o acordo se torne obrigatório.

Condição sobre o ativo transferido

55. Condições sobre o ativo transferido podem dar origem a uma obrigação presente no reconhecimento inicial, a qual deve ser reconhecida em conformidade com o item 50.

56. Especificações estão definidas no item 7. Os itens 14 a 25 fornecem orientações para identificar se uma especificação é uma condição ou uma restrição. A entidade deve analisar todas e quaisquer especificações vinculadas à entrada de recursos, para determinar se essas especificações impõem condições ou restrições.

Para o caso em que os itens 50 a 56 sejam satisfeitos, o reconhecimento de ativo e receita se faz nos termos do item 44:

Reconhecimento da receita proveniente de transação sem contraprestação

44. A entrada de recursos de transação sem contraprestação reconhecida como ativo deve ser reconhecida como receita, exceto na medida em que o passivo também seja reconhecido em decorrência da mesma entrada de recursos.

Caso a entidade não cumpra com todas as obrigações existentes relativas à entrada de recursos, deve-se reconhecer um ativo e uma receita à medida que o passivo não seja também reconhecido e um passivo à medida que as obrigações não tenham sido satisfeitas, conforme itens 44 e 45:

> 45. Na medida em que a entidade satisfaça à obrigação presente reconhecida como passivo em relação à entrada de recursos de transação sem contraprestação reconhecida como ativo, ela deve reduzir o valor contábil do passivo reconhecido e reconhecer o montante de receita equivalente àquela redução.

NBC TSP 02 – Receita de Transação com Contraprestação[15]

No contraponto da norma NBC TSP 01, encontra-se a presente norma que trata de situações em que há contraprestação.

- **Objetivo:** descreve o tratamento contábil das receitas provenientes de transações e eventos com contraprestação. A questão primordial na contabilização das receitas é determinar quando reconhecê-las. A receita deve ser reconhecida quando for provável que (a) benefícios econômicos ou potencial de serviços fluirão para a entidade e (b) que esses benefícios possam ser mensurados confiavelmente. Essa norma identifica as circunstâncias em que esses critérios são satisfeitos, e, portanto, quando as receitas devem ser reconhecidas, além de fornecer orientação prática acerca da aplicação desses critérios.
- **Alcance:** itens específicos que podem ser reconhecidos como receitas são tratados em outras normas e excluídos do alcance desta. Por exemplo, ganhos decorrentes da alienação de ativos imobilizados são especificamente tratados na NBC TSP sobre ativo imobilizado e não nessa norma. Esse caso é análogo ao privado e se apresenta onde a entidade atua, sob as seguintes condições:

  a) prestação de serviços;

  b) venda de bens;

  c) uso, por parte de terceiros, de outros ativos que gerem juros, royalties e dividendos ou distribuições assemelhadas.

---

15. CONSELHO FEDERAL DE CONTABILIDADE (CFC). *Norma Brasileira de Contabilidade – NBC TSP 02 – Receita de Transação com Contraprestação*, de 21 de outubro de 2016. Disponível em: <http://www2.cfc.org.br/sisweb/sre/detalhes_sre.aspx?Codigo=2016/NBCTSP02&arquivo=NBCTSP02.doc>. Acesso em: 27 maio 2019.

Essa norma não se aplica a receitas decorrentes de:

a) contratos de arrendamento mercantil;
b) dividendos ou distribuições similares provenientes de investimentos avaliados pelo método da equivalência patrimonial;
c) ganhos decorrentes da venda de itens do ativo imobilizado;
d) contratos de seguro dentro do alcance de normas contábeis nacionais ou internacionais específicas;
e) alterações no valor justo de ativos e passivos financeiros ou de sua alienação;
f) alterações no valor de outros ativos circulantes;
g) reconhecimento inicial e decorrente de mudanças no valor justo de ativos biológicos relacionados à atividade agrícola;
h) reconhecimento inicial de produtos agrícolas;
i) extração de recursos minerais.

- **Definições:** algumas definições reproduzidas da norma são bem similares ao ambiente privado.
  - Transação com contraprestação é aquela em que a entidade recebe ativos ou serviços, ou tem passivos extintos, e diretamente entrega em troca um valor aproximadamente equivalente (prioritariamente sob a forma de dinheiro, bens, serviços ou uso de ativos) à outra parte.
  - Valor justo é o valor pelo qual um ativo pode ser trocado, ou um passivo extinto, em transação sem favorecimentos, entre partes conhecedoras, dispostas a isso.
  - Transação sem contraprestação é aquela não oriunda de troca. Em transação sem contraprestação, a entidade recebe um valor de terceiro sem diretamente entregar em troca valor aproximadamente igual, ou entrega um valor a outra entidade sem diretamente receber valor aproximadamente igual em troca. A transação sem contraprestação é típica do serviço público, como visto na norma anterior.
- **Receita:** as receitas de entidades governamentais ocorrem quando os valores brutos são recebidos em decorrência das atividades da própria entidade, excluídos os valores percebidos na condição de agentes estatais, por exemplo, recebimento de taxas, tarifas ou tributos não entram como receitas da entidade, pois são recebimentos que têm por finalidade o pagamento de serviços típicos de estado e que servem

como cobertura de todos os serviços específicos da entidade governamental, como tarifas dos correios, tributos cobrados pela União, pelo estado e pelo município, ou outros serviços que o governo preste à sociedade. Os fluxos de financiamento não são tratados como receita por não interferir tanto nas variações do ativo e do passivo nem apresentar impacto no patrimônio líquido, ou seja, o lançamento de seu registro ocorrerá no balanço patrimonial.

- **Mensuração da receita:** a mensuração da receita não tem diferença em relação ao setor privado, ou seja, tem que ser pelo valor justo, preferivelmente em ativos de caixa, mas podem ser permutados em serviços, desde que atendido o requisito de valor justo.
- **Identificação da transação:** cada transação deve ser reconhecida separadamente e seus efeitos contabilizados no exercício do fato gerador da transação. Há casos em que em uma transação está embutido mais de um evento contábil, tornando-se necessário desmembrar a transação em tantos eventos contábeis necessários e seus efeitos serem apropriados nos exercícios de cada evento.
- **Prestação de serviços:** quando o produto de transação envolvendo a prestação de serviços puder ser mensurado confiavelmente, a receita associada à transação deve ser reconhecida tomando por base o estágio de execução (*stage of completion*) dos serviços prestados até a data de apresentação das demonstrações contábeis. O produto da transação pode ser estimado confiavelmente quando todas as seguintes condições forem satisfeitas:

  a) o montante da receita puder ser mensurado confiavelmente;
  b) for provável que os benefícios econômicos ou o potencial de serviços associados à transação fluirão para a entidade;
  c) o estágio de execução dos serviços já executados até a data de apresentação das demonstrações contábeis puder ser mensurado confiavelmente;
  d) os custos incorridos na transação e os custos para concluir a transação puderem ser mensurados confiavelmente.

Em decorrência do exposto no item de identificação da mensuração, quando há a prestação de serviço, pode-se dividir a prestação de serviço em partes, dependendo das fases de execução do serviço, o método da porcentagem de execução, no qual cada fase da prestação de serviço tem que ser contabilizada no exercício do término de cada fase de execução. Por exemplo, a entidade que presta serviços de avaliação patrimonial deve reconhecer as receitas à medida que cada avaliação for realizada. O reconhecimento de receita nessa base fornece informação útil acerca da extensão e do desempenho da atividade durante o exercício. É importante destacar que a receita só será reconhecida quando for provável que os benefícios econômicos gerados por ela ou o potencial de serviços associados à operação fluirão para a entidade. Quando, por ventura, surgir incerteza disso, o valor já reconhecido tem que ser tratado como despesa, em fase do valor já reconhecido como receita.

- **Venda de bens:** a receita decorrente da venda de bens deve ser reconhecida quando as seguintes condições tiverem sido satisfeitas:

  a) a entidade tiver transferido ao comprador todos os riscos e benefícios significativos inerentes à propriedade dos bens;
  b) a entidade não mantiver envolvimento continuado na gestão dos bens vendidos, nem em grau normalmente associado à sua propriedade nem relacionado ao efetivo controle desses bens;
  c) o valor da receita puder ser mensurado confiavelmente;
  d) for provável que os benefícios econômicos ou o potencial de serviços associados à transação fluirão para a entidade;
  e) os custos incorridos na transação e os custos para concluir a transação puderem ser mensurados confiavelmente.

Como em toda a operação de venda, há um risco intrínseco que, em geral, surge no momento da transferência da titularidade do bem. Por esse motivo, deve-se avaliar os riscos, como trata o item 30:

> 30. Se a entidade mantiver riscos significativos de propriedade, a transação não é uma venda e a receita não deve ser reconhecida. A entidade pode reter risco significativo de propriedade de diferentes modos. Exemplos de situações em que a entidade pode reter riscos e benefícios significativos são:
>
> (a) quando a entidade retém obrigação decorrente de desempenho insatisfatório que não esteja coberto por cláusulas normais de garantia;
>
> (b) quando o recebimento da receita de venda específica for dependente da venda dos bens pelo comprador (consignação);

(c) quando os bens expedidos estiverem sujeitos à instalação, sendo esta uma parte significativa do contrato que ainda não tenha sido concluída pela entidade; e

(d) quando o comprador tem o direito de rescindir a compra por uma razão específica em contrato e a entidade estiver incerta acerca da probabilidade de retorno.

- **Juros, royalties e dividendos ou distribuições similares:** receitas provenientes do uso, por terceiros, de ativos da entidade que produzam juros, royalties e dividendos ou distribuições similares devem ser reconhecidas usando os tratamentos contábeis estabelecidos no item seguinte quando:

a) for provável que os benefícios econômicos ou o potencial de serviços associados à transação fluam para a entidade;

b) o montante da receita puder ser mensurado confiavelmente.

A receita deve ser reconhecida usando os seguintes tratamentos contábeis:

a) os juros devem ser reconhecidos *pro rata tempore* com base na taxa efetiva de juros;

b) os royalties devem ser reconhecidos à medida que forem gerados, conforme a essência do acordo;

c) dividendos ou distribuições similares devem ser reconhecidos quando for estabelecido o direito de recebimento por parte do acionista ou da entidade.

Nesse item, não se vê diferença com o setor privado, mas é importante lembrar que no setor público está sujeita à aplicação da estrita legalidade. Igualmente, a prestação de serviço e o reconhecimento da transação só ocorrem no momento em que forem prováveis os benefícios econômicos a ela ou seu potencial de serviços associados à transação; caso contrário, o valor já reconhecido deve ser contabilizado como despesa.

Por fim, destaca-se que, como o setor público deve atender ao princípio da transparência, há a necessidade da divulgação de seus atos, assim estabelecido:

A entidade deve divulgar:

(a) as políticas contábeis adotadas para o reconhecimento de receita, incluindo os métodos adotados para determinar a percentagem do estágio de execução de transações envolvendo a prestação de serviços;

(b) o valor de cada categoria significativa de receita reconhecida no período, incluindo receitas decorrentes de:
   (i) prestação de serviços;
   (ii) venda de bens;
   (iii) juros;
   (iv) royalties; e
   (v) dividendos ou distribuições similares.

(c) o valor das receitas provenientes de trocas de bens ou serviços incluídos em cada categoria significativa de receita.

NBC TSP 05 - Contratos de Concessão de Serviços Públicos: Concedente[16]

Antes de discorrer sobre essa norma, é necessário introduzir alguns conceitos:

- **Concessão de serviços públicos:** delegação a terceiros da execução de serviços públicos sobre contrato. Podem incluir a execução de obras ou não, mas a titularidade da obra permanece com o Poder Público.

As concessões se dividem em duas modalidades:[17]

> As concessões comuns são reguladas pela Lei n. 8.987/95 e comportam duas modalidades: concessões de serviços públicos simples e concessões de serviços públicos precedidas da execução de obra pública. Nesses casos o Poder Público não oferece qualquer contrapartida pecuniária ao concessionário, que é remunerado totalmente pela tarifa cobrada dos usuários dos serviços.
>
> Já as concessões especiais são reguladas pela Lei n. 11.079, de 2004, são as chamadas Parcerias Público-Privadas (PPP) e se subdividem em: concessões patrocinadas e administrativas. Diferentemente das concessões comuns, a contraprestação pecuniária por parte do Poder Público é premissa do modelo, podendo ou não haver cobrança de tarifa dos usuários.

Para ilustrar esses conceitos, veja a Tabela 5.3 a seguir.

Apresentadas as premissas, entra-se, então, na norma NBC TSP 05, que regulamenta as diretrizes de como contabilizar e apresentar relatórios de contratos de concessão de prestação de serviços da cedente do setor

16. CONSELHO FEDERAL DE CONTABILIDADE (CFC). *Norma Brasileira de Contabilidade - NBC TSP 05 - Contratos de Concessão de Serviços Públicos: Concedente, de 25 de novembro de 2016.* Disponível em: <http://www2.cfc.org.br/sisweb/sre/detalhes_sre.aspx?Codigo=2016/NBCTSP05&arquivo= NBCTSP05.doc>. Acesso em: 27 maio 2019.

17. BRASIL; MINISTÉRIO DA FAZENDA; SECRETARIA DO TESOURO NACIONAL. Portaria Conjunta STN/SOF n. 02, de 22 de dezembro de 2016. Aprova a Parte I - Procedimentos Contábeis Orçamentários da 7ª edição do Manual de Contabilidade Aplicada ao Setor Público (MCASP). *Diário Oficial da União*, Brasília, DF, 23 dez. 2016. Seção 1.

público, de acordo com o regime de competência, conforme definido no Capítulo 1, da Estrutura Conceitual. Essa norma não se aplica aos casos em que os ativos não estiverem sob a gestão da cedente.

TABELA 5.3

Tipos de concessões e algumas variáveis relacionadas

	PPP		Concessão comum
	Concessão patrocinada	**Concessão administrativa**	
Objeto	Concessão de serviços públicos com ou sem obras públicas.	Prestação de serviços à administração pública com ou sem obras públicas.	Concessão de serviços públicos com ou sem obras públicas.
Usuário	Coletividade	Administração Pública	Coletividade
Contraprestação pecuniária do parceiro público ao parceiro privado	Há	Há	Não há
Repartição de riscos entre as partes	Há	Há	Não há
Legislação aplicável			

Fonte: BRASIL, 2016.

- **Definições:** os seguintes termos são usados nessa norma com seus respectivos significados.
  - Acordo vinculante corresponde a contrato ou outros acordos que conferem às partes direitos e obrigações como se estivessem na forma de contrato.
  - Concedente é a entidade que confere à concessionária o direito de exploração dos serviços providos pelo ativo da concessão.
  - Concessionária corresponde à entidade que usa o ativo da concessão, sujeito ao controle da concedente, para fornecer serviços públicos.
  - Acordo de concessão de serviços corresponde a acordo vinculante entre uma entidade concedente e uma concessionária em que:

    a) a concessionária usa o ativo da concessão, por prazo determinado, para prover serviços públicos em nome da concedente;

b) a concessionária é compensada por seus serviços durante o período da concessão.

- Ativo da concessão de serviços é o ativo usado para prover serviços públicos no acordo de concessão de serviços que:

  a) é fornecido pela concessionária, dado que:

    (i) constrói, desenvolve ou adquire o ativo de terceiro; ou

    (ii) é um ativo preexistente da concessionária;

  b) é fornecido pela concedente, dado que:

    (i) é um ativo preexistente da concedente; ou

    (ii) corresponde a uma melhoria em ativo preexistente da concedente.

  Mais alguns conceitos extraídos da norma sobre o reconhecimento e a mensuração de ativo da concessão de serviço são necessários, a fim de verificar o alcance da norma, considerando a vida útil dos ativos envolvidos na prestação de serviço:

  a) a concedente controla ou regula os serviços que a concessionária deve fornecer com o ativo, a quem ela deve entregar os serviços e por qual preço; e

  b) a concedente controla - por meio da propriedade, do usufruto ou de alguma outra forma - qualquer participação residual significativa no ativo ao final do prazo da concessão.

- **Reconhecimento e mensuração de ativo e de passivo da concessão de serviço:** o reconhecimento dos ativos novos e/ou a melhoria dos preexistentes advindo da concessão requerem duas condições:

  a) a concedente controla os serviços que a concessionária executará com o ativo, inclusive seu preço;

  b) o ativo, no final do contrato de concessão, voltará ou será ao controle da concedente.

A aplicação dessa norma se estende a toda vida útil do ativo nas condições acima. A avaliação inicial dos ativos objetos da concessão é realizada pelo valor justo, atendidas as condições "a" e "b". Nesse caso, há também o reconhecimento de um passivo. Exceto na condição em que os ativos forem preexistentes, os ativos devem, nesse caso, ser reclassificados em conta de "ativos de concessão de serviços", como as regras de ativos imobilizados ou intangíveis; nesse caso, o reconhecimento do passivo não se realiza, a menos que ajustes advindos de valores agregados das duas partes se façam necessários. Após o reconhecimento inicial ou a reclassificação dos ativos, devem ser contabilizados em classes separadas do ativo.

- **Modelo de financiamento de passivos:** a contabilização do passivo se faz como financiamento de passivo. A concedente, por meio de contrato estabelecido com as concessionárias, tem o valor do ativo estabelecido, contabilizado em "ativos para concessão de serviços", mas, se houver necessidade de obra ou de serviços de melhoria, a concedente terá de pagar pelas obras ou pelos serviços para a concessionária; nesse caso, deverá reconhecer em seu passivo o valor agregado, o que se torna uma obrigação para a concedente. Para o pagamento desse passivo, a concedente pode permitir o direito à exploração econômica de unidades periféricas à obra, como alas de hospitais, estacionamentos e outras. Nessa situação, o pagamento do passivo corresponde à parte da receita auferida pela concessionária. Há, no entanto, a situação em que o passivo tem seu pagamento em espécie; nessa circunstância, o direito tem de estar estipulado em contrato ou a prestação de serviço executada pela concessionária deve fornecer um subsidiado para que o valor cobrado do usuário seja o valor justo para o abatimento do valor do passivo da concedente. Um ponto importante a se destacar é que os valores do abatimento do passivo e os serviços prestados aos usuários devem ser contabilizados separadamente. A parte da prestação de serviço entra como despesa, junto com os encargos financeiros, na contabilidade da concedente. Quando não for possível a separação, o método de estimativa tem de ser utilizado.
- **Apresentação e divulgação:** os eventos contábeis devem atender a todas as outras normas e apresentar as seguintes informações:
  a) descrição do acordo;
  b) termos significativos do acordo que possam afetar seu montante, momento e segurança acerca de seus fluxos de caixa futuros (por exemplo, prazo da concessão, datas de revisão/renegociação de valores e bases nas quais as revisões de valores e/ou as renegociações serão determinadas);

c) a natureza e a extensão (por exemplo, quantidade, prazo ou montante, quando apropriado) de:
   (i) direitos de uso de ativos específicos;
   (ii) direitos esperados de que a concessionária forneça serviços específicos em relação ao acordo de concessão de serviço;
   (iii) ativos de concessão de serviços reconhecidos como ativos no exercício, incluindo ativos existentes da concedente reclassificados como ativos da concessão de serviços;
   (iv) direitos de recebimento de ativos específicos ao final do acordo de concessão de serviços;
   (v) opções de renovação e conclusão do acordo de concessão de serviços;
   (vi) outros direitos e obrigações (por exemplo, reparação geral dos ativos da concessão de serviços); e
   (vii) obrigações de fornecer à concessionária acesso a ativos de concessão de serviços ou outros ativos geradores de receitas;

d) alterações no acordo ocorridas durante o exercício.

CONSIDERAÇÕES FINAIS

O Brasil possui legislação muito complexa e já defasada em determinados pontos, em um processo de padronização em pleno vigor que causa muitas incertezas ao profissional da área. Entretanto, apesar das incertezas momentâneas, quando o processo de padronização for concluído, a Contabilidade Pública brasileira terá as ferramentas necessárias para cumprir com mais precisão seu papel na sociedade.

RESUMO

Este capítulo apresentou, em linhas gerais, o ambiente legal e normativo da Contabilidade Pública, fazendo breves comentários sobre a legislação pertinente e as NBC TSP que fazem parte do processo de padronização e convergência, com a finalidade de ambientar o leitor aos entraves legais e normativos da Contabilidade Pública.

QUESTÕES PARA PESQUISA

1. Qual é a importância da padronização da Contabilidade Pública no Brasil?
2. A seu ver, a legislação da Contabilidade Pública está defasada?
3. Quais são os principais aspectos da Norma de Estrutura Conceitual? Explique.
4. O que são transações sem e com contraprestação?
5. Pesquise exemplos de contrato de concessão de serviços com e sem a construção de obras públicas.
6. Comente a base legal da Contabilidade Pública.
7. Relacione a base legal da Contabilidade Pública com a base normativa.
8. Comente o Regime Contábil da Contabilidade Pública.
9. Relacione o Plano Plurianual (PPA), a Lei de Diretrizes Orçamentária (LDO) e a Lei Orçamentária Anual (LOA).
10. Quais são as inovações que as IPSAS trouxeram para o cenário da Contabilidade Pública?

CAPÍTULO 6

Tomada de decisão: modelos decisórios e processo de gestão

OBJETIVOS

Este capítulo tem como objetivo demonstrar a importância da tomada de decisão na administração pública, principalmente no que concerne à gestão pública e sua influência no orçamento público.

VISÃO GERAL

Partindo do princípio de que a eficiência e a eficácia são pilares consagrados na Constituição Federal de 1988, não é de se admirar que a sociedade espere de seus comandantes públicos critérios no processo decisório que tenham o condão de atingir resultados otimizados para a sociedade.

No decorrer deste capítulo, é apresentado breve contextualização sobre o tema e a forma como os conceitos do processo de tomada de decisão evoluíram até hoje, bem como sua aplicabilidade no setor público.

INTRODUÇÃO

A administração pública é responsável pelos serviços oferecidos aos cidadãos; enquanto há serviços que o Estado delega ao particular, como educação e saúde, há outros prestados diretamente, como diplomacia e segurança territorial. Desse modo, a administração pública também está servida de instrumentos de gerenciamento, a fim de executar os serviços da maneira mais eficaz e eficiente para a sociedade, conforme os princípios da Constituição de 1988. Em outras palavras, a administração pública é responsável pelo serviço público, componente importante na forma como a sociedade é organizada.

Machado, Tsurushima e Martins[1] destacam o relatado por Celso Antônio Bandeira de Mello: "o interesse público, que à administração incumbe zelar, encontra-se acima de quaisquer outros. É obrigada a desenvolver atividade contínua, para perseguir suas finalidades públicas". Logo, a administração pública é uma organização nos moldes de qualquer organização constituída, sem, entretanto, visar ao lucro como uma organização com fins lucrativos, e pode ser dividida em três esferas, cada uma com seu escopo de atuação, agindo independentemente: federal, estadual e municipal. Nessas três esferas, o gestor público deve realizar escolhas para a tomada de decisão, que sempre carregam em si uma medida de incerteza, cuja minimização demanda a existência de informações adequadas.

Neste capítulo, é apresentada a questão da decisão, inicialmente em seu aspecto genérico de modelos decisórios e processo de gestão em termos conceituais, e, a seguir, na administração pública municipal, mas especificamente a Prefeitura do município de São Paulo.

6.1 TOMADA DE DECISÃO OU PROCESSO DECISÓRIO

Por si só, a questão de tomada de decisão é muito complexa, uma vez que envolve o modo como as decisões são tomadas ou a forma em que ocorre o processo decisório. Há uma vasta literatura sobre o assunto, entre elas a de Silva,[2] que faz uma revisão bibliográfica sobre o tema e uma análise sobre o processo decisório na administração pública e os sistemas de apoio à tomada de decisão.

1. MACHADO, C. C.; TSURUSHIMA, T. B.; MARTINS, L. M. Importância da análise de custos na administração pública. *Revista Terra e Cultura*, ano 22, n. 43, jul./dez., 2006. Disponível em: <http://web.unifil.br/docs/revista_eletronica/terra_cultura/n43/terra_04.pdf>. Acesso em: 13 abr. 2019.
2. SILVA, R. M. P. *Análise do processo decisório na administração pública e sistemas de apoio à tomada de decisão:* contradições e paradoxos na realidade organizacional pelo não uso de Ferramentas Disponíveis. 2013. Tese (Doutorado em Administração) – Programa de Pós-Graduação em Administração, Universidade Federal do Rio Grande do Sul (UFRGS), Porto Alegre, 2013.

Como este capítulo tem seu escopo na priorização de tomadas de decisão, é importante abordar o tema do processo decisório na administração pública, uma vez que nem sempre são tomadas com a devida isenção, por causa das influências políticas e, em muitos casos, por falta de um aparato de informação que leve os gestores a melhor decisão.

6.1.1 Características gerais

Desde o começo dos tempos, o ser humano teve de lidar com decisões, que, na pré-história, estavam ligadas, por exemplo, aonde pernoitar e como escapar de predadores - questões hoje nada complexas para o ser humano atual. Ao deixar de ser nômade, os problemas tornaram-se mais complexos, pois surgiu a convivência em sociedade, ponto em que aparece a figura do administrador público, uma vez que o convívio em sociedade requer o bem social.

Silva[3] refere que os primeiros estudos sobre o processo decisório foram efetuados pelo filósofo Condorcet (1793-1847), que o dividia em três etapas, e relata ainda que os estudos modernos expõem o processo decisório como um método lento que pode ser dividido em cinco etapas. O Quadro 6.1 esquematiza esses dizeres.

Silva[4] observa que, em alguns casos, embora ocorram acréscimos de etapas, elas guardam semelhanças entre si. A autora referencia ainda que Cannon-Bowers, Salas e Pruitt[5] classificam as variáveis intervenientes no processo decisório em três grupos, como esquematizado da Figura 6.1.

Há autores que dividem o processo em sete passos:

1. identificação do problema;
2. geração de alternativas;
3. análise das consequências das alternativas geradas;
4. coleta de informação para melhor analisar as alternativas;
5. avaliação das vantagens e das desvantagens de cada alternativa;
6. identificação da alternativa mais apropriada;
7. decisão. Desse modo, elaboram planos de avaliação das consequências da decisão.

É preciso levar em conta, durante o processo de tomada de decisão, os riscos envolvidos em cada ação. Assim, na análise sobre a melhor solução, é fundamental ter em mente que a resolução do problema por vezes acarreta um segundo problema

3. SILVA, 2013.
4. SILVA, 2013.
5. CANNON-BOWERS, J. A.; SALAS, E.; PRUITT, J. S. Establishing the boundaries of a paradigm for decision-making research. *Human Factors: The Journal of the Human Factors and Ergonomics Societ.* n. 2, v. 38, 1996, p. 193-205.

que não fazia parte do processo inicial. Portanto, o momento da escolha da decisão (*trade-off*) é fundamental para o processo de tomada de decisão, uma vez que poderá levar a lugares incertos.

QUADRO 6.1

Etapas

Autor	Etapas
Condorcet ([1793] 1847)	1. Análise e discussão do problema; 2. Discussão sobre as diferentes alternativas; 3. Escolha.
Dewey ([1910] 1978)	1. Dificuldade sentida; 2. Definição do caráter dessa dificuldade; 3. Sugestão de possíveis soluções; 4. Avaliação da sugestão, observação; 5. Experiência conduzindo a aceitação ou a rejeição da sugestão.
Simon (1960)	1. Inteligência; 2. Concepção; 3. Escolha.
Brim et al. (1962)	1. Identificação do problema; 2. Obtenção de informações necessárias; 3. Produção de soluções possíveis; 4. Avaliação dessas soluções; 5. Seleção de uma estratégia para o desempenho; 6. Execução da decisão.
Mintzberg et al. (1976)	1. Identificação; 2. Desenvolvimento; 3. Seleção.
Halpem (1997)	1. Detectar a necessidade de tomar decisão; 2. Determinar as metas a serem alcançadas; 3. Estudas as alternativas visando aos objetivos propostos; 4. Avaliar as alternativas; 5. Selecionar a melhor alternativa visando ao alcance dos objetivos.

Fonte: SILVA, 2013, p. 55.

Para minimizar os riscos envolvidos nos *trade-offs*, o grau de informação disponível para os tomadores de decisão é fundamental e vem do ambiente em que está inserido o objeto da decisão. Portanto, o valor da informação ultrapassa seu uso, indo a um grau de inserção no processo de tomada de decisão que traz valor estratégico para o processo.

FIGURA 6.1

Variáveis intervenientes no processo decisório

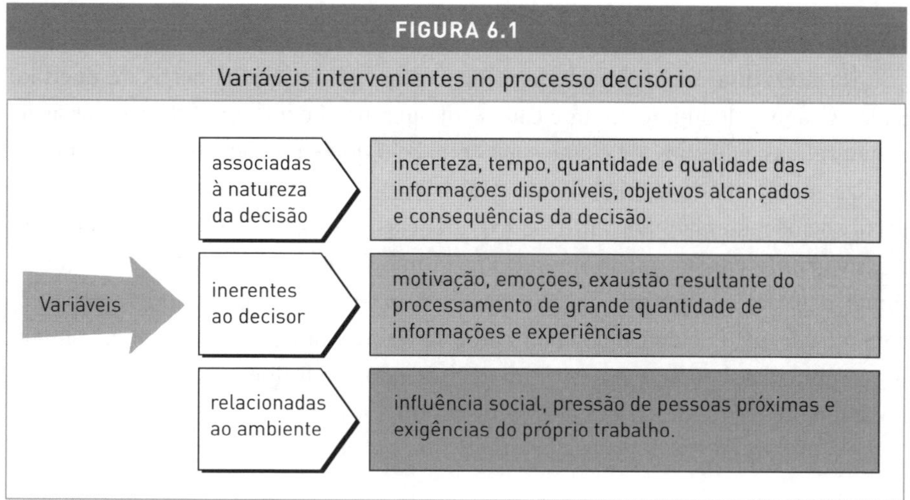
Variáveis
associadas à natureza da decisão
incerteza, tempo, quantidade e qualidade das informações disponíveis, objetivos alcançados e consequências da decisão.
inerentes ao decisor
motivação, emoções, exaustão resultante do processamento de grande quantidade de informações e experiências
relacionadas ao ambiente
influência social, pressão de pessoas próximas e exigências do próprio trabalho.

Fonte: SILVA, 2013, p. 56.

Silva,[6] citando Davenport e Prussak, sustenta que a informação só acontece quando os autores (seres humanos) agregam o conhecimento, em seu sentido pleno, aos dados de informação. Nesse aspecto, o sistema de informação é uma ferramenta estratégica no processo decisório, por seu caráter de geração de informações confiáveis e hoje em tempo real, minimizando assim os riscos de uma decisão tomada por informação equivocada ou desatualizada e inclusive possibilitando a interpretação de informações complexas para qualquer tipo de usuário.

O processo decisório, como já citado, é complexo, pois há vários fatores interligados de caráter cognitivo que sofrem influência do ambiente em determinado lugar e tempo, caracterizando assim um problema específico, enquanto o responsável pela solução do problema sofre a pressão do ambiente para a mais breve decisão ideal. Essa pressão, porém, é um gerador de incertezas e ambiguidades que podem até alterar o problema original. Nesse contexto, um processo célere é desejável, considerando-se a dinâmica do ambiente político, social e econômico contemporâneo e a necessidade de eficiência e eficácia. Essa realidade paradoxal envolve um dilema entre equilibrar a necessidade de se entender múltiplas variáveis e seus complexos relacionamentos, o que demanda tempo, e a necessidade de decisões rápidas e oportunas, numa realidade líquida de contínuas transformações.

6. DAVENPORT, T. H.; PRUSSAK, L. *Conhecimento empresarial:* como as organizações gerenciam o seu capital intelectual. Rio de Janeiro: Elsevier, 2003 *apud* SILVA, 2013, p. 57.

6.1.2 Modelos de decisão

Na literatura, há vários modelos que caracterizam certos perfis de decisão. Silva,[7] citando Alqami, relata que cada estilo gerencial é influenciado por variáveis demográficas, culturais, de classe social etc. Pelo que é possível depreender, pode-se dizer que o modo de decisão do gestor está intrinsecamente ligado com seu perfil socioeconômico. Portanto, as experiências pessoais dos gestores interferem decisivamente em seu modo de decidir. Há indivíduos que refletem seu estilo de tomar decisão pelo próprio fato de ter de tomá-la, ou seja, quando se deparam com o *trade-off*, decidem de maneira própria. As formas de decisão também podem ser combinadas, isto é, se o gestor ou decisor está sob influência de muita pressão no ambiente, ele pode tender a uma forma ou a outra.

Há quatro perfis de decisor relatados por autores que se dedicaram ao tema:

1. **complacente**: não decide nada e espera a solução.
2. **em pânico**: não quer se envolver em conflitos e decide sem a devida avaliação.
3. ***cop-out***: delega a decisão a outro indivíduo ou a posterga para se eximir.
4. **vigilante**: analisa todos os prós e contras da questão, muitas vezes confundido com um perfil indeciso.

Existem ainda outros perfis de decisor: racional, intuitivo, dependente, espontâneo e esquivador.

6.1.3 Análise multicritério

Em seu trabalho, Jannuzzi[8] faz uma abordagem sobre o Apoio Multicritério à Decisão (AMD) ou a Análise Multicritério aplicado em Políticas Públicas e descreve a teoria para o método e a aplicação utilizando a Teoria da Informação (TI). O autor infere que a AMD utiliza técnicas concatenadas que servem de ferramenta para auxiliar o gestor, seja um indivíduo seja um grupo, a decidir sobre questões complexas, a fim de priorizar ações e projetos com a devida ponderação dos aspectos envolvidos no objeto em análise, utilizando, para isso, critérios múltiplos que cobrem todos os ângulos possíveis da questão.

7. SILVA, 2013, p. 60.
8. JANNUZZI, P. M. *Indicadores sociais na formulação e manutenção das políticas públicas*. Brasília: Faculdade Latino Americana de Ciências Sociais, 2009, p. 70. Disponível em: <http://flacso.org.br/?publication=indicadores-sociais-na-formulacao-e-avaliacao-de-politicas-publicas>. Acesso em: 13 abr. 2019.

A AMD é uma técnica que, por meio de abordagens multidisciplinares, não busca a melhor solução, mas a mais viável, porque leva em conta vários aspectos, como uma média aritmética que nem é o mínimo nem é o máximo, e sim a média. Por esse motivo, é um método quali-quantitativo, que envolve tanto elementos qualitativos como elementos quantitativos. Trazendo essa técnica para o âmbito público, ela se torna viável, pois, nesse cenário, há forças tanto técnicas como políticas, tornando a gama de alternativas inúmeras. Entretanto, a solução mais adequada é aquela que produzirá resultados eficientes e eficazes. Segundo Jannuzzi:[9]

> [...] escolher um dentre vários projetos de intervenção urbana, selecionar uma dentre várias propostas de serviços em uma licitação pública, avaliar concessionárias de serviços públicos com respeito a desempenho operacional, identificar bolsões de vulnerabilidade social no território para receber investimentos públicos ou programas sociais, requer:
>
> 1. Especificar claramente a questão a resolver – escolher o melhor projeto, selecionar a proposta mais consistente, avaliar as concessionárias, identificar as regiões mais necessitadas de intervenção;
> 2. Identificar as alternativas válidas para solucionar ou responder ao problema – os projetos submetidos, as propostas entregues na licitação, as concessionárias consideradas em um dado setor ou região, as diversas localidades que podem ser objeto de atuação governamental;
> 3. Elencar os diferentes agentes decisores – e seus respectivos graus de influência (ou poder/cacife político) – que poderão ter interesse ou relevância no processo de escolha técnica-política – gestores de diferentes ministérios ou secretarias, técnicos do setor envolvido, consumidores ou seus representantes institucionais na avaliação das concessionárias, técnicos, especialistas e agentes com experiência na implementação de programas sociais;
> 4. Definir, junto com cada decisor, os critérios ou indicadores de avaliação das alternativas, assim como a importância relativa de cada um (peso) – custo, impacto social, complexidade operacional; valor, capacidade técnica do prestador de serviços, qualidade potencial dos serviços; nível de endividamento, qualidade e regularidade dos serviços prestados aos consumidores, pobreza, condições de moradia, potencialidade econômica;
> 5. Atribuir o valor alcançado ou buscar o indicador referido a cada critério de avaliação para cada alternativa identificada.

9. JANNUZZI, 2009, p. 73.

Dentre os métodos conhecidos para o AMD, Jannuzzi[10] refere ser o mais adequado o Prometheé II, por abordar quesitos usualmente encontrado nos processos em que os gestores públicos se deparam. Por ter uma interface amigável, contribui para a transparência do processo. A forma que os vários critérios são dispostos faz com que se facilite o entendimento do conjunto como um todo. Para Jannuzzi,[11] a "indiferença, preferência fraca e preferência forte têm um significado tangível para o decisor".

Ainda nas palavras de Jannuzzi:[12]

> outro aspecto que torna a técnica adequada para as aplicações aqui propostas é que, em geral, é possível identificar indicadores objetivos – levantados em pesquisas do IBGE e em outras fontes – para os critérios de avaliação das alternativas, quando estas se referem a regiões ou grupos sociodemográficos específicos.

Neste capítulo, a metodologia escolhida segue a forma acima, utilizando os dados sociodemográficos e a composição do parâmetro econômico do Instituto Brasileiro de Geografia e Estatística (IBGE) para a elaboração de atributos.

6.1.4 Planejamento

O planejamento é uma ferramenta utilizada pela administração, com o objetivo de obter melhor eficiência e eficácia dos resultados das organizações, tanto privadas como públicas. De forma geral, planejar significa que a organização seleciona objetivos e determina os meios para atingi-los. Para isso, são usados diversos recursos gerenciais, índices e tipos de controle para direcionar a entidade. Os planos visam obter a melhor utilização dos recursos em um ambiente futuro e servem de base para o controle e a gestão do ambiente atual. Como mostra a Figura 6.2, o planejamento é divido em três partes:

1. estratégico;
2. tático;
3. operacional.

6.1.4.1 Planejamento estratégico

O planejamento estratégico geralmente é elaborado pela alta administração, traçando objetivos gerais da empresa – valores, missão e visão da entidade – com olhar externo e de longo prazo. Embora seja considerada a principal ferramenta de

10. JANNUZZI, 2009, p. 72.
11. JANNUZZI, 2009, p. 72.
12. JANNUZZI, 2009, p. 72.

gerenciamento de uma organização, seja ela pública seja privada, o planejamento necessita de revisões periódicas que possam ajustá-lo à realidade para que não sofra muitos impactos com mudanças bruscas nas metas.

FIGURA 6.2

Tipos de planejamento

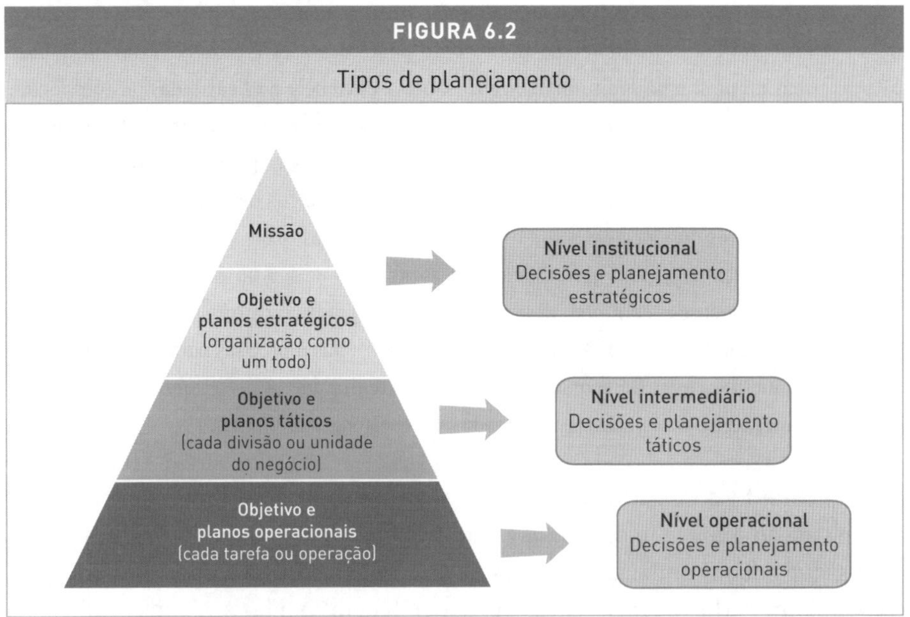

Fonte: BEZERRA, F. *Planejamento estratégico, tático e operacional*. Disponível em: <http://www.portal-administracao.com/2014/07/planejamento-estrategico-tatico-operacional.html>. Acesso em: 3 abr. 2019.

6.1.4.2 Planejamento operacional

O planejamento operacional é elaborado pelos baixos níveis de gerência, isto é, supervisores e coordenadores, traçando e definindo tarefas rotineiras de maneira bem específica e detalhada, sendo um planejamento de curto prazo. Pode-se dizer que é nessa fase do planejamento que acontece a implementação das ações previamente desenvolvidas e estabelecidas com a finalidade de desdobrar os planos táticos de cada departamento para cada atividade, de modo isolado, cujas metas são específicas. Dessa forma, o planejamento operacional está diretamente relacionado com a área técnica da execução de determinado plano de ação, criando condições favoráveis e adequação dos trabalhos rotineiros dentro da organização.

Na fase de elaboração desse planejamento, são necessários recursos para implementação, estipulação de procedimentos básicos a serem seguidos, estabelecimento de prazos e estimativa de resultado esperado. Logo, as metas, os indicadores de desempenho e as recompensas elaboradas no nível tático são aplicados, na prática, no nível operacional.

6.1.5 Administração pública municipal

Segundo Machado, Tsurushima e Martins:[13]

> É crescente a importância dos municípios no financiamento e nos gastos do setor público brasileiro; contudo, pouco se conhece do papel desta esfera de governo no debate fiscal do país, e há muito preconceito sobre a eficiência e eficácia das gestões locais. Primeiramente, há certo erro em acreditar que todo governo deveria se autossustentar, mesmo aqueles de menor escala e em regiões mais pobres, o que não ocorre nem mesmo em países mais desenvolvidos. Segundo, os tributos típicos de governos locais - especialmente os que incidem sobre o patrimônio e diversas taxas - são os que apresentam maior dificuldade para gerenciamento e exploração de seu potencial. Terceiro, em um país de dimensões continentais e profundas disparidades territoriais, funcionais, econômicas e sociais, tende a faltar informações atualizadas e precisas para instrumentalizar qualquer processo. De forma geral, ainda se acredita que as prefeituras dependem, basicamente, de transferências repassadas pelas esferas superiores.

No entanto, a Constituição de 1988, ao descentralizar as fontes de recurso da administração pública, propiciou a estados e municípios quinhões maiores de recursos, que adquiriram maiores fontes de arrecadação. Dessa forma, os municípios conseguiram certa independência do poder federal, embora alguns municípios tenham de lidar com problemas que, em outros países, são de cunho federal, dado seu tamanho e a diversidade dos problemas sociais a enfrentar.

Por esse motivo, o gerenciamento de custos é essencial, pois só com ele a administração dos recursos poderá ser feita de maneira que o poder municipal alcance todos, prestando os serviços inerentes ao Estado adequadamente.

6.1.6 Planejamento público municipal

O planejamento público está diretamente interligado com a definição de prioridades e deve ser elaborado a longo prazo, exigindo atenção aos requisitos de sustentabilidade e governabilidade e atendendo a diversos condicionantes da sociedade, no sentido social, político, econômico etc.

Na elaboração do planejamento público, as propostas da prefeitura são submetidas a árduos e amplos processos de debates e negociações, na tentativa de garantir escolhas que atendam às necessidades da sociedade, definindo objetivos, ações e metas a partir de metodologia predefinida. Logo, faz-se necessário os

13. MACHADO; TSURUSHIMA; MARTINS, 2006, p. 46.

processos de decisão e avaliação para adoção de ajustes e revisão dos rumos e dos direcionamentos decididos durante o planejamento.

6.1.7 Orçamento

O orçamento é a previsão de receitas e despesas futuras de determinado período da organização, traçado de acordo com o planejamento da organização, seja pública seja privada. Veja o exemplo apresentado na Figura 6.3.

FIGURA 6.3

Exemplo de orçamento público

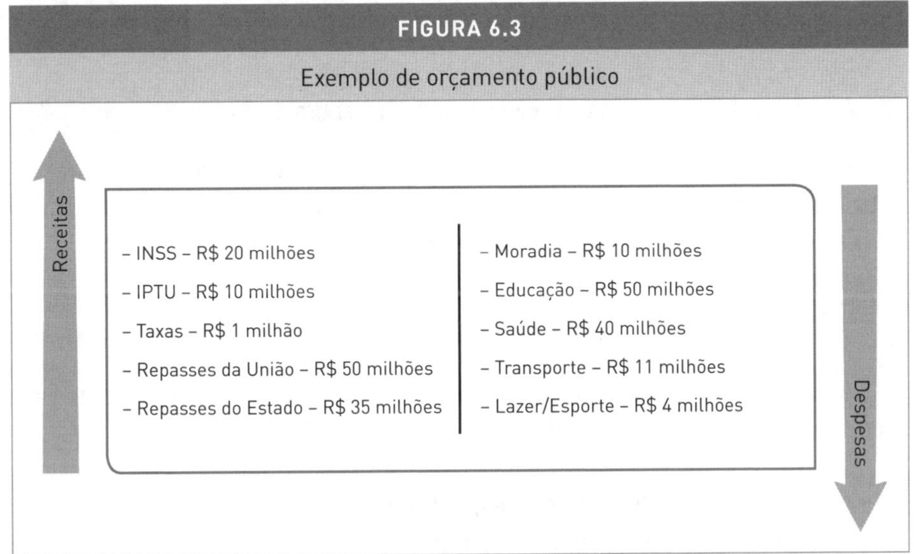

Receitas
- INSS - R$ 20 milhões
- IPTU - R$ 10 milhões
- Taxas - R$ 1 milhão
- Repasses da União - R$ 50 milhões
- Repasses do Estado - R$ 35 milhões
- Moradia - R$ 10 milhões
- Educação - R$ 50 milhões
- Saúde - R$ 40 milhões
- Transporte - R$ 11 milhões
- Lazer/Esporte - R$ 4 milhões
Despesas

Fonte: elaborada pelos autores.

6.1.7.1 Orçamento público

O orçamento público é feito com base no Plano Plurianual (PPA), na Lei de Diretrizes Orçamentárias (LDO) e na Lei Orçamentária Anual (LOA), sendo o primeiro ano após a posse governado com o PPA/LDO/LOA do governo anterior e os três próximos anos governados com o PPA/LDO/LOA de responsabilidade daquele governo. Todas são propostas da "esfera" executiva, tendo de ser aprovadas pelo legislativo.

Plano Plurianual (PPA)

O PPA é dividido em planos de ações, nos quais são designados determinados órgãos responsáveis e são traçados objetivos e metas para a administração pública, podendo ser avaliado de diversas formas, como por meio de pesquisa popular. Pode ser modificado, se necessário.

Lei de Diretrizes Orçamentárias (LDO)

A LDO deve estar em "sintonia" com os objetivos e as metas traçados no PPA, elaborando por meio de orientação possíveis alterações tributárias, cortes de despesas ou aumento de investimentos públicos, além de manter a seguridade social.

Lei Orçamentária Anual (LOA)

A Lei Orçamentária Anual (LOA) tem como objetivo estabelecer as receitas e as despesas da União (âmbito federal), do governo do estado (âmbito estadual) e do governo da cidade (âmbito municipal). O orçamento pode ser alterado em medidas provisórias, com a aprovação do poder legislativo.

6.1.8 Planejamento e gestão da Prefeitura de São Paulo

A atual Prefeitura da cidade de São Paulo possui quatro anos de mandato, entre 2017 e 2020. Assim, lançou o programa de metas do período, composto de 53 metas, 71 projetos e 487 linhas de ação.

6.1.8.1 Secretarias

As metas são criadas de acordo com a necessidade e o planejamento de cada secretaria, que, no caso da cidade de São Paulo, são 25:

1. Controladoria-Geral do Município (CGM);
2. Secretaria do Governo Municipal (SGM);
3. Secretaria Especial de Comunicação (SECOM);
4. Secretaria Especial de Relações Governamentais (SMRG);
5. Secretaria Municipal da Pessoa com Deficiência (SMPED);
6. Secretaria Municipal da Saúde (SMS);
7. Secretaria Municipal de Assistência e Desenvolvimento Social (SMADS);
8. Secretaria Municipal das Prefeituras Regionais (SMSP);
9. Secretaria Municipal de Cultura (SMC);
10. Secretaria Municipal de Urbanismo e Licenciamento (SMUL);
11. Secretaria Municipal de Direitos Humanos e Cidadania (SMDHC);
12. Secretaria Municipal de Educação (SME);
13. Secretaria Municipal de Esportes e Lazer (SEME);
14. Secretaria Municipal da Fazenda (SF);
15. Secretaria Municipal de Gestão (SMG);
16. Secretaria Municipal de Habitação (SEHAB);
17. Secretaria Municipal de Serviços e Obras (SMSO);

18. Secretaria Municipal de Desestatização e Parcerias (SMRG);
19. Secretaria Municipal de Relações Internacionais (SMRIF);
20. Secretaria Municipal de Segurança Urbana (SMSU);
21. Secretaria Municipal de Inovação e Tecnologia (SMIT);
22. Secretaria Municipal do Trabalho e Empreendedorismo (SDTE);
23. Secretaria Municipal do Verde e do Meio Ambiente (SVMA);
24. Secretaria Municipal de Justiça (SNJ);
25. Secretaria Municipal de Mobilidade e Transportes (SMT).

6.1.8.2 Metas e projetos

Cada secretaria é responsável por realizar metas e projetos sobre sua área de atuação, podendo receber sugestões da participação popular. Cabe ao prefeito, junto com a Secretaria do Governo Municipal e a Secretaria Municipal de Gestão, identificar as metas e os projetos de maior necessidade para a cidade e ajustar ao planejamento da prefeitura. O controle sobre as metas é realizado, em primeiro lugar, por meio de acompanhamento mensal e, em seguida, com as prestações de contas semestrais, conforme previsto na legislação. A Secretaria Municipal de Gestão[14] tem como finalidade:

> I - formular e gerir as políticas municipais e os sistemas nelas inseridos, relativos ao desenvolvimento institucional, à gestão de pessoas, à saúde do servidor, à capacitação de profissionais e agentes públicos, à negociação permanente, aos suprimentos, à gestão documental, ao patrimônio imobiliário e à gestão da frota veicular;
>
> II - responder pela definição das políticas de gestão de meios para o funcionamento adequado da Administração Pública Municipal, em conjunto com as demais Secretarias Municipais envolvidas;
>
> III - propor, de maneira permanente, novas formas de estruturação dos órgãos municipais, bem como de organização e prestação dos serviços públicos, de modo a:
> a) reduzir os custos dos serviços prestados pela Administração Pública Municipal;
> b) obter a contínua melhoria da qualidade dos serviços públicos municipais;
> c) dinamizar os processos de trabalho;

14. PREFEITURA MUNICIPAL DE SÃO PAULO. Secretaria Municipal de Gestão. *Decreto n. 57.775 de 2017.* Dispõe sobre a reorganização da Secretaria Municipal de Gestão, altera a denominação e a lotação dos cargos de provimento em comissão que especifica, transfere cargos de provimento em comissão entre órgãos, bem como altera os arts. 28 e 29 do Decreto n. 57.576, de 1º de janeiro de 2017. Disponível em: <https://www.prefeitura.sp.gov.br/cidade/secretarias/upload/gestao/arquivos/DECRETO%20N%2057775%20-%20reorganizacao%20SMG.pdf>. Acesso em: 21 jun. 2019.

d) implantar estruturas ágeis, flexíveis, eficientes e eficazes;

e) aumentar a eficiência na gestão pública;

IV – gerir o Quadro Específico de Cargos de Provimento em Comissão a que se refere o Decreto n. 45.751, de 4 de março de 2005;

V – proceder a estudos e ações para elaboração, avaliação e revisão periódica do Programa de Metas do Município;

VI – administrar o patrimônio imobiliário do Município, ouvida a Procuradoria Geral do Município, nos termos da legislação em vigor;

VII – coordenar sistemas e programas compatíveis com o escopo da Secretaria, que vierem a ser implantados.

A Secretaria Municipal de Gestão tem suas atividades, sua autoridade e suas responsabilidades definidas de acordo com o organograma apresentado na Figura 6.4.

FIGURA 6.4

Organograma da Secretaria Municipal de Gestão

Fonte: PMSP, 2017.

Orçamento da Prefeitura de São Paulo

Segundo o site[15] da Câmara de São Paulo:

> o orçamento é um Projeto de Lei enviado anualmente pelo Executivo para apreciação e votação na Câmara Municipal da cidade. Nesse projeto, estão as previsões de receitas e despesas da prefeitura para o ano subsequente. Os debates sobre o orçamento começam com a apresentação do projeto na Câmara. O processo de discussão prevê uma série de audiências públicas para debater o projeto com a população.

Memória e metodologia de cálculo das metas anuais de receitas[16]

As receitas para os exercícios de 2017 a 2019 foram estimadas, considerando-se prioritariamente o orçamento aprovado pelo legislativo para o exercício de 2016, bem como o comportamento da arrecadação do ano em curso. Foram também ponderadas as circunstâncias de ordem conjuntural (cenário econômico) e específicos que afetam o desempenho de cada fonte de receita.

- **Receita tributária:** abrange as receitas do Imposto Predial e Territorial Urbano (IPTU), do Imposto sobre Serviços de Qualquer Natureza (ISS), do Imposto sobre a Transmissão de Bens Imóveis e de Direitos a eles relativos (ITBI) e do Imposto de Renda Retido na Fonte (IRRF), das taxas pelo poder de polícia e pela prestação de serviços de competência do município.
- **IPTU:** receita estimada em função do total lançado em 2016, conjuntamente com fatores específicos aplicáveis ao IPTU, como a taxa de crescimento do cadastro de contribuintes. Foram considerados ainda outros fatores, como a inadimplência, a proporção de pagamentos à vista (considerando, nesses casos, desconto de 5%) e os efeitos residuais da Planta Genérica de Valores (PGV).
- **ISS:** imposto correlacionado com o nível da atividade econômica, tem a projeção de receita obtida a partir da taxa de crescimento do Produto Interno Bruto (PIB) de serviços e da taxa média de inflação divulgada pelo Banco Central.

15. CÂMARA MUNICIPAL DE SÃO PAULO. *Orçamento e gestão fiscal.* Disponível em: <http://www.saopaulo.sp.leg.br/transparencia/orcamentos-da-camara/>. Acesso em: 23 abr. 2019.
16. PMSP, 2017, p. 17.

- **ITBI:** na projeção dessa receita, foram utilizadas as taxas de crescimento do PIB total e da inflação.
- **Taxas:** a estimativa desse grupo de receitas considerou o crescimento econômico medido pelo PIB total, em conjunto com a variação da inflação do Índice Nacional de Preços ao Consumidor Amplo (IPCA) médio.
- **Receita de contribuições:** compreende as receitas provenientes de contribuições sociais e da Contribuição para o Custeio do Serviço de Iluminação Pública (COSIP). Ambas foram estimadas em função da arrecadação prevista para 2016, acrescida da variação da inflação média.
- **Receitas patrimoniais:** a projeção desse grupo de receitas levou em consideração o fluxo de caixa e a taxa média de juros estimados para os próximos anos.
- **Receita de serviços:** abrange as receitas provenientes da prestação de serviços de saúde e a receita de serviços administrativos, cuja projeção levou em conta o nível de atividade econômica e a inflação.
- **Transferências correntes:** congrega os recursos transferidos ao município, provenientes do estado e da União, de natureza constitucional, legal ou voluntária; dos convênios firmados com o poder público ou iniciativa privada e ainda as transferências intergovernamentais do Fundo de Manutenção e Desenvolvimento da Educação Básica e de Valorização dos Profissionais da Educação (FUNDEB). Destacam-se nesse grupo:
  - **Fundo de Participação dos Municípios (FPM):** estimada em função da arrecadação do exercício, corrigida pela taxa de inflação e pelo PIB estimados pelo Banco Central.
  - **Imposto sobre Circulação de Mercadorias e Prestação de Serviços (ICMS):** imposto fortemente afetado pela atividade econômica que tem como parâmetros para previsão de receita o nível de crescimento econômico medido pelo PIB total e a variação média da inflação.
  - **Imposto sobre a Propriedade de Veículos Automotores (IPVA):** previsão de receita estimada em função do crescimento da frota e da variação de preço dos automóveis.
  - **FUNDEB:** estimativa que resultou da receita prevista para as transferências dos impostos que compõem sua base.
- **Demais transferências:** receitas resultantes das expectativas de formalização de convênios ou daqueles já em andamento, informadas pelas secretarias que as gerenciam.

- **Outras receitas correntes:** decorrem das multas de trânsito, da dívida ativa e dos Programas de Parcelamento Incentivado (PPI). Os critérios adotados, para a estimativa da receita de multas, consideraram a implementação de ações relativas à fiscalização do trânsito; para a dívida ativa, a projeção foi elaborada em função da arrecadação do exercício e do estoque da dívida; e, para o PPI, as adesões já realizadas pelos contribuintes aos programas.
- **Transferências de capital:** receitas informadas pelas secretarias que as gerenciam, substancialmente relativas a convênios e contratos firmados ou a serem concretizados.
- **Deduções da receita:** para a formação do FUNDEB, representa a dedução legal de 20% das receitas das transferências de FPM, ICMS, Imposto sobre Produtos Industrializados (IPI) sobre exportações e ICMS desonerado (LC n. 87, de 1996), bem como das transferências de Imposto sobre a Propriedade Territorial Rural (ITR) e IPVA.
- **Renúncia de receitas:** conforme determinado pela Lei Complementar n. 101, de 2000, a Lei da Responsabilidade Fiscal (LRF), art. 4º, parágrafo 2º, inc. V, em conjunto com o art. 14 da referida lei, as potenciais renúncias de receitas, que não apresentam medidas compensatórias para os exercícios abrangidos pela presente LDO, têm seu impacto estimado nas projeções de receitas, a fim de não afetar as metas de resultados fiscais previstas no próprio anexo da LDO.

Memória e metodologia de cálculo das metas anuais de despesas

Para a projeção das despesas para o triênio 2017-2019, considera-se, inicialmente, as despesas obrigatórias: pessoal e respectivos encargos e auxílios, serviço da dívida pública e precatórios e despesas contratuais – base para o custeio dos serviços públicos disponíveis aos munícipes.

A despesa de pessoal, que abrange os ativos e os inativos, é a maior despesa dessa municipalidade, e sua projeção corresponde, basicamente, à ampliação dos serviços oferecidos, principalmente para a rede municipal de ensino e para as ações e os serviços de saúde.

A despesa com a dívida pública foi projetada de acordo com as alterações decorrentes da renegociação da dívida do município com a União Federal, firmada em 26 de fevereiro de 2016

A despesa com precatórios foi projetada de acordo com as orientações da Secretaria Municipal dos Negócios Jurídicos/Procuradoria-Geral do Município, considerando o acórdão proferido pelo Supremo Tribunal Federal (STF) nos autos das ADI 4357 e 4425. Em dezembro de 2015, a Câmara dos Deputados aprovou, em segundo turno, a Proposta de Emenda à Constituição (PEC) n. 74, de 2015, que muda o regime especial de pagamento de precatórios. Ressalte-se que, na hipótese de a PEC n. 74, de 2015 não ser aprovada até o término de 2016, a despesa com precatórios poderá ser superior. Para as outras despesas correntes, a projeção considera a manutenção das atividades, em especial, para os contratos de natureza continuada, com a expectativa de aumento da eficiência no uso dos recursos com a continuidade das medidas de redução de custos de serviços contratados. Finalmente, para as despesas com investimentos, consideramos o contido no PPA 2014-2017, com o objetivo de viabilizar a conclusão do referido plano.

Memória e metodologia de cálculo das metas anuais da dívida pública

O saldo devedor da dívida pública foi projetado com base no fechamento do último exercício, 31 de dezembro de 2015, seguindo a periodicidade e as condições dos pagamentos contratuais. A dívida interna, parcela mais significativa do saldo devedor da dívida pública, foi atualizada pelas estimativas de inflação captadas pelo IPCA, pelo Índice Geral de Preços do Mercado (IGP-M), da Fundação Getulio Vargas (FGV), pela Taxa Referencial de Juros (TR), pela taxa do Sistema Especial de Liquidação e Custódia (SELIC) e pela variação do dólar norte-americano. Em complemento à dívida interna, a dívida externa, parcela menos significativa do saldo devedor da dívida pública, sofre influência direta da variação cambial do dólar norte-americano. O saldo de precatórios, após 5 de maio de 2000, foi projetado a partir do saldo apurado em 31 de dezembro de 2015, de acordo com as orientações da Secretaria Municipal dos Negócios Jurídicos/Procuradoria-Geral do Município.

Demonstrações Contábeis de 31 de dezembro de 2016

Todos os anos, o município de São Paulo publica em Diário Oficial o balanço das contas públicas da cidade para atender a uma série de requisitos legais ao entrar em acordo com as exigências da LRF. Essas informações estão disponíveis no portal da prefeitura e estão voltadas a todas as camadas da sociedade, transparecendo em valores reais a situação econômico-financeira atual das contas públicas municipais, inicialmente, estudadas e aprovadas em plano orçamentário.

Demonstrações de receitas

O balanço de receitas do município, conforme Quadro 6.2, relaciona todos os tipos de ganhos inerentes ao período de 2016.

QUADRO 6.2

Demonstração de receitas

	Valor (em R$)
RECEITAS CORRENTES	49.839.465.592
Receitas tributárias	24.989.700.193
Receitas de contribuições	1.829.267.988
Receitas patrimonial	1.014.379.582
Receitas de serviços	599.810.998
Transferências correntes	16.593.886.173
Outras receitas correntes	4.819.930.698
Recursos Arrecadados em Exercícios Anteriores (RAEA)	100.000.000
Receitas de contribuições intraorçamentárias	1.958.859.447
Receita patrimonial intraorçamentária	647.600
Receita de serviços intraorçamentária	23.959.866
Outras receitas correntes intraorçamentárias	1.000.000
Deduções de transferências correntes	(2.019.615.164)
Deduções de outras receitas correntes	(71.997.789)
RECEITAS DE CAPITAL	4.855.097.551
Operações de crédito	108.208.003
Alienação de bens	906.351.569
Amortização de empréstimo	23.388.741
Transferências de capital	2.687.426.370
Outras receitas de capital	1.129.722.868
TOTAL DA RECEITA	54.694.563.143

Fonte: PREFEITURA MUNICIPAL DE SÃO PAULO. *Lei n. 16.608, de 29 de dezembro de 2016*. Estima a receita e fixa a despesa do Município de São Paulo para o exercício de 2017. <http://legislacao.prefeitura.sp.gov.br/leis/lei-16608-de-29-de-dezembro-de-2016>. Acesso em: 4 jul. 2019.

Somente naquele ano, as receitas constituídas provenientes de recursos financeiros recebidos de outras pessoas de direito público ou privado, por meio de tributos, contribuições, receita patrimonial, da agropecuária, industrial, de serviços e outros tipos de receitas, atingiram um total de R$ 49.839.465.592, representando 91,12% das receitas totais – conhecidas como receitas correntes que se esgotam ainda no período anual, destinadas a atender despesas classificáveis em despesas correntes.

As receitas de capital, por sua vez, representaram apenas 8,87% no ano de 2016 e são identificadas como aquelas que alteram o patrimônio duradouro do Estado, sendo provenientes da observância de um período ou do produto de um empréstimo contraído pelo Estado a longo prazo, ou seja, compreendendo a realização de recursos financeiros oriundos de constituição de dívidas; da conversão, em espécie, de bens e direitos; e dos recursos recebidos de outras pessoas de direito público ou privado, as quais estão destinadas a atender despesas classificáveis em despesas de capital.

Demonstrações de gastos e despesas

Nesse balanço, as despesas são reconhecidas em regime de competência e as receitas, por regime de caixa. O balanço de receitas supracitados tem por base o compromisso de suprir as necessidades da Prefeitura de São Paulo, oferecendo recursos para liquidação e pagamento de despesas correntes e despesas de capital.

A relação de despesas está segregada de acordo com a característica dos órgãos e das entidades públicas. A maior parte dos recursos são direcionados às secretarias municipais desde o planejamento orçamentário previsto e elaborado para aquele período a fim de cumprir a demanda com os gastos públicos e as necessidades das subprefeituras dentro do território municipal.

QUADRO 6.3

Demonstração de gastos e despesas

PODER LEGISLATIVO/ADMINISTRAÇÃO DIRETA	Valor (em R$)
09 Câmara Municipal de São Paulo	620.597.000
10 Tribunal de Contas do Município de São Paulo	310.950.415
76 Fundo Especial de Despesas da Câmara Municipal de São Paulo	6.314.000
77 Fundo Especial de Despesas do Tribunal de Contas	3.310.000
PODER EXECUTIVO/ADMINISTRAÇÃO DIRETA	
08 Fundo Municipal do Idoso	2.000
11 Secretaria do Governo Municipal	346.644.642
12 Secretaria Municipal de Coordenação das Subprefeituras	532.092.899
13 Secretaria Municipal de Gestão	223.758.535
14 Secretaria Municipal de Habitação	746.585.435
16 Secretaria Municipal de Educação	10.985.422.304

17 Secretaria Municipal de Finanças e Desenvolvimento Econômico	459.415.722
19 Secretaria Municipal de Esportes, Lazer e Recreação	276.888.185
20 Secretaria Municipal de Transportes	2.655.239.705
21 Procuradoria-Geral do Município	271.624.986
22 Secretaria Municipal de Infraestrutura Urbana e Obras	1.132.027.357
23 Secretaria Municipal de Serviços	53.541.219
24 Secretaria Municipal de Assistência e Desenvolvimento Social	149.571.066
25 Secretaria Municipal de Cultura	518.728.834
27 Secretaria Municipal do Verde e do Meio Ambiente	216.238.518
28 Encargos Gerais do Município	7.847.081.119
30 Secretaria Municipal do Desenvolvimento do Trabalho e Empreendedorismo	151.644.713
31 Secretaria Municipal de Relações Internacionais e Federativas	7.056.711
32 Controladoria-Geral do Município de São Paulo	34.463.881
34 Secretaria Municipal de Direitos Humanos e Cidadania	58.930.350
35 Fundo Municipal de Defesa do Consumidor	70.000
36 Secretaria Municipal da Pessoa com Deficiência e Mobilidade Reduzida	19.800.531
37 Secretaria Municipal de Desenvolvimento Urbano	1.059.906.534
38 Secretaria Municipal de Segurança Urbana	545.881.586
39 Secretaria Municipal de Promoção da Igualdade Racial	16.019.405
40 Secretaria Municipal de Relações Governamentais	30.476.957
41 Subprefeitura Perus	29.539.197
42 Subprefeitura Pirituba/Jaraguá	38.083.614
43 Subprefeitura Freguesia/Brasilândia	40.211.681
44 Subprefeitura Casa Verde/Cachoeirinha	28.954.310
45 Subprefeitura Santana/Tucuruvi	36.376.353
46 Subprefeitura Jaçanã/Tremembé	32.126.717
47 Subprefeitura Vila Maria/Vila Guilherme	32.365.128
48 Subprefeitura Lapa	42.720.074
49 Subprefeitura Sé	75.191.260
50 Subprefeitura Butantã	52.309.444
51 Subprefeitura Pinheiros	41.779.896
52 Subprefeitura Vila Mariana	38.736.779
53 Subprefeitura Ipiranga	53.861.216
54 Subprefeitura Santo Amaro	41.666.510
55 Subprefeitura Jabaquara	32.031.936
56 Subprefeitura Cidade Ademar	41.221.795

Fonte: PREFEITURA DO MUNICÍPIO DE SÃO PAULO (PMSP). *Lei n. 16.608, de 29 de dezembro de 2016.* Estima a receita e fixa a despesa do Município de São Paulo para o exercício de 2017. Seção I – Do Orçamento Fiscal Consolidado, art. 4º. Disponível em: <http://legislacao.prefeitura.sp.gov.br/leis/lei-16608-de-29-de-dezembro-de-2016/>. Acesso em: 4 jul. 2019.

CONSIDERAÇÕES FINAIS

Diante de todas essas evidências, é possível concluir que, em alguns aspectos, o planejamento e a execução de um plano orçamentário e contábil de uma instituição pública de poder estatal se assemelha às empresas privadas, pois há fases de planejamento em níveis estratégicos, táticos e operacionais. No entanto, vale lembrar que existem peculiaridades para instituições públicas que não são aplicáveis para empresas privadas, como a aprovação de leis no legislativo para implementação de um plano orçamentário e de leis para ajustes orçamentários.

No âmbito da Prefeitura de São Paulo, tanto o planejamento estratégico como o orçamentário no ano estudado foram feitos em conjunto pelo prefeito com a Secretaria do Governo Municipal e a Secretaria Municipal de Gestão, passando por fases de aprovação, sujeita à opinião popular, desde a elaboração até a implementação de ajustes no momento de suas aplicações.

Toda aprovação de metas de receitas e despesas devem estar alinhadas com as prioridades de atendimento do setor público. Como visto na demonstração de despesas correntes, a prioridade de gastos foi com a Secretaria Municipal da Educação, tendo em vista que a secretaria com o maior gasto de todos é a Secretaria da Cidade.

Claro que existe um debate sobre a eficiência da aplicação desses recursos e se o gasto está refletido na qualidade das escolas da cidade, mas isso não compete ao escopo deste trabalho. O fato é que, segundo o planejamento e a demonstração de gastos da cidade de São Paulo, a educação tem prioridade.

Tendo isso em mente, é possível concluir também que a Contabilidade Pública pode informar toda população sobre quais são as prioridades dos gastos públicos em âmbitos municipais, além de dar a possibilidade de a população saber sobre a eficiência administrativa de seus governantes, o que pode levar à tomada de decisões diferentes no futuro, principalmente durante as eleições. Além disso, é importante ressaltar que todas as informações são de conhecimento público e estão disponíveis no site da prefeitura.

RESUMO

O planejamento público é uma ferramenta utilizada pela Prefeitura de São Paulo no intuito de obter eficiência e eficácia no equilíbrio das contas públicas. Para isso, o PPA municipal traça metas e objetivos diretamente interligados à definição de propriedades de consumo dos recursos públicos.

O orçamento municipal é elaborado de acordo com o planejamento, estabelecendo uma previsão das receitas públicas e fixando o teto de despesas para que haja equilíbrio nos resultados. O orçamento da cidade de São Paulo é um projeto de lei enviado pelo Poder Executivo anualmente à Câmara Municipal para apreciação e votação. O processo de discussão prevê uma série de audiências públicas para debater o projeto com a população.

As receitas são baseadas, sobretudo, em arrecadação de impostos e contribuições, e estimadas levando em consideração o orçamento aprovado pelo Poder Legislativo. Já as despesas são aprovadas e divididas por critério de prioridade, sendo: despesas obrigatórias, despesas de pessoal, despesas com a dívida pública e despesa com precatórios.

QUESTÕES PARA PESQUISA

1. Qual é a importância do processo de tomada de decisão para o setor público?
2. Qual a relação entre eficiência e eficácia no processo decisório?
3. Comente as etapas do processo decisório no contexto histórico.
4. Quais são as variáveis intervenientes no processo decisório?
5. Descreva o processo de planejamento e orçamento no setor público brasileiro.
6. O que é modelo de decisão multicritério?
7. Correlacione planejamento e processo decisório.
8. Descreva a LDO. Qual é seu objetivo?
9. Quanto ao *trade-off*, como minimizar os possíveis problemas trazidos pela implementação de determinada escolha?
10. Qual a secretaria responsável pelo processo de planejamento e orçamento na Prefeitura do Município de São Paulo?

CAPÍTULO 7

Lei de Responsabilidade Fiscal (LRF)

OBJETIVOS

O objetivo deste capítulo é apresentar a discussão de aspectos da LC n. 101, de 4 de maio de 2000, denominada Lei de Responsabilidade Fiscal (LRF). Os aspectos abordados envolvem receita corrente líquida, indicadores e limitadores de despesas e de endividamento.

VISÃO GERAL

Este capítulo, primeiramente, por meio de uma abordagem histórica, aponta a necessidade da edição da LRF. Em seguida, apresenta pontos da referida lei que tratam sobre Lei Orçamentária, Receita Líquida Corrente e alguns indicadores, como endividamento e despesas com pessoal.

Para verificar se os objetivos da lei foram alcançados, apresenta-se um modelo de análise que incorpora os pontos destacados por Barretto.[1]

1. BARRETTO, M. C. R. *Evolução da dívida pública dos estados após o plano de ajuste fiscal:* uma análise do endividamento dos governos estaduais de 2000 a 2012. Monografia (Especialista em Orçamento e Políticas Públicas) – Faculdade de Economia, Administração e Contabilidade, Universidade de Brasília (UnB), Brasília, 2013. Disponível em: <http://www.joserobertoafonso.com.br/evolucao-da-divida-publica-barretto/>. Acesso em: 3 abr. 2019.

INTRODUÇÃO

Com a crise econômica da década de 1990, os países subdesenvolvidos, em geral, foram submetidos a severas crises: México, 1994; Ásia, 1997; Rússia, 1998; entre outros. O Brasil se viu forçado a pedir socorro ao Fundo Monetário Internacional (FMI) em 1998, que, por sua vez, solicitou medidas de controle fiscal e monetário, acompanhados de um ajuste fiscal.

Essa necessidade prática foi uma das principais motivações imediatas da edição da LRF em 2000, que, por meio de limitações de gastos, tentou chegar ao equilíbrio das contas públicas. Deve-se notar que o equilíbrio das contas públicas é uma premissa importante para o desenvolvimento econômico e social de um país.

7.1

LEI DE RESPONSABILIDADE FISCAL: CONTEXTO HISTÓRICO

Antes de entrar no tema deste capítulo, visto que a LRF teve como motivação a dura crise em que o país estava submerso, é apresentada uma contextualização histórico-econômica e seus vínculos com a lei.

Na década de 1990, o mundo assistiu a uma série de crises econômicas com origens em países diferentes, mas com repercussão global.

A crise mexicana, causada pela paridade do valor da moeda nacional diante do dólar, causou um incentivo a empréstimos, pressionando, assim, a moeda nacional e uma evasão de divisas, e levando o governo mexicano a adotar o câmbio flutuante, com grande desvalorização do peso no final de 1998, acompanhado de grande desconfiança do mercado internacional em relação à capacidade do México em honrar suas dívidas. A curto prazo, causou ainda um desequilíbrio na balança comercial, com a diminuição das importações e o aumento das exportações.

Em 1997, casos similares ocorreram na Tailândia, em que provisões indicavam uma queda da moeda nacional, o *baht*, em 15%. O mercado, porém, regulou uma queda em 50%, causando fortes impactos na indústria tailandesa e na Indonésia. Caso similar ocorreu na Coreia do Sul, cujas empresas privadas estavam endividadas com fornecedores internacionais. Para tentar sanear essa situação, o governo coreano emitiu bônus nacionais, garantidos por investidores internacionais, na tentativa de ampliar a banda cambial de 2,5% para 10% e conseguir uma capitalização maior de fundo de ações. No entanto, essa ação não surtiu efeito, uma vez que, em novembro de 1997, houve uma queda na bolsa de valores proporcionada pela desvalorização da moeda nacional.

No Japão, a crise teve um tom diferente. O país passava por um momento de alta atividade do mercado financeiro, deixando a economia formal de lado. Por ocasião da crise, os investidores estavam posicionados em ativos financeiros, causando uma bolha especulativa que se rompeu em 1990 e provocou aumento na venda de ativos financeiros. Por sua vez, as exportações caíram em relação às importações que rapidamente aumentaram. Em razão da falta de competitividade de seus produtos, o Japão focou suas exportações na Ásia, gerando, com isso, a contaminação da crise japonesa nos países emergentes do continente asiático.

A Rússia também foi contaminada pela crise asiática e por uma crise monetária semelhante a do México, agravada por uma crise de corrupção. Em setembro de 1998, na declaração de uma moratória, o rublo caiu em 75%, levando a uma crise social e política interna, que refletiu em queda nas bolsas de valores do mundo todo.

No Brasil, os reflexos das crises mundiais não demoraram a aparecer, uma vez que o país vinha de planos econômicos frustrados e o Plano Real, de 1994, encontrava-se em pleno desenvolvimento. A política cambial similar à do México mantinha os investidores internacionais de sobreaviso a uma provável crise cambial nas mesmas proporções mexicanas. O governo brasileiro, na tentativa de conter uma evasão monetária das proporções ocorridas na crise mexicana e manter os investidores internacionais no país, implementou uma política de juros altos que chegou ao patamar de 39% em dezembro de 1994.

Entretanto, essa política de juros altos não foi suficiente para combater o ataque à moeda nacional, que teve de ser desvalorizada a partir de 1997 com uma nova política monetária de Bandas, isto é, o governo deixava o dólar flutuar em uma faixa controlada e, quando o dólar passava da faixa estabelecida, atuava-se no mercado para trazê-lo de volta à faixa. Essas políticas de controle monetário, agregadas a fatores políticos internos, como as eleições presidenciais de 1998 e a decretação da moratória do estado de Minas Gerais, pressionaram a inflação e aumentaram as incertezas dos investidores internacionais, até que, no começo de 1999, o dólar estava em uma proporção de quase dois para um.

O mercado se acalmou com a divulgação pelo Tesouro Nacional do resultado fiscal de 1998 que apontou para um superávit primário de aproximadamente 12,9 bilhões, o equivalente a 1,4% do Produto Interno Bruto (PIB), resultado melhor do que os 4,2 bilhões (0,5% PIB) do ano anterior, que o governo creditou aos esforços para aumentar a arrecadação e a redução das despesas públicas em 1998.

Essa política de juros altos a longo prazo ocasionou um aumento da inflação, gerando uma expectativa de aumento futuro da inflação associada a um desaquecimento da economia, pois os investidores procuravam o mercado financeiro em vez do mercado produtivo para obter lucro, agregado ao fato de que as interferências do governo para manter a cotação do dólar custaram muito para os cofres da União, o que foi agravado pela queda da arrecadação por causa do desaquecimento do mercado, causando um desequilíbrio nas contas do governo.

Sobre o tema, Castro[2] relata:

> Os juros altos por muito tempo influenciariam a expectativa de inflação futura. E a expectativa de inflação é uma espécie de profecia autorrealizável: se os agentes preveem um aumento de preços, se antecipam, cobram mais e os preços realmente aumentam.
>
> Os neofisherianos defendem que, se os juros ficam altos por muito tempo, o Banco Central está sinalizando inflação alta no futuro. Essa expectativa pelo aumento de preços funcionaria como pressão inflacionária. Assim, o remédio que funciona contra a inflação no curto prazo se torna o veneno que a alimenta no longo prazo.
>
> A saúde das contas públicas de um país também seria um fator para o controle das expectativas e consequentemente da inflação. Com a dívida controlada, as expectativas de inflação recuariam e os governos conseguiriam se financiar a juros mais baixos.
>
> Juros altos contribuiriam para o aumento da dívida pública. Quanto maior o risco de um calote, que tem também relação com o tamanho da dívida, maiores os juros.

O cenário acima levou o país a pedir, mais uma vez, auxílio ao FMI, no final de 1998, após os reflexos da crise da Rússia. Nesse momento, o Brasil já apresentava dois indicadores negativos em sua economia, a diminuição do superávit primário e o aumento do índice de endividamento – relação entre a dívida e o PIB. Nesse acordo, o FMI requeria forte ajuste fiscal associado à política cambial, mantendo as taxas de juros elevadas.

O acordo foi revisto em 1999, uma vez que o Brasil passou ao regime de câmbio flutuante, adotado para diminuir os gastos da dívida pública, pois a política de câmbio fixo fazia o governo intervir no mercado para comprar dólar, aumentando, assim, a dívida pública e diminuindo o superávit primário – diferença entre receitas e despesas do setor público. A perceptiva de controle do ajuste fiscal foi uma exigência imposta na Carta de Intenções com o FMI, o nascedouro da LRF.

A fim de garantir a solvência fiscal, a lei estabelece outros critérios de prudência para o endividamento público, proporciona estritas regras para o controle dos gastos públicos e estabelece regras permanentes para limitar os déficits orçamentários, bem como proíbe quaisquer novos refinanciamentos pelo governo federal da dívida estadual e municipal. Além desses preceitos, a lei inclui mecanismos disciplinares para o caso de inobservância de suas metas e seus procedimentos.

Nesse cenário, a LRF é levada a termo em 4 de maio de 2000. Além da recomendação da Carta de Intenções do FMI, o Brasil também se valeu de tratados e experiências internacionais para a estrutura e os objetivos da LRF.

2. CASTRO, J. R. Juros e inflação: causas e consequências em debate entre economistas. *Nexo Jornal*, 13 fev. 2017. Disponível em: <https://www.nexojornal. com.br/expresso/2017/02/13/Juros-e-inflação-causas-e-consequências-em-debate-entre-economistas>. Acesso em: 29 mar. 2019.

Como apontam Nascimento e Debus:[3]

> No que diz respeito a experiências de outros países, a LRF incorpora alguns princípios e normas, conforme analisaremos a seguir. Os modelos que foram tomados como referencial para a elaboração da Lei de Responsabilidade Fiscal são:
>
> - O Fundo Monetário Internacional, organismo do qual o Brasil é Estado-membro, e que tem editado e difundido algumas normas de gestão pública em diversos países;
> - a Nova Zelândia, através do Fiscal Responsibility Act, de 1994;
> - a Comunidade Econômica Europeia, a partir do Tratado de Maastricht; e,
> - os Estados Unidos, cujas normas de disciplina e controle de gastos do governo central levaram à edição do Budget Enforcement Act, aliado ao princípio de "accountability".

A LRF, surgindo da necessidade do acordo com o FMI, mostrou-se benéfica ao país, ao estabelecer normas de finanças públicas voltadas para a responsabilidade na gestão fiscal, com amparo no Capítulo II do Título VI da Constituição, *caput* do art. 1º da lei. A responsabilidade na gestão fiscal pressupõe a ação planejada e transparente, em que se previnem riscos e corrigem desvios capazes de afetar o equilíbrio das contas públicas, mediante o cumprimento de metas de resultados entre receitas e despesas e a obediência a limites e condições no que tange a renúncia de receita; a geração de despesas com pessoal, da seguridade social e outras; a dívidas consolidada e mobiliária; as operações de crédito, inclusive por antecipação de receita; a concessão de garantia; e a inscrição em Restos a pagar, conforme redação do parágrafo primeiro do art. 1º.

A LRF traz em seu bojo:

- regulamentação de artigos da constituição, como art. 163 (finanças públicas), art. 165 (normas de gestão financeira e patrimonial da administração pública) e art. 169 (limites de gastos com pessoal ativos e inativos);
- ações de planejamentos, por meio das regulamentações já citadas;
- introdução de mecanismos de transparência na gestão pública.

3. NASCIMENTO, E. R.; DEBUS, I. *Lei Complementar n. 101/2000* – Entendendo a Lei de Responsabilidade Fiscal. 2. ed. Brasília: ESAF, 2002, p. 6. Disponível em: <http://www.tesouro.fazenda.gov.br/documents/10180/0/EntendendoLRF.pdf>. Acesso em: 29 mar. 2019.

No aspecto transparência, a lei apresenta disciplina relatada por Nascimento e Debus:[4]

> [...] a transparência será alcançada através do conhecimento e da participação da sociedade, assim como na ampla publicidade que deve cercar todos os atos e fatos ligados à arrecadação de receitas e à realização de despesas pelo poder público. Para esse fim diversos mecanismos estão sendo instituídos pela LRF, dentre eles:
>
> - a participação popular na discussão e elaboração dos planos e orçamentos já referidos (art. 48, parágrafo único);
> - a disponibilidade das contas dos administradores, durante todo o exercício, para consulta e apreciação pelos cidadãos e instituições da sociedade;
> - a emissão de relatórios periódicos de gestão fiscal e de execução orçamentária, igualmente de acesso público e ampla divulgação.

Considerando que a fase de planejamento está associada à elaboração, à execução do orçamento público e aos processos decisórios respectivos na gestão pública, Teixeira e Oliveira,[5] citando Luque e Silva, discorrem sobre a LRF:

> a LRF veio a consolidar, em conjunto com a própria Lei n. 4.320, de 1964, que, todavia, rege a legislação orçamentária, um enfoque mais rígido sobre as despesas de pessoal e os limites de endividamento para a obtenção do equilíbrio orçamentário.

Com essas demandas de ajustes nas despesas públicas, sobreveio a necessidade de orçamentos que as atendessem. Nesse diapasão, o processo decisório toma importância fundamental na gestão pública, para uma tomada de decisão mais eficiente e eficaz que atenda aos limites estabelecidos na LRF. Na lei, estão dispostos artigos que, além de limitar as despesas, visam à manutenção eficiente da máquina estatal.

É papel do gestor público, em um processo decisório, listar prioridades dentre as despesas necessárias para o bem-estar social, considerando-se que, como regra geral, não há recursos públicos para atendê-las na totalidade.

A LRF cria metas fiscais para a Lei de Diretrizes Orçamentárias (LDO), por meio de anexos, em valores correntes para um período de três anos, relacionadas à previsão de receitas, despesas, resultado nominal, primário e ao montante da dívida pública.

---

4. NASCIMENTO; DEBUS, 2002, p. 11.
5. TEIXEIRA, M. C.; OLIVEIRA, A. B. S. A percepção dos profissionais de Contabilidade no âmbito da Prefeitura do Município de São Paulo, de necessidades de mudanças na Lei n. 4.320, de 1964: sintomas da necessidade de mudança. *Revista ENIAC Pesquisa*, v. 2, n. 2, p. 109-126, 2013.

> **Art. 4º** A Lei de Diretrizes Orçamentárias atenderá o disposto no § 2º do art. 165 da Constituição e:
>
> [...]
>
> § 1º Integrará o projeto de lei de diretrizes orçamentárias Anexo de Metas Fiscais, em que serão estabelecidas metas anuais, em valores correntes e constantes, relativas a receitas, despesas, resultados nominal e primário e montante da dívida pública, para o exercício a que se referirem e para os dois seguintes.
>
> § 2º O Anexo conterá, ainda:
>
> I - avaliação do cumprimento das metas relativas ao ano anterior;
>
> II - demonstrativo das metas anuais, instruído com memória e metodologia de cálculo que justifiquem os resultados pretendidos, comparando-as com as fixadas nos três exercícios anteriores, e evidenciando a consistência delas com as premissas e os objetivos da política econômica nacional;
>
> III - evolução do patrimônio líquido, também nos últimos três exercícios, destacando a origem e a aplicação dos recursos obtidos com a alienação de ativos;[6]

Em outro anexo, a ser juntado a LDO, estabelece-se o mapa de risco fiscal, que se relaciona às despesas com potencial de ocorrerem, por exemplo, em ações judiciais em que a administração pública está no polo passivo. Em seu art. 8º, a lei estabelece critérios de execução orçamentária:[7]

> **Art. 8º** Até trinta dias após a publicação dos orçamentos, nos termos em que dispuser a lei de diretrizes orçamentárias e observado o disposto na alínea "c" do inc. I do art. 4º, o Poder Executivo estabelecerá a programação financeira e o cronograma de execução mensal de desembolso.
>
> Parágrafo único. Os recursos legalmente vinculados a finalidade específica serão utilizados exclusivamente para atender ao objeto de sua vinculação, ainda que em exercício diverso daquele em que ocorrer o ingresso.

No relato de Nascimento e Debus:[8]

> Os instrumentos preconizados pela LRF para o planejamento do gasto público são os mesmos já adotados na Constituição Federal: o Plano Plurianual (PPA), a Lei de Diretrizes Orçamentárias (LDO) e a Lei Orçamentária Anual (LOA). O que a LRF busca, na verdade, é reforçar o papel da atividade de planejamento e, mais especificamente, a vinculação entre as atividades de planejamento e de execução do gasto público.

6. BRASIL. *Lei Complementar n. 101, de 4 de maio de 2000.* Estabelece normas de finanças públicas voltadas para a responsabilidade na gestão fiscal e dá outras providências. Disponível em: <http://planalto.gov.br/ccivil_03/leis/lcp/lcp101.htm>. Acesso em: 21 jun. 2019.
7. BRASIL, 2000.
8. NASCIMENTO; DEBUS, 2002, p. 11.

No âmbito da Receita, a lei institui requisito de responsabilidade de gestão fiscal pela instituição da receita pública, pela sua estimativa e pela sua arrecadação, envolvendo toda a receita de competência da instituição pública. Caso haja benefício fiscal ou renúncia de receita, deve-se observar o art. 14 da lei:

> Art. 14. A concessão ou ampliação de incentivo ou benefício de natureza tributária da qual decorra renúncia de receita deverá estar acompanhada de estimativa do impacto orçamentário-financeiro no exercício em que deva iniciar sua vigência e nos dois seguintes, atender ao disposto na lei de diretrizes orçamentárias e a pelo menos uma das seguintes condições:
>
> I - demonstração pelo proponente de que a renúncia foi considerada na estimativa de receita da lei orçamentária, na forma do art. 12, e de que não afetará as metas de resultados fiscais previstas no anexo próprio da lei de diretrizes orçamentárias;
>
> II - Estar acompanhada de medidas de compensação, no período mencionado no caput, por meio do aumento de receita, proveniente da elevação de alíquotas, ampliação da base de cálculo, majoração ou criação de tributo ou contribuição.
>
> § 1º A renúncia compreende anistia, remissão, subsídio, crédito presumido, concessão de isenção em caráter não geral, alteração de alíquota ou modificação de base de cálculo que implique redução discriminada de tributos ou contribuições, e outros benefícios que correspondam a tratamento diferenciado.
>
> § 2º Se o ato de concessão ou ampliação do incentivo ou benefício de que trata o caput deste artigo decorrer da condição contida no inciso II, o benefício só entrará em vigor quando implementadas as medidas referidas no mencionado inciso.
>
> § 3º O disposto neste artigo não se aplica:
>
> I - às alterações das alíquotas dos impostos previstos nos incisos I, II, IV e V do art. 153 da Constituição, na forma do seu § 1º;
>
> II - ao cancelamento de débito cujo montante seja inferior ao dos respectivos custos de cobrança.

No inc. IV do art. 2 da Lei Complementar n. 101, de 2000 (LRF), é apresentado importante conceito a respeito da receita, denominada Receita Corrente Líquida (RCL):

> Art. 2º Para os efeitos desta Lei Complementar, entende-se como:
>
> I - ...
>
> IV - receita corrente líquida: somatório das receitas tributárias, de contribuições, patrimoniais, industriais, agropecuárias, de serviços, transferências correntes e outras receitas também correntes, deduzidos:

a) na União, os valores transferidos aos Estados e Municípios por determinação constitucional ou legal, e as contribuições mencionadas na alínea "a" do inciso I e no inciso II do art. 195, e no art. 239 da Constituição;

b) nos Estados, as parcelas entregues aos Municípios por determinação constitucional;

c) na União, nos Estados e nos Municípios, a contribuição dos servidores para o custeio do seu sistema de previdência e assistência social e as receitas provenientes da compensação financeira citada no § 9º do art. 201 da Constituição.

§ 1º Serão computados no cálculo da receita corrente líquida os valores pagos e recebidos em decorrência da Lei Complementar n. 87, de 13 de setembro de 1996, e do fundo previsto pelo art. 60 do Ato das Disposições Constitucionais Transitórias.

§ 2º Não serão considerados na receita corrente líquida do Distrito Federal e dos Estados do Amapá e de Roraima os recursos recebidos da União para atendimento das despesas de que trata o inciso V do § 1º do art. 19.

§ 3º A receita corrente líquida será apurada somando-se as receitas arrecadadas no mês em referência e nos onze anteriores, excluídas as duplicidades.

Destaca-se o relato de Nascimento e Debus:[9]

Antes da Lei de Responsabilidade Fiscal, a RCL foi utilizada principalmente como parâmetro na verificação das despesas com pessoal, de acordo com o texto da Lei Complementar n. 82/95 e ainda nos termos da Lei Complementar n. 96/99 (Lei Camata I e II, respectivamente).

Há de se observar que, nos parágrafos 1º e 2º do art. 2 da LRF, o legislador considerou tratar as contas da LC n. 87 (Lei Kandhir - ICMS), e do art. 60 do Ato das Disposições Constitucionais Transitórias (ADCT) (Fundo de Manutenção e Desenvolvimento do Ensino Fundamental e de Valorização do Magistério - FUNDEF) como uma conta-corrente, ou seja, seu saldo é levado à RCL, que pode ser positivo ou negativo; portanto, se positivo, somará à RCL, mas, se negativo, a diminuirá. Essas são contas de repasses de recursos, dos estados para a União, no caso do ICMS, por exemplo, e vice-versa, formando, assim, uma conta-corrente entre União e estado – é o que ocorre com os municípios em relação ao FUNDEF.

Como no exemplo reportado em Nascimento e Debus,[10] o caso do cálculo da RCL, apresentada no Balanço Geral do Estado da Bahia de 2000, é ilustrado pelo Quadro 7.1.

9. NASCIMENTO; DEBUS, 2002, p. 12.
10. NASCIMENTO; DEBUS, 2002, p. 12-13.

QUADRO 7.1

Cálculo da RCL estadual

Discriminação	Valores em R$
1. Receita Corrente	**6.837.768.455**
(+) Receita Corrente da Adm. Direita	6.010.634.199
(+) Receita Corrente da Adm. Indireta (fontes 40 a 90)	827.134.256
2. Deduções	**1.345.285.980**
(–) Transferências Constitucionais aos Municípios	1.007.990.865
(–) Contribuições a fundo – FUNPREV (art. 2º, inc. IV, "c")	124.775.120
(–) Compensação Financeira (§ 9º, art. 201, CF)	2.494.768
(–) Perdas para o FUNDEF (saldo negativo)	210.025.227
3. Receita Corrente Líquida – RCL (1-2)	**5.492.482.475**

Fonte: NASCIMENTO; DEBUS, 2002, p. 14.

No que se refere à periodicidade, a RCL é tomada considerando os 11 últimos meses imediatamente anteriores ao da apuração e incluindo o mês da apuração, como mostra o Quadro 7.2.

QUADRO 7.2

Cálculo da RCL para o mês de maio

Período	RCL Mensal (em R$ mil)
Maio/1999	R$ 376.935
Junho/1999	R$ 358.986
Julho/1999	R$ 538.479
Agosto/1999	R$ 430.783
Setembro/1999	R$ 610.276
Outubro/1999	R$ 394.884
Novembro/1999	R$ 430.783
Dezembro/1999	R$ 538.479
Janeiro/2000	R$ 520.529
Fevereiro/2000	R$ 466.682
Março/2000	R$ 430.783
Abril/2000	R$ 394.884
RCL (abril/2000)	**R$ 5.492.482**

Fonte: NASCIMENTO; DEBUS, 2002, p. 14.

No exemplo anterior, o valor de R$ 5.492.482 da RCL, divulgado nos relatórios do mês de maio, será o valor limitador para a apuração dos percentuais de gastos com pessoal, dívida consolidada, operações com serviços de terceiros, além do total das garantias concedidas, constantes do referido Relatório, como relata Nascimento e Debus,[11] nos índices discutidos a seguir.

Em relação à despesa pública, já era consagrado que a despesa que não tivesse sua previsão orçamentária ou previsão de impacto orçamentário em três exercícios, na Lei Orçamentária Anual (LOA), no Plano Plurianual (PPA) ou Lei das Diretrizes Orçamentárias (LDO), era considerada irregular. No entanto, a LRF inovou em seu art. 17, com o conceito de **despesa obrigatória de caráter continuado**, assim definido pela lei:[12]

> **Art. 17.** Considera-se obrigatória de caráter continuado a despesa corrente (n.g) derivada de lei, medida provisória ou ato administrativo normativo que fixem para o ente a obrigação legal de sua execução por um período superior a dois exercícios.
>
> § 1º Os atos que criarem ou aumentarem despesa de que trata o caput deverão ser instruídos com a estimativa prevista no inciso I do art. 16 e demonstrar a origem dos recursos para seu custeio.
>
> § 2º Para efeito do atendimento do § 1º, o ato será acompanhado de comprovação de que a despesa criada ou aumentada não afetará as metas de resultados fiscais previstas no anexo referido no § 1º do art. 4º, devendo seus efeitos financeiros, nos períodos seguintes, ser compensados pelo aumento permanente de receita ou pela redução permanente de despesa.
>
> § 3º Para efeito do § 2º, considera-se aumento permanente de receita o proveniente da elevação de alíquotas, ampliação da base de cálculo, majoração ou criação de tributo ou contribuição.
>
> § 4º A comprovação referida no § 2º, apresentada pelo proponente, conterá as premissas e metodologia de cálculo utilizadas, sem prejuízo do exame de compatibilidade da despesa com as demais normas do plano plurianual e da lei de diretrizes orçamentárias.
>
> § 5º A despesa de que trata este artigo não será executada antes da implementação das medidas referidas no § 2º, as quais integrarão o instrumento que a criar ou aumentar.
>
> § 6º O disposto no § 1º não se aplica às despesas destinadas ao serviço da dívida nem ao reajustamento de remuneração de pessoal de que trata o inciso X do art. 37 da Constituição.
>
> § 7º Considera-se aumento de despesa a prorrogação daquela criada por prazo determinado.

11. NASCIMENTO; DEBUS, 2002, p. 15.
12. BRASIL, 2000.

Resta claro no parágrafo 1º do art. 17 que qualquer nova despesa tem de ser acompanhada da indicação da receita para seu custeio. É importante observar que no parágrafo 2º há a condicionante de que, para os exercícios seguintes, a despesa criada deve ser compensada pelo aumento permanente da receita, ou nos termos do parágrafo 3º, diminuição da despesa efetiva.

Um ponto de grande importância da LRF foi a regulamentação do art. 169 da CF, que trata do limite de gastos com pessoal.

No *caput* do art. 18, o legislador define a despesa com pessoal:[13]

> Art. 18. Para os efeitos desta Lei Complementar, entende-se como despesa total com pessoal: o somatório dos gastos do ente da Federação com os ativos, os inativos e os pensionistas, relativos a mandatos eletivos, cargos, funções ou empregos, civis, militares e de membros de Poder, com quaisquer espécies remuneratórias, tais como vencimentos e vantagens, fixas e variáveis, subsídios, proventos da aposentadoria, reformas e pensões, inclusive adicionais, gratificações, horas extras e vantagens pessoais de qualquer natureza, bem como encargos sociais e contribuições recolhidas pelo ente às entidades de previdência.

O parágrafo 1º desse artigo disciplina que os contratados terceirizados serão lançados em outras despesas com pessoal, enquanto no parágrafo 2º é definido o período de apuração:[14]

> Art. 18. [...]
>
> § 2º A despesa total com pessoal será apurada somando-se a realizada no mês em referência com as dos onze imediatamente anteriores, adotando-se o regime de competência.

Já o art. 19 define os limites de gastos, em relação à receita líquida, e suas exclusões para a União, os estados e os municípios, como indicados a seguir:

- União: 50%;
- Estados: 60%;
- Municípios: 60%.

De acordo com o parágrafo 1º desse artigo, as verbas não computadas para a verificação do limite são:

13. BRASIL, 2000.
14. BRASIL, 2000.

- indenização por demissão de servidores ou empregados;
- relativas a incentivos à demissão voluntária;
- derivadas da aplicação do disposto no inc. II do parágrafo 6º do art. 57 da Constituição;
- decorrentes de decisão judicial e da competência de período anterior ao da apuração a que se refere o parágrafo 2º do art. 18, acima transcrito.
- com pessoal, do Distrito Federal e dos estados do Amapá e de Roraima, custeadas com recursos transferidos pela União na forma dos incs. XIII e XIV do art. 21 da Constituição e do art. 31 da Emenda Constitucional n. 19;
- com inativos, ainda que, por intermédio de fundo específico, custeadas por recursos provenientes da arrecadação de contribuições dos segurados; da compensação financeira de que trata o parágrafo 9º do art. 201 da Constituição; e das demais receitas diretamente arrecadadas por fundo vinculado a essa finalidade, inclusive o produto da alienação de bens, direitos e ativos, e também seu superávit financeiro.

As despesas com pessoal decorrentes de sentenças judiciais estarão sujeitas à repartição do limite global, conforme art. 20, de cada poder ou órgão. Em seu art. 20, a LRF apresenta a repartição do limite global de cada poder, assim dividido:

- **esfera federal**: 2,5% para o Legislativo, incluído o Tribunal de Contas da União; 6% para o Judiciário; 40,9% para o Executivo, destacando-se 3% para as despesas com pessoal decorrentes do que dispõem os incs. XIII e XIV do art. 21 da Constituição e o art. 31 da Emenda Constitucional n. 19, repartidos de forma proporcional à média das despesas relativas a cada um desses dispositivos, em percentual da receita corrente líquida, verificadas nos três exercícios financeiros imediatamente anteriores ao da publicação dessa Lei Complementar; e 0,6% para o Ministério Público da União;
- **esfera estadual**: 3% para o Legislativo, incluído o Tribunal de Contas do Estado; 6% para o Judiciário; 49% para o Executivo; e 2% para o Ministério Público dos Estados;
- **esfera municipal**: 6% para o Legislativo, incluído o Tribunal de Contas do Município, quando houver; e 54% para o Executivo.

Em seu parágrafo 1º do art. 20, está disciplinado que nos poderes legislativo e judiciário de cada esfera os limites serão repartidos entre seus órgãos de forma proporcional à média das despesas com pessoal, em percentual da receita corrente líquida, verificadas nos três exercícios financeiros imediatamente anteriores ao da publicação dessa Lei Complementar.

No parágrafo 2º, apresenta-se o conjunto de órgãos considerados:

- Ministério Público;
- Poder Legislativo:
  - Federal: as respectivas Casas e o Tribunal de Contas da União;
  - Estadual: a Assembleia Legislativa e os Tribunais de Contas;
  - Distrito Federal: a Câmara Legislativa e o Tribunal de Contas do Distrito Federal;
  - Municipal: a Câmara de Vereadores e o Tribunal de Contas do município, quando houver;
- Poder Judiciário:
  - Federal: os tribunais referidos no art. 92 da Constituição;
  - Estadual: o Tribunal de Justiça e outros, quando houver.

Os limites para as despesas com pessoal do Poder Judiciário, a cargo da União, tendo em vista o inc. XIII do art. 21 da Constituição, serão estabelecidos mediante aplicação da regra do parágrafo 1º.

Nos estados em que houver Tribunal de Contas dos municípios, os percentuais definidos serão aqueles aplicados para o Tribunal de Contas da União e os órgãos do Distrito Federal, sua Câmara Legislativa e seu Tribunal de Contas do Distrito Federal serão, respectivamente, acrescidos e reduzidos em 0,4%.

Para atender ao art. 168 da Constituição, a entrega dos recursos financeiros correspondentes à despesa total com pessoal por poder e órgão será a resultante da aplicação dos percentuais definidos relatados anteriormente ou daqueles fixados na LDO.

Com os limites fixados pela LRF para a despesa com pessoal, fica claro que a lei teve a intenção de limitar os gastos do poder executivo, pois a execução orçamentária é feita por esse poder, com um parâmetro contábil bem definido, a RCL, em uma tentativa de começar a sanear as contas públicas, como posto na Carta de Intenções do FMI. Entretanto, apenas essa limitação não seria suficiente: seria necessário também que se colocassem limites ao endividamento público – tema também tratado na LRF.

Não cabe neste livro a discussão dos motivos que geram o endividamento do setor público – um breve relato histórico já foi feito no início deste capítulo. O estudo de suas origens, suas causas e seus efeitos de forma abrangente e completa exigiria outro livro, ou, talvez, bibliotecas inteiras.

Em caráter ilustrativo, é apresentado o Gráfico 7.1 para dimensionar o valor do endividamento público em 2000, data da publicação da LRF, mostrando a motivação para tratar esse tema na lei.

GRÁFICO 7.1

Dinâmica da dívida interna

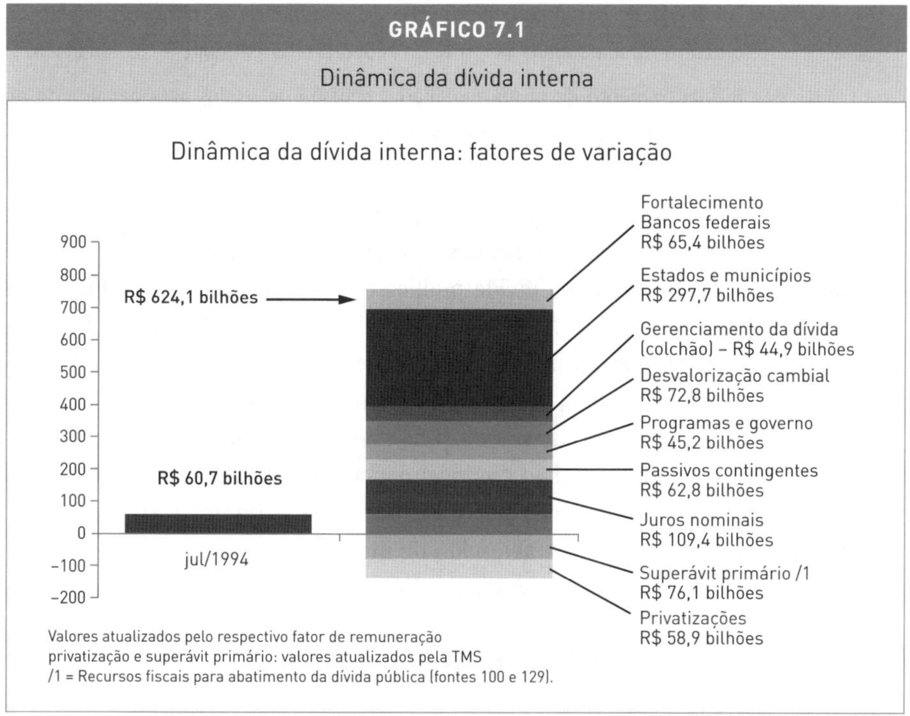

Fonte: NASCIMENTO; DEBUS, 2002, p. 46.

Assim como fez com as despesas com pessoal, a LRF estabeleceu limites para o endividamento. Os artigos concernentes ao limite de endividamento são destacados a seguir.

No art. 29 da LRF são apresentadas as definições de cada tipo de dívida pública:[15]

> I – dívida pública consolidada ou fundada: montante total, apurado sem duplicidade, das obrigações financeiras do ente da Federação, assumidas em virtude de leis, contratos, convênios ou tratados e da realização de operações de crédito, para amortização em prazo superior a doze meses;
>
> II – dívida pública mobiliária: dívida pública representada por títulos emitidos pela União, inclusive os do Banco Central do Brasil, Estados e Municípios;
>
> III – operação de crédito: compromisso financeiro assumido em razão de mútuo, abertura de crédito, emissão e aceite de título, aquisição financiada de bens, recebimento antecipado de valores provenientes da venda a termo de bens e serviços, arrendamento mercantil e outras operações assemelhadas, inclusive com o uso de derivativos financeiros;

15. BRASIL, 2000.

> IV – concessão de garantia: compromisso de adimplência de obrigação financeira ou contratual assumida por ente da Federação ou entidade a ele vinculada;
>
> V – refinanciamento da dívida mobiliária: emissão de títulos para pagamento do principal acrescido da atualização monetária.

Em seu parágrafo 1º, a lei equipara a operação de crédito com a assunção, o reconhecimento ou a confissão de dívidas pelo ente da Federação. Inclui ainda, no segundo parágrafo do inc. V, na dívida pública consolidada da União, obrigações relativas à emissão de títulos de responsabilidade do Banco Central do Brasil e, no parágrafo 3º desse mesmo inciso, as operações de crédito de prazo inferior a 12 meses cujas receitas tenham constado do orçamento. Por fim, estabelece disciplina sobre o refinanciamento do principal da dívida mobiliária, que poderá exceder ao término de cada exercício financeiro o montante do final do exercício anterior, somado ao das operações de crédito autorizadas no orçamento para esse efeito e efetivamente realizadas, acrescido de atualização monetária.

O art. 30 regulamenta o inc. VI do art. 52 da CF 1988, que estabelece:[16]

> Art. 52. Compete privativamente ao Senado Federal:
>
> I [...]
>
> VI – fixar, por proposta do Presidente da República, limites globais para o montante da dívida consolidada da União, dos Estados, do Distrito Federal e dos Municípios;

A LRF, de 4 de maio de 2000, concedeu prazo de 90 dias para que o Senado, por meio da Resolução n. 40, de 20 de dezembro de 2001, atendesse ao disposto.

Nascimento e Debus[17] relatam:

> O parágrafo 2º do art. 30 da LRF permite que a proposta de limites globais seja apresentada em termos de dívida líquida, o que equivale a abater, do total da dívida de cada ente, os respectivos créditos financeiros (depósitos, aplicações). Os limites globais para a dívida consolidada dos três níveis de governo serão verificados a partir de percentual da Receita Corrente Líquida (RCL), representando o nível máximo admitido para cada um deles, sendo a verificação do seu atendimento realizada ao final de cada quadrimestre (art. 30, § 3º e 4º), ou semestre, no caso dos Municípios com menos de 50 mil habitantes.

16. BRASIL. *Constituição da República Federativa do Brasil de 1988*. Disponível em: <http://www.planalto.gov.br/ccivil_03/constituicao/constituicaocompilado.htm>. Acesso em: 24 jun. 2019.

17. NASCIMENTO; DEBUS, 2002, p. 50.

A resolução do Senado referenciada anteriormente estabeleceu os limites de endividamento da seguinte forma:[18]

> Art. 3º A dívida consolidada líquida dos Estados, do Distrito Federal e dos Municípios, ao final do décimo quinto exercício financeiro contado a partir do encerramento do ano de publicação desta Resolução, não poderá exceder, respectivamente, a:
>
> I - no caso dos Estados e do Distrito Federal: 2 (duas) vezes a receita corrente líquida, definida na forma do art. 2º; e
>
> II - no caso dos Municípios: a 1,2 (um inteiro e dois décimos) vezes a receita corrente líquida, definida na forma do art. 2º.
>
> Parágrafo único. Após o prazo a que se refere o *caput*, a inobservância dos limites estabelecidos em seus incisos I e II sujeitará os entes da Federação às disposições do art. 31 da Lei Complementar n. 101, de 4 de maio de 2000.

Em seu art. 31, a LRF apresenta as consequências caso o ente federativo não se enquadre nos limites da dívida estabelecidos, conforme apontam Nascimento e Debus:[19]

> A LRF estabelece prazos e condições rígidos para os entes que ultrapassarem os respectivos limites de endividamento. Se verificada a ultrapassagem dos seus limites ao final de um quadrimestre, a eles deverão retornar nos três quadrimestres seguintes, eliminando pelo menos 25% já no primeiro período.
>
> Durante o tempo em que estiverem acima dos limites, os entes estarão sujeitos às seguintes sanções institucionais:
>
> - Proibição de realizar operação de crédito, inclusive ARO, excetuado o refinanciamento da dívida mobiliária;
> - Obrigatoriedade de obtenção de superávit primário para redução do excesso, inclusive através de limitação de empenho;
> - Proibição de recebimento de transferências voluntárias, caso não eliminado o excesso no prazo previsto e enquanto durar o mesmo;
>
> As regras acima aplicam-se tanto para os casos de excedente nos limites da dívida mobiliária como das operações de crédito internas e externas. A relação dos entes que ultrapassarem esses limites será divulgada mensalmente pelo Ministério da Fazenda (art. 31, § 1º ao 5º).

18. BRASIL, 2000.
19. NASCIMENTO; DEBUS, 2002, p. 56-57.

É importante destacar que até agora o limite de endividamento para a União não saiu do papel e está em trâmite no Senado, com o Projeto de Resolução n. 84, de 2007.

A LRF também estabelece limites e condições para a contratação de operações de créditos, que ficam sobre a responsabilidade do Ministério da Fazenda, conforme o art. 32. No art. 38 são disciplinadas as regras para Antecipação de Receita Orçamentária (ARO), um tipo de operação de crédito muito utilizada:[20]

> **Art. 38.** A operação de crédito por antecipação de receita destina-se a atender insuficiência de caixa durante o exercício financeiro e cumprirá as exigências mencionadas no art. 32 e mais as seguintes:
>
> I - realizar-se-á somente a partir do décimo dia do início do exercício;
>
> II - deverá ser liquidada, com juros e outros encargos incidentes, até o dia dez de dezembro de cada ano;
>
> III - não será autorizada se forem cobrados outros encargos que não a taxa de juros da operação, obrigatoriamente prefixada ou indexada à taxa básica financeira, ou à que vier a esta substituir;
>
> IV - estará proibida:
>
> a) enquanto existir operação anterior da mesma natureza não integralmente resgatada;
>
> b) no último ano de mandato do Presidente, Governador ou Prefeito Municipal.
>
> § 1 As operações de que trata este artigo não serão computadas para efeito do que dispõe o inciso III do art. 167 da Constituição, desde que liquidadas no prazo definido no inciso II do caput.
>
> § 2 As operações de crédito por antecipação de receita realizadas por Estados ou Municípios serão efetuadas mediante abertura de crédito junto à instituição financeira vencedora em processo competitivo eletrônico promovido pelo Banco Central do Brasil.
>
> § 3 O Banco Central do Brasil manterá sistema de acompanhamento e controle do saldo do crédito aberto e, no caso de inobservância dos limites, aplicará as sanções cabíveis à instituição credora.

Até aqui, apresentou-se o contexto histórico que motivou o país a editar a LRF em uma tentativa de controlar as contas do Estado, colocando limites de despesas e controle da dívida estatal. Para completar o objetivo deste capítulo, serão apresentados ainda os resultados de Barretto[21] sobre a evolução da dívida pública

20. BRASIL, 2000.
21. BARRETTO, 2013.

dos estados, no período de 2000 a 2012, em um estudo bem apropriado para observar o impacto da LRF no Brasil.

Primeiramente, o Manual de Contabilidade Aplicada ao Setor Público (MCASP)[22] define evolução da Dívida Consolidada Líquida (DCL) como "o montante da dívida pública consolidada deduzidas as disponibilidades de caixa, as aplicações financeiras e os demais haveres financeiros".

Analisando o Gráfico 7.1, nota-se que a LRF não conseguira inibir a evolução da DCL. Não houve pontos de inflexões em nenhuma curva que denotassem um movimento de queda na DCL. Deve ser dito que os governos imediatamente seguintes à criação da lei tinham pontos de vista diferentes quanto ao endividamento público, criando, então, a Nova Matriz Econômica (NME), com visão alternativa, sobre o papel dos gastos públicos na geração de renda e crescimento.

GRÁFICO 7.1

O endividamento público por região/ano

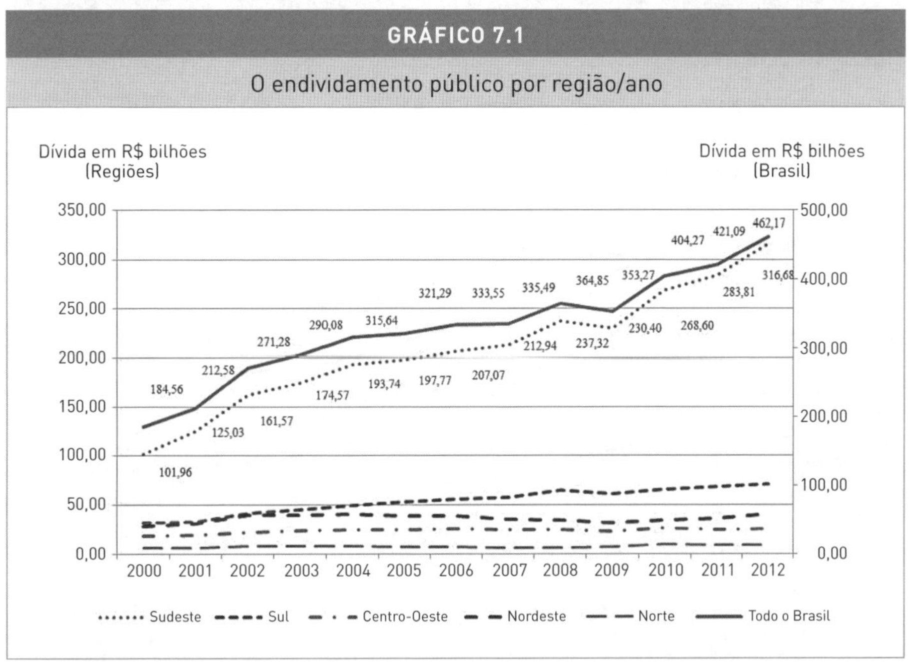

Fonte: BARRETTO, 2013, p. 52.

Pode-se observar uma evolução na região Sudeste muito acentuada, enquanto para as demais, manteve-se quase estável, fazendo, assim, a evolução do país se

22. BRASIL; MINISTÉRIO DA FAZENDA; SECRETARIA DO TESOURO NACIONAL. Portaria Conjunta STN/SOF n. 02, de 22 de dezembro de 2016. Aprova a Parte I – Procedimentos Contábeis Orçamentários da 7ª edição do Manual de Contabilidade Aplicada ao Setor Público (MCASP). *Diário Oficial da União*, Brasília, DF, 23 dez. 2016. Seção 1, p. 160.

assemelhar à curva da região Sudeste. Isso poderia ser explicado, pelo menos em parte, pelo maior movimento econômico e pela maior densidade demográfica dessa região.

No Gráfico 7.2, destaca-se a evolução do coeficiente DCL/RCL, com tendência de queda para todas as regiões, o que implica uma tendência de evolução positiva da RCL para todas as regiões, uma vez que, pelo Gráfico 7.1, vê-se que a DCL aumentou ou se manteve. Portanto, a RCL tem de aumentar para que a curva DCL/RCL tenha uma variação negativa, apesar de um pico máximo em 2002.

Com esses dados isolados, aponta-se para a conclusão do aumento da RCL, mas, efetivamente, são insuficientes para se chegar a uma conclusão definitiva do resultado e sua previsão futura.

GRÁFICO 7.2

A dívida consolidada líquida em relação à receita corrente líquida

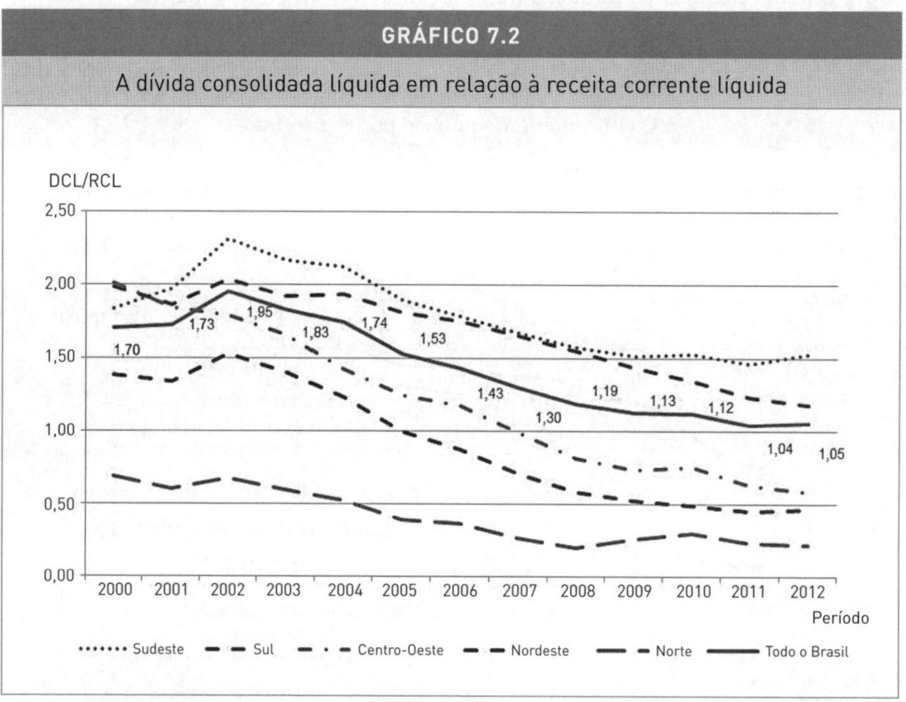

Fonte: BARRETTO, 2013, p. 53.

O Gráfico 7.3, a seguir, mostra a relação do custeio do Estado com as despesas totais. Para Barretto,[23] "as despesas de custeio da máquina pública são um componente fundamental no ajuste fiscal dos estados, pois são despesas, na sua

23. BARRETO, 2013, p. 62.

maioria permanentes, provenientes do crescimento da folha de pagamentos e de outros custos fixos". Portanto, os limites de gastos com pessoal estão embutidos nesse cálculo.

GRÁFICO 7.3

As despesas de custeio em relação ao total de despesas (correntes e de capital)

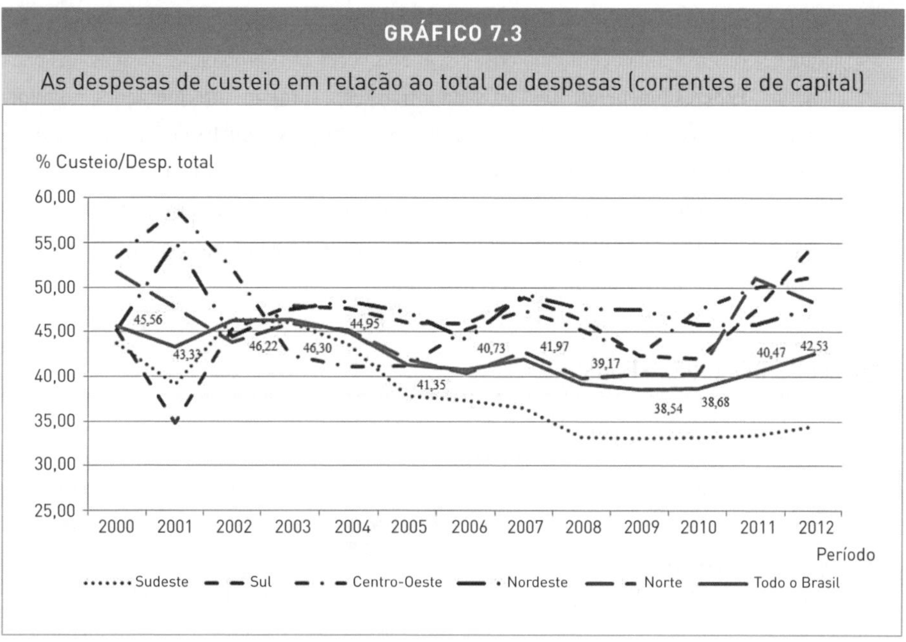

Fonte: BARRETTO, 2013, p. 63.

Pode-se considerar que a evolução se manteve estável, isto é, o Estado não conseguiu controlar os gastos da máquina estatal. Conforme apontam Afonso e Nóbrega:[24]

> Despesa com pessoal – exclusão de parcelas do gasto para atestar o cumprimento do limite legal.
>
> Logo após a implantação da LRF, o debate sobre o enquadramento da despesa com pessoal nos novos sublimites de pessoal concentrou atenção no período de transição e nos efeitos sobre os Estados. Desde cedo, ficou claro que o limite global para a União estava muito acima do seu gasto efetivo, não representando ameaça nem mesmo para os órgãos dos Poderes independentes. Em menor grau, mas também com uma tendência a gastar bem menos do que o limite legal, surgiram as prefeituras, em que pese noticiário e movimentação política, foram raros os casos de excesso, geralmente em pequenas cidades do interior e às vezes focados no Legislativo. A implantação da LRF também

24. AFONSO, J. R. R.; NÓBREGA, M. Responsabilidade fiscal: uma obra inacabada. *Revista Controle: Doutrinas e artigos*, v. 7, n. 1, p. 15-30, 2009.

coincidiu com a descentralização crescente do FUNDEF e do SUS, que ampliaram os repasses em favor das prefeituras e o aumento de receita mais que compensou o do gasto com pessoal.

Já os Estados apresentaram maiores dificuldades para o enquadramento nos limites de pessoal, ainda assim com dificuldades localizadas em poucas unidades federadas em que se constata uma acentuada crise fiscal e às vezes com problemas focados nos chamados "Poderes independentes". Passada a transição, surgiram interpretações, no mínimo, polêmicas em alguns Estados ou Poderes – não por acaso aqueles que não conseguiam atender aos limites, aplicada a prática orçamentária ou contábil comum. Os tribunais de contas surgem na origem e/ou no centro dessas práticas, seja flexibilizando a aplicação das regras que antes eram adotadas, seja tomando a iniciativa para que eles próprios conseguissem cumprir o respectivo limite.

CONSIDERAÇÕES FINAIS

Neste capítulo, destacou-se pontos da LC n. 101, de 2000, a LRF. Em primeiro lugar, abordou-se o contexto histórico que motivou a edição da lei, tendo sido um motivador imediato a Carta de Intenções com o FMI no final de 1998, em que se buscava o equilíbrio das contas do Brasil.

Os pontos destacados foram a criação de indicadores com a finalidade de controlar fatores econômicos, como o endividamento e os limites de gastos, principalmente, e os limitadores globais para a União, os estados e os municípios, rateados para os órgãos de cada poder. Em seguida, foi revelada a evolução desses indicadores para averiguar seu comportamento no período de 2000 a 2012, por meio do trabalho de Barretto.[25]

Em que pese as motivações para seu surgimento e, mesmo, a qualidade do dispositivo legal, chega-se ao final da segunda década deste século com alto endividamento do setor público, com o problema fiscal atingido de forma aguda, com alto endividamento de estados e municípios. Não foi observada uma evolução de indicadores que seja possível creditar a LRF. O que se observou, como Afonso e Nóbrega[26] apontam, foram medidas compensatórias da União para que esses indicadores fossem alcançados, uma vez que o não cumprimento acarretaria sanções para os gestores públicos, com as quais não poderiam arcar.

25. BARRETO, 2013.
26. AFONSO; NÓBREGA, 2016.

RESUMO

A LRF é a Lei Complementar n. 101, de 4 de maio de 2000, que estabelece normas de finanças públicas voltadas para a responsabilidade na gestão fiscal e dá outras providências, tendo sido motivada por uma série de crises econômicas em vários países na década de 1990, incluindo o Brasil, que sofreu reflexos da crise mundial no que tange à crise monetária.

Para minimizar esses efeitos, o Brasil teve que recorrer ao FMI, que, dentre as exigências apontadas para um acordo que possibilitasse enfrentar a crise, estavam os ajustes fiscal e cambial. Esse foi um dos motivos da publicação da LRF, que, buscando criar mecanismos para uma competente gestão fiscal, criou indicadores como RCL, DCL, controle de despesas e mecanismos de controle de endividamento.

E, por fim, foi apresentado o trabalho de Barretto[27] sobre a evolução de alguns indicadores no período de 2000 a 2012.

QUESTÕES PARA PESQUISA

1. O que motivou a edição da Lei Complementar n. 101, de 4 de maio de 2000?
2. Quais foram os principais indicadores criados pela LRF?
3. Faça uma comparação entre o índice de endividamento de 2000 e 2012.
4. Qual é a relação entre a publicação da LRF e o FMI?
5. Quais são as principais disciplinas da LRF?
6. Relacione os conceitos de gestão pública e a tomada de decisão no âmbito da LRF.
7. No que a LRF influencia a LDO?
8. Qual é a importância do conceito de RCL?
9. Em que a LRF influencia no endividamento público? Correlacione.
10. Quais são os principais limitadores que a LRF impõe à União, aos estados e aos municípios?

27. BARRETO, 2013.

CAPÍTULO 8

Fundamentos da Contabilidade Pública

OBJETIVOS

Neste capítulo, são apresentados ao leitor os fundamentos da Contabilidade Pública, responsável por cuidar da gestão dos recursos públicos, diferentemente da Contabilidade Societária, cujo foco está no patrimônio ou no lucro das empresas. Para efetuar essa tarefa, usa-se o sistema contábil, que, atualmente, se divide em quatro subsistemas: orçamentário, patrimonial, custos e compensação.

VISÃO GERAL

A Contabilidade Pública apresenta características próprias. Assim, neste capítulo, são apresentados os pontos que mais se destacam, como a interface com o orçamento público, os subsistemas do sistema contábil e suas estruturas, entre outros.

Esse tema sempre foi um desafio para o profissional de Ciências Contábeis que não pertence ao setor público, talvez por uma deficiência nos cursos de graduação. Hoje, com as modificações advindas das Normas Brasileiras de Contabilidade Aplicadas ao Setor Público (NBCASP), os próprios profissionais de Contabilidade do setor público têm se adaptado à nova realidade, mas, como a própria administração pública tem uma mora na implantação das normas, enfrentam conflitos entre as antigas e as novas.

INTRODUÇÃO

Um dos aspectos mais explorado nas Ciências Contábeis brasileira é a Contabilidade Pública, que, num processo iniciado ao final dos anos 1990 e que continuou até a segunda década do século XXI, passa por uma adequação com as Normas Internacionais de Contabilidade Aplicadas ao Setor Público (IPSAS) e, por isso, sua bibliografia está em constante atualização.

Os elementos destacados aqui englobam a interação dos conceitos orçamentários com os da Contabilidade Geral (Societária) e como se dá a combinação entre eles, como é o caso das receitas e das despesas extraorçamentárias, elementos de conexão entre os balanços orçamentários e patrimoniais.

Os profissionais de Contabilidade também mereceram destaque, uma vez que são os agentes que farão as mudanças se concretizarem na prática.

8.1

SISTEMA CONTÁBIL

A Contabilidade Pública, também conhecida como Contabilidade Governamental, por ser um ramo das Ciências Contábeis, impõe princípios e normas de controle patrimonial. Além de normas orçamentárias, obedece a normas de economia e de finanças do setor público. A Contabilidade Pública deve seguir os mesmos princípios da Contabilidade Geral, embora suas peculiaridades intrínsecas sejam consideradas.

Haddad e Mota[1] abordam o assunto:

> O conhecimento das peculiaridades da Contabilidade Pública é ponto-chave no entendimento dos procedimentos para registro, avaliação, demonstração e análise do patrimônio público.
>
> [...]
>
> A Contabilidade Pública deverá adotar os princípios de contabilidade (entidade, continuidade, competência, oportunidade etc.); as técnicas de registro dos fatos contábeis por meio de partidas dobradas; os critérios de levantamento de inventário; os métodos de elaboração de balanços e outros demonstrativos contábeis.

A inteligência que disciplina a Contabilidade Pública vem da Lei n. 4.320, de 17 de março de 1964,[2] que representa um marco normativo na Contabilidade Pública brasileira, e equivale, em importância para o setor público, à Lei das Sociedades por

1. HADDAD, R. C.; MOTA, F. G. L. *Contabilidade pública*. Florianópolis: UFSC, 2010.
2. BRASIL. *Lei n. 4.320, de 17 de março de 1964*. Estatui Normas Gerais de Direito Financeiro para elaboração e controle dos orçamentos e balanços da União, dos Estados, dos Municípios e do Distrito Federal. Disponível em: <https://www.planalto.gov.br/ccivil_03/Leis/L4320.htm> Acesso em: 26 abr. 2019.

Ações, Lei n. 6.404, de 15 de dezembro de 1976,[3] para o setor privado. Em suma, pode-se dizer que o objetivo da Contabilidade Pública é registrar, processar e fornecer informações oportunas e corretas para a administração na tomada de decisões e para os órgãos de controle interno e externo no cumprimento da legislação[4].

Considerando que em uma peça orçamentária estão dispostas, além das despesas que visam à manutenção da máquina Estatal, as despesas que têm como finalidade o bem-estar social, em geral, não há recursos públicos para atendê-las na totalidade. Sendo assim, é papel do gestor público, em um processo decisório, listar prioridades.

A Contabilidade Pública trata também da execução orçamentária (balanço orçamentário) e dos fluxos financeiros que afetam as disponibilidades (balanço financeiro). A Lei n. 4.320, de 1964, impôs que as alterações em todos os ativos e passivos, decorrentes da execução orçamentária ou independente dela, sejam registradas com vistas à elaboração do balanço patrimonial. Da mesma forma, os eventos que alteram o resultado do exercício, decorrentes ou não da execução orçamentária, devem ser contabilizados, com vistas à elaboração da Demonstração das Variações Patrimoniais, tema do Capítulo 11 deste livro. Deve-se mencionar que a mesma Lei n. 4.320, de 1964, também impõe que os eventos contábeis devem ser escriturados por partidas dobradas.

Um aspecto geral e talvez o mais importante é a obrigatoriedade de reconhecer as alterações do patrimônio líquido, decorram ou não da execução orçamentária, conforme disciplinam os arts. 100 e 104. Isso está relacionado com o fato de que a Contabilidade deve prover informações não apenas relativas à execução orçamentária e às mudanças nas disponibilidades, mas também informações que permitam conhecer a composição patrimonial e os resultados econômicos, conforme disciplina o art. 85.

Pode-se esquematizar a Contabilidade Pública, como mostra a Figura 8.1.

A Contabilidade Pública
ESTUDA, REGISTRA, CONTROLA E DEMONSTRA
o orçamento aprovado e acompanha sua execução;
os atos administrativos da fazenda pública;
o patrimônio público e suas variações.

FIGURA 8.1

O papel da Contabilidade Pública

Fonte: HADDAD; MOTA, 2010.

3. BRASIL. *Lei n. 6.404, de 15 de dezembro de 1976.* Dispõe sobre as Sociedades por Ações. Disponível em: <https://www.planalto.gov.br/ccivil_03/Leis/L6404compilada. htm>. Acesso em: 27 abr. 2019.

4. CIÊNCIAS CONTÁBEIS. Contabilidade pública, 2013. *Editorial eletrônico.* Disponível em: <http://www.cienciascontabeis.com.br/contabilidade-publica/>. Acesso em: 3 abr. 2019.

Os atos administrativos, nesse contexto, são as relações jurídicas com terceiros, como contratos, convênios, concessões etc. De acordo com Haddad e Mota,[5] "costuma-se dizer que os atos administrativos contabilizados estão, na realidade, representando bens, direitos e obrigações potenciais".

A Lei n. 4.320, de 1964, não estabeleceu expressamente um regime contábil para a receita e a despesa. No entanto, as informações contábeis requeridas não podem ser produzidas sem perda de qualidade, se o regime de competência não for utilizado no reconhecimento de receitas e despesas. A disposição de que créditos da Fazenda Pública exigíveis pelo transcurso do prazo para pagamento devem ser reconhecidos como dívida ativa é um dos indicativos, contidos na própria lei, de que se deve adotar o regime de competência para o registro de fatos modificativos.

Outro ponto a se destacar é o exercício financeiro, que, para a Contabilidade Pública, tem conotação mais rígida do que na Contabilidade Societária. Haddad e Mota[6] o definem da seguinte maneira:

> O exercício financeiro é o período de tempo em que ocorrem, entre outras e principalmente, todas as atividades relativas à execução da lei orçamentária anual. Durante esse período também ocorrem transações independentes da execução orçamentária, tais como: consumo de materiais, atualização de créditos e débitos, inscrição de restos a pagar e de dívida ativa etc. Nesse período, a contabilidade pública registra o montante da previsão da receita e da fixação da despesa, bem como faz a escrituração da arrecadação da receita, da emissão de empenhos, da liquidação e pagamento da despesa e de uma série de outros atos e fatos administrativos, tais como assinatura de contratos, movimentação de almoxarifado etc.
>
> No art. 34 da Lei n. 4.320, de 1964, foi estabelecido que o exercício financeiro inicia em 1º de janeiro e encerra-se em 31 de dezembro: *"O exercício financeiro coincidirá com o ano civil"*. (g.a.)
>
> Essa decisão da lei faz com que haja compatibilidade com o princípio da anualidade orçamentária, de forma que possam ser elaborados demonstrativos simultâneos sobre a execução orçamentária, financeira e patrimonial em uma mesma data, que é o final de cada ano.

A coincidência do ano civil com o exercício financeiro é, na prática, muito complexa em determinados casos. Para tanto, existe o conceito de **liquidação forçada**.

Não há paralelo exato entre Contabilidade Pública e Contabilidade Societária no que diz respeito à despesa liquidada com os custos, uma vez que, no caso da

5. HADDAD; MOTA, 2010, p. 66.
6. HADDAD; MOTA, 2010, p. 67-68.

Pública, a despesa liquidada corresponde ao custo, enquanto no caso da Societária, o custo é definido pelo valor gasto realizado na produção do produto ou na prestação de serviço. Por esse motivo, alguns ajustes conceituais precisam ser feitos, a fim de se introduzir adequadamente o conceito de custo dos produtos e dos serviços do período. Como observa Holanda,[7] "alguns exemplos destes ajustes são: liquidação forçada, compra de materiais para estoques e despesas de exercícios anteriores".

Outros aspectos incluem as despesas com obras de conservação e adaptação de bens imóveis, as quais alteram o ativo e são investimentos que ultrapassam mais de um exercício, sendo pagas com o orçamento do exercício corrente, mas existindo com despesas do exercício anterior. Ocorre que esse tipo de despesa é classificado como **despesa de custeio**, sendo necessário reclassificá-la como investimento. Outro ajuste no custo do serviço público diz respeito aos gastos com pessoal: independentemente de onde ocorram, seja área-fim seja área-meio, sempre são classificados no grupo das despesas correntes, devendo identificá-los e reclassificá-los.

Nas palavras de Holanda:[8]

> A liquidação forçada é registrada no encerramento do exercício, tendo como contrapartida a conta "restos a pagar não processados". Seu objetivo é levar todas as despesas legalmente empenhadas a comporem as despesas do exercício financeiro (art. 35 da Lei n. 4.320, de 1964).

Pode-se comparar a liquidação forçada ao procedimento da Contabilidade Privada de registrar uma despesa em contrapartida do passivo. Nesse caso, a despesa produzirá seus efeitos de apuração no mês em que a despesa foi lançada, e não no mês em que foi paga. Na Contabilidade Pública, em geral, isso não ocorre - por exemplo, no final do exercício, quando há a composição dos restos a pagar. Quando determinada despesa de competência do exercício anterior for paga, a despesa será reconhecida, e, portanto, seu efeito em âmbito de custo ocorrerá no exercício do pagamento da despesa - o que é uma distorção, pois a despesa de fato ocorreu no exercício anterior.

O inverso também é verdadeiro, ou seja, uma despesa paga em exercício anterior pode produzir efeitos no custo do exercício seguinte, como ocorre no caso de compras de almoxarifado em trânsito, em que a compra/liquidação foi efetuada no exercício anterior, mas o consumo do material se dará no exercício seguinte.

7. HOLANDA, V. B. Diretrizes e modelo conceitual de custos para o setor público a partir da experiência no governo federal do Brasil. *Revista de Administração Pública*, ano 4, v. 44, 2010, p. 804.
8. HOLANDA, 2010, p. 804.

Holanda[9] esclarece da seguinte forma:

> A liquidação é feita, normalmente, no sistema financeiro, o lançamento, despesa orçamentária a despesa orçamentária a pagar. Entretanto, esse fato gerador vai impactar também o sistema patrimonial, em que no ato da liquidação é lançado - almoxarifado a mutações patrimoniais ativas (aquisição de bens para o almoxarifado) e, no momento do consumo, o lançamento é mutações patrimoniais passivas (baixa de bens móveis por consumo) a almoxarifado. Dessa forma, o saldo da conta almoxarifado mostrará, no balanço patrimonial, a existência de material de consumo, ao passo que a conta "baixa de bens móveis por consumo", do grupo "variações patrimoniais", mostrará os materiais utilizados no período. Logo, o ajuste, nesse caso, é simples: basta substituir o montante das compras de materiais para estoque do grupo das despesas orçamentárias pelo valor dos materiais efetivamente consumidos registrados na conta "baixa de bens móveis por consumo".

Pelo exposto acima, as peculiaridades da Contabilidade Pública ficam bem evidentes e se destacam no próprio conceito de receitas e despesas - sobre o qual haverá breve apresentação com a intenção de introduzir o leitor ao tema, visto que será objeto de estudo nos próximos capítulos.

As receitas públicas são divididas em receitas orçamentárias e receitas extraorçamentárias. As receitas orçamentárias estão dispostas no orçamento público e foram aprovadas na Lei Orçamentária, como arrecadação de impostos, taxas e prestação de serviço com preço público. Como relatam Haddad e Mota:[10]

> A receita pública é representada pelo conjunto de ingressos ou embolsos de recursos financeiros nos cofres públicos, a ser aplicada na aquisição de meios (bens e serviços), visando financiar a prestação de serviços públicos à coletividade. Essa aplicação requer autorização legal, que é materializada na lei orçamentária.

As receitas orçamentárias são divididas em duas categorias: receitas correntes e receitas de capital, conforme art. 11 da Lei n. 4.320, de 1964:

> São **receitas correntes** (n.g.) as receitas tributárias, de contribuições, patrimonial, agropecuária, industrial, de serviços e outras e, ainda, as provenientes de recursos financeiros recebidos de outras pessoas de direito público ou privado, quando destinadas a atender despesas classificáveis em despesas correntes.

9. HOLANDA, 2010, p. 805.
10. HADDAD; MOTA, 2010, p. 39.

O parágrafo 2º do referido artigo estabelece:

> São **receitas de capital** (n.g.), mas provenientes da realização de recursos financeiros oriundos de constituição de dívidas; da conversão em espécie, de bens e direitos; os recursos recebidos de outras pessoas de direito público ou privado destinados a atender despesas classificáveis em despesas de capital e, ainda, o superávit do orçamento corrente.

Por outro lado, as receitas extraorçamentárias são todos os recursos que a administração pública recebe sem previsão orçamentária, como a entrada da caução de um contrato que não representa um aumento patrimonial definitivo do ente público, uma vez que pertence a terceiros.

Nas palavras de Bächtold, Vieira e Ávila:[11]

> A Receita Extraorçamentária compreende os recolhimentos efetuados, que constituirão compromissos exigíveis, cujo pagamento não está vinculado a uma autorização legislativa. Este tipo de receita é a que não integra o orçamento público. Sua realização não se vincula à execução do Orçamento, nem constitui renda efetiva do Estado, que é apenas depositário desses valores.

Nesse caso, a terminologia confunde os que não trabalham com a Contabilidade Pública. Bächtold, Vieira e Ávila[12] consideram o termo inadequado:

> Os ingressos extraorçamentários inadequadamente chamados de receita extraorçamentária, nunca podem ser confundidos com as contas de resultado positivo, na ótica de ciência contábil, pois eles detêm as características listadas ao lado, que são inteiramente distintas das receitas: a) Não alteram o PL b) São oriundos de fatos permutativos c) Geram dispêndios extraorçamentários.

No Quadro 8.1, são apresentadas as características do ingresso de receitas orçamentárias e de receitas extraorçamentárias, de acordo com Haddad e Mota,[13] por meio do qual é possível verificar que, se comparada à Contabilidade Societária, os valores contabilizados como receitas extraorçamentárias no balanço orçamentário da Contabilidade Pública seriam contabilizados no passivo das empresas em valores de obrigações com terceiros.

---

11. BÄCHTOLD, C.; VIEIRA, S. J.; ÁVILA, C. A. *Noções de Contabilidade Pública*. Curitiba: Instituto Federal Paraná - Educação a Distância, 2013, p. 80.

12. BÄCHTOLD; VIEIRA; ÁVILA, 2013, p. 80.

13. HADDAD; MOTA, 2010, p. 40.

QUADRO 8.1	
Receitas orçamentárias e extraorçamentárias	
Características dos ingressos financeiros	
Ingressos orçamentários	Os intitulados são representados pela receita orçamentária que efetivamente financiará os gastos públicos, pois esses recursos pertencem ao tesouro público.
Ingressos extraorçamentários	Podem assumir as mais variadas denominações, como: depósitos de terceiros, salários não reclamados, consignações a pagar etc., porém sempre representarão um passivo financeiro a ser restituído ao seu verdadeiro proprietário em momento oportuno.

Fonte: HADDAD; MOTA, 2010, p. 40.

Não é forçoso concluir que, para as despesas, a mesma simetria lógica deve ser estabelecida. Portanto, na Contabilidade Pública, tem-se as despesas orçamentárias, previstas no orçamento aprovado pela Lei Orçamentária, divididas em despesas correntes e despesas de capital, e as despesas extraorçamentárias. As despesas orçamentárias são previstas em Lei Orçamentária. Dentre as despesas orçamentárias, as despesas correntes são utilizadas para a manutenção da máquina estatal. As despesas e as receitas de capital relacionam-se a investimentos que alteram a estrutura de serviços públicos disponíveis. As receitas de capital têm despesas de capital como destinação. Por outro lado, as despesas extraorçamentárias estão relacionadas à devolução das receitas extraorçamentária, como: devoluções de caúções, pagamento de retenções de folha de pagamento, entre outras.

Destaca-se a seguir as fases de execução de despesa do orçamento público, de acordo com Haddad e Mota:[14]

> **Empenho:** segundo o art. 58 da Lei n. 4.320, de 1964, é o ato emanado de autoridade competente que cria para o Estado obrigação de pagamento pendente ou não de implemento de condição. Consiste na reserva de dotação orçamentária para um fim específico (BRASIL, 1964, art. 58).
>
> **Liquidação:** o art. 63 da Lei n. 4.320, de 1964, dispõe que a liquidação consiste na verificação do direito adquirido pelo credor tendo por base os títulos e documentos comprobatórios do respectivo crédito (BRASIL, 1964, art. 63).
>
> **Pagamento:** o pagamento consiste na entrega de numerário ao credor, extinguindo a obrigação criada no momento da liquidação da despesa.

14. HADDAD; MOTA, 2010, p. 40.

A Constituição Federal de 1988, em particular o art. 37, determina: "A administração pública direta e indireta de qualquer dos Poderes da União, dos Estados, do Distrito Federal e dos Municípios obedecerá aos princípios de legalidade, impessoalidade, moralidade, publicidade e eficiência".

Como a administração pública é suscetível a influências políticas, causando assim uma fragilidade na decisão dos gastos públicos, uma gestão de custos amparada em critérios técnicos contábeis é requerida, identificando as atividades essenciais e as supérfluas para a manutenção das atividades públicas. Nas palavras de Machado, Tsurushima e Martins:[15]

> Esta lei estabeleceu a introdução de normas relativas ao controle de custos junto à Lei de Diretrizes Orçamentárias, conduzindo à preocupação em se ter uma contabilidade de custos em comunhão com o corte de gastos; caso contrário, passa a existir o risco de se estar realizando cortes nos programas essenciais, em detrimento de programas não fundamentais para a manutenção da qualidade dos serviços, o que não é o objetivo da lei. Assim, a estruturação ou a adequação de uma contabilidade de custos ajustada, que mostre o correto consumo de recursos em determinado projeto, deve ser prioritária, pois evita cortes lineares de orçamento.

Vale destacar que mesmo antes da publicação da Lei n. 101, de 2001,[16] o art. 85 da Lei n. 4.320, de 1964,[17] já previa a Contabilidade de Custo.

> **Art. 85.** Os serviços de contabilidade serão organizados de forma a permitirem o acompanhamento da execução orçamentária, o conhecimento da composição patrimonial, a determinação dos custos dos serviços industriais, o levantamento dos balanços gerais, a análise e a interpretação dos resultados econômicos e financeiros.

A disciplina diz respeito aos serviços industriais. Alonso[18] destaca a importância dos custos na prestação de serviço Estatal: "o conhecimento do custo dos serviços públicos é fundamental para se atingir uma alocação eficiente de recursos. O desconhecimento dos custos é o maior indicador de ineficiência no provimento dos serviços públicos".

---

15. MACHADO, C. C.; TSURUSHIMA, T. B.; MARTINS, L. M. Importância da análise de custos na administração pública. *Revista Terra e Cultura*, ano 22, n. 43, jul./dez., 2006. Disponível em: <http://web.unifil.br/docs/revista_eletronica/terra_cultura/n43/terra_04.pdf>. Acesso em: 13 abr. 2019.

16. BRASIL. *Lei Complementar n. 101, de 4 de maio de 2000*. Estabelece normas de finanças públicas voltadas para a responsabilidade na gestão fiscal e dá outras providências. Disponível em: <http://www.planalto.gov.br/ccivil_03/leis/lcp/lcp101.htm>. Acesso em: 23 abr. 2019.

17. BRASIL. *Lei n. 4.320, de 17 de março de 1964*. Estatui normas gerais de direito financeiro para elaboração e controle dos orçamentos e balanços da União, dos estados, dos municípios e do Distrito Federal. Disponível em: <http://www.planalto.gov.br/ccivil_03/leis/l4320.htm>. Acesso em: 24 jun. 2019.

18. ALONSO, M. Custos no serviço público. *Revista do Serviço Público*, v. 50, n. 1, 1999, p. 39.

Conjuntamente com a legislação supracitada, há a necessidade de atender aos conceitos de gestão pública de boas práticas em todo o processo de decisão de priorização de projetos.

Um dos atributos da Contabilidade Pública é a constatação de aspectos que, *in loco*, não podem ser observados, como o preço da contratação, a classificação da despesa, entre outros. Os aspectos contábeis, por vezes, são tão relevantes quanto à obra realizada; neles, realmente são registrados os valores desembolsados pelos cofres públicos. Os gestores públicos devem ter a capacidade de rastrear no sistema contábil determinado gasto de seu interesse.

Um complicador nesse momento é a transição que a Contabilidade Pública está passando com as normas de padronização, em que até os próprios contadores públicos apresentam certa dificuldade em se adaptar dada a velocidade das mudanças, conforme relatam Teixeira e Oliveira,[19] apesar dos esforços para isso.

Dessa forma, são apresentados alguns aspectos do sistema de informação contábil na administração pública brasileira. A Resolução n. 1.135, de 2008, do Conselho Federal de Contabilidade (CFC),[20] aprova a NBC T 16.8 – Controle Interno, que, em seu item 1, estabelece:

> 1. Esta norma estabelece referenciais para o controle interno como suporte do sistema de informação contábil, no sentido de minimizar riscos e dar efetividade às informações da contabilidade, visando contribuir para o alcance dos objetivos da entidade do setor público.

A referida norma sobreveio para estabelecer critérios de segurança ao sistema de informação contábil público, estruturado em subsistemas de informação, com funções definidas pela Resolução CFC n. 1.129, de 21 de novembro de 2008: orçamentário, patrimonial, custos e compensação. Essa Resolução aprovou a NBC T 16.2 – Patrimônio e Sistemas Contábeis, item 10, que traz a estrutura do sistema contábil público, na qual estão concentradas as informações que precisam atender aos procedimentos estabelecidos pela NBC T 16.8, já citada:

> 10. Procedimentos de controle são medidas e ações estabelecidas para prevenir ou detectar os riscos inerentes ou potenciais à tempestividade, à fidedignidade e à precisão da informação contábil, classificando-se em: (a) procedimentos de prevenção – medidas que antecedem o processamento de um ato ou um fato, para prevenir a

19. TEIXEIRA, M. C.; OLIVEIRA, A. B. S. A percepção dos profissionais de contabilidade no âmbito da Prefeitura do Município de São Paulo, de necessidades de mudanças na Lei n. 4.320/64: sintomas da necessidade de mudança. *Revista ENIAC Pesquisa*, v. 2, n. 2, p. 109-126, 2013.

20. CONSELHO FEDERAL DE CONTABILIDADE (CFC). *Resolução n. 1.135, de 21 novembro de 2008*. Aprova a NBC T 16.8 – Controle Interno. Disponível em: <http://www1.cfc.org.br/sisweb/SRE/docs/RES_1135.pdf>. Acesso em: 23 abr. 2019.

ocorrência de omissões, inadequações e intempestividade da informação contábil; (b) procedimentos de detecção – medidas que visem à identificação, concomitante ou *a posteriori*, de erros, omissões, inadequações e intempestividade da informação contábil.

A Portaria MF n. 548, de 22 de novembro de 2010,[21] estabelece:

> Art. 10. O SISTEMA, a partir dos registros contábeis, deverá: I – gerar, em conformidade com o Plano de Contas Aplicado ao Setor Público aprovado pela Secretaria do Tesouro Nacional, o Diário, o Razão, e o Balancete Contábil.

Um sistema contábil deve, com certa frequência, emitir relatórios com demonstrações, por meio dos quais o usuário possa extrair informações sobre o controle dos gastos públicos. No serviço Público, essas demonstrações são previstas em norma. Pela complexidade e pela necessidade de informações para atender a finalidades distintas na gestão pública, o sistema contábil público é dividido em subsistemas com lançamentos automáticos entre eles, sendo: orçamentário, patrimonial, custos e compensação. A informação financeira foi incluída no subsistema patrimonial.

Luciardo,[22] citando Gama, Duque e Almeida, relata:

> Esses subsistemas contábeis devem ser integrados entre si e a outros subsistemas de informação, de modo a subsidiar a Administração Pública sobre o desempenho da unidade contábil no cumprimento da sua missão e a avaliação dos resultados obtidos na execução dos programas de trabalho com relação à economicidade, à eficiência, à eficácia, à efetividade, à avaliação das metas estabelecidas pelo planejamento e à avaliação dos riscos e das contingências.

A seguir, cada subsistema é detalhado.

8.1.1 Subsistema orçamentário

O **subsistema orçamentário** tem como objetivo o acompanhamento da Lei Orçamentária, a previsão e a fixação da despesa, a programação e a execução

21. BRASIL; MINISTÉRIO DA FAZENDA; SECRETARIA DO TESOURO NACIONAL. *Portaria n. 437, de 13 de julho de 2012.* Manual de contabilidade aplicada ao setor público. Parte IV – Plano de Contas Aplicado ao Setor Público. Brasília, 2016. 7. ed. Disponível em: <http://www.tesouro.fazenda.gov.br/documents/10180/563508/MCASP+7%C2%AA%20edi%C3%A7%C3%A3o+Vers%C3%A3o+Republica%C3%A7%C3%A3o+2017+06+02.pdf/3f79f96f-113e-40cf-bbf3-541b033b92f6>. Acesso em: 26 abr. 2019.

22. GAMA, J. R.; DUQUE, C. G.; ALMEIDA, J. E. F. Convergência brasileira aos padrões internacionais de Contabilidade pública vis-à-vis as estratégias *top-down* e *bottom-up*. *Revista da Administração Pública*, Rio de Janeiro, v. 48, n. 1, p. 183-206, jan./fev. 2014 *apud* LUCIARDO, R. O. Sistema de informação contábil para gestão pública em conformidade com as normas internacionais: um estudo do modelo vigente. 2016. Tese (Doutorado em Administração) – Programa de Pós-Graduação em Administração, Universidade Municipal de São Caetano do Sul (USCS), São Caetano do Sul, 2016.

orçamentária, incluindo as alterações orçamentárias por meio dos créditos adicionais, especiais e extraordinários, bem como o resultado orçamentário. Nas palavras de Luciardo:[23]

> Com relação à execução orçamentária, são registrados nesse subsistema os atos relativos à autorização orçamentária, tais como a fixação da despesa e a previsão da receita, além da descentralização de créditos. A emissão de empenhos, o contingenciamento de créditos e os fatos referem-se à liquidação dos empenhos, ao pagamento da despesa, à arrecadação e ao recolhimento da receita.

Luciardo[24] acrescenta, ainda, citando Mota:

> As contas desse subsistema funcionam da mesma forma que as do subsistema de compensação, pois ambas se destinam a efetivar controles. No registro da aprovação orçamentária, deve ser adicionado a débito como conta de ativo, e a contrapartida é uma conta de passivo, ambas criadas especialmente para controle do orçamento.

Observa-se que, a partir de 2015, com a vigência do Plano de Contas Aplicado ao Setor Público (PCASP), Portaria STN n. 700, de 10 de dezembro de 2014,[25] o grupo de contas do subsistema de compensação faz parte das classes 7 e 8. Esse sistema é o que a administração pública utiliza em sua rotina diária, pois nele há o controle de disponibilidades orçamentárias, empenhos emitidos não liquidados, empenhos liquidados não pagos, receitas previstas não arrecadadas e receitas arrecadadas, isto é, todos os fatores gerenciais importantes para a tomada de decisão e, principalmente, o controle dos programas governamentais.

8.1.2 Subsistema patrimonial

O subsistema patrimonial tem a finalidade de controlar ativos e passivos mais permanentes na vida da entidade pública. Ativos como imóveis, máquinas e equipamentos, por exemplo, passivos exigíveis a médio e longo prazos, além do patrimônio líquido da entidade.

---

23. LUCIARDO, R. O. *Sistema de informação contábil para gestão pública em conformidade com as normas internacionais:* um estudo do modelo vigente. 2016. Tese (Doutorado em Administração) – Programa de Pós-Graduação em Administração, Universidade Municipal de São Caetano do Sul (USCS), São Caetano do Sul, 2016, p. 55.
24. MOTA. F. G. L. *Contabilidade aplicada ao setor público.* Brasília: Vestcon, 2009 *apud* LUCIARDO, 2016, p. 60.
25. BRASIL; MINISTÉRIO DA FAZENDA; SECRETARIA DO TESOURO NACIONAL. *Portaria n. 700, de 10 de dezembro de 2014.* Aprova as Partes II – Procedimentos Contábeis Patrimoniais, III – Procedimentos Contábeis Específicos, IV – Plano de Contas Aplicado ao Setor Público e V – Demonstrações Contábeis Aplicadas ao Setor Público da 6ª edição do Manual de Contabilidade Aplicada ao Setor Público (MCASP). Disponível em: <http://www.tesouro.fazenda.gov.br/documents/10180/390684/CPU_Portaria_STN_700_2014_MCASP_6.pdf/5d3a2fa8-0af5-4eac-b56f-a9074e4cbaad>. Acesso em: 23 abr. 2019.

A Resolução CFC n. 1.129, de 21 de novembro de 2008, em seu item 12, alínea "c", estabelece:[26]

> 12. O sistema contábil está estruturado nos seguintes subsistemas de informações:
>
> a) [...]
>
> c) Patrimonial – registra, processa e evidencia os fatos financeiros e não financeiros relacionados com as variações qualitativas e quantitativas do patrimônio público; (Redação dada pela Resolução CFC n. 1.268/09).

Luciardo,[27] discorrendo sobre o tema, relata:

> São fatos financeiros os que envolvem os recebimentos de receitas e pagamentos de despesas, bem como todos os ingressos, ou seja, movimentação de caixa (entrada e saída de numerários) ou equivalência de caixa, tais como a incorporação e o cancelamento de créditos e débitos de natureza financeira.

As contas relacionadas com fatos geradores financeiros levam a um resultado financeiro e são utilizadas na formação do ativo e do passivo financeiro. A partir desse procedimento, chega-se ao superávit financeiro – fonte de recurso disponível para abertura de crédito adicional. Luciardo,[28] citando Mota, afirma:

> São fatos não financeiros os itens que dependem de autorização legislativa, que pode estar representada pela própria lei de orçamento ou por lei especial. Podem ocorrer fatos que independam da execução orçamentária revelada pelas superveniências ou insubsistências ativas e passivas.

Pela consolidação das contas do subsistema patrimonial, levanta-se o balanço patrimonial e compõe-se a demonstração das variações patrimoniais, chegando ao resultado patrimonial pela comparação das variações patrimoniais quantitativas aumentativas e das variações patrimoniais quantitativas diminutivas.

8.1.3 Subsistema de custos

O **subsistema de custos** tem por finalidade a avaliação do custo dos produtos e dos serviços ofertados à população, conforme estabelece a NBC T 16.11:

26. Revogada a partir de 1º/1/2017 pela NBC TSP – Estrutura Conceitual, conforme publicação no DOU de 4/10/2016, Seção 1. Para consulta: CONSELHO FEDERAL DE CONTABILIDADE (CFC). *Resolução n. 1.129, de 21 de novembro de 2008*. Aprova a NBC T 16.2 – Patrimônio e Sistemas Contábeis. Disponível em: <http://http://www1.cfc.org.br/sisweb/SRE/docs/RES_1129.pdf>. Acesso em: 24 jun. 2019.
27. LUCIARDO, 2016, p. 56.
28. MOTA, 2009 *apud* LUCIARDO, 2016, p. 56.

a) Mensurar, registrar e evidenciar os custos dos produtos, serviços, programas, projetos, atividades, ações, órgãos e outros objetos de custos da entidade.
b) Apoiar a avaliação de resultados e desempenhos, permitindo a comparação entre os custos da entidade e os custos de outras entidades públicas, estimulando a melhoria de resultados.
c) Auxiliar a tomada de decisão em processos, tais como comprar ou alugar, produzir internamente ou terceirizar determinado bem ou serviço.
d) Embasar as funções de planejamento e orçamento, fornecendo informações que permitam projeções mais aderentes à realidade, com base em custos incorridos e projetados.
e) Apoiar programas de redução de custos e de melhoria da qualidade do gasto.

A evidenciação dos objetos de custos pode ser efetuada sob a ótica institucional, funcional e programática, com atuação interdependente dos órgãos centrais de planejamento, orçamento, contabilidade e finanças.

Segundo Luciardo,[29] o Sistema de Informação de Custo do Setor Público (SICSP) é obrigatório:

> O SICSP é obrigatório em todas as entidades do setor público. Vários dispositivos legais determinam a apuração de custos na administração pública como requisito de transparência e prestação de contas, seja para controle interno, externo ou social. Além dos aspectos legais, a norma também destaca o valor da informação de custos para fins gerenciais. Sua relevância para o interesse público pode ser entendida pelo impacto que causa na gestão pública, seja do ponto de vista legal ou de sua utilidade.

A norma disciplina que os serviços públicos devem ser identificados, medidos e avaliados em sistema, a fim de que seja possível seu gerenciamento.

Luciardo[30] relata:

> Esses serviços possuem características peculiares, como a universalidade e a obrigação de fornecimento, encaradas na maioria das vezes como direito social. Em muitas situações, têm apenas o Estado como fornecedor (monopólio do Estado). O serviço público fornecido sem contrapartida ou por custo irrisório diretamente cobrado do beneficiário tem, geralmente, o orçamento como principal fonte de alocação de recursos.

---

29. LUCIARDO, 2016, p. 57.
30. LUCIARDO, 2016, p. 58.

Destacam-se ainda outras finalidades do sistema de custos do governo federal, entre elas: subsidiar o processo de planejamento e orçamentação e apoiar o processo decisório, principalmente para definir se o governo continua ou não responsável pela produção de determinado bem, serviço ou atividade ou se deve entregá-lo a entidades externas. O sistema também permite a melhoria das informações internas gerenciais, para possibilitar a medição de resultados e desempenhos e proporcionar controles mais orientados a resultados, como bem apontam Machado e Holanda, citados por Luciardo.[31]

8.1.4 Subsistemas de compensação

O **subsistema de compensação**, na disciplina da Resolução CFC n. 1.129, de 2008, registra, processa e evidencia os atos de gestão, cujos efeitos possam produzir modificações no patrimônio da entidade do setor público, bem como aqueles com funções específicas de controle.

Esse subsistema se destina, precipuamente, a efetuar controle de eventos que não produzem, de imediato, variação quantitativa ou qualitativa no balanço patrimonial, bem como controlam os bens de terceiros em poder dos órgãos públicos e vice-versa. Incluem-se também os direitos e as obrigações potenciais, como os decorrentes de cauções em títulos, fianças e avais recebidos ou concedidos, além de contratos e convênios de receita ou despesas celebrados e ainda responsabilidades de terceiros por suprimento de fundos.

Segundo Carvalho e Ceccato,[32] o subsistema de compensação é responsável pelo controle das "(1) alterações potenciais nos elementos patrimoniais; e (2) acordos, garantias e responsabilidades".

Com a entrada em vigor do PCASP, o registro da prática de atos administrativos do subsistema de compensação deve ser efetuado em conta das classes 7 e 8. O PCASP está dividido em oito classes:

1. Ativo.
2. Passivo e Patrimônio Líquido.
3. Variações Patrimoniais Diminutivas.
4. Variações Patrimoniais Aumentativas.
5. Controles da Aprovação do Planejamento e Orçamento.
6. Controles da Execução do Planejamento e Orçamento.
7. Controles Devedores.
8. Controles Credores.

31. LUCIARDO, 2016, p. 62.
32. CARVALHO, D.; CECCATO M. *Manual completo de Contabilidade Pública*. 2. ed. Rio de Janeiro: Elsevier, 2014, p. 650.

A natureza da informação evidenciada pelas contas das quatro primeiras classes, 1 a 4, é Patrimonial, ou seja, informa a situação do patrimônio da entidade pública. A natureza da informação das contas das duas classes seguintes, 5 e 6, é Orçamentária, pois nessas classes são feitos os controles do Planejamento e do Orçamento, desde a aprovação até a execução. Por fim, a natureza da informação das contas das duas últimas classes, 7 e 8, é de controle, pois nessas classes são registrados os atos potenciais e diversos controles.[33]

Por todo o exposto até aqui, observou-se que realmente a Contabilidade Pública apresenta conceitos intrínsecos ao caso público, o que leva os profissionais que não trabalham no setor a terem dificuldades em seu entendimento. Acredita-se que isso tende a diminuir, uma vez que, com a padronização das normas aplicadas ao setor público, os conceitos vão ficar mais alinhados à Contabilidade Geral.

CONSIDERAÇÕES FINAIS

A Contabilidade Pública apresenta peculiaridades diante da Contabilidade Societária porque, em seu ambiente, há a interface do orçamento público estabelecido pela Lei Orçamentária, com receitas e despesas já previstas. Portanto, alguns conceitos foram introduzidos para que os sistemas orçamentário, patrimonial, de custo e de controle pudessem se comunicar entre si em relação aos elementos de receitas e despesas que não fossem abrangidas pelo orçamento. Desse modo, o conceito de receitas e despesas extraorçamentárias é definido no balanço orçamentário com os devidos reflexos nos demais balanços.

Um dos complicadores maiores na padronização das IPSAS é a implantação do subsistema de custo, pois, apesar de já estar previsto em lei, o sistema de custo na administração pública não atendia às necessidades de um sistema de custeio, como feito na Contabilidade Societária.

Essas particularidades da Contabilidade Pública fazem com que os profissionais das Ciências Contábeis que não são do setor público sejam avessos à Contabilidade Pública, mas esse fato se deve a pouca familiaridade com as especificidades de seus conceitos.

33. BRASIL; MINISTÉRIO DA FAZENDA; SECRETARIA DO TESOURO NACIONAL. *Portaria STN n. 840, de 21 de dezembro de 2016.* Aprova as Partes Geral, II – Procedimentos Contábeis Patrimoniais, III – Procedimentos Contábeis Específicos, IV – Plano de Contas Aplicado ao Setor Público e V – Demonstrações Contábeis Aplicadas ao Setor Público da 7ª edição do Manual de Contabilidade Aplicada ao Setor Público (MCASP). Disponível em: <https://siconfi.tesouro.gov.br/siconfi/pages/public/arquivo/conteudo/PORTARIA_STN_N_840_DE_21_DE_DEZEMBRO_DE_2016.pdf>. Acesso em: 24 jun. 2019. Visualize a 8ª edição em: CONFEDERAÇÃO NACIONAL DE MUNICÍPIOS (CNM). Manual de Contabilidade Aplicada ao Setor Público. 8. ed. Disponível em: <https://www.cnm.org.br/cms/images/stories/Links/20122018_CPU_MCASP_8_ed_-_ publicacao_com_capa_2vs.pdf>. Acesso em: 2 jul. 2019.

RESUMO

Neste capítulo, foi apresentado ao leitor elementos da Contabilidade aplicada ao setor público que, por suas características próprias, traz em sua estrutura grande complexidade envolvida por leis, portarias e normas. Os balanços financeiros, patrimoniais e orçamentários, formam, assim, um grande conjunto capaz de obter o controle sobre as contas públicas, cada qual com seu objetivo.

Para tanto, há a necessidade de conceitos intrínsecos ao caso público para que a harmonia entre os balanços ocorra, preservando-se as informações contábeis pertinentes, como é o caso do conceito de receitas e despesas extraorçamentárias, com o qual muitos profissionais da área da Contabilidade não têm familiaridade.

QUESTÕES PARA PESQUISA

1. Qual é a principal diferença entre Contabilidade Pública e Contabilidade Societária?
2. Quais são os objetivos da Contabilidade Pública?
3. O que são receitas e despesas públicas? Exemplifique.
4. O que é empenho e liquidação?
5. Quais são os subsistemas da Contabilidade Pública?
6. Por que o custo é um desafio para a Contabilidade Pública?
7. A seu ver, o ensino da Contabilidade Pública está adequado nos cursos de Ciências Contábeis?
8. O que são receitas de capital?
9. O que são receitas correntes?
10. O que são receitas extraorçamentárias? Correlacione os três tipos.

CAPÍTULO 9

Plano de contas

OBJETIVOS

Na Contabilidade Geral, tanto Societária como Pública, os registros contábeis devem ser uniformizados e padronizados, a fim de que qualquer profissional ou usuário dos relatórios contábeis tenha plena compreensão de seu conteúdo. Para isso, utiliza-se do plano de contas preestabelecido. Esse é o tema deste capítulo, com foco em sua estruturação e seu uso no setor público.

VISÃO GERAL

No estudo do Plano de Contas Aplicado ao Setor Público (PCASP), deve-se considerar as características particulares de sua aplicação na Contabilidade, principalmente, o binômio patrimonial e orçamentário, o qual requer contas específicas e critérios de lançamentos próprios.

Com essa necessidade em mente, este capítulo foi elaborado para servir como referência ao profissional da área pública, com exemplos e quadros para consultas, sem deixar de lado a apresentação e o aprofundamento de conceitos. Em seguida, procurou-se mostrar os aspectos contábeis mais relevantes relacionados aos balanços patrimonial e orçamentário. E, por fim, abordou-se a NBC TSP 03, que trata de provisões, passivos contingentes e ativos contingentes, e a NBC T 16.9, que dispõe sobre depreciação, amortização e exaustão, por tratarem de assuntos correlatos ao plano de contas.

INTRODUÇÃO

Neste capítulo, é apresentada uma definição de plano de contas em seu aspecto mais amplo e, em seguida, suas particularidades quando aplicado ao setor público brasileiro, bem como sua estrutura, sua composição e a forma como os lançamentos são relacionados com os balanços patrimonial e orçamentário. Em conjunto, há quadros e tabelas comparativos que servem de referência para o profissional que atua no setor público.

Por fim, são apresentados aspectos que relacionam as Normas Brasileiras de Contabilidade Aplicada ao Setor Público (NBCASP) com o plano de contas, como as Normas NBC TSP 03, que trata de provisões, passivos contingentes e ativos contingentes, e a NBC T 16.9, que dispõe sobre depreciação, amortização e exaustão.

9.1

NATUREZA CONTÁBIL

Como qualquer sistema, o contábil requer padronização para que, independentemente de quem analise seus relatórios, o usuário seja capaz de interpretá-los, bastando para isso algum conhecimento e disposição.

O plano de contas é a estrutura básica para os registros contábeis e para a elaboração de relatórios contábeis, desde livros razão até balanços patrimoniais e outras demonstrações, sendo formado por uma relação ordenada de contas do ativo, do passivo, da receita e da despesa.

O PCASP é normatizado pela Secretaria do Tesouro Nacional (STN), em seu Manual de Contabilidade Aplicada ao Setor Público (MCASP),[1] no qual se encontram os parâmetros que deve seguir, como mostrado abaixo:

> A ciência contábil tem como finalidade geral o fornecimento de informações aos diversos usuários da informação contábil. O PCASP alinha-se a esta finalidade por meio da padronização da forma de registro contábil para a extração de informações para estes usuários. Dessa forma, podemos citar como objetivos do PCASP:
>
> a. Padronizar os registros contábeis das entidades do setor público;
>
> b. Distinguir os registros de natureza patrimonial, orçamentária e de controle;

1. BRASIL; MINISTÉRIO DA FAZENDA; SECRETARIA DO TESOURO NACIONAL. *Portaria STN n. 840, de 21 de dezembro de 2016.* Aprova as Partes Geral, II – Procedimentos Contábeis Patrimoniais, III – Procedimentos Contábeis Específicos, IV – Plano de Contas Aplicado ao Setor Público e V – Demonstrações Contábeis Aplicadas ao Setor Público da 7ª edição do Manual de Contabilidade Aplicada ao Setor Público (MCASP). Disponível em: <https://siconfi.tesouro.gov.br/siconfi/pages/public/arquivo/conteudo/PORTARIA_STN_N_840_DE_21_DE_DEZEMBRO_DE_2016.pdf>. Acesso em: 24 jun. 2019. Visualize a 8ª edição em: CONFEDERAÇÃO NACIONAL DE MUNICÍPIOS (CNM). Manual de Contabilidade Aplicada ao Setor Público. 8. ed. Disponível em: <https://www.cnm.org.br/cms/images/stories/Links/20122018_CPU_MCASP_8_ed_-_ publicacao_com_capa_2vs.pdf>. Acesso em: 2 jul. 2019.

c. Atender à administração direta e à administração indireta das três esferas de governo, inclusive quanto às peculiaridades das empresas estatais dependentes e dos Regimes Próprios de Previdência Social (RPPS);
d. Permitir o detalhamento das contas contábeis, a partir do nível mínimo estabelecido pela STN, de modo que possa ser adequado às peculiaridades de cada ente;
e. Permitir a consolidação nacional das contas públicas;
f. Permitir a elaboração das Demonstrações Contábeis Aplicadas ao Setor Público (DCASP) e dos demonstrativos do Relatório Resumido de Execução Orçamentária (RREO) e do Relatório de Gestão Fiscal (RGF);
g. Permitir a adequada prestação de contas, o levantamento das estatísticas de finanças públicas, a elaboração de relatórios nos padrões adotados por organismos internacionais - a exemplo do como o levantamento de outros relatórios úteis à gestão;
h. Contribuir para a adequada tomada de decisão e para a racionalização de custos no setor público; e
i. Contribuir para a transparência da gestão fiscal e para o controle social.

A atribuição da STN para editar normas gerais consolidadas de Contabilidade Pública está amparada na Lei de Responsabilidade Fiscal (LRF) e normatizada pelo Decreto n. 6.976, de 2009,[2] que disciplina:

> Art. 7º. Compete ao órgão central do Sistema de Contabilidade Federal: [...]
>
> II - manter e aprimorar o Plano de Contas Aplicado ao Setor Público e o processo de registro padronizado dos atos e fatos da administração pública; [...]
>
> XXVIII - editar normativos, manuais, instruções de procedimentos contábeis e plano de contas aplicado ao setor público, objetivando a elaboração e publicação de demonstrações contábeis consolidadas, em consonância com os padrões internacionais de contabilidade aplicados ao setor público;

A Portaria STN n. 840, de 21 de dezembro de 2016,[3] que aprovou a 7ª edição do MCASP, regulamenta a obrigatoriedade da utilização do plano de contas para todos os órgãos da administração direta e indireta dos entes da Federação, bem como suas empresas dependentes, no disposto do art. 2 da Lei n. 101, de 2000.

A seguir, ganham destaque os pontos principais do PCASP, levando em conta as particularidades do setor público e suas normas de padronização.

2. BRASIL. *Decreto n. 6.976, de 7 de outubro de 2009.* Dispõe sobre o Sistema de Contabilidade Federal e dá outras providências. Disponível em: <http://www.planalto.gov.br/ccivil_03/_ato2007-2010/2009/decreto/d6976.htm>. Acesso em: 26 abr. 2019.
3. BRASIL, 2016.

9.2

ESTRUTURA DO CÓDIGO DA CONTA CONTÁBIL

A estruturação do PCASP é apresentada no Quadro 9.1.

QUADRO 9.1

Estruturação do PCASP

PCASP		
Natureza da informação	Classes	
Patrimonial	1. Ativo	2. Passsivo
	3. Variações Patrimoniais Diminutivas	4. Variações Patrimoniais Aumentativas
Orçamentária	5. Controles da Aprovação do Planejamento e Orçamento	6. Controles da Execução do Planejamento e Orçamento
Controle	7. Controles Devedores	8. Controles Credores

Fonte: BRASIL, 2016, p. 343.

A estrutura da conta é composta de sete níveis, como disposto na Figura 9.1.

FIGURA 9.1

Níveis do PCASP

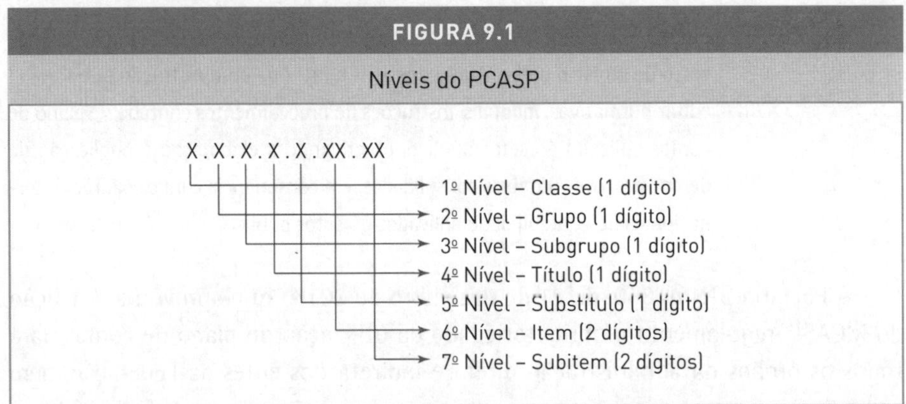

Fonte: BRASIL, 2016, p. 343.

O PCASP possui estrutura básica, em nível de classe (1º nível) e de grupo (2º nível), como mostra Quadro 9.2.

QUADRO 9.2

Estrutura básica

PCASP	
1 - Ativo 1.1 - Ativo Circulante 1.2 - Ativo Não Circulante	**2 - Passivo e Patrimônio Líquido** 2.1 - Passivo Circulante 2.2 - Passivo Não Circulante 2.3 - Patrimônio Líquido
3 - Variação Patrimonial Diminutiva 3.1 - Pessoal e Encargos 3.2 - Benefícios Previdenciários e Assistenciais 3.3 - Uso De Bens, Serviços e Consumo de Capital Fixo 3.4 - Variações Patrimoniais Diminutivas Financeiras 3.5 - Transferências e Delegações Concedidas 3.6 - Desvalorização e Perda De Ativos e Incorporação de Passivos 3.7 - Tributárias 3.8 - Custo das Mercadorias Vendidas, dos Produtos Vendidos e dos Serviços Prestados 3.9 - Outras Variações Patrimoniais Diminutivas	**4 - Variação Patrimonial Aumentativa** 4.1 - Impostos, Taxas e Contribuições de Melhoria 4.2 - Contribuições 4.3 - Exploração e venda de bens, serviços e direitos 4.4 - Variações Patrimoniais Aumentativas Financeiras 4.5 - Transferências e Delegações Recebidas 4.6 - Valorização e Ganhos Com Ativos e Desincorporação de Passivos 4.9 - Outras Variações Patrimoniais Aumentativas
5 - Controles da Aprovação do Planejamento e Orçamento 5.1 - Planejamento Aprovado 5.2 - Orçamento Aprovado 5.3 - Inscrição de Restos a Pagar	**6 - Controles da Execução do Planejamento e Orçamento** 6.1 - Execução do Planejamento 6.2 - Execução do Orçamento 6.3 - Execução de Restos a Pagar
7 - Controles Devedores 7.1 - Atos Potenciais 7.2 - Administração Financeira 7.3 - Dívida Ativa 7.4 - Riscos Fiscais 7.5 - Consórcios Públicos 7.8 - Custos 7.9 - Outros Controles	**8 - Controles Credores** 8.1 - Execução dos Atos Potenciais 8.2 - Execução da Administração Financeira 8.3 - Execução da Dívida Ativa 8.4 - Execução dos Riscos Fiscais 8.5 - Execução dos Consórcios Públicos 8.8 - Apuração de Custos 8.9 - Outros Controles

Fonte: BRASIL, 2016, p. 343-344.

9.3

DETALHAMENTO DA CONTA CONTÁBIL

Como disciplina o MCASP, os entes federativos só poderão detalhar suas contas após o nível da conta do PCASP apresentado. Por exemplo, se no PCASP o detalhamento foi apresentado até o 6º nível, o ente só poderá detalhá-la a partir do 7º nível.

Há uma exceção a essa regra, contemplada no MCASP:[4]

> A única exceção a esta regra corresponde à abertura do 5º nível (subtítulo) das contas de Natureza de Informação Patrimonial, que obrigatoriamente será classificado em Intra OFSS, Inter OFSS (União, estados ou municípios) ou Consolidação. Quando o ente entender ser necessário e a conta não estiver detalhada neste nível no PCASP, deverá seguir essa classificação, em tal nível. Caso o 5º nível seja detalhado, pelo PCASP Federação, em Intra OFSS e Inter OFSS, as operações entre entidades relacionadas a tal classificação deve obedecer, obrigatoriamente, ao detalhamento a que pertence.
>
> Caso a conta não esteja detalhada até o quarto nível e seja necessário utilizar o 5º nível (subtítulo), poderá ser utilizado o dígito 0 (zero) para chegar-se ao nível de consolidação, por exemplo: "3.4.4.0.1.00.00 Descontos Financeiros Concedidos – Consolidação".
>
> Nota: OFSS – Orçamento Fiscal e da Seguridade Social
> Intra OFSS são transações do Orçamento Fiscal e da Seguridade Social do mesmo ente federativo.
> Inter OFSS são transações do Orçamento Fiscal e da Seguridade Social entre ente federativo.

Os planos de contas dos entes deverão ter sete níveis. Caso um detalhamento de nível não seja utilizado, devem-se utilizar códigos com "0". Cada ente poderá desdobrar os níveis além do sétimo nível, como exemplifica o MCASP:[5]

> a. As naturezas de receitas e despesas orçamentárias não têm relação com a codificação das Variações Patrimoniais Diminutivas – VPD ou Variações Patrimoniais Aumentativas – VPA, tampouco com as contas de controle de execução do orçamento (classes 5 e 6). Esse tipo de informação deve ser controlado pelo sistema ou no detalhamento posterior ao 7º nível do PCASP.

4. BRASIL, 2016, p. 346.
5. BRASIL, 2016, p. 346.

b. O controle de disponibilidades por destinação de recursos é realizado por meio das contas dos subgrupos 7.2.1 e 8.2.1. As fontes de recursos não são espelhadas no código das contas contábeis desses subgrupos e sim em informações complementares.
c. A execução das deduções de receitas é realizada por meio da conta 6.2.1.3.0.00.00 - Deduções da Receita Orçamentária. A informação complementar dessa conta é a natureza de receita orçamentária. Ressalta-se que a natureza de receita deve ser utilizada em sua codificação original, sem a introdução do dígito 9 na categoria econômica. Dessa forma, as categorias econômicas continuam sendo 1, 2, 7 e 8.

9.3.1 5º Nível (Subtítulo) – Consolidação

Para ser possível a consolidação das Demonstrações Contábeis Aplicadas ao Setor Público (DCASP) e do Balanço do Setor Público Nacional (BSPN), foi elaborado o 5º nível (Subtítulo) - Consolidação, em que os valores das classes de 1 a 4 (contas de natureza patrimonial) são consolidados com as exclusões e as inclusões devidas para a identificação dos saldos recíprocos, como mostra o Quadro 9.3.

QUADRO 9.3

5º nível (subtítulo) - consolidação		
x.x.x.x.1.xx.xx	CONSOLIDAÇÃO	Compreende os saldos que não serão excluídos nos demonstrativos consolidados do Orçamento Fiscal e da Seguridade Social (OFSS).
x.x.x.x.2.xx.xx	INTRA OFSS	Compreende os saldos que serão excluídos nos demonstrativos consolidados do Orçamento Fiscal e da Seguridade Social (OFSS) do mesmo ente.
x.x.x.x.3.xx.xx	INTER OFSS - UNIÃO	Compreende os saldos que serão excluídos nos demonstrativos consolidados do Orçamento Fiscal e da Seguridade Social (OFSS) de entes públicos distintos, resultantes das transações entre o ente e a União.
x.x.x.x.4.xx.xx	INTER OFSS - ESTADO	Compreende os saldos que serão excluídos nos demonstrativos consolidados do Orçamento Fiscal e da Seguridade Social (OFSS) de entes públicos distintos, resultantes das transações entre o ente e um estado.
x.x.x.x.5.xx.xx	INTER OFSS - MUNICÍPIO	Compreende os saldos que serão excluídos nos demonstrativos consolidados do Orçamento Fiscal e da Seguridade Social (OFSS) de entes públicos distintos, resultantes das transações entre o ente e um município.

Fonte: BRASIL, 2016, p. 345.

No PCASP, são observados aspectos referentes à consolidação das contas relacionados ao seu nível de identificação.

As contas identificadas no nível de consolidação com o dígito 1 (Consolidação) identificarão as operações decorrentes de:

a. Transações entre uma entidade que pertence ao OFSS de um ente público e uma entidade privada, por exemplo: pessoas físicas; empresas, associações e fundações privadas; organizações sociais; organismos internacionais;
b. Transações entre uma entidade que pertence ao OFSS de um ente público e uma entidade pública que não pertence ao OFSS de qualquer ente público, por exemplo: empresas estatais independentes;
c. Alterações patrimoniais dentro de uma mesma entidade, por exemplo: depreciação;
d. Registro e a baixa de ativos, no caso de transferência de ativos entre entidades públicas, por exemplo: doação de bens de um ente a outro, transferência dos créditos para inscrição em dívida ativa entre a unidade de origem e a unidade responsável por sua inscrição. Observação: o registro das variações patrimoniais referentes à transferência dos ativos serão Intra OFSS ou Inter OFSS, conforme o caso.
e. Transações entre uma entidade que pertence ao OFSS de um ente público e uma entidade que não pertença a nenhum OFSS, porém, seja obrigada a utilizar o PCASP. Exemplo: conselhos profissionais.
f. Registros de uma entidade que utilize o PCASP por exigência normativa ou voluntariamente, porém, não faça parte do OFSS de nenhum dos entes. Exemplo: conselhos profissionais e empresas estatais independentes.

As contas com o dígito 2 (Intra OFSS) no nível de consolidação identificarão as operações decorrentes de transações entre entidades que pertencem ao OFSS do mesmo ente público.

As contas com os dígitos 3, 4 e 5 (Inter OFSS) no nível de consolidação identificarão as operações decorrentes de transações entre entidades que pertencem a OFSS de entes públicos distintos, tais como:

a. Repartição dos créditos tributários do ente público federal para o ente estadual ou municipal;
b. Alterações patrimoniais decorrentes da transferência de bens móveis ou imóveis entre entes públicos distintos que utilizam o PCASP.[6]

6. Adaptado de: BRASIL; MINISTÉRIO DA FAZENDA; SECRETARIA DO TESOURO NACIONAL. *Sistema Integrado de Administração Financeira do Governo Federal (SIAFI):* Plano de contas. Brasília, 2015. Disponível em: <http://manualsiafi.tesouro.fazenda.gov.br/pdf/020000/020600>. Acesso em: 26 abr. 2019.

O 5º nível é de escrituração obrigatória para todos os entes, mas nem todos os itens (de 1 a 5) o são. Caso o ente julgue necessária apenas a escrituração no dígito 1 – Consolidação, pode fazê-lo, inclusive acrescentando mais subníveis.

O Quadro 9.4 apresenta os exemplos do próprio MCASP para ilustrar a situação discutida.

QUADRO 9.4

Exemplos de contas com o código de consolidação

Entes	Objetivo	Lançamento
União	Operações que utilizam o dígito 1 (Consolidação) no 5º nível: Prestação de serviços ao ente por empresa privada. Trata-se de uma operação com entidade que não pertence a nenhum OFSS. O passivo e a variação patrimonial diminutiva (VPD) serão incluídos na consolidação do ente e na consolidação nacional.	D 3.3.2.3.**1**.xx.xx VPD – Serviços Terceiros – PJ – Consolidação C 2.1.3.1.**1**.xx.xx Fornecedores e Contas a Pagar Nacionais a Curto Prazo – Consolidação
União/ Estado	Doação de bem imóvel a um Estado pela União. Trata-se de operação entre entidades pertencentes a OFSS distintos. O bem deve ser baixado pela União e incorporado pelo Estado. As contas de bens sempre apresentarão o dígito 1 (Consolidação) no 5º nível. Caso contrário, na consolidação nacional, o bem não estaria registrado em nenhum dos entes. Ele também fará parte da consolidação do ente que tiver recebido o bem. As variações patrimoniais aumentativas (VPA) e diminutivas (VPD) serão incluídas na consolidação de cada ente (operação Inter OFSS) e excluídas na consolidação nacional.	União D 3.5.2.3.4.xx.xx Transferências Voluntárias – Inter OFSS – Estado C 1.2.3.2.1.xx.xx Bens Imóveis – Consolidação Estado D 1.2.3.2.1.xx.xx Bens Imóveis – Consolidação C 4.5.2.3.3.xx.xx Transferências Voluntárias – Inter OFSS – União
Todos	Depreciação de bens imóveis. Trata-se de um evento interno da entidade. A retificação da conta do ativo e a VPD serão incluídas na consolidação do ente e na consolidação nacional.	D 3.3.3.1.1.xx.xx Depreciação – Consolidação C 1.2.3.8.1.xx.xx (–) Depreciação, Exaustão e Amortização Acumuladas – Consolidação

Entes	Objetivo	Lançamento
Municipal	Operações que utilizam o dígito 2 (Intra OFSS) no 5º nível: Contribuição patronal da prefeitura ao Regime Próprio de Previdências Social (RPPS). Trata-se de uma operação entre entidades pertencentes ao mesmo OFSS. O passivo e a VPD serão excluídos na consolidação do ente e na consolidação nacional.	Município D 3.1.2.1.2.xx.xx Encargos Patronais - RPPS - Intra OFSS C 2.1.1.4.2.xx.xx Encargos Sociais a Pagar - Intra OFSS - RPPS D 1.1.3.6.2.xx.xx Créditos Previdenciários a Receber a Curto Prazo - Intra OFSS C 4.2.1.1.2.xx.xx Contribuições Sociais - RPPS - Intra OFSS
União/ Estado	Transferência de valores do Fundo de Participação dos Estados (FPE) pela União ao Estado. Trata-se de uma operação entre entidades pertencentes a OFSS distintos. O ativo, o passivo, a VPA e a VPD deverão ser incluídos na consolidação do ente e excluídos na consolidação nacional.	União D 3.5.2.1.4.xx.xx Distribuição Constitucional ou Legal de Receitas - Inter OFSS - Estado C 2.1.5.0.4.xx.xx Obrigações de Repartição a Outros Entes - Inter OFSS - Estado Estado D 1.1.2.3.3.xx.xx Créditos de Transferências a Receber - Inter OFSS - União C 4.5.2.1.3.xx.xx Transferências Constitucionais e Legais de Receitas - Inter OFSS - União

Fonte: adaptado de BRASIL, 2016.

No procedimento de consolidação, na última linha da Tabela 9.1, o ente deverá incluir as contas do nível 5, dígitos 1, 3, 4 e 5 (Inter OFSS), excluindo as que apresentam o dígito 2 (Intra OFSS). Já na consolidação nacional, deverá incluir as contas do nível 5, dígito 1 e excluir as que tenham dígitos 2 (Intra OFSS), 3, 4 e 5 (Inter OFSS).

9.4

ATRIBUTOS CONCEITUAIS DA CONTA CONTÁBIL

Os atributos das contas contábeis são características próprias de cada conta, provenientes da definição em lei ou do sistema contábil. São listados no PCASP:

a. Código: estrutura numérica que identifica cada uma das contas que compõem o plano de contas.
b. Título / Nome: designação que identifica o objeto de uma conta.
c. Função: descrição da natureza dos atos e fatos registráveis na conta.
d. Natureza do Saldo: identifica se a conta tem saldo devedor, credor ou ambos.
    i. Conta Devedora: possui saldo predominantemente devedor.
    ii. Conta Credora: possui saldo predominantemente credor.
    iii. Conta Mista / Híbrida: possui saldo devedor ou credor.[7]

Um dos atributos legais, visto que, por motivação de cada ente, podem ser estabelecidos outros, está na disciplina dos arts. 43 e 105 da Lei n. 4.320, de 1964:[8]

> Art. 43 [...]
>
> § 2º Entende-se por superávit financeiro a diferença positiva entre o ativo financeiro e o passivo financeiro, conjugando-se, ainda, os saldos dos créditos adicionais transferidos e as operações de crédito a eles vinculadas.
>
> [...]
>
> Art. 105 [...]
>
> § 1º O Ativo Financeiro compreenderá os créditos e valores realizáveis independentemente de autorização orçamentária e os valores numerários.
>
> § 2º O Ativo Permanente compreenderá os bens, créditos e valores, cuja mobilização ou alienação dependa de autorização legislativa.
>
> § 3º O Passivo Financeiro compreenderá as dívidas fundadas e outras cujo pagamento independa de autorização orçamentária.
>
> § 4º O Passivo Permanente compreenderá as dívidas fundadas e outras que dependam de autorização legislativa para amortização ou resgate.

Por esse dispositivo, tem-se: indicador do Superávit Financeiro - Atributos Financeiro (F) e Permanente (P), que definem atributos legais de contas contábeis. De acordo com o MCASP:

> Os passivos que dependam de autorização orçamentária para amortização ou resgate integram o passivo permanente.

7. BRASIL, 2015.
8. BRASIL. *Lei n. 4.320, de 17 de março de 1964.* Estatui Normas Gerais de Direito Financeiro para elaboração e controle dos orçamentos e balanços da União, dos estados, dos municípios e do Distrito Federal. Disponível em: <http://www.planalto.gov.br/CCivil_03/leis/L4320.htm>. Disponível em: 26 abr. 2019.

Após o empenho, considera-se efetivada a autorização orçamentária, e os passivos passam a integrar o passivo financeiro.

Também integram o passivo financeiro os passivos que não são submetidos ao processo de execução orçamentária, a exemplo das cauções.

O controle da mudança do atributo permanente (P) para o atributo financeiro (F) pode ser feito por meio da informação complementar da conta contábil ou por meio da duplicação das contas, sendo uma permanente e outra financeira.

O PCASP e este Manual utilizam as letras (F) ou (P) para indicar se são contas de ativo ou passivo financeiro ou permanente, respectivamente. Quando a conta puder conter saldos com atributo (F) e (P), constará na descrição da conta do PCASP a letra (X).[9]

Outro indicador importante destacado no PCASP é o indicador da dívida consolidada líquida, visto no Capítulo 6 deste livro.

Os passivos considerados no cálculo da Dívida Consolidada Líquida – DCL e que não tenham execução orçamentária associada serão controlados por esse indicador desde o momento do registro da obrigação.

As obrigações consideradas na DCL serão controladas pelo atributo com valor zero (0) e as excluídas do cálculo serão controladas pelo atributo com valor um (1).[10]

No balanço patrimonial do setor público, há uma característica muito particular: o **crédito empenhado em liquidação.** Como visto anteriormente, o passivo financeiro compreenderá as dívidas fundadas e outras, cujo pagamento independa de autorização orçamentária, conforme parágrafo 3º do art. 105 da Lei n. 4.320, de 1964, bem como o passivo que não for submetido ao processo de execução orçamentária, a exemplo das cauções.[11]

Dessa maneira, o passivo financeiro não é composto apenas por contas da classe 2, com atributo (F), mas o saldo deve ser acrescido dos saldos das despesas empenhadas – mas que configurem despesas ainda não efetivadas –, já constante em orçamento e não liquidadas. Esses valores estarão registrados em uma conta

9. BRASIL, 2015.

10. BRASIL; MINISTÉRIO DA FAZENDA; SECRETARIA DO TESOURO NACIONAL. *Portaria STN n. 840, de 21 de dezembro de 2016.* Aprova as Partes Geral, II – Procedimentos Contábeis Patrimoniais, III – Procedimentos Contábeis Específicos, IV – Plano de Contas Aplicado ao Setor Público e V – Demonstrações Contábeis Aplicadas ao Setor Público da 7ª edição do Manual de Contabilidade Aplicada ao Setor Público (MCASP). Disponível em: <https://siconfi.tesouro.gov.br/siconfi/pages/public/arquivo/conteudo/PORTARIA_STN_N_840_DE_21_DE_DEZEMBRO_DE_2016.pdf>. Acesso em: 24 jun. 2019. Visualize a 8ª edição em: CONFEDERAÇÃO NACIONAL DE MUNICÍPIOS (CNM). Manual de Contabilidade Aplicada ao Setor Público. 8. ed. Disponível em: <https://www.cnm.org.br/cms/images/stories/Links/20122018_CPU_MCASP_8_ed_-_ publicacao_com_capa_2vs.pdf>. Acesso em: 2 jul. 2019.

11. BRASIL, 2016, p. 350.

com a denominação Crédito Empenhado a Liquidar. Também, serão registrados ao final do exercício, os valores de restos a pagar processados e não processados.

O MCASP[12] disciplina:

> A conta de Créditos Empenhados a Liquidar compreendia todas as despesas orçamentárias empenhadas, independente da ocorrência ou não do fato gerador. Ocorre que para as despesas orçamentárias empenhadas cujos fatos geradores ocorreram, mas ainda não foi concluída a etapa da liquidação, já existe um passivo patrimonial correlato, diferentemente daquelas despesas orçamentárias cujos fatos geradores ainda não ocorreram.

Em certos casos, quando o reconhecimento do passivo financeiro é realizado antes da liquidação, a duplicação do valor é verificada. Essa situação ocorre no lapso temporal entre o procedimento de liquidação e o momento da efetivação da despesa, isto é, o pagamento.

Para sanar essa duplicação, foi criada a conta Crédito Empenhado em Liquidação. Como o próprio nome indica, trata-se dos valores em processo de Liquidação. O Quadro 9.5 apresenta os lançamentos contábeis para cada momento da ocorrência do fato gerador da obrigação patrimonial (reconhecimento do passivo), que são três, de acordo com o MCASP:[13]

> a. Quando o fato gerador do passivo ocorrer antes ou no momento do empenho da despesa orçamentária, a transferência de saldo da conta Crédito Disponível para a conta Crédito Empenhado a Liquidar e da conta Crédito Empenhado a Liquidar para a conta Crédito Empenhado em Liquidação deverão ocorrer simultaneamente no momento do empenho. Exemplo: reconhecimento de passivos relativos a precatórios.
> b. Quando o fato gerador do passivo ocorrer após o empenho e antes da liquidação da despesa orçamentária, a transferência de saldo da conta Crédito Empenhado a Liquidar para a conta Crédito Empenhado em Liquidação acontecerá de forma isolada. Dessa forma, o controle "em liquidação" permitirá a identificação da ocorrência do fato gerador da obrigação patrimonial durante o curso do processo de execução da despesa orçamentária. Exemplo: recebimento provisório de material permanente antes do ateste.
> c. Quando o fato gerador do passivo ocorrer simultaneamente à liquidação da despesa orçamentária não é obrigatório o uso da conta Crédito Empenhado em Liquidação.

12. BRASIL, 2016, p. 352.
13. BRASIL, 2016, p. 14.

QUADRO 9.5

Momento da ocorrência do fato gerador da obrigação patrimonial

Momento da ocorrência do fato gerador da obrigação patrimonial (momento do reconhecimento do Passivo)	Lançamento de natureza orçamentária
Fato gerador ocorre antes do empenho ou no momento do empenho	No momento do empenho: D Crédito Disponível C Crédito Empenhado a Liquidar D Crédito Empenhado a Liquidar C Crédito Empenhado em Liquidação No momento da Liquidação: D Crédito Empenhado em Liquidação C Crédito Empenhado Liquidado a Pagar
Fato gerador ocorre depois do empenho e antes da liquidação	No momento do empenho: D Crédito Disponível C Crédito Empenhado a Liquidar No momento da ocorrência do fato gerador (depois do empenho e antes da liquidação): D Crédito Empenhado a Liquidar C Crédito Empenhado em Liquidação No momento da Liquidação: D Crédito Empenhado em Liquidação C Crédito Empenhado Liquidado a Pagar
Fato gerador ocorre no momento da liquidação	No momento do empenho: D Crédito Disponível C Crédito Empenhado a Liquidar No momento da Liquidação: D Crédito Empenhado a Liquidar C Crédito Empenhado Liquidado a Pagar

Fonte: BRASIL, 2016, p. 15.

9.4.1 Regras de integridade

O MCASP disciplina regras de integridade dos procedimentos contábeis, visando à consistência, à qualidade e à transparência em relação às informações contábeis.

A primeira trata dos lançamentos que devem ser feitos utilizando o método das partidas dobradas, sendo debitadas e creditadas contas que tenham a mesma natureza de informação, de acordo com o MCASP:[14]

> Exemplo
>
> Não é permitido um lançamento na conta Clientes (classe 1) em contrapartida à conta Receita Realizada (classe 6). Nessa hipótese, apesar de ser utilizado o método das partidas dobradas e de os valores lançados a débito e a crédito apresentados no balancete contábil não apresentarem diferença, observa-se uma inconsistência.
>
> Dessa forma, os totais lançados a débito e a crédito em contas de mesma natureza de informação devem apresentar valores iguais.
>
> Também é necessário restringir os lançamentos possíveis de modo que fatos iguais ou semelhantes sejam registrados por meio dos mesmos lançamentos e contas contábeis.
>
> Exemplo
>
> A fixação da despesa apenas poderá ser registrada por meio do seguinte lançamento:
>
> Fixação de despesa
> Natureza da informação: orçamentária
> D 5.2.2.1.1.xx.xx Dotação Inicial
> C 6.2.2.1.1.xx.xx Crédito Disponível

O MCASP sugere o Quadro 9.6 como método de conferência dos saldos das contas contábeis.

QUADRO 9.6

Método de conferência dos saldos das contas contábeis

Contas de Natureza Orçamentária para Conferência de Saldos	
Conta de Natureza Devedora	Conta de Natureza Credora
5.0.0.0.0.00.00 Controles da Aprovação do Planejamento e Orçamento	6.0.0.0.0.00.00 Controles da Execução do Planejamento e Orçamento
5.1.0.0.0.00.00 Planejamento Aprovado	6.1.0.0.0.00.00 Execução do Planejamento
5.1.1.0.0.00.00 PPA - Aprovado	6.1.1.0.0.00.00 Execução do PPA
5.1.2.0.0.00.00 PLOA	6.1.2.0.0.00.00 Execução do PLOA
5.2.0.0.0.00.00 Orçamento Aprovado	6.2.0.0.0.00.00 Execução do Orçamento
5.2.1.0.0.00.00 Previsão da Receita	6.2.1.0.0.00.00 Execução da Receita

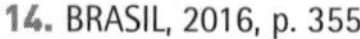

14. BRASIL, 2016, p. 355.

Contas de Natureza Orçamentária para Conferência de Saldos	
Conta de Natureza Devedora	Conta de Natureza Credora
5.2.2.0.0.00.00 Fixação da Despesa	6.2.2.0.0.00.00 Execução da Despesa
5.3.1.7.0.00.00 Restos a Pagar Não Processados – Inscrição no Exercício	6.3.1.7.0.00.00 Restos a Pagar Não Processados – Inscrição no Exercício
5.3.2.7.0.00.00 Restos a Pagar Processados – Inscrição no Exercício	6.3.2.7.0.00.00 Restos a Pagar Processados – Inscrição no Exercício

Contas de Natureza de Controle para Conferência de Saldos	
Conta de Natureza Devedora	Conta de Natureza Credora
7.0.0.0.0.00.00 Controles Devedores	8.0.0.0.0.00.00 Controles Credores
7.1.0.0.0.00.00 Atos Potenciais	8.1.0.0.0.00.00 Execução dos Atos Potenciais
7.1.1.0.0.00.00 Atos Potenciais Ativos	8.1.1.0.0.00.00 Execução dos Atos Potenciais Ativos
7.1.1.1.0.00.00 Garantias e Contragarantias Recebidas	8.1.1.1.0.00.00 Execução de Garantias e Contragarantias Recebidas
7.1.1.2.0.00.00 Direitos Conveniados e Outros Instrumentos Congêneres	8.1.1.2.0.00.00 Execução de Direitos Conveniados e Outros Instrumentos Congêneres
7.1.1.3.0.00.00 Direitos Contratuais	8.1.1.3.0.00.00 Execução de Direitos Contratuais
7.1.1.9.0.00.00 Outros Atos Potenciais Ativos	8.1.1.9.0.00.00 Execução de Outros Atos Potenciais Ativos
7.1.2.0.0.00.00 Atos Potenciais Passivos	8.1.2.0.0.00.00 Execução dos Atos Potenciais Passivos
7.1.2.1.0.00.00 Garantias e Contragarantias Concedidas	8.1.2.1.0.00.00 Execução de Garantias e Contragarantias Concedidas
7.1.2.2.0.00.00 Obrigações Conveniadas e Outros Instrumentos Congêneres	8.1.2.2.0.00.00 Execução de Obrigações Conveniadas e Outros Instrumentos Congêneres
7.1.2.3.0.00.00 Obrigações Contratuais	8.1.2.3.0.00.00 Execução de Obrigações Contratuais
7.1.2.9.0.00.00 Outros Atos Potenciais Passivos	8.1.2.9.0.00.00 Execução de Outros Atos Potenciais Passivos
7.2.0.0.0.00.00 Administração Financeira	8.2.0.0.0.00.00 Execução da Administração Financeira
7.2.1.0.0.00.00 Disponibilidades por Destinação	8.2.1.0.0.00.00 Execução das Disponibilidades por Destinação

Contas de Natureza de Controle para Conferência de Saldos	
Conta de Natureza Devedora	Conta de Natureza Credora
7.2.2.0.0.00.00 Programação Financeira	8.2.2.0.0.00.00 Execução da Programação Financeira
7.2.3.0.0.00.00 Inscrição do Limite Orçamentário	8.2.3.0.0.00.00 Execução do Limite Orçamentário
7.2.4.0.0.00.00 Controles da Arrecadação	8.2.4.0.0.00.00 Controles da Arrecadação
7.3.0.0.0.00.00 Dívida Ativa	8.3.0.0.0.00.00 Execução da Dívida Ativa
7.3.1.0.0.00.00 Controle do Encaminhamento de Créditos para Inscrição em Dívida Ativa	8.3.1.0.0.00.00 Execução do Encaminhamento de Créditos para Inscrição em Dívida Ativa
7.3.2.0.0.00.00 Controle da Inscrição de Créditos em Dívida Ativa	8.3.2.0.0.00.00 Execução da Inscrição de Créditos em Dívida Ativa
7.4.0.0.0.00.00 Riscos Fiscais	8.4.0.0.0.00.00 Execução dos Riscos Fiscais
7.4.1.0.0.00.00 Controle de Passivos Contingentes	8.4.1.0.0.00.00 Execução de Passivos Contingentes
7.4.2.0.0.00.00 Controle dos Demais Riscos Fiscais	8.4.2.0.0.00.00 Execução dos Demais Riscos Fiscais
7.8.0.0.0.00.00 Custos	8.8.0.0.0.00.00 Apuração dos Custos
7.9.0.0.0.00.00 Outros Controles	8.9.0.0.0.00.00 Outros Controles

Fonte: BRASIL, 2016, p. 353-354.

O MCASP[15] também mostra como os lançamentos devem ser feitos para as contas das classes 5, 6, 7 e 8:

> As classes 5, 6, 7 e 8 foram concebidas para serem utilizadas da seguinte forma:
>
> a. Quando lançamento representar o início de uma sequência de fatos, a partida dobrada envolverá as duas classes simultaneamente, ou seja, uma conta da classe 5 com uma conta da classe 6 ou uma conta da classe 7 com uma conta da classe 8. Esses são chamados de lançamentos horizontais;
>
> b. Depois do lançamento inicial, todos os lançamentos posteriores serão realizados nas classes pares, ou seja 6 e 8. Esses são chamados de lançamentos verticais.

15. BRASIL, 2016, p. 356.

Dos exemplos apresentados no MCASP, foi elaborado o Quadro 9.7 para ilustrar algumas situações que ocorrem na prática do setor público e as possíveis ações.

QUADRO 9.7

Situação e ação

Situação	Ação
A primeira fase da receita orçamentária: Previsão.	Classe 5: Débito. Classe 6: Crédito.
Quando a receita for realizada.	Classe 6: Débito. Classe 6: Crédito.
Alguns lançamentos de Controle não seguem o modelo acima, como o caso de créditos adicionais.	Classes 5 ou 7, Lançamento Vertical.
Lançamentos de encerramento das contas ao final do exercício ou ao final de todas as fases previstas para determinado fato.	Lançamento horizontal, zerando todos os saldos das contas.
Lançamento das contas de execução orçamentária ao final do exercício.	As contas das classes 5 e 6 serão anuladas pelo cancelamento das dotações ou pela inscrição em restos a pagar.
Lançamento das contas de Controle de disponibilidades de recursos ao final do exercício.	As contas das classes 7 e 8, quando comprometidas, seguirão a execução dos restos a pagar até o momento do pagamento, independentemente do exercício em que isso ocorrer.
Obrigações contratuais.	As contas da classe 8, que foram executadas, deverão ser encerradas ao final do contrato, independentemente do exercício em que isso ocorrer.

Fonte: adaptado de BRASIL, 2016.

Acrescenta-se, ainda, o observado no MCASP[16] sobre atos potenciais aumentativos e diminutivos do ativo e do passivo:

> Os controles de atos potenciais ativos e passivos são realizados nas classes 7 e 8. Atos potenciais ativos são os atos e fatos que possam vir a aumentar o ativo ou diminuir o passivo da entidade governamental e são registrados nas contas 7.1.1.0.0.00.00 e 8.1.1.0.0.00.00. Os atos potenciais passivos são os atos e fatos que possam vir a aumentar o passivo ou diminuir o ativo da entidade governamental e são registrados nas

16. BRASIL, 2016, p. 357.

contas 7.1.2.0.0.00.00 e 8.1.2.0.0.00.00. Dessa forma, os controles de atos potenciais ativos e passivos não são contrapartida um do outro e, pela metodologia do PCASP, em regra, não terão o mesmo saldo. Na classe 8, deve-se observar o que foi executado e o que ainda está por se executar.

9.4.2 Pagamentos e recebimentos

Os fatos contábeis que envolvam variação no atributo Permanente (P) merecem atenção particular, uma vez que dependem de autorização legislativa. O Quadro 9.8 ilustra essa situação.

QUADRO 9.8

Exemplos de lançamentos contábeis com variação no permanente

Situação	Lançamento	Lançamento
Amortização de operação de crédito	**No empenho:** Natureza da informação patrimonial: D 2.1.2.x.x.xx.xx Empréstimos e Financiamentos a Curto Prazo (P) C 2.1.2.x.x.xx.xx Empréstimos e Financiamentos a Curto Prazo (F) Natureza da informação: orçamentária D 6.2.2.1.1.xx.xx Crédito Disponível C 6.2.2.1.3.01.xx Crédito Empenhado a Liquidar Natureza da informação: orçamentária D 6.2.2.1.3.01.xx Crédito Empenhado a Liquidar C 6.2.2.1.3.02.xx Crédito Empenhado em Liquidação Natureza da informação: controle D 8.2.1.1.1.xx.xx Disponibilidade por Destinação de Recursos (DDR) C 8.2.1.1.2.xx.xx DDR Comprometida por Empenho	**Na Liquidação:** D 6.2.2.1.3.02.xx Crédito Empenhado em Liquidação C 6.2.2.1.3.03.xx Crédito Empenhado Liquidado a Pagar Natureza da informação: controle D 8.2.1.1.2.xx.xx DDR Comprometida por Empenho C 8.2.1.1.3.xx.xx DDR Comprometida por Liquidação e Entradas Compensatórias **No pagamento:** Natureza da informação: patrimonial D 2.1.2.x.x.xx.xx Empréstimos e Financiamentos a Curto Prazo (F) C 1.1.1.1.x.xx.xx Caixa e Equivalentes de Caixa em Moeda Nacional (F) Natureza da informação: orçamentária D 6.2.2.1.3.03.xx Crédito Empenhado Liquidado a Pagar C 6.2.2.1.3.04.xx Crédito Empenhado Liquidado Pago Natureza da informação: controle D 8.2.1.1.3.xx.xx DDR Comprometida por Liquidação e Entradas Compensatórias C 8.2.1.1.4.xx.xx DDR Utilizada

Situação	Lançamento	Lançamento
Arrecadação de dívida ativa de créditos tributários	Como regra de integridade, deve-se observar que as contas com o atributo Permanente (P) apenas poderão ser movimentadas em contrapartida a: a) Conta de Variação Patrimonial Aumentativa (VPA); b) Conta de Variação Patrimonial Diminutiva (VPD); c) Outra conta marcada com o atributo Permanente (P), para reclassificação do ativo ou do passivo; d) Conta marcada com o atributo Financeiro (F), para troca do atributo, exclusivamente quando houver a respectiva execução orçamentária da despesa; e) Conta marcada com o atributo Financeiro (F), exclusivamente quando houver a respectiva execução orçamentária da receita.	

Fonte: adaptado de BRASIL, 2016.

Veja as observações do MCASP:[17]

> O pagamento da dívida é um fato permutativo sob a ótica patrimonial. No entanto, o pagamento só poderá ser efetuado se o passivo estiver marcado com o atributo Financeiro (F). Para tanto, faz-se necessário um lançamento de troca do passivo permanente (P) para passivo financeiro (F), concomitante à execução orçamentária.
>
> Exclusivamente sob a ótica da teoria contábil, seria possível efetuar a baixa do passivo permanente em contrapartida à conta Caixa e Equivalentes de Caixa. Entretanto, a legislação proíbe o pagamento de passivo permanente sem a devida autorização legislativa. Assim, deve-se observar que uma conta do passivo permanente (P) não deve ser movimentada em contrapartida a uma conta do passivo financeiro (F), salvo para a respectiva troca de atributo.
>
> Os valores a receber são registrados em uma conta de ativo com atributo Permanente (P). Qualquer recebimento de recursos financeiros relativo a esses créditos só deve ser reconhecido com o concomitante registro orçamentário, ou seja, com o reconhecimento da receita orçamentária. Assim, será garantida a observância dos preceitos legais, inclusive a repartição tributária prevista na Constituição Federal de 1988.

17. BRASIL, 2016, p. 357.

9.4.3 Equações contábeis

Há outras regras contábeis que devem ser observadas, como mostra o Quadro 9.9.

QUADRO 9.9

Saldos de contas patrimoniais e sua formação

Conferência de Saldos das Contas de Natureza Patrimonial	
Conta de Natureza Devedora	Conta de Natureza Credora
Todas as contas da Classe 1 (Ativo) + Todas as contas da Classe 3 (Variações Patrimoniais Diminutivas)	Todas as contas da Classe 2 (Passivo) + Todas as contas da Classe 4 (Variações Patrimoniais Aumentativas)

Conferência de Saldos das Contas de Passivo Financeiro e de Execução Orçamentária	
Contas da Classe 2 (Passivo) marcadas com o atributo Financeiro (F)	6.2.2.1.3.02.00 Crédito Empenhado em Liquidação + 6.2.2.1.3.03.00 Crédito Empenhado Liquidado + 6.3.1.7.2.00.00 Restos a Pagar Não Processados em Liquidação – Inscrição no Exercício + 6.3.2.7.0.00.00 Restos a Pagar Processados – Inscrição no Exercício + 6.3.1.2.0.00.00 Restos a Pagar Não Processados em Liquidação + 6.3.1.3.0.00.00 Restos a Pagar Não Processados Liquidados a Pagar + 6.3.2.1.0.00.00 Restos a Pagar Processados a Pagar + Contas da Classe 2 (Passivo) marcadas com atributo Financeiro (F) que se refiram a depósitos de terceiros (independentes da execução orçamentária)

Conferência de Saldos das Contas de Disponibilidade de Recursos	
Contas da Classe 1 (Ativo) marcadas com o atributo Financeiro (F) (-) Contas da Classe 2 (Passivo) marcadas com o atributo Financeiro (F) (-) 6.2.2.1.3.01.00 Crédito Empenhado a Liquidar (-) 6.3.1.7.1.00.00 Restos a Pagar Não Processados a Liquidar - Inscrição no Exercício (-) 6.3.1.1.0.00.00 Restos a Pagar Não Processados a Liquidar	8.2.1.1.1.00.00 Disponibilidade por Destinação de Recursos (DDR)

Conferência da Fixação da Despesa Orçamentária	
Conta de Natureza Devedora	Conta de Natureza Credora
5.2.2.1.0.00.00 Dotação Orçamentária + 5.2.2.2.0.00.00 Movimentação de Créditos Recebidos	6.2.2.1.0.00.00 Disponibilidade de Crédito + 6.2.2.2.0.00.00 Movimentação de Créditos Concedidos

Fonte: adaptado de BRASIL, 2016.

Veja as observações do MCASP[18] em relação à conferência de saldos das contas de natureza patrimonial:

> Ao final do exercício o Balanço Patrimonial (BP) apresentará os valores da Classe 1 (Ativo) iguais aos da Classe 2 (Passivo e Patrimônio Líquido). Os valores registrados ao longo do período na Classe 3 (VPD) e na Classe 4 (VPA) são encerrados ao final do exercício, representando o resultado patrimonial levado para a conta de patrimônio líquido.

Em relação à conferência de saldos das contas de disponibilidade de recursos, afirma:[19]

> Ressalta-se que a conta 6.2.2.1.3.01.00 - Crédito Empenhado a Liquidar somente será utilizada ao longo do exercício. Ela será encerrada no final do exercício e, nesse momento, o resultado dessas equações será equivalente ao superávit financeiro previsto no parágrafo 2º do art. 43 da Lei n. 4.320/64.

18. BRASIL, 2016, p. 357.
19. BRASIL, 2016, p. 360.

9.4.4 Consistência dos registros e saldos de contas

Como é da prática contábil, a consistência dos lançamentos e do saldo das contas contábeis é realizada por meio de levantamento de balancetes de verificação, em que o responsável da unidade realiza os seguintes batimentos:

- Analisar os saldos invertidos, o que consiste em verificar se o saldo da conta está de acordo com sua natureza, seja credora seja devedora.
- Verificar a classificação contábil de receitas e despesas, uma vez que a classificação equivocada acarretará em distorção nas fases de previsão e execução do orçamento e/ou no balanço patrimonial (VPA e VPD).
- Analisar os saldos irrisórios, por exemplo, provenientes de alteração de moeda ou residuais constante por longo período no balanço.
- Evitar classificações de contas com denominação de "Outros", as quais devem ter saldo de até 10% do total do grupo a que pertencem.

Como colocado no Capítulo 5, apresenta-se, a seguir, a NBC TSP 03, que trata de provisões, passivos contingentes e ativos contingentes, e a NBC T 16.9, que dispõe sobre depreciação, amortização e exaustão, pois são assuntos correlatos ao plano de contas.

9.5

NBC TSP 03

Neste tópico, aborda-se a NBC TSP 03 no que diz respeito ao seu objetivo e à definição de ativo, passivo contingente e provisões, bem como à sua composição no movimento contábil.

Esse assunto foi escolhido por serem correlatos ao plano de contas, uma vez que a identificação de ativo, passivo contingente e provisões pode acarretar na criação de contas específicas para os lançamentos respectivos e suas movimentações e envolver em eliminação de saldos residuais ou irrisórios na análise dos balancetes de conferência.

A norma traz o seguinte objetivo:[20]

> **Objetivo**
>
> O objetivo desta norma é: (a) definir provisões, ativos e passivos contingentes e (b) identificar as circunstâncias nas quais as provisões devam ser reconhecidas, bem

20. CONSELHO FEDERAL DE CONTABILIDADE (CFC). *Norma Brasileira de Contabilidade – NBC TSP 03 – Provisões, Passivos Contingentes e Ativos Contingentes, de 21 de outubro de 2016.* Disponível em: <http://www2.cfc.org.br/sisweb/sre/detalhes_sre.aspx?Codigo=2016/NBCTSP03&arquivo= NBCTSP03.doc>. Acesso em: 27 maio 2019.

como sua forma de mensuração e evidenciação. A norma também exige que certas informações acerca dos ativos e passivos contingentes sejam divulgadas em notas explicativas às demonstrações contábeis, de modo a possibilitar que os usuários entendam sua natureza, valores e vencimento.

E as seguintes definições de interesse:[21]

Definições

Esta norma utiliza os seguintes termos com os significados especificados:

Obrigação não legalmente vinculada é a obrigação que deriva das ações da entidade, em que:

a) a entidade indica a terceiros, por meio de padrão estabelecido de práticas passadas, políticas publicadas ou de declaração específica, que aceitará certas responsabilidades; e
b) como resultado de tal indicação, a entidade cria uma expectativa válida da parte de terceiros de que cumprirá com essas responsabilidades.

Ativo contingente é um ativo possível que resulta de eventos passados, e cuja existência será confirmada apenas pela ocorrência ou não ocorrência de um ou mais eventos futuros incertos não completamente sob o controle da entidade.

Passivo contingente é:

a) uma obrigação possível que resulta de eventos passados, e cuja existência será confirmada apenas pela ocorrência ou não de um ou mais eventos futuros incertos, não completamente sob o controle da entidade; ou
b) uma obrigação presente que decorre de eventos passados, mas não é reconhecida porque:
    i) é improvável que a saída de recursos que incorporam benefícios econômicos ou potencial de serviços seja exigida para liquidar a obrigação; ou
    ii) o valor da obrigação não pode ser mensurado com suficiente confiabilidade.

Contrato a executar é aquele em que nenhuma das partes cumpriu quaisquer de suas obrigações ou ambas as partes executaram parcialmente suas obrigações na mesma proporção.

Obrigação legal é a obrigação que deriva de:

a) contrato (tanto em termos implícitos quanto explícitos);
b) legislação; ou
c) outra ação legal.

21. CFC, 2016.

Ainda, conceituando a terminologia, a norma disciplina:[22]

> [...] todas as provisões são contingentes porque guardam incertezas quanto ao seu prazo ou valor. Contudo, para fins desta norma, o termo contingente é usado para ativos e passivos que não são reconhecidos porque sua existência será confirmada somente pela ocorrência, ou não, de um ou mais eventos futuros incertos e não totalmente sob o controle da entidade. Ademais, o termo passivo contingente é utilizado para passivos que não atendam aos critérios de reconhecimento.
>
> Esta norma faz distinção entre:
>
> a) provisões – que são reconhecidas como passivo (presumindo-se que possa ser feita uma estimativa confiável), porque são obrigações presentes e é provável que a saída de recursos que incorporam benefícios econômicos ou potencial de serviços seja necessária para liquidar a obrigação; e
>
> b) passivos contingentes – que não são reconhecidos como passivos porque são:
>
>   i) obrigações possíveis, mas que necessitam de confirmação se a entidade tem a obrigação presente que pode levar à saída de recursos que incorporam benefícios econômicos ou potencial de serviços; ou
>
>   ii) obrigações presentes que não satisfazem aos critérios de reconhecimento desta norma (ou porque não é provável que seja necessária a saída de recursos que incorporam benefícios econômicos ou potencial de serviços para liquidar a obrigação, ou porque uma estimativa suficientemente confiável acerca do valor da obrigação não pode ser realizada).

Com esses conceitos definidos, tem-se que, nesse ponto, **é possível** apontar as condições em que uma provisão deve ser reconhecida. O valor reconhecido como provisão deve corresponder ao valor da obrigação na data de sua liquidação; para tanto, o valor a ser provisionado deve ser estimado. Para isso, a provisão é reconhecida com a estimativa do desembolso necessário à liquidação da obrigação presente na data das demonstrações contábeis.

Existem situações em que o valor da obrigação é passível de reembolso de terceiros. Nesses casos, o reembolso deve ser reconhecido quando há um indício potencial que será recebido caso a entidade liquide a obrigação. O reembolso contabiliza-se como ativo à parte e o valor reconhecido para o reembolso não pode exceder o montante da provisão.

Na demonstração de desempenho do exercício, as despesas relacionadas com as provisões devem ser apresentadas líquidas dos valores reconhecidos como reembolsos.

22. CFC, 2016.

A provisão deve ser reconhecida quando:[23]

a) a entidade tem obrigação presente (formalizada ou não) decorrente de evento passado;
b) for provável que seja necessária a saída de recursos que incorporam benefícios econômicos ou potencial de serviços para que a obrigação seja liquidada; e
c) uma estimativa confiável possa ser realizada acerca do valor da obrigação.

Se essas condições não forem atendidas, nenhuma provisão deve ser reconhecida.

A norma acrescenta ainda que:[24]

> Em alguns casos, não é claro se existe ou não obrigação presente. Nesses casos, presume-se que evento passado dá origem à obrigação se, levando-se em consideração todas as evidências disponíveis, for mais provável que a obrigação exista na data das demonstrações contábeis.
>
> Na maior parte dos casos, é claro se um evento passado originou uma obrigação presente. Contudo, em alguns casos, como, por exemplo, em ação judicial, pode ser questionável se certos eventos ocorreram ou se resultaram em obrigação presente. Nesses casos, a entidade determina se a obrigação presente existe na data das demonstrações contábeis ao considerar todas as evidências disponíveis, incluindo, por exemplo, a opinião de peritos.

O texto citado acima esclarece que as provisões devem ser reconhecidas nos eventos passados. Contudo, se um evento pode acarretar uma obrigação na data do fechamento das demonstrações contábeis, é possível reconhecer a provisão.

No que concerne aos passivos contingentes, quando se transformam em uma obrigação, podem ser contabilizadas como provisão.[25]

> Se ficar provável que a saída de benefícios econômicos ou de potencial de serviços será exigida para um item previamente tratado como passivo contingente, a provisão deve ser reconhecida nas demonstrações contábeis do período em que ocorreu a mudança na probabilidade (com exceção dos casos extremamente raros em que nenhuma estimativa confiável puder ser feita). Por exemplo, a entidade do governo local pode ter desobedecido a uma lei ambiental, mas ainda não é certo se houve algum dano ambiental. Quando posteriormente ficar clara a ocorrência de danos e a necessidade de reparação, a entidade deve reconhecer a provisão porque a saída de benefícios econômicos passou a ser provável.

23. CFC, 2016.
24. CFC, 2016.
25. CFC, 2016.

Em relação aos ativos contingentes, a norma disciplina:[26]

> Ativos contingentes usualmente decorrem de eventos não planejados ou inesperados que: (a) não estejam totalmente sob controle da entidade e (b) que dão origem a possibilidade da entrada de recursos econômicos ou potencial de serviços para a entidade. Um exemplo corresponde a uma reivindicação da entidade por meio de processos legais, em que o resultado é incerto.
>
> Ativos contingentes não devem ser reconhecidos nas demonstrações contábeis, uma vez que podem resultar no reconhecimento de receitas que nunca virão a ser realizadas. Entretanto, quando a realização da receita é virtualmente certa, o ativo não é mais ativo contingente e seu reconhecimento é adequado.

As provisões devem ser sempre reavaliadas, quando da elaboração das demonstrações contábeis, e ajustadas, se necessário, para refletir a melhor estimativa no momento.

Dessa maneira, a norma estabelece que:[27]

> Se não for mais provável que a saída de recursos que incorporam benefícios econômicos ou potencial de serviços seja exigida para liquidar a obrigação, a provisão deve ser revertida.
>
> Quando o desconto a valor presente for utilizado, o valor contábil da provisão aumenta a cada período para refletir o transcurso do tempo. Esse aumento deve ser reconhecido como despesa financeira.
>
> A provisão deve ser usada somente para os desembolsos para os quais a provisão foi originalmente reconhecida.

9.6

NBC T 16.9

A NBC T 16.9[28] estabelece a disciplina no procedimento da depreciação do ativo no setor público. Para tanto, a norma define:[29]

> Amortização: a redução do valor aplicado na aquisição de direitos de propriedade e quaisquer outros, inclusive ativos intangíveis, com existência ou exercício de duração

26. CFC, 2016.
27. CFC, 2016.
28. Apesar de, na essência, os procedimentos ficarem mantidos, cabe informar que esta foi revogada a partir de 1º/1/2019 pela NBC TSP 07, conforme publicação no DOU de 28/9/2017, Seção 1.
29. CONSELHO FEDERAL DE CONTABILIDADE (CFC). *Resolução n. 1.136, 21 de novembro de 2008*. NBC T 16.9 – Depreciação, Amortização e Exaustão. Disponível em: <http://www.normaslegais.com.br/legislacao/resolucaocfc1136_2008.htm>. Acesso em: 22 jun. 2019.

limitada, ou cujo objeto sejam bens de utilização por prazo legal ou contratualmente limitado.

Depreciação: a redução do valor dos bens tangíveis pelo desgaste ou perda de utilidade por uso, ação da natureza ou obsolescência.

Exaustão: a redução do valor, decorrente da exploração, dos recursos minerais, florestais e outros recursos naturais esgotáveis.

Valor bruto contábil: o valor do bem registrado na contabilidade, em uma determinada data, sem a dedução da correspondente depreciação, amortização ou exaustão acumulada.

Valor depreciável, amortizável e exaurível: o valor original de um ativo deduzido do seu valor residual.

Valor líquido contábil: o valor do bem registrado na Contabilidade, em determinada data, deduzido da correspondente depreciação, amortização ou exaustão acumulada.

Valor residual: o montante líquido que a entidade espera, com razoável segurança, obter por um ativo no fim de sua vida útil econômica, deduzidos os gastos esperados para sua alienação.

Vida útil econômica: o período de tempo definido ou estimado tecnicamente, durante o qual se espera obter fluxos de benefícios futuros de um ativo.

Os critérios são os mesmos aplicados na Contabilidade Societária, com algumas particularidades apontadas.

No que diz respeito ao registro da depreciação, da amortização e da exaustão, devem ser observados os seguintes aspectos: a obrigatoriedade de seu reconhecimento, o valor da parcela, reconhecida no resultado como decréscimo patrimonial e representada em conta redutora do respectivo ativo no balanço patrimonial.

O valor depreciado, amortizado ou exaurido, apurado mensalmente, deve ser reconhecido nas contas de resultado do exercício, como no caso da Contabilidade Geral. O valor residual e a vida útil econômica de um ativo serão revisados no final de cada exercício, com as alterações feitas quando necessário. A depreciação, a amortização e a exaustão são limitadas até que o valor líquido contábil do ativo seja igual ao valor residual.

Observam-se, de acordo com a norma, os fatores a se estimar a vida útil do bem:[30]

Os seguintes fatores devem ser considerados ao se estimar a vida útil econômica de um ativo:

a) a capacidade de geração de benefícios futuros;
b) o desgaste físico decorrente de fatores operacionais ou não;

30. CFC, 2008.

c) a obsolescência tecnológica;
d) os limites legais ou contratuais sobre o uso ou a exploração do ativo.

A vida útil econômica deve ser definida com base em parâmetros e índices admitidos em norma ou laudo técnico específico.

Nos casos de bens reavaliados, a depreciação, a amortização ou a exaustão devem ser calculadas e registradas sobre o novo valor, considerada a vida útil econômica indicada em laudo técnico específico.

A norma estabelece que os seguintes bens não são depreciáveis:

a) bens móveis de natureza cultural, tais como obras de artes, antiguidades, documentos, bens com interesse histórico, bens integrados em coleções, entre outros;
b) bens de uso comum que absorveram ou absorvem recursos públicos, considerados tecnicamente, de vida útil indeterminada;
c) animais que se destinam à exposição e à preservação;
d) terrenos rurais e urbanos.

CONSIDERAÇÕES FINAIS

O PCASP apresenta características específicas relacionadas com a dualidade da Contabilidade Pública, a qual deve lidar com dois procedimentos distintos: o reconhecimento patrimonial e o orçamentário.

Em razão do fato de que o reconhecimento dos eventos no âmbito patrimonial nem sempre é o mesmo da execução orçamentária, as contas de transição são requeridas a fim de ajustar os eventos na Contabilidade Pública, como é o caso das contas Crédito empenhado a liquidar e Crédito empenhado liquidado.

Adicionalmente, a NBC TSP 03, que trata sobre provisões, ativo e passivo contingente e suas regras de reconhecimento, e a NBC TSP 16.9, que trata de depreciação, amortização e exaustão de bens no setor público, contribuem para a base de conceitos e definições que consubstanciam o plano de contas para o setor público.

RESUMO

Foi apresentado, neste capítulo, o PCASP utilizado na Contabilidade Pública brasileira, bem como sua estrutura, sua composição e a forma como os lançamentos são relacionados, considerando os balanços patrimonial e orçamentário.

Os conceitos foram emprestados do MCASP e das normas contábeis, NBC TSP 03, que trata sobre provisões, ativo e passivo contingente e suas regras de reconhecimento, e a NBC TSP 16.9, que trata de depreciação, amortização e exaustão de bens no setor público.

QUESTÕES PARA PESQUISA

1. O que é o PCASP?
2. Qual é a maior dificuldade ao se trabalhar com o PCASP?
3. Quais são as contas que fazem a correlação entre balanço patrimonial e balanço orçamentário?
4. O que são ativos e passivos contingentes?
5. Qual é o cuidado que se deve ter no reconhecimento de provisões?
6. Quais são os bens não depreciáveis do setor público?
7. O que é o grupo de contas de controle?
8. A que se destina o grupo de contas do sistema financeiro?
9. Quais são as contas patrimoniais?
10. Qual a diferença entre passivo contingente e provisão?

balanço orçamentário demonstração balanço demonstrações demonstrações das contábeis variações patrimoniais no setor público setor público balanço orçamentário demonstrações variações patrimoniais balanço financeiro

CAPÍTULO 10

Demonstrações contábeis

OBJETIVOS

As Demonstrações Contábeis Aplicadas ao Setor Público (DCASP), desde sua estrutura até sua elaboração, guaridas no art. 101 da Lei n. 4.320, de 1964, são o tema deste capítulo.

VISÃO GERAL

Este capítulo fala sobre as DCASP, que são a transição da Contabilidade Pública para a nova visão trazida pela padronização, utilizando como estrutura, além da base legal, a 7ª edição do Manual de Contabilidade Aplicada ao Setor Público (MCASP).[1]

As demonstrações serão apresentadas detalhadamente para que o leitor tenha noção da atual proximidade da Contabilidade Geral com a Pública. Procurou-se ser o mais preciso possível, uma vez que, além das regras contábeis, os entes públicos estão sujeitos à estrita legalidade.

1. BRASIL; MINISTÉRIO DA FAZENDA; SECRETARIA DO TESOURO NACIONAL. *Portaria STN n. 840, de 21 de dezembro de 2016.* Aprova as Partes Geral, II – Procedimentos Contábeis Patrimoniais, III – Procedimentos Contábeis Específicos, IV – Plano de Contas Aplicado ao Setor Público e V – Demonstrações Contábeis Aplicadas ao Setor Público da 7ª edição do Manual de Contabilidade Aplicada ao Setor Público (MCASP). Disponível em: <https://siconfi.tesouro.gov.br/siconfi/pages/public/arquivo/conteudo/PORTARIA_STN_N_840_DE_21_DE_DEZEMBRO_DE_2016.pdf>. Acesso em: 24 jun. 2019. Visualize a 8ª edição em: CONFEDERAÇÃO NACIONAL DE MUNICÍPIOS (CNM). Manual de Contabilidade Aplicada ao Setor Público. 8. ed. Disponível em: <https://www.cnm.org.br/cms/images/stories/Links/20122018_CPU_MCASP_8_ed_-_ publicacao_com_capa_2vs.pdf>. Acesso em: 2 jul. 2019.

INTRODUÇÃO

As Demonstrações Contábeis Aplicadas ao Setor Público (DCASP), com a padronização das Normas Internacionais de Contabilidade Aplicadas ao Setor Público (IPSAS), seguem o padrão da Contabilidade Geral, apesar de suas características peculiares. Entretanto, as empresas do setor público que exercem atividade econômica têm as mesmas necessidades do setor privado, porque são concorrentes. Por isso, estão sujeitas aos mesmos demonstrativos.

10.1 NORMATIZAÇÃO DAS DEMONSTRAÇÕES

A normatização das DCASP está disposta na Parte V do MCASP e nas NBC TSP 4, 16.6 (R1), 16.7 e 16.10. A regulamentação básica do MCASP aborda as seguintes demonstrações, constantes na Lei n. 101, de 2000, e na NBC TSP 16.6:

- Balanço Orçamentário;
- Balanço Financeiro (BF);
- Balanço Patrimonial (BP);
- Demonstração das Variações Patrimoniais;
- Demonstração dos Fluxos de Caixa (DFC);
- Demonstração das Mutações do Patrimônio Líquido (DMPL).

Conforme art. 113 da Lei n. 4.320, de 1964, e parágrafo 2º do art. 50 da Lei Complementar n. 101, de 2000, a Secretaria do Tesouro Nacional (STN), com edição da Portaria STN n. 438, de 2012, atualizou com os novos padrões da Contabilidade Aplicada ao Setor Público (CASP), os anexos da Lei n. 4.320, de 1964, que tratam das estruturas das demonstrações contábeis.

Além do disposto no MCASP, a NBC T 16.6 (R1),[2] aprovada pelo Conselho Federal de Contabilidade (CFC), em 24 de outubro de 2014, trata do mesmo assunto e apresenta as seguintes definições:

> Para efeito desta norma, entende-se por:
>
> Circulante: o conjunto de bens e direitos realizáveis e obrigações exigíveis até doze meses da data das demonstrações contábeis. (Redação dada pela Resolução CFC n. 1.437, de 2013)

---

2. CONSELHO FEDERAL DE CONTABILIDADE (CFC). *Norma Brasileira de Contabilidade – NBC T 16.6 (R1) – Demonstrações Contábeis, 24 de outubro de 2014.* Disponível em: <http://www1.cfc.org.br/sisweb/sre/detalhes_sre.aspx?codigo=2014/NBCT16.6(R1)>. Acesso em: 27 maio 2019.

Conversibilidade: a qualidade do que pode ser conversível, ou seja, característica de transformação de bens e direitos em moeda.

Demonstração contábil: a técnica contábil que evidencia, em período determinado, as informações sobre os resultados alcançados e os aspectos de natureza orçamentária, econômica, financeira e física do patrimônio de entidades do setor público e suas mutações.

Designações genéricas: as expressões que não possibilitam a clara identificação dos componentes patrimoniais, tais como "diversas contas" ou "contas correntes".

Exigibilidade: a qualidade do que é exigível, ou seja, característica inerente às obrigações pelo prazo de vencimento.

Método direto: o procedimento contábil para elaboração da Demonstração dos Fluxos de Caixa, que evidencia as movimentações de itens de caixa e seus equivalentes, a partir das principais classes de recebimentos e pagamentos brutos.

Método indireto: o procedimento contábil para elaboração da Demonstração dos Fluxos de Caixa, que evidencia as principais classes de recebimentos e pagamentos a partir de ajustes ao resultado patrimonial, nos seguintes elementos:

a) de transações que não envolvem caixa e seus equivalentes;
b) de quaisquer diferimentos ou outras apropriações por competência sobre recebimentos ou pagamentos;
c) de itens de receita ou despesa orçamentária associados com fluxos de caixa e seus equivalentes das atividades de investimento ou de financiamento.

Não Circulante: o conjunto de bens e direitos realizáveis e obrigações exigíveis após doze meses da data das demonstrações contábeis. (Redação dada pela Resolução CFC n. 1.437, de 2013)

Em relação às demonstrações contábeis para o setor público, a NBC T 16.6 acrescenta ao disposto no MCASP:[3]

As demonstrações contábeis apresentam informações extraídas dos registros e dos documentos que integram o sistema contábil da entidade.

As demonstrações contábeis devem conter a identificação da entidade do setor público, da autoridade responsável e do contabilista.

[...] Nas demonstrações contábeis, as contas semelhantes podem ser agrupadas; os pequenos saldos podem ser agregados, desde que indicada a sua natureza e não ultrapassem 10% (dez por cento) do valor do respectivo grupo de contas, sendo vedadas a compensação de saldos e a utilização de designações genéricas.

3. CFC, 2014.

10.1.1 Balanço Orçamentário

A Lei n. 4.320, de 1964, em seu art. 102, prevê: "O Balanço Orçamentário demonstrará as receitas e despesas previstas em confronto com as realizadas",[4] enquanto o MCASP[5] apresenta sua composição:

> O Balanço orçamentário é composto por:
>
> a. Quadro Principal;
>
> b. Quadro da Execução dos Restos a Pagar Não Processados; e
>
> c. Quadro da Execução dos Restos a Pagar Processados.

Acrescenta ainda que a demonstração deve ser detalhada, por categoria e origem, especificando a previsão inicial e a previsão atualizada para o exercício:[6]

> O Balanço Orçamentário demonstrará as receitas detalhadas por categoria econômica e origem, especificando a previsão inicial, a previsão atualizada para o exercício, a receita realizada e o saldo, que corresponde ao excesso ou insuficiência de arrecadação. Demonstrará, também, as despesas por categoria econômica e grupo de natureza da despesa, discriminando a dotação inicial, a dotação atualizada para o exercício, as despesas empenhadas, as despesas liquidadas, as despesas pagas e o saldo da dotação.

O Balanço orçamentário, já de início, contém um potencial fator de desequilíbrio, presente na abertura de crédito suplementar e especial nos moldes do inc. I do art. 43 da Lei n. 4.320, de 1964,[7] uma vez que esses créditos não fazem parte da previsão orçamentária inicial nem da previsão atualizada do exercício:

> Art. 43. A abertura dos créditos suplementares e especiais depende da existência de recursos disponíveis para ocorrer a despesa e será precedida de exposição justificativa.
>
> § 1º Consideram-se recursos para o fim deste artigo, desde que não comprometidos:
>
> I – o superávit financeiro apurado em balanço patrimonial do exercício anterior;
>
> [...]

4. BRASIL. *Lei n. 4.320, de 17 de março de 1964*. Estatui Normas Gerais de Direito Financeiro para elaboração e controle dos orçamentos e balanços da União, dos Estados, dos Municípios e do Distrito Federal. Disponível em: <http://www.planalto.gov.br/CCivil_03/leis/L4320.htm>. Disponível em: 26 abr. 2019.
5. BRASIL, 2016.
6. BRASIL, 2016.
7. BRASIL, 1964.

Situação análoga ocorre com a reabertura de créditos adicionais previstos no art. 167 da Constituição Federal:[8]

> **Art. 167**. São vedados:
>
> [...]
>
> § 2º Os créditos especiais e extraordinários terão vigência no exercício financeiro em que forem autorizados, *salvo se o ato de autorização for promulgado nos últimos quatro meses daquele exercício, caso em que, reabertos nos limites de seus saldos, serão incorporados ao orçamento do exercício financeiro subsequente. (n.g)*

O MCASP[9] aborda o assunto da seguinte forma:

> Esse desequilíbrio ocorre porque o superávit financeiro de exercícios anteriores, quando utilizado como fonte de recursos para abertura de créditos adicionais, não pode ser demonstrado como parte da receita orçamentária do Balanço Orçamentário que integra o cálculo do resultado orçamentário. O superávit financeiro não é receita do exercício de referência, pois já o foi em exercício anterior, mas constitui disponibilidade para utilização no exercício de referência. Por outro lado, as despesas executadas à conta do superávit financeiro são despesas do exercício de referência, por força legal, visto que não foram empenhadas no exercício anterior. Esse desequilíbrio também ocorre pela reabertura de créditos adicionais porque aumentam a despesa fixada sem necessidade de nova arrecadação. Tanto o superávit financeiro utilizado quanto a reabertura de créditos adicionais estão detalhados no campo Saldo de Exercícios Anteriores, do Balanço Orçamentário.
>
> Dessa forma, no momento inicial da execução orçamentária, tem-se, em geral, o equilíbrio entre receita prevista e despesa fixada. No entanto, iniciada a execução do orçamento, quando há superávit financeiro de exercícios anteriores, tem-se um recurso disponível para abertura de créditos para as despesas não fixadas ou não totalmente contempladas pela lei orçamentária.

No Quadro 10.1, é apresentado um esboço do Balanço Orçamentário, que, em seguida, será discutido ponto a ponto quanto à sua estrutura.

---

8. BRASIL; SENADO FEDERAL. *Atividade Legislativa:* art. 167. Disponível em: <https://www.senado.leg.br/atividade/const/con1988/con1988_18.02.2016/art_167_.asp>. Acesso em: 27 abr. 2019.
9. BRASIL, 2016, p. 364.

QUADRO 10.1

Balanço Orçamentário

<ENTE DA FEDERAÇÃO> **BALANÇO ORÇAMENTÁRIO** ORÇAMENTOS FISCAL E DA SEGURIDADE SOCIAL Exercício 20XX				
RECEITAS ORÇAMENTÁRIAS	**Previsão Inicial** (a)	**Previsão Atualizada** (b)	**Receitas Realizadas** (c)	**Saldo** (d) = (c – b)
Receitas Correntes (I)				
Receita Tributária				
Receita de Contribuições				
Receita Patrimonial				
Receita Agropecuária				
Receita Industrial				
Receita de Serviços				
Transferências Correntes				
Outras Receitas Correntes				
Receita de Capital (II)				
Operações de Crédito				
Alienação de Bens				
Amortizações de Empréstimos				
Transferências de Capital				
Outras Receitas de Capital				
SUBTOTAL DAS RECEITAS (III) = (I + II)	______	______	______	______
Amortização da Dívida Externa				
Dívida Mobiliária				
Outras Dívidas				
SUBTOTAL COM REFINANCIAMENTO (XII) = (XI + XII)	______	______	______	______
Superávit (XIII)				
TOTAL (XIV) = (XII + XIII)	______	______	______	______
Reserva do RPPS	______	______	______	______

Fonte: BRASIL, 2016, p. 366-367.

10.1.1.1 Receitas Orçamentárias

Na coluna Previsão Inicial, são registrados os valores, que permanecem inalterados no exercício, das receitas constantes na Lei Orçamentária Anual (LOA), bem como as atualizações previstas em lei, antes da publicação da LOA. Na coluna

Previsão Atualizada, são lançados os valores decorrentes de reestimativa da receita prevista na LOA, por exemplo, conforme o Plano de Contas Aplicado ao Setor Público (PCASP).

Caso não haja reestimativa da receita, esses valores serão iguais ao da **Previsão Inicial**.

Na coluna Receitas Realizadas, são lançados os valores das receitas efetivamente arrecadadas, diretamente pelo ente ou outro pelo órgão arrecadador. Na linha Receitas Correntes, são lançados os valores das receitas correntes, como visto no Capítulo 8, previstas no art. 11 da Lei n. 4.320, de 1964:[10]

> São **receitas correntes** (n.g.) as receitas tributárias, de contribuições, patrimonial, agropecuária, industrial, de serviços e outras e, ainda, as provenientes de recursos financeiros recebidos de outras pessoas de direito público ou privado, quando destinadas a atender despesas classificáveis em despesas correntes.

Já na linha Receitas de Capital, são lançados os valores das receitas de capital, também visto no Capítulo 8, previstas no parágrafo 2º do artigo supramencionado:[11]

> São **receitas de capital** (n.g.) provenientes da realização de recursos financeiros oriundos de constituição de dívidas; da conversão em espécie, de bens e direitos; os recursos recebidos de outras pessoas de direito público ou privado destinados a atender despesas classificáveis em despesas de capital e, ainda, o superávit do orçamento corrente.

A linha Operações de Crédito/Refinanciamento é responsável por demonstrar os valores da receita de emissão de títulos públicos e dos valores de empréstimos, inclusive os de refinanciamento da dívida pública, conforme o MCASP:[12]

> Os valores referentes ao refinanciamento da dívida pública deverão ser segregados em operações de crédito internas e externas, e estas segregadas em dívida mobiliária e dívida contratual. Este nível de agregação também se aplica às despesas com amortização da dívida e refinanciamento.

A linha Déficit demonstra o saldo negativo, se for o caso, entre as receitas realizadas e as despesas empenhadas. É a diferença entre a linha Subtotal com Refinanciamento das receitas e a linha Subtotal com Refinanciamento das despesas.

10. BRASIL, 1964.
11. BRASIL, 1964.
12. BRASIL, 2016, p. 371.

Se o resultado for positivo, isso indica que o ente obteve um superávit no período e o valor será lançado na linha Superávit. Nesse caso, haverá um traço (-) em déficit, indicando valor inexistente ou nulo.

A linha Saldos de Exercícios Anteriores (Utilizados para Créditos Adicionais) demonstra o valor de superávit de exercícios anteriores, responsáveis pela abertura de créditos suplementares ou especiais, descritos no início deste Capítulo. Uma particularidade dessa linha é que apresenta apenas valores na coluna Previsão Atualizada e na coluna Receita Realizada, visto que não faz parte da LOA, pois são valores de exercícios anteriores. Portanto, não serão utilizados no cálculo do resultado do exercício corrente.

Na linha Recursos Arrecadados em Exercícios Anteriores, é a demonstração dos valores arrecadados de exercícios anteriores que suportaram despesas do exercício corrente.

O MCASP[13] esclarece que:

> São recursos de exercícios anteriores que serão utilizados para custear despesas do exercício corrente, permitindo o equilíbrio na aprovação da Lei Orçamentária.
>
> A classificação orçamentária criada para essa finalidade é a "9990.00.00 - Recursos arrecadados em exercícios anteriores", que se encontra disponível na relação de naturezas de receitas, conforme estabelecido na Portaria Interministerial STN/SOF n. 163/2001.
>
> Deste modo, os recursos arrecadados em exercícios anteriores poderão ser incluídos na previsão da receita para fins de equilíbrio orçamentário. *Todavia, tais recursos não são passíveis de execução, por já terem sido arrecadados em exercícios anteriores.* (n.g.)

Os recursos de exercícios anteriores entram como Receitas Realizadas, por ocasião do pagamento das despesas correntes, a fim de não haver impacto orçamentário no exercício corrente. Entretanto, quando a despesa for maior do que os recursos, o impacto é inevitável. Para ilustrar essa situação, veja o exemplo do MCASP:[14]

> [...] pode-se citar a utilização de recursos arrecadados em exercícios anteriores para o pagamento de aposentadorias e pensões do RPPS. No caso do RPPS, inicialmente há mais receitas do que pagamentos de benefícios (fase de capitalização). Para que haja equilíbrio orçamentário, a diferença de valores é lançada como reserva do RPPS do lado da despesa orçamentária.
>
> Entretanto, a partir de determinado momento, é provável que haja mais despesas do que receitas, fazendo-se necessário utilizar os recursos que foram anteriormente

13. BRASIL, 2016, p. 371.
14. BRASIL, 2016, p. 372.

capitalizados. Assim, a parcela de recursos de exercícios anteriores que será utilizada para complementar os pagamentos de aposentadorias e pensões deverá constar do lado da receita orçamentária a fim de permitir o equilíbrio do orçamento.

10.1.1.2 Despesas Orçamentárias

Na coluna Dotação Inicial, são demonstrados os valores constantes em cada conta de despesa aprovado na LOA. Esses valores são imutáveis até o final do exercício por estarem previstos na LOA.

A coluna Dotação Atualizada é destinada à demonstração dos valores da coluna Dotação Inicial, ajustada com:

- o acréscimo dos créditos adicionais abertos ou reabertos durante o exercício corrente, como discutido anteriormente;
- o acréscimo das atualizações monetárias, efetuadas após a publicação da LOA;
- a dedução das respectivas anulações e cancelamentos.

A coluna Despesas Empenhadas é responsável pela demonstração das despesas empenhadas no exercício corrente, somadas as despesas em liquidação, liquidadas ou pagas, conforme MCASP.[15]

A coluna Despesas Liquidadas é responsável pela demonstração das despesas liquidadas no exercício corrente, somadas as despesas pagas, exceto a liquidação de restos a pagar não processados.

A coluna Despesas Pagas é responsável pela demonstração das despesas pagas no exercício corrente, exceto os valores referentes ao pagamento de restos a pagar, processados ou não processados.

10.1.1.3 Despesas Correntes

Na linha Despesas Correntes, são lançados os valores das despesas correntes, como visto no Capítulo 8, utilizadas para a manutenção da máquina Estatal.

Na linha Despesas de Capital, são lançados os valores das despesas de Capital, como visto no Capítulo 8, ligadas aos dispêndios das Receitas de Capital.

Na linha Reserva de Contingência, são lançados os valores que suportarão os Passivos Contingentes, os riscos, os eventos imprevistos e a abertura de créditos adicionais, conforme previsto nos arts. 40 e 41 da Lei n. 4.320, de 1964:[16]

15. BRASIL, 2016.
16. BRASIL, 1964.

Art. 40. São créditos adicionais, as autorizações de despesa não computadas ou insuficientemente dotadas na Lei de Orçamento.

Art. 41. Os créditos adicionais classificam-se em:

I - suplementares, os destinados a reforço de dotação orçamentária;

II - especiais, os destinados a despesas para as quais não haja dotação orçamentária específica;

III - extraordinários, os destinados a despesas urgentes e imprevistas, em caso de guerra, comoção intestina ou calamidade pública.

A linha Reserva do Regime Próprio de Previdência Social (RPPS) demonstrará os recursos para o pagamento dos servidores públicos inativos e seus dependentes em exercícios futuros, conforme exemplo citado na linha Recursos Arrecadados em Exercícios Anteriores.

A linha Amortização da Dívida/Refinanciamento é a demonstração do valor da despesa orçamentária com a finalidade do pagamento da dívida do ente. Como apresentado no MCASP:[17]

Demonstra o valor da despesa orçamentária decorrente do pagamento ou da transferência de outros ativos para a quitação do valor principal da dívida, inclusive de seu refinanciamento.

Os valores referentes à amortização da dívida pública deverão ser segregados em operações de crédito internas e externas, e estas segregadas em dívida mobiliária e dívida contratual. Este nível de agregação também se aplica às receitas com operações de crédito e refinanciamento.

Com as seguintes notas de rodapé:[18]

Para fins de aplicação deste Manual, considera-se amortização o pagamento do principal da dívida, que é classificado como despesa de capital. O termo não abrange o pagamento dos juros e demais encargos, que são classificados como despesas correntes.

Entende-se como despesa de refinanciamento da dívida o pagamento das operações de crédito anteriormente contratadas para o refinanciamento da dívida.

A linha Superávit já foi discutida na linha Déficit.

17. BRASIL, 2016, p. 373.
18. BRASIL, 2016, p. 373.

O Quadro 10.2 apresenta a Execução de Restos a Pagar não processados. Para melhor compreensão do assunto, é apresentado o conceito de Restos a Pagar a partir dos ensinamentos de Santos e Brazil:[19]

> Os restos a pagar são despesas empenhadas e não pagas até o término do exercício financeiro, dividindo-se em processadas e não processadas. As despesas que foram empenhadas e liquidadas, mas não pagas, são inscritas como restos a pagar processados e, as que foram somente empenhadas e não passaram pelos demais estágios da despesa pública, caso haja saldo financeiro, são inscritas como restos a pagar não processados.

QUADRO 10.2

Execução de Restos a Pagar não processados

<ENTE DA FEDERAÇÃO>

EXECUÇÃO DE RESTOS A PAGAR NÃO PROCESSADOS

Exercício 20XX

	Inscritos					
	Em Exercícios Anteriores (a)	**Em 31 de Dezembro do Exercício Anterior (b)**	**Liquidados (d)**	**Pagos (d)**	**Cancelados (e)**	**Saldo (f) = (a+b-d-e)**
Despesas Correntes						
Pessoal e Encargos Sociais						
Juros e Encargos da Dívida						
Outras Despesas Correntes						
Despesas de Capital						
Investimentos						
Inversões Financeiras						
Amortização da Dívida						
TOTAL						

Fonte: BRASIL, 2016, p. 368.

As colunas Inscritos em Exercícios Anteriores e Inscritos em 31 de Dezembro do Exercício Anterior demonstram os valores de Restos a Pagar não processados relativos a exercícios anteriores e aos inscritos no dia 31 de dezembro do exercício imediatamente anterior, respectivamente, que não foram cancelados porque tiveram o prazo de validade prorrogado.

19. SANTOS, M. C.; BRAZIL, M. R. P. Análise de restos a pagar não processados de um município do Rio Grande do Sul. In: XV CONVENÇÃO DE CONTABILIDADE DO RIO GRANDE DO SUL, 2015. Bento Gonçalves. *Anais*... Bento Gonçalves, 2015, p. 3.

As outras colunas têm os seguintes significados, extraídos do MCASP:[20]

Liquidados

Compreende o valor dos restos a pagar não processados, liquidados após sua inscrição e ainda não pagos.

Pagos

Compreende o valor dos restos a pagar não processados, liquidados após sua inscrição e pagos.

Cancelados

Compreende o cancelamento de restos a pagar não processados por insuficiência de recursos, pela inscrição indevida ou para atender dispositivo legal.

O Quadro 10.3 apresenta a Execução de Restos a Pagar Processados e Restos a Pagar Não Processados Liquidados, discutidos a seguir:

QUADRO 10.3

Execução de Restos a Pagar Processados e Restos a Pagar Não Processados Liquidados

<ENTE DA FEDERAÇÃO>

EXECUÇÃO DE RESTOS A PAGAR PROCESSADOS E NÃO PROCESSADOS LIQUIDADOS

Exercício 20XX

	Inscritos				
	Em Exercícios Anteriores (a)	**Em 31 de Dezembro do Exercício Anterior (b)**	**Pagos (c)**	**Cancelados (d)**	**Saldo (e) = (a+b−c−d)**
Despesas Correntes					
Pessoal e Encargos Sociais					
Juros e Encargos da Dívida					
Outras Despesas Correntes					
Despesas de Capital					
Investimentos					
Inversões Financeiras					
Amortização da Dívida					
TOTAL					

Fonte: BRASIL, 2016, p. 369.

20. BRASIL, 2016, p. 374.

O Quadro 10.3 apresenta as mesmas colunas do Quadro 10.2, com a diferença de que nele são apresentados restos a pagar processados e não processados liquidados, que deverão ter seus saldos transferidos para restos a pagar processados. Portanto, a coluna Liquidados não está contida aqui.

Na elaboração do Balanço Orçamentário, são utilizados os seguintes critérios, conforme demonstra o MCASP:[21]

a. Classe 5 (Orçamento Aprovado), Grupo 2 (Previsão da Receita e Fixação da Despesa); e
b. Classe 6 (Execução do Orçamento), Grupo 2 (Realização da Receita e Execução da Despesa).

No Quadro 10.1, tem-se as receitas e as despesas previstas contra as realizadas que deverão estar classificadas por natureza. No caso de despesa, será utilizada a classificação funcional como complemento. No caso das receitas, de acordo com o MCASP,[22] serão:

> [...] informadas pelos valores líquidos das respectivas deduções, tais como restituições, descontos, retificações, deduções para o Fundeb e repartições de receita tributária entre os entes da Federação, quando registradas como dedução, conforme orientação da Parte I - Procedimentos Contábeis Orçamentários (PCO).

Os Quadros 10.2 e 10.3 tratam dos Restos a Pagar, despesas orçamentárias que ficaram para ser pagas no período seguinte. Para elas, de acordo com o MCASP, deverão ser informados:

- se houve empenho, nesse caso, informar se se trata de Restos a Pagar processado; caso contrário, classificar como não processado;
- se houve liquidação, caso em que se tratará de restos a pagar processado.

10.1.1.4 Notas explicativas

A regulamentação das notas explicativas está na NBC T 16.6, que estabelece as demonstrações contábeis a serem elaboradas e divulgadas pelas entidades do setor público, publicada no Diário Oficial da União (DOU), Seção I, de 25 de novembro

21. BRASIL, 2016, p. 375.
22. BRASIL, 2016, p. 375.

de 2008, que, em razão de alterações, passa a ser NBC T 16.6 (R1) de 24 de outubro de 2014,[23] aponta os seguintes itens:

> 39. As notas explicativas são parte integrante das demonstrações contábeis.
> 40. As informações contidas nas notas explicativas devem ser relevantes, complementares ou suplementares àquelas não suficientemente evidenciadas ou não constantes nas demonstrações contábeis.
> 41. As notas explicativas incluem os critérios utilizados na elaboração das demonstrações contábeis, as informações de naturezas patrimonial, orçamentária, econômica, financeira, legal, física, social e de desempenho e outros eventos não suficientemente evidenciados ou não constantes nas referidas demonstrações.

Para efeito, o MCASP[24] apresenta os itens necessários para serem divulgados nas notas explicativas, acompanhando o Balanço Orçamentário:

a. o detalhamento das receitas e despesas intraorçamentárias, quando relevante;
b. o detalhamento das despesas executadas por tipos de créditos (inicial, suplementar, especial e extraordinário);
c. a utilização do superávit financeiro e da reabertura de créditos especiais e extraordinários, bem como suas influências no resultado orçamentário;
d. as atualizações monetárias autorizadas por lei, efetuadas antes e após a data da publicação da LOA, que compõem a coluna Previsão Inicial da receita orçamentária;
e. o procedimento adotado em relação aos restos a pagar não processados liquidados, ou seja, se o ente transfere o saldo ao final do exercício para restos a pagar processados ou se mantém o controle dos restos a pagar não processados liquidados separadamente;
f. o detalhamento dos "recursos de exercícios anteriores" utilizados para financiar as despesas orçamentárias do exercício corrente, destacando-se os recursos vinculados ao RPPS e outros com destinação vinculada;

É preciso considerar ainda os Balanços Orçamentários não consolidados de entes que, por não serem agentes arrecadadores, podem apresentar desequilíbrio ou déficit orçamentário. Nesse caso, é necessária uma nota explicativa, uma vez que esses órgãos executam despesas orçamentárias para prestação de serviços públicos e realizam investimentos. Apesar de isso não ser uma irregularidade, sua demonstração está relacionada à execução do orçamento do exercício.

23. CFC, 2014.

24. BRASIL; MINISTÉRIO DA FAZENDA; SECRETARIA DO TESOURO NACIONAL. *Manual de contabilidade aplicada ao setor público*. Parte IV – Plano de Contas Aplicado ao Setor Público. 7. ed. Brasília, 2016. Disponível em: <https://www.cnm.org.br/cms/images/stories/Links/06072016_MCASP_7_Parte_IV_PCASP.pdf>. Acesso em: 26 abr. 2019.

10.1.2 Balanço Financeiro (BF)

O BF é previsto pela Lei n. 4.320, de 1964, em seu art. 103.[25]

> Art. 103. O Balanço Financeiro demonstrará a receita e a despesa orçamentárias bem como os recebimentos e os pagamentos de natureza extraorçamentária, conjugados com os saldos em espécie provenientes do exercício anterior, e os que se transferem para o exercício seguinte.

O BF é composto de um único quadro que apresenta os seguintes elementos, de acordo com o MCASP:[26]

> a. a receita orçamentária realizada e a despesa orçamentária executada, por fonte/destinação de recurso, discriminando as ordinárias e as vinculadas;
> b. os recebimentos e os pagamentos extraorçamentários;
> c. as transferências financeiras recebidas e concedidas, decorrentes ou independentes da execução orçamentária, destacando os aportes de recursos para o RPPS; e
> d. o saldo em espécie do exercício anterior e para o exercício seguinte.

O Quadro 10.4 apresenta dois modos de calcular o resultado financeiro do exercício.

QUADRO 10.4
Cálculo do resultado financeiro do exercício
MODO 1 Saldo em Espécie para o Exercício Seguinte (–) Saldo em Espécie do Exercício Anterior. **= Resultado Financeiro do Exercício**
MODO 2 Receitas Orçamentárias (+) Transferências Financeiras Recebidas (+) Recebimentos Extraorçamentários (–) Despesa Orçamentária (–) Transferências Financeiras Concedidas (–) Pagamentos Extraorçamentários **= Resultado Financeiro do Exercício**

Fonte: BRASIL, 2016, p. 376-377.

25. BRASIL, 1964.
26. BRASIL, 2016, p. 376.

O resultado positivo do BF não pode ser confundido com o superávit ou déficit do exercício apurado no Balanço Patrimonial, pois no BF só leva em conta o saldo em espécie, não entrando em sua contabilização o endividamento público, por exemplo.

Comparativamente, o BF seria o Livro Caixa de uma empresa, em que, caso o movimento no ano tenha sido positivo, não implicaria que a empresa apurou lucro ou prejuízo no exercício. O MCASP[27] observa que "a discriminação por fonte/destinação de recurso permite evidenciar a origem e a aplicação dos recursos financeiros referentes à receita e despesa orçamentárias."

O Quadro 10.5 apresenta o modelo do BF.

QUADRO 10.5

Modelo do BF

<ENTE DA FEDERAÇÃO>
BALANÇO FINANCEIRO

Exercício: 20XX

INGRESSOS

	Nota	Exercício Atual	Exercício Anterior
Despesas Orçamentárias (I)			
Ordinária			
Vinculada			
Recursos Vinculados à Educação			
Recursos Vinculados à Saúde			
Recursos Vinculados à Previdência Social – RPPS			
Recursos Vinculados à Previdência Social – RGPS			
Recursos Vinculados à Seguridade Social			
(...)			
Outras Destinações de Recursos			
Transferências Financeiras Concedidas (II)			
Transferências Recebidas para a Execução Orçamentária			
Transferências Recebidas Independentes de Execução Orçamentária			
Transferências Recebidas para Aportes de recursos para o RPPS			
Transferências Recebidas para Aportes de recursos para o RGPS			
Pagamentos Extraorçamentários (III)			
Inscrição de Restos a Pagar Não Processados			
Inscrição de Restos a Pagar Processados			
Depósitos Restituíveis e Valores Vinculados			
Outros Recebimentos Orçamentários			
Saldo do Exercício Anterior (IV)			
Caixa e Equivalentes de Caixa			
Depósitos Restituíveis e Valores Vinculados			
TOTAL (V) = (I + II + III + V)			

27. BRASIL, 2016, p. 377.

DISPÊNDIOS			Exercício: 20XX
	Nota	Exercício Atual	Exercício Anterior
Despesas Orçamentárias (VI)			
Ordinária			
Vinculada			
Recursos Destinados à Educação			
Recursos Destinados à Saúde			
Recursos Destinados à Previdência Social - RPPS			
Recursos Destinados à Previdência Social - RGPS			
Recursos Destinados à Seguridade Social			
(...)			
Outras Destinações de Recursos			
Transferências Financeiras Concedidas (VII)			
Transferências Concedidas para a Execução Orçamentária			
Transferências Concedidas Independentes de Execução Orçamentária			
Transferências Concedidas para Aportes de recursos para o RPPS			
Transferências Concedidas para Aportes de recursos para o RGPS			
Pagamentos Extraorçamentários (VIII)			
Pagamento de Restos a Pagar Não Processados			
Pagamento de Restos a Pagar Processados			
Depósitos Restituíveis e Valores Vinculados			
Outros Pagamentos Orçamentários			
Saldo para o Exercício Seguinte (IX)			
Caixa e Equivalentes de Caixa			
Depósitos Restituíveis e Valores Vinculados			
TOTAL (X) = (VI + VII + VIII + IX)			

Fonte: BRASIL, 2016, p. 23-24.

10.1.2.1 Receitas e Despesas Orçamentárias Ordinárias

Esses grupos de Receitas e Despesas demonstram aquelas previstas na LOA. No caso das receitas, o lançamento é efetuado pela receita líquida, deduzindo as parcelas devidas. Quanto às despesas, abrangem aquelas que não têm vinculação com a aplicação de recursos estabelecidos por lei, por exemplo, as despesas com educação.

10.1.2.2 Receitas e Despesas Orçamentárias Vinculadas

Esse grupo cuida das Receitas e das Despesas com algum vínculo. O MCASP[28] esclarece que:

> A identificação das vinculações pode ser feita por meio do mecanismo de fonte/destinação de recursos [O mecanismo encontra disposto na Parte I - Procedimentos Contábeis Orçamentários (PCO) do MCASP]. As fontes/destinações de recursos indicam como são financiadas as despesas orçamentárias, atendendo sua destinação legal.

10.1.2.3 Transferências Financeiras Recebidas e Concedidas

Demonstram a ocorrência de movimentações de recursos financeiros entre os entes da administração direta e indireta, tanto as orçamentárias como as extraorçamentárias, excluindo as execuções não relacionadas no orçamento vigente, como Restos a Pagar, que serão dispostos nos demonstrativos consolidados.

10.1.2.4 Recebimentos Extraorçamentários

Trata-se do ingresso de receitas não previstas na LDO. Esses recursos só entram nos cofres públicos por mero movimento contábil, como é o caso de retenções e consignações devidas, nos quais o ente público é o responsável legal pelo pagamento, como na retenção do Instituto Nacional do Seguro Social (INSS) dos servidores não submetidos ao RPPS.

10.1.2.5 Pagamentos Extraorçamentários

Trata-se do pagamento das despesas não previstas na LOA, isto é, os pagamentos de despesas que tiveram a entrada contabilizadas como receitas extraorçamentárias. Os pagamentos extraorçamentários não precisam ser submetidos à execução orçamentária, pois referem-se a obrigações extraorçamentária, bem como aos pagamentos de Restos a Pagar inscritos em exercícios anteriores e pagos no exercício.

10.1.2.6 Saldo do Exercício Anterior e Saldo para o Exercício Seguinte

O saldo de recursos financeiros, inclusive os das entradas compensatórias previstas no art. 103 da Lei n. 4.320, de 1964, já foram citados anteriormente.

28. BRASIL, 2016, p. 25.

10.1.2.7 Elaboração

A elaboração do Balanço Financeiro se faz com as classes do PCASP dispostas no MCASP:[29]

> a. Classes 1 (Ativo) e 2 (Passivo) para os Recebimentos e Pagamentos Extraorçamentários de Depósitos Restituíveis e Valores Vinculados, Saldo em Espécie do Exercício Anterior e Saldo em Espécie para o Exercício Seguinte;
> b. Classe 3 (Variações Patrimoniais Diminutivas) para as Transferências Financeiras Concedidas;
> c. Classe 4 (Variações Patrimoniais Aumentativas) para as Transferências Financeiras Recebidas;
> d. Classe 5 (Orçamento Aprovado) para a Inscrição de Restos a Pagar;
> e. Classe 6 (Execução do Orçamento) para a Receita Orçamentária, Despesa Orçamentária e Pagamento de Restos a Pagar.
>
> [...] Recomenda-se que as vinculações agrupadas nas linhas Outras Destinações de Recursos não ultrapassem 10% do total da receita ou despesa orçamentária.

O equilíbrio contábil no BF é obtido introduzindo-se os saldos financeiros do exercício anterior na parte destinada às Receitas e o exercício seguinte na parte destinada aos Dispêndios.

10.1.2.8 Notas explicativas

Há situações que merecem ajustes. Por exemplo, de que maneira se contabilizam as retenções, se no momento da liquidação a retenção for considerada paga? O saldo financeiro deve ser ajustado e, portanto, são devidos o ajuste e a realização da nota explicativa.

O MCASP[30] observa:

> As receitas orçamentárias serão apresentadas líquidas de deduções. O detalhamento das deduções da receita orçamentária por fonte/destinação de recursos pode ser apresentado em quadros anexos ao Balanço Financeiro e em Notas Explicativas.

29. BRASIL, 2016, p. 26.
30. BRASIL, 2016, p. 27.

10.1.3 Balanço Patrimonial (BP)

O BP guarda amparo legal no art. 105 da Lei n. 4.320, de 1964.[31]

> Art. 105. O Balanço Patrimonial demonstrará:
>
> I - O Ativo Financeiro;
> II - O Ativo Permanente;
> III - O Passivo Financeiro;
> IV - O Passivo Permanente;
> V - O Saldo Patrimonial;
> VI - As Contas de Compensação.
>
> § 1º O Ativo Financeiro compreenderá os créditos e valores realizáveis independentemente de autorização orçamentária e os valores numerários.
>
> § 2º O Ativo Permanente compreenderá os bens, créditos e valores, cuja mobilização ou alienação dependa de autorização legislativa.
>
> § 3º O Passivo Financeiro compreenderá as dívidas fundadas e outro pagamento que independa de autorização orçamentária.
>
> § 4º O Passivo Permanente compreenderá as dívidas fundadas e outras que dependam de autorização legislativa para amortização ou resgate.
>
> § 5º Nas contas de compensação serão registrados os bens, valores, obrigações e situações não compreendidas nos parágrafos anteriores e que, imediata ou indiretamente, possam vir a afetar o patrimônio.

E, ainda, a Lei n. 4.320, de 1964, em seu art. 106, disciplina critérios de avaliação patrimonial.[32]

> Art. 106. A avaliação dos elementos patrimoniais obedecerá às normas seguintes:
>
> I - os débitos e créditos, bem como os títulos de renda, pelo seu valor nominal, feita a conversão, quando em moeda estrangeira, à taxa de câmbio vigente na data do balanço;
>
> II - os bens móveis e imóveis, pelo valor de aquisição ou pelo custo de produção ou de construção;
>
> III - os bens de almoxarifado, pelo preço médio ponderado das compras.
>
> § 1º Os valores em espécie, assim como os débitos e créditos, quando em moeda estrangeira, deverão figurar ao lado das correspondentes importâncias em moeda nacional.

31. BRASIL, 1964.
32. BRASIL, 1964.

§ 2º As variações resultantes da conversão dos débitos, créditos e valores em espécie serão levadas à conta patrimonial.

§ 3º Poderão ser feitas reavaliações dos bens móveis e imóveis.

Com o movimento de padronização das normas de CASP, a STN publicou a Portaria STN n. 438, de 2012, com a finalidade de convergir a esses propósitos.

O MCASP[33] apresenta a nova estrutura do BP:

a. Quadro Principal;
b. Quadro dos Ativos e Passivos Financeiros e Permanentes;
c. Quadro das Contas de Compensação (controle); e
d. Quadro do Superávit / Déficit Financeiro.

O Balanço Patrimonial permite análises diversas acerca da situação patrimonial da entidade, como sua liquidez e seu endividamento, dentre outros.

A NBC T 16.6 (R1)[34] sustenta que "o Balanço Patrimonial, estruturado em Ativo, Passivo e Patrimônio Líquido, evidencia qualitativa e quantitativamente a situação patrimonial da entidade pública".

Os quadros do BP, apresentados no MCASP, são divido da seguinte forma:

- o Quadro 10.6 representa os Elementos Principais;
- o Quadro 10.7 representa os Ativos e Passivos Financeiros e Permanentes;
- o Quadro 10.8 representa as Contas de Compensação (controle); e
- o Quadro 10.9 representa o Superávit/Déficit Financeiro.

Os respectivos significados de cada elemento serão discutidos a seguir.

10.1.3.1 Ativo Circulante

Os Ativos Circulantes, quanto à disponibilidade, são de liquidez imediata ou de realização a curto prazo, ou seja, até 12 meses das demonstrações contábeis, sejam de caixa ou equivalente, sejam realizáveis, mantidos para venda ou de negociação a curto prazo.

10.1.3.2 Caixa ou Equivalentes

Trata-se da soma dos recursos com liquidez imediata ou a curto prazo.

33. BRASIL, 2016, p. 28.
34. CFC, 2014.

QUADRO 10.6

Elementos principais do BP

<ENTE DA FEDERAÇÃO> BALANÇO PATRIMONIAL Exercício: 20XX			
	Nota	**Exercício Atual**	**Exercício Anterior**
ATIVO			
Ativo Circulante			
Caixa e Equivalentes de Caixa			
Créditos a Curto Prazo			
Investimentos e Aplicações Temporárias a Curto Prazo			
Estoques			
VPD Pagas Antecipadamente			
Total do Ativo Circulante	____	____	____
Ativo Não Circulante			
Realizável a Longo Prazo			
Créditos a Longo Prazo			
Investimentos Temporários a Longo Prazo			
Estoques			
VPD pagas antecipadamente			
Investimentos			
Imobilizado			
Intangível			
Total do Ativo Não Circulante	____	____	____
TOTAL DO ATIVO	____	____	____
PASSIVO E PATRIMÔNIO LÍQUIDO			
Passivo Circulante			
Obrigações Trab., Prev. e Assistenciais a Pagar a Curto Prazo			
Empréstimos e Financiamentos a Curto Prazo			
Fornecedores e Contas a Pagar a Curto Prazo			
Obrigações Fiscais a Curto Prazo			
Obrigações de Repartições a Outros Entes			
Provisões a Curto Prazo			
Demais Obrigações a Curto Prazo			
Total do Passivo Circulante	____	____	____

	Nota	Exercício Atual	Exercício Anterior
Passivo Não Circulante			
Obrigações Trab., Prev. e Assistenciais a Pagar a Longo Prazo			
Empréstimos e Financiamentos a Longo Prazo			
Fornecedores e Contas a Pagar a Longo Prazo			
Obrigações Fiscais a Longo Prazo			
Provisões a Longo Prazo			
Demais Obrigações a Longo Prazo			
Resultado Diferido			
Total do Passivo Não Circulante	____	____	____
Patrimônio Líquido			
Patrimônio Social e Capital Social			
Adiantamento Para Futuro Aumento de Capital			
Reservas de Capital			
Ajustes de Avaliação Patrimonial			
Reservas de Lucros			
Demais Reservas			
Resultados Acumulados			
(-) Ações / Cotas em Tesouraria			
Total do Patrimônio Líquido	____	____	____
TOTAL DO PASSIVO E DO PATRIMÔNIOLÍQUIDO	____	____	____

Fonte: BRASIL, 2016, p. 383-384.

10.1.3.3 Créditos a Curto Prazo

Refere-se aos valores a receber a curto prazo.

10.1.3.4 Investimentos e Aplicações Temporárias a Curto Prazo

Refere-se à soma de recursos aplicados a curto prazo.

10.1.3.5 Estoques

Refere-se à soma dos recursos adquiridos com a finalidade de venda ou de utilização própria.

10.1.3.6 Variações Patrimoniais Diminutivas (VPD) Pagas Antecipadamente

Refere-se ao Pagamento de VPD de forma antecipada dos benefícios à entidade.

10.1.3.7 Ativo Não Circulante

Refere-se aos ativos realizados a longo prazo, após 12 meses da data de sua contabilização, como os investimentos a longo prazo, o imobilizado e o intangível.

10.1.3.8 Realizável a Longo Prazo

Integram o Realizável a Longo Prazo os elementos do ativo e as despesas com características de VPD com antecipações a longo prazo.

10.1.3.9 Investimentos

Trata-se da soma dos ativos destinados a investimentos a longo prazo.

10.1.3.10 Imobilizado

Consiste na soma dos bens e dos direitos que tenham valores corpóreos destinados à manutenção das atividades da entidade.

10.1.3.11 Intangível

Refere-se aos bens com as mesmas características do item anterior, com exceção do valor corpóreo, como os direitos autorais.

10.1.3.12 Passivo Circulante

Consistem nas obrigações exigíveis a curto prazo.

10.1.3.13 Obrigações Trabalhistas, Previdenciárias e Assistenciais a Pagar a Curto Prazo

Consiste na soma das obrigações com característica trabalhista, tanto para os servidores ativos ou inativos, como para os precatórios com esse caráter.

10.1.3.14 Empréstimos e Financiamentos a Curto Prazo

Consiste na soma das obrigações financeiras da entidade a título de empréstimos, incluídas as obrigações de financiamentos com fornecedores a curto prazo.

10.1.3.15 Fornecedores e Contas a Pagar a Curto Prazo

Consiste na soma das obrigações com fornecedores de matérias-primas ou materiais de manutenção da entidade, bem como de serviços prestados a curto prazo – precatórios com essa natureza fazem parte desse item.

10.1.3.16 Obrigações Fiscais a Curto Prazo

Trata-se das obrigações fiscais a curto prazo.

10.1.3.17 Obrigações de Repartições a Outros Entes

Consiste nos recursos a serem repartidos com outros entes da Federação, por disposição Legal.

10.1.3.18 Provisões a Curto Prazo

Trata-se das obrigações em que a exigibilidade é incerta, com probabilidade maior de ocorrer a curto prazo.

10.1.3.19 Demais Obrigações a Curto Prazo

Trata-se da soma das obrigações e dos precatórios exigíveis a curto prazo que não se enquadram nos itens anteriores.

10.1.3.20 Passivo Não Circulante

Trata-se das obrigações cuja exigibilidade ocorre a longo prazo.

As Obrigações Trabalhistas, Previdenciárias e Assistenciais a Pagar a Longo Prazo; Empréstimos e Financiamentos a Longo Prazo; Fornecedores e Contas a Pagar a Longo Prazo; Fornecedores e Contas a Pagar a Longo Prazo; Empréstimos e Financiamentos a Longo Prazo; Fornecedores e Contas a Pagar a Longo Prazo; Obrigações Fiscais a Longo Prazo; Provisões a Longo Prazo e Demais Obrigações a Longo Prazo têm a mesma natureza descrita com exigibilidade a curto prazo. Nesse caso, a exigibilidade é de longo prazo.

10.1.3.21 Resultado Diferido

Trata-se do valor consolidado das variações patrimoniais aumentativas, já recebidas, reconhecidas em exercícios futuros e que não tenham obrigações a serem devolvidas. Essa conta contém o saldo da antiga conta Resultado de Exercícios Futuros, de 31 de dezembro de 2008.

10.1.3.22 Patrimônio Líquido

Consiste no resultado entre a diferença dos ativos e os passivos exigíveis.

10.1.3.23 Patrimônio Social e Capital Social

Trata-se da soma de todo o patrimônio social dos entes da administração direta. Nesse caso, o Capital Social não é pertinente. No caso em que o Capital social é admitido, administração indireta, o Patrimônio Social é substituído pelo Capital Social. Essas entidades estão previstas no inc. II do art. 4º do Decreto n. 200, de 1967:[35]

> Art. 4º A Administração Federal compreende:
>
> I - A Administração Direta, que se constitui dos serviços integrados na estrutura administrativa da Presidência da República e dos Ministérios.
>
> II - A Administração Indireta, que compreende as seguintes categorias de entidades, dotadas de personalidade jurídica própria:
>
> a) Autarquias;
>
> b) Empresas Públicas;
>
> c) Sociedades de Economia Mista.
>
> d) Fundações públicas.

Esse fato ocorre porque as empresas públicas, as sociedades de economia mista e as fundações públicas devem coexistir com empresas do setor privado e devem estar sob as mesmas regras.

10.1.3.24 Adiantamento para Futuro Aumento de Capital

Consiste nas receitas de acionista ou quotistas para o aumento de capital, sem devolução.

35. BRASIL. *Decreto-Lei n. 200, de 25 de fevereiro de 1967.* Dispõe sobre a organização da Administração Federal, estabelece diretrizes para a Reforma Administrativa e dá outras providências. Disponível em: <http://www.planalto.gov.br/ccivil_03/decreto-lei/del0200.htm>. Acesso em: 27 abr. 2019.

10.1.3.25 Reservas de Capital

Consiste no aumento de capital, sem transitar pela conta da Variação Patrimonial Aumentada (VPA).

10.1.3.26 Ajustes de Avaliação Patrimonial

Trata-se das movimentações do resultado do ativo e do passivo a valor justo, nos casos previstos pela Lei n. 6.404, de 1976,[36] ou pelas normas expedidas pela Comissão de Valores Mobiliários (CVM), até o momento em que são atualizadas e informadas no resultado do exercício, obedecendo ao regime de competência.

10.1.3.26 Reservas de Lucros

Trata-se das reservas constituídas do Lucro Líquido.

10.1.3.27 Demais Reservas

As demais reservas têm características diversas da Reserva de Capital e de Lucro, incluindo os saldos das reservas extintas pela legislação.

10.1.3.28 Resultados Acumulados

Consiste na conta responsável pelo acúmulo das Contas de Resultado, seja lucro ou prejuízo da administração indireta, seja o superávit ou déficit da administração direta.

10.1.3.29 Ações/Cotas em Tesouraria

Corresponde ao valor das ações ou das cotas da entidade adquiridas pela própria entidade.

10.1.3.30 Ativo Financeiro

Trata-se da somatória dos créditos realizáveis que não dependam de autorização orçamentária.

36. BRASIL. *Lei n. 6.404, de 15 de dezembro de 1976.* Dispõe sobre as Sociedades por Ações. Disponível em: <http://www.planalto.gov.br/ccivil_03/leis/l6404consol.htm>. Acesso em: 27 abr. 2019.

QUADRO 10.7
Ativos e Passivos Financeiros e Permanentes

<ENTE DA FEDERAÇÃO> QUADRO DOS ATIVOS E PASSIVOS FINANCEIROS E PERMANENTES (Lei n. 4.320, de 1964) Exercício: 20XX		
	Exercício Atual	**Exercício Anterior**
Ativo (I)		
Ativo Financeiro		
Ativo Permanente		
Total do Ativo	______	______
Passivo (II)		
Passivo Financeiro		
Passivo Permanente		
Total do Passivo	______	______
Saldo Patrimonial (III) = (I – II)		

Fonte: BRASIL, 2016, p. 384.

10.1.3.31 Passivo Financeiro

Essa linha demonstra a soma do exigível, independentemente de autorização orçamentária, incluindo a dívida fundada. Se, por ventura, o BP for levantado durante o exercício, os valores correspondentes aos empenhos a liquidar deverão ser incluídos no passivo financeiro.

10.1.3.32 Passivo Permanente

Ao contrário do Passivo Financeiro, nessa linha demonstra-se a parte da dívida fundada e outros créditos que dependem de autorização legislativa para seu abatimento ou resgate.

10.1.3.33 Contas de Compensação

Nessa linha, são lançados os valores dos atos potenciais ativos e passivos.

QUADRO 10.8

Contas de Compensação

<ENTE DA FEDERAÇÃO> QUADRO DAS CONTAS DE COMPENSAÇÃO (Lei n. 4.320, de 1964) Exercício: 20XX		
	Exercício Atual	**Exercício Anterior**
Atos Potenciais Ativos		
Garantias e Contragarantias recebidas		
Direitos Conveniados e outros instrumentos congêneres		
Direitos Contratuais		
Outros atos potenciais ativos		
Total dos Atos Potenciais Ativos	______	______
Atos Potenciais Passivos		
Garantias e Contragarantias concedidas		
Obrigações conveniadas e outros instrumentos congêneres		
Obrigações contratuais		
Outros atos potenciais passivos		
Total dos Atos Potenciais Passivos	______	______

Fonte: BRASIL, 2016, p. 385

10.1.3.34 Atos Potenciais

Essa linha é destinada aos valores dos atos a realizar que podem alterar o patrimônio, imediata ou indiretamente. O MCASP[37] traz como exemplo: "direitos e obrigações conveniadas ou contratadas; responsabilidade por valores, títulos e bens de terceiros; garantias e contragarantias recebidas e concedidas". Afirma,[38] ainda, que "a definição é orientada pelo fluxo de caixa a ser envolvido na execução futura do ato potencial".

10.1.3.35 Atos Potenciais Ativos

Essa linha representa os valores dos atos a realizar que podem alterar positivamente o patrimônio, imediata ou indiretamente.

37. BRASIL, 2016, p. 390.
38. BRASIL, 2016, p. 390.

10.1.3.36 Atos Potenciais Passivos

Essa linha possui o mesmo conceito da linha anterior, mas no sentido negativo.

QUADRO 10.9

Superávit/Déficit Financeiro

<ENTE DA FEDERAÇÃO> QUADRO DO SUPERÁVIT / DÉFICIT FINANCEIRO (Lei n. 4.320, de 1964) Exercício: 20XX		
	Exercício Atual	**Exercício Anterior**
FONTES DE RECURSOS		
<Código da fonte> <Descrição da fonte>		
<Código da fonte> <Descrição da fonte>		
<Código da fonte> <Descrição da fonte>		
(...) (...)		
Total das Fontes de Recursos	______	______

Fonte: BRASIL, 2016, p. 385.

10.1.3.37 Superávit Financeiro

Consiste no valor da diferença entre o ativo financeiro e o passivo financeiro, quando positiva. Como já visto, o superávit financeiro do exercício anterior é a base dos recursos para abertura de créditos suplementares e especiais, levando em conta os saldos dos créditos adicionais transferidos e as operações de crédito vinculados, conforme o art. 43 da Lei n. 4.320, de 1964, *caput*, parágrafo 1º, inc. I e parágrafo 2º.[39]

10.1.3.38 Déficit Financeiro

Ocorre quando a diferença acima é negativa.

10.1.3.39 Fonte de Recursos

Esse item permite identificar a origem dos recursos, bem como sua destinação, estabelecida pela legislação, vinculada ao órgão, ao fundo ou à despesa.

39. BRASIL, 1964.

10.1.3.40 Elaboração

A elaboração do Quadro 10.6 tem como base as contas da classe 1 (Ativo) e a classe 2 (Passivo e Patrimônio Líquido) do PCASP, com as contas dos ativos e passivos demonstradas em níveis sintéticos (3º nível ou 4º nível), em ordem decrescente.

Os saldos das contas dos Ativos e dos Passivos são apresentados por seus valores líquidos, com a dedução das respectivas contas redutoras, por exemplo, as contas de ativo imobilizado líquidas das depreciações.

O MCASP[40] observa:

> Os saldos das contas intragovernamentais deverão ser excluídos para viabilizar a consolidação das contas no ente. Nos casos em que o próprio ente abrir essas contas no 5º nível (conforme possibilidade prevista no PCASP), ou seja, em contas Intra-OFSS que não estão na estrutura padrão do PCASP Federação, o ente deverá proceder à exclusão dessas contas para obtenção do demonstrativo consolidado.

Por sua vez, o Quadro 10.7 foi elaborado com as contas de classes 1 e 2, bem como com as contas referentes aos passivos financeiros, mas que não apresentam passivos patrimoniais associados, como as contas da classe 6 (Crédito Empenhado a Liquidar e Restos a Pagar Não Processados a Liquidar).

Os ativos e os passivos financeiros e permanentes e o saldo patrimonial são demostrados pelos seus valores totais e, opcionalmente, o detalhamento dos saldos feito em notas explicativas.

O Quadro 10.8 foi elaborado com os atos potenciais do ativo e do passivo a executar, que podem, potencialmente, alterar o valor do patrimônio do ente. Os valores dos atos potenciais já realizados não devem ser considerados.

As contas da classe 8 (Controles Credores) do PCASP são utilizadas nesse quadro.

Por fim, para a elaboração do Quadro 10.9, utilizou-se do saldo da conta 8.2.1.1.1.00.00 – Disponibilidade por Destinação de Recurso (DDR), separado por fonte/destinação de recursos.

O MCASP[41] apresenta o seguinte apontamento:

> Poderão ser apresentadas algumas fontes com déficit e outras com superávit financeiro, de modo que o total seja igual ao superávit/déficit financeiro apurado pela diferença entre o Ativo Financeiro e o Passivo Financeiro conforme o quadro dos ativos e passivos financeiros e permanentes.

40. BRASIL, 2016, p. 391.
41. BRASIL, 2016, p. 392.

10.1.3.41 Notas Explicativas

Em relação às notas explicativas, o MCASP[42] recomenda:

> O Balanço Patrimonial deverá ser acompanhado de notas explicativas em função da dimensão e da natureza dos valores envolvidos nos ativos e passivos. Recomenda-se o detalhamento das seguintes contas:
>
> a. Créditos a Curto Prazo e a Longo Prazo;
> b. Imobilizado;
> c. Intangível;
> d. Obrigações Trabalhistas, Previdenciárias e Assistenciais a Curto Prazo e a Longo Prazo;
> e. Provisões a Curto Prazo e a Longo Prazo;
> f. Demais elementos patrimoniais, quando relevantes.

Recomenda-se que as políticas contábeis relevantes que influenciam no valor do patrimônio sejam descritas, como as políticas de depreciação, amortização e exaustão.

10.1.4 Demonstração das Variações Patrimoniais (DVP)

A DVP apresenta as alterações verificadas no patrimônio, que sejam, ou não, frutos da execução do orçamento, e tem como resultante o resultado patrimonial do exercício. As classes do PCASP envolvidas nesse demonstrativo são: classes 3 (VPD) e 4 (VPA). O MCASP[43] esclarece:

> [...] Caso haja contas intraorçamentárias, estas devem ser excluídas para fins de consolidação das demonstrações contábeis no âmbito de cada ente. Entretanto, se as demonstrações contábeis se referirem apenas às contas de um órgão, uma entidade ou uma empresa pública, então não há exclusão das contas intraorçamentárias.

O DVP opera as variações aumentativas e diminutivas do patrimônio e o saldo da resultante é lançado no BP.

O MCASP[44] apresenta dois modelos para esse demonstrativo:

> a. Modelo Sintético: este modelo facilita a visualização dos grandes grupos de variações patrimoniais que compõem o resultado patrimonial. Esse modelo especifica apenas os grupos (2º nível de detalhamento do PCASP), acompanhado de quadros anexos que detalham sua composição.

42. BRASIL, 2016, p. 392.
43. BRASIL, 2016, p. 393.
44. BRASIL, 2016, p. 393.

b. Modelo Analítico: este modelo detalha os subgrupos (3º nível de detalhamento do PCASP) das variações patrimoniais em um único quadro. Esse modelo auxilia o recebimento das contas anuais por meio do Siconfi para fins de consolidação.

O Quadro 10.10 representa o modelo A, e o Quadro 10.11, o modelo B.

QUADRO 10.10

Modelo A

<ENTE DA FEDERAÇÃO>
DEMONSTRAÇÃO DAS VARIAÇÕES PATRIMONIAIS

Exercício: 20XX

	Nota	Exercício Atual	Exercício Anterior
Variações Patrimoniais Aumentativas			
Impostos, Taxas e Contribuições de Melhoria			
Contribuições			
Exploração e Venda de Bens, Serviços e Direitos			
Variações Patrimoniais Aumentativas Financeiras			
Transferências e Delegações Recebidas			
Valorização e Ganhos com Ativos e Desincorporação de Passivos			
Outras Variações Patrimoniais Aumentativas			
Total das Variações Patrimoniais Aumentativas (I)	____	____	____
Variações Patrimoniais Diminutivas			
Pessoal e Encargos			
Benefícios Previdenciários e Assistenciais			
Uso de Bens, Serviços e Consumo de Capital Fixo			
Variações Patrimoniais Diminutivas Financeiras			
Transferências e Delegações Concedidas			
Desvalorização e Perdas de Ativos e Incorporação de Passivos Tributárias			
Custo das Mercadorias e Produtos Vendidos, e dos Serviços Prestados			
Outras Variações Patrimoniais Diminutivas			
Total das Variações Patrimoniais Diminutivas (II)	____	____	____
RESULTADO PATRIMONIAL DO PERÍODO (III) = (I – II)			

Fonte: BRASIL, 2016, p. 394.

QUADRO 10.11

Modelo B

<ENTE DA FEDERAÇÃO> DEMONSTRAÇÃO DAS VARIAÇÕES PATRIMONIAIS Exercício: 20XX			
	Nota	**Exercício Atual**	**Exercício Anterior**
Variações Patrimoniais Aumentativas			
Impostos, Taxas e Contribuições de Melhoria			
Impostos			
Taxas			
Contribuições de Melhoria			
Contribuições			
Contribuições Sociais			
Contribuições de Intervenção no Domínio Econômico			
Contribuição de Iluminação Pública			
Contribuições de Interesse das Categorias Profissionais			
Exploração e Venda de Bens, Serviços e Direitos			
Vendas de Mercadorias			
Vendas de Produtos			
Exploração de Bens, Direitos e Prestação de Serviços			
Variações Patrimoniais Aumentativas Financeiras			
Juros e Encargos de Empréstimos e Financiamentos Concedidos			
Juros e Encargos de Mora			
Variações Monetárias e Cambiais			
Descontos Financeiros Obtidos			
Remuneração de Depósitos Bancários e Aplicações Financeiras			
Outras Variações Patrimoniais Aumentativas – Financeiras			
Transferências e Delegações Recebidas			
Transferências Intragovernamentais			
Transferências Intergovernamentais			
Transferências das Instituições Privadas			
Transferências das Instituições Multigovernamentais			
Transferências de Consórcios Públicos			
Transferências do Exterior			
Execução Orçamentária Delegada de Entes			
Transferências de Pessoas Físicas			
Outras Transferências e Delegações Recebidas			
Valorização e Ganhos com Ativos e Desincorporação de Passivos			
Reavaliação de Ativos			
Ganhos com Alienação			
Ganhos com Incorporação de Ativos			
Desincorporação de Passivos			
Reversão de Redução ao Valor Recuperável			

	Nota	Exercício Atual	Exercício Anterior
Outras Variações Patrimoniais Aumentativas			
VPA a classificar			
Resultado Positivo de Participações			
Reversão de Provisões e Ajustes para Perdas			
Diversas Variações Patrimoniais Aumentativas			
Total das Variações Patrimoniais Aumentativas (I)	____	____	____
Variações Patrimoniais Diminutivas			
Pessoal e Encargos			
Remuneração a Pessoal			
Encargos Patronais			
Benefícios a Pessoal			
Outras Variações Patrimoniais Diminutivas – Pessoal e Encargos			
Benefícios Previdenciários e Assistenciais			
Aposentadorias e Reformas			
Pensões			
Benefícios de Prestação Continuada			
Benefícios Eventuais			
Políticas Públicas de Transferência de Renda			
Outros Benefícios Previdenciários e Assistenciais			
Uso de Bens, Serviços e Consumo de Capital Fixo			
Uso de Material de Consumo			
Serviços			
Depreciação, Amortização e Exaustão			
Variações Patrimoniais Diminutivas Financeiras			
Juros e Encargos de Empréstimos e Financiamentos Obtidos			
Juros e Encargos de Mora			
Variações Monetárias e Cambiais			
Descontos Financeiros Concedidos			
Outras Variações Patrimoniais Diminutivas – Financeiras			
Transferências e Delegações Concedidas			
Transferências Intragovernamentais			
Transferências Intergovernamentais			
Transferências a Instituições Privadas			
Transferências a Instituições Multigovernamentais			
Transferências a Consórcios Públicos			
Transferências ao Exterior			
Execução Orçamentária Delegada de Entes			
Outras Transferências e Delegações Concedidas			
Desvalorização e Perdas de Ativos e Incorporação de Passivos			
Redução a Valor Recuperável e Ajuste para Perdas			

	Nota	Exercício Atual	Exercício Anterior
Perdas com Alienação			
Perdas Involuntárias			
Incorporação de Passivos			
Desincorporação de Ativos			
Tributárias			
Impostos, Taxas e Contribuições de Melhoria			
Contribuições			
Custo das Mercadorias e Produtos Vendidos, e dos Serviços Prestados			
Custos das Mercadorias Vendidas			
Custos dos Produtos Vendidos			
Custos dos Serviços Prestados			
Outras Variações Patrimoniais Diminutivas			
Premiações			
Resultado Negativo de Participações			
Incentivos			
Subvenções Econômicas			
Participações e Contribuições			
Constituição de Provisões			
Diversas Variações Patrimoniais Diminutivas			
Total das Variações Patrimoniais Diminutivas (II)	____	____	____
RESULTADO PATRIMONIAL DO PERÍODO (III) = (I – II)			

Fonte: BRASIL, 2016, p. 394-395.

10.1.4.1 Variações Patrimoniais Aumentativas (VPA)

Impostos, Taxas e Contribuições de Melhoria

Trata-se da somatória dos recursos auferidos advindo de Impostos, Taxas e Contribuições de Melhoria previstos em lei.

Contribuições

Consiste no valor referente às contribuições sociais, de intervenção no domínio econômico e de iluminação pública.

Exploração e Venda de Bens, Serviços e Direitos

Trata-se do valor das variações patrimoniais que tenham como origem a venda de bens, serviços e direitos, com impacto positivo no patrimônio líquido. Independentemente de ingresso, o valor a se considerar é a venda líquida.

10.1.4.2 Variações Patrimoniais Aumentativas Financeiras

As variações patrimoniais aumentativas ocorrem nas operações financeiras, por exemplo, descontos obtidos, juros auferidos, prêmio de resgate de títulos e debêntures, entre outros.

Transferências e Delegações Recebidas

Trata-se do valor das variações patrimoniais aumentativas com transferências, nos moldes definidos pelo MCASP:[45] "intergovernamentais, transferências intragovernamentais, transferências de instituições multigovernamentais, transferências de instituições privadas com ou sem fins lucrativos, transferências de convênios e transferências do exterior.".

Valorização e Ganhos com Ativos e Desincorporação de Passivos

Trata-se do valor da variação patrimonial aumentativa que tenha como origem a reavaliação e os ganhos de ativos ou com a desincorporação de passivos. Nese último caso, entendido como parte do passivo que deixa de ser exigível, como um perdão de dívida ou anistia.

Outras Variações Patrimoniais Aumentativas

Trata-se do valor das demais variações patrimoniais aumentativas que não se enquadram nos itens anteriores, tais como: resultado positivo da equivalência patrimonial, dividendos etc.

10.1.4.3 Variações Patrimoniais Diminutivas (VPD)

Pessoal e Encargos

Refere-se aos vencimentos dos servidores ativos civil ou militar, pelo efetivo exercício do cargo, do emprego ou da função de confiança no setor público. Incluem-se, nesse item, os valores com contratos de terceirização.

Devem ser acrescentados nesse item obrigações trabalhistas de responsabilidade do empregador, incidentes sobre a folha de pagamento dos órgãos e das demais entidades do setor público, contribuições a entidades fechadas de previdência e benefícios eventuais a pessoal civil e militar, destacados os custos de pessoal e encargos inerentes às mercadorias e aos produtos vendidos e aos serviços prestados.

Benefícios Previdenciários e Assistenciais

Valor pago aos servidores inativos a qualquer título, do Regime Próprio da Previdência Social (RPPS) e do Regime Geral da Previdência Social (RGPS). Incluem-se

45. BRASIL, 2016, p. 398.

nesse item as ações decorrentes de assistência social, em que não há contribuição para o regime de previdência, mas fazem parte de políticas públicas da seguridade social, visando ao enfrentamento da pobreza.

Uso de Bens, Serviços e Consumo de Capital Fixo
Representa o valor para a manutenção e a operação da máquina pública, excluídos os valores de gasto com pessoal, com campo próprio.

10.1.4.4 Variações Patrimoniais Diminutivas Financeiras

Trata-se do valor com operações financeiras, como juros incorridos, descontos concedidos, comissões, despesas bancárias e correções monetárias.

Transferências e Delegações Concedidas
Trata-se do valor referente a Transferências e Delegações Concedidas, nos moldes do MCASP:[46]

> Compreende o somatório das variações patrimoniais diminutivas com transferências intergovernamentais, transferências intragovernamentais, transferências a instituições multigovernamentais, transferências a instituições privadas com ou sem fins lucrativos, transferências a convênios e transferências ao exterior.

Desvalorização e Perda de Ativos e Incorporação de Passivos
Representa a variação patrimonial diminutiva proveniente dos eventos mencionados no MCASP:[47] "[...] desvalorização e perdas de ativos, com redução a valor recuperável, perdas com alienação e perdas involuntárias ou com a incorporação de passivos".

Tributárias
Trata-se do valor das variações patrimoniais diminutivas relativas aos recursos tributários.

Custo das Mercadorias e Produtos Vendidos, e dos Serviços Prestados
Diz respeito às variações patrimoniais diminutivas relativas aos custos das entidades públicas, que podem ser: custos das mercadorias vendidas, dos produtos vendidos e dos serviços prestados. Esses custos devem ser tomados no exercício

46. BRASIL, 2016, p. 398.
47. BRASIL, 2016, p. 399.

corresponde ao das receitas originárias. Uma venda de mercadoria em estoque terá a apuração do custo no exercício da venda, pois, nesse exercício, a mercadoria será transferida contabilmente do Ativo para o Custo. Assim, receita e custo têm efeito patrimonial no mesmo exercício.

10.1.4.5 Outras Variações Patrimoniais Diminutivas

Consiste no somatório das variações patrimoniais diminutivas não incluídas nos grupos anteriores.

10.1.4.6 Notas explicativas

Quando há uma diferença muito grande entre VPA e VPD, as notas explicativas são requeridas. Em alguns casos, mesmo com uma diferença pequena, as notas explicativas são necessárias, como mencionado no MCASP:[48]

> Algumas circunstâncias poderão ser apresentadas em notas explicativas, ainda que seus valores não sejam relevantes, por exemplo:
>
> a. Redução ao valor recuperável no ativo imobilizado;
> b. Baixas de investimento;
> c. Constituição ou reversão de provisões.

10.1.5 Demonstração dos Fluxos de Caixa (DFC)

A DFC constitui no lançamento das entradas e das saídas de caixa e na elaboração de fluxos operacional, de investimento e de financiamento.

O MCASP,[49] discorrendo sobre o assunto, apresenta os elementos da DFC:

> A DFC identificará:
>
> a. as fontes de geração dos fluxos de entrada de caixa;
> b. os itens de consumo de caixa durante o período das demonstrações contábeis; e
> c. o saldo do caixa na data das demonstrações contábeis.

A DFC tem a finalidade de evidenciar o fluxo de caixa corrente da entidade ou seus equivalentes, bem como a utilização de recursos próprios e de terceiros.

48. BRASIL, 2016, p. 399.
49. BRASIL, 2016, p. 401.

A DFC utiliza as contas da classe 6 (Controles da Execução do Planejamento e Orçamento) do PCASP, levando em conta as naturezas orçamentárias de receitas e despesas, as funções e as subfunções. Outros filtros e contas relativos à movimentação extraorçamentária que transita pela conta Caixa e Equivalentes de Caixa são utilizados.

Os quadros do DFC, apresentados no MCASP, são divido da seguinte forma:

- o Quadro 10.12 representa os Elementos Principais;
- o Quadro 10.13 representa as Receitas Derivadas e Originárias;
- o Quadro 10.14 representa as Transferências Recebidas e Concedidas;
- o Quadro 10.15 representa os Desembolsos de Pessoal e Demais Despesas por Função;
- o Quadro 10.16 representa os Juros e Encargos da Dívida.

Todos são componentes do DFC, discutidos em detalhes após a apresentação dos quadros.

QUADRO 10.12

Elementos principais da DFC

<ENTE DA FEDERAÇÃO>
DEMONSTRAÇÃO DOS FLUXOS DE CAIXA
Exercício: 20XX

	Nota	Exercício Atual	Exercício Anterior
Fluxos de Caixa das Atividades Operacionais			
Ingressos			
Receitas derivadas e originárias			
Transferências correntes recebidas			
Desembolsos			
Pessoal e demais despesas			
Juros e encargos da dívida			
Transferências concedidas			
Fluxo de Caixa Líquido das Atividades Operacionais (I)	____	____	____
Fluxos de Caixa das Atividades de Investimento			
Ingressos			
Alienação de bens			
Amortização de empréstimos e financiamentos concedidos			
Desembolsos			
Aquisição de ativo não circulante			
Concessão de empréstimos e financiamentos			
Outros desembolsos de investimentos			
Fluxo de Caixa Líquido das Atividades de Investimento (II)	____	____	____

	Nota	Exercício Atual	Exercício Anterior
Fluxos de Caixa das Atividades de Financiamento			
Ingressos			
Operações de crédito			
Integralização do capital social de empresas dependentes			
Transferências de capital recebidas			
Outros ingressos de financiamento			
Desembolsos			
Amortização /Refinanciamento da dívida			
Outros desembolsos de financiamentos			
Fluxo de Caixa Líquido das Atividades de Financiamento (III)	___	___	___
GERAÇÃO LÍQUIDA DE CAIXA E EQUIVALENTE DE CAIXA (I + II + III)			
Caixa e Equivalentes de caixa inicial			
Caixa e Equivalente de caixa final			

Fonte: BRASIL, 2016, p. 401-402.

10.1.5.1 Fluxo de Caixa das Atividades Operacionais

Ingressos das Operações

Representa as receitas relativas às atividades operacionais líquidas e à receita bruta, descontada seus elementos redutores, por exemplo, devolução de vendas e transferências correntes recebidas.

Desembolsos das Operações

Consiste no valor das despesas relativas à manutenção das atividades operacionais da entidade, por exemplo, desembolsos de pessoal, despesas financeiras, juros e encargos sobre a dívida, juntamente com as transferências concedidas.

10.1.5.2 Fluxo de Caixa das Atividades de Investimentos

Ingressos de Investimento

Consiste nas receitas referentes à venda de ativos não circulantes e de amortização de empréstimos e financiamentos concedidos.

Desembolsos de Investimento

Trata-se das despesas referentes à aquisição de ativos não circulantes e às concessões de empréstimos e financiamentos.

10.1.5.3 Fluxo de Caixa das Atividades de Financiamento

Ingressos de Financiamento

Valores referentes a empréstimos, financiamentos e outras operações de crédito, inclusive o refinanciamento da dívida. Inclui-se nessa linha a integralização do capital social de empresas dependentes.

Desembolsos de Financiamento

Trata-se das despesas com amortização e refinanciamento da dívida.

Caixa e Seus Equivalentes

Valor do numerário em espécie, depósitos bancários disponíveis e ativos de liquidez imediata – que pode ser convertido em espécie imediatamente. Inclui-se nessa linha os valores de receita orçamentária que se encontram em agentes arrecadadores.

QUADRO 10.13

Receitas derivadas e originárias

<ENTE DA FEDERAÇÃO>
QUADRO DE RECEITAS DERIVADAS E ORIGINÁRIAS

Exercício: 20XXr

	Exercício Atual	Exercício Anterior
Receitas Derivadas e Originárias		
Receita Tributária		
Receita de Contribuições		
Receita Patrimonial		
Receita Agropecuária		
Receita Industrial		
Receita de Serviços		
Remuneração das Disponibilidades		
Outras Receitas Derivadas e Originárias		
Total das Receitas Derivadas e Originárias	______	______

Fonte: BRASIL, 2016, p. 402.

10.1.5.4 Receitas Derivadas

Trata-se do valor das receitas obtidas pelo poder público por disciplina legal.

10.1.5.5 Receitas Originárias

Consiste no valor das receitas auferidas por meio de sua participação em setores econômicos do país, como rendas do patrimônio mobiliário e imobiliário do Estado (receita de aluguel), de preços públicos, de prestação de serviços comerciais e de venda de produtos industriais ou agropecuários.

QUADRO 10.14

Transferências recebidas e concedidas

<ENTE DA FEDERAÇÃO>
QUADRO DE TRANSFERÊNCIAS RECEBIDAS E CONCEDIDAS

Exercício: 20XX

	Exercício Atual	**Exercício Anterior**
Transferências Correntes Recebidas		
Intergovernamentais		
da União		
de Estados e Distrito Federal		
de Municípios		
Intragovernamentais		
Outras transferências correntes recebidas		
Total das Transferências Correntes Recebidas	______	______
Transferências Concedidas		
Intergovernamentais		
a União		
a Estados e Distrito Federal		
a Municípios		
Intragovernamentais		
Outras transferências concedidas		
Total das Transferências Concedidas	______	______

Fonte: BRASIL, 2016, p. 402-403.

10.1.5.6 Transferências Intergovernamentais

Trata-se das transferências de recursos entre entes da Federação distintos.

10.1.5.7 Transferências Intragovernamentais

Trata-se das transferências de recursos no âmbito de um mesmo ente da Federação.

O Quadro 10.15 mostra as despesas com pessoal e por função de governo.

QUADRO 10.15

Desembolsos de pessoal e demais despesas por função

<ENTE DA FEDERAÇÃO> **QUADRO DE DESEMBOLSOS DE PESSOAL E DEMAIS DESPESAS POR FUNÇÃO** Exercício: 20XXr		
	Exercício Atual	**Exercício Anterior**
Legislativa		
Judiciária		
Essencial à Justiça		
Administração		
Defesa Nacional		
Segurança Pública		
Relações Exteriores		
Assistência Social		
Previdência Social		
Saúde		
Trabalho		
Educação		
Cultura		
Direitos da Cidadania		
Urbanismo		
Habitação		
Saneamento		
Gestão Ambiental		
Ciência e Tecnologia		
Agricultura		
Organização Agrária		
Indústria		
Comércio e Serviços		
Comunicações		
Energia		
Transporte		
Desporto e Lazer		
Encargos Especiais		
Total dos Desembolsos de Pessoal e Demais Despesas por Função	______	______

Fonte: BRASIL, 2016, p. 403.

O Quadro 10.16 apresenta detalhamento da dívida passiva em termos de juros e demais encargos.

QUADRO 10.16

Juros e encargos da dívida

<ENTE DA FEDERAÇÃO> **QUADRO DE JUROS E ENCARGOS DA DÍVIDA** Exercício: 20XX		
	Exercício Atual	**Exercício Anterior**
Juros e Correção Monetária da Dívida Interna		
Juros e Correção Monetária da Dívida Externa		
Outros Encargos da Dívida		
Total dos Juros e Encargos da Dívida	______	______

Fonte: BRASIL, 2016, p. 404.

10.1.5.8 Notas explicativas

A DFC deve ser acompanhada de notas explicativas quando a diferença dos itens que compõem os fluxos de caixa se mostrar significativa. O ente deve divulgar os saldos de caixa e equivalentes de caixa que mantém, mas que não estejam disponíveis para uso imediato, quando esse valor exceder um valor relevante. Os fatos que podem indisponibilizar os recursos são, por exemplo, restrições legais ou controle cambial.

As transações de investimento e financiamento que não tenham como recurso o caixa ou equivalentes de caixa, como aquisições financiadas de bens e arrendamento financeiro, não fazem parte da demonstração dos fluxos de caixa e devem ser fruto de notas explicativas à demonstração.

Algumas operações podem afetar a elaboração da DFC, como as retenções. O MCASP[50] aborda o assunto da seguinte maneira:

> Dependendo da forma como as retenções são contabilizadas, os saldos de caixa e equivalente de caixa podem ser afetados. Basicamente a diferença será sob o aspecto temporal. Se o ente considerar a retenção como paga no momento da liquidação, então deverá promover um ajuste no saldo da conta caixa e equivalentes de caixa a fim de

50. BRASIL, 2016, p. 406.

demonstrar que há um saldo vinculado a ser deduzido. Entretanto, se o ente considerar a retenção como paga apenas na baixa da obrigação, nenhum ajuste será promovido.

Dessa forma, eventuais ajustes relacionados às retenções deverão ser evidenciados em notas explicativas.

10.1.6 Demonstração das Mutações no Patrimônio Líquido (DMPL)

Como na Contabilidade Geral, há, no setor público, a DMPL. Entretanto, nesse caso, são outros os itens demonstrados.

O MCASP[51] apresenta o DMPL da seguinte maneira:

> A Demonstração das Mutações no Patrimônio Líquido (DMPL) demonstrará a evolução do patrimônio líquido da entidade.
>
> Dentre os itens demonstrados, podemos citar:
>
> a. os ajustes de exercícios anteriores;
> b. as transações de capital com os sócios, por exemplo: o aumento de capital, a aquisição ou venda de ações em tesouraria e os juros sobre capital próprio;
> c. o superávit ou déficit patrimonial;
> d. a destinação do resultado, por exemplo: transferências para reservas e a distribuição de dividendos; e
> e. outras mutações do patrimônio líquido.

A DMPL complementa o Anexo de Metas Fiscais (AMF), integrante do Projeto de Lei de Diretrizes Orçamentárias (LDO), e é obrigatória para as empresas estatais que são constituídas sob a forma de sociedades anônimas e facultativa para os demais órgãos e entidades públicas.

A DMPL é elaborada com o grupo 3 (PL) da classe 2 (Passivo) do PCASP. O MCASP[52] apresenta o procedimento de elaboração da demonstração da seguinte maneira:

> O preenchimento de cada célula do quadro deverá conjugar os critérios informados nas colunas (C) com os critérios informados nas linhas (L). Os dados dos pares de lançamentos desses critérios poderão ser extraídos através de contas de controle, atributos de contas, informações complementares ou outra forma definida pelo ente.

51. BRASIL, 2016, p. 406.
52. BRASIL, 2016, p. 409.

Nas colunas, são apresentadas as contas contábeis das quais os dados devem ser extraídos, enquanto as linhas delimitam o par de lançamento de tais contas. Por exemplo, supondo um aumento de capital em dinheiro, o preenchimento da coluna "Patrimônio Social/Capital Social" e da linha "Aumento de Capital" deverá extrair os dados do respectivo par de lançamentos com as contas "1.1.1.0.0.00.00 – Caixa e Equivalentes de Caixa" e "2.3.1.0.0.00.00 – Patrimônio Social e Capital Social".

10.1.6.1 Patrimônio Social/Capital Social

Corresponde ao Patrimônio Social das autarquias, das fundações e dos fundos e o Capital Social das demais entidades da administração indireta, como visto anteriormente neste capítulo.

10.1.6.2 Adiantamento para Futuro Aumento de Capital

Trata-se dos recursos recebidos pela entidade de seus acionistas ou quotistas, destinados a aumentar o Capital, desde que não haja a possibilidade de devolução.

10.1.6.3 Reservas de Capital

Consiste nos valores de acréscimos ao patrimônio que não transitaram pelo resultado, como as VPA.

10.1.6.4 Ajustes de Avaliação Patrimonial

Trata-se das contrapartidas de aumentos ou diminuições do ativo e do passivo em decorrência de sua avaliação a valor justo, nos casos previstos pela Lei n. 6.404, de 1976,[53] ou pelas normas expedidas pela CVM, até não serem registradas no resultado do exercício em obediência ao regime de competência.

10.1.6.5 Reservas de Lucros

Refere-se às reservas constituídas com parcelas do lucro líquido das entidades para finalidades específicas.

53. BRASIL, 1976.

10.1.6.6 Demais Reservas

Refere-se aos valores das demais reservas, não classificadas como reservas de capital ou de lucro, inclusive aquelas que terão seus saldos realizados por terem sido extintas pela legislação.

10.1.6.7 Resultados Acumulados

Corresponde ao saldo remanescente dos lucros ou dos prejuízos líquidos das empresas e dos superávits ou déficits acumulados da administração direta, das autarquias, das fundações e dos fundos, conforme o caso.

Conforme o MCASP,[54] "a conta Ajustes de Exercícios Anteriores, que registra os efeitos da mudança de critério contábil ou da retificação de erro imputável a exercício anterior que não possam ser atribuídos a fatos subsequentes, integra a conta Resultados Acumulados."

10.1.6.8 Ações/Cotas em Tesouraria

As ações ou as cotas da entidade adquiridas pela própria entidade são registradas nesse item.

Com base no MCASP,[55] essa demonstração mostrará a evolução do patrimônio líquido da entidade como seu objeto. Dentre os itens por ela tratados, cita-se:

a. ajustes de exercícios anteriores;
b. transações de capital com os sócios, por exemplo: o aumento de capital, a aquisição ou venda de ações em tesouraria e os juros sobre capital próprio;
c. superávit ou déficit patrimonial;
d. destinação do resultado, por exemplo: transferências para reservas e a distribuição de dividendos; e
e. outras mutações do patrimônio líquido.

O MCASP define ainda que a DMPL (Quadro 16.6) complementa o Anexo de Metas Fiscais (AMF), integrante do Projeto da LDO.

Essa demonstração é obrigatória para as empresas estatais dependentes, constituídas sob a forma de sociedades anônimas, e facultativa para os demais órgãos e entidades da Federação.

54. BRASIL, 2016, p. 408.
55. BRASIL, 2016, p. 406.

QUADRO 10.17
DMPL

<ENTE DA FEDERAÇÃO>
DEMONSTRAÇÃO DAS MUTAÇÕES DO PATRIMÔNIO LÍQUIDO

Exercício: 20XX

Especificação	Pat. Social/ Capital social	Adiantamento para Futuro Aumento de Capital (AFAC)	Reserva de Capital	Ajustes de Avaliação Patrimonial	Reservas de Lucros	Demais Reservas	Resultados Acumulados	Ações/ Cotas em Tesouraria	Total
Saldos iniciais									
Ajustes de exercícios anteriores									
Aumento de capital									
Resgate/Reemissão de Ações e Cotas									
Juros sobre capital próprio									
Resultado do exercício									
Ajustes de avaliação patrimonial									
Constituição/Reversão de reservas									
Dividendos a distribuir (R$ ... por ação)									
Saldos finais									

Fonte: BRASIL, 2016, p. 404.

10.1.6.9 Notas explicativas

Como na Contabilidade Geral, as notas explicativas são consideradas parte integrante das demonstrações. Com a finalidade de facilitar a compreensão das demonstrações contábeis aos usuários da Contabilidade Pública, elas devem ser claras, sintéticas e objetivas, abrangendo informações exigidas pela lei e pelas normas contábeis, bem como por outros tipos de informações, como visto no final da discussão de cada demonstrativo.

Segundo o MCASP:[56]

> A fim de facilitar a compreensão e a comparação das DCASP com as de outras entidades, sugere-se que as notas explicativas sejam apresentadas na seguinte ordem:
>
> a. Informações gerais:
>   i. Natureza jurídica da entidade.
>   ii. Domicílio da entidade.

56. BRASIL, 2016, p. 409-410.

iii. Natureza das operações e principais atividades da entidade.
iv. Declaração de conformidade com a legislação e com as normas de contabilidade aplicáveis.

b. Resumo das políticas contábeis significativas, por exemplo:
i. Bases de mensuração utilizadas, por exemplo: custo histórico, valor realizável líquido, valor justo ou valor recuperável.
ii. Novas normas e políticas contábeis alteradas.
iii. Julgamentos pela aplicação das políticas contábeis.

c. Informações de suporte e detalhamento de itens apresentados nas demonstrações contábeis pela ordem em que cada demonstração e cada rubrica sejam apresentadas.

d. Outras informações relevantes, por exemplo:
i. Passivos contingentes e compromissos contratuais não reconhecidos;
ii. Divulgações não financeiras, tais como: os objetivos e políticas de gestão do risco financeiro da entidade; pressupostos das estimativas;
iii. Reconhecimento de inconformidades que podem afetar a compreensão do usuário sobre o desempenho e o direcionamento das operações da entidade no futuro;
iv. Ajustes decorrentes de omissões e erros de registro.

10.1.6.10 Consolidação

No setor público brasileiro, a consolidação pode ser feita no âmbito intragovernamental, em cada ente da Federação, ou em âmbito intergovernamental, em consolidação nacional, de competência da STN, abrangendo todas as entidades incluídas no Orçamento Fiscal e na Seguridade Social (OFSS), a saber:

a) esferas de governo (União, estados, Distrito Federal e municípios);
b) poderes (Executivo, Legislativo e Judiciário);
c) administração pública, direta e indireta, incluindo fundos, autarquias, fundações e empresas estatais dependentes.

Para padronizar a consolidação das contas públicas nos diversos níveis de governo, foi elaborado o PCASP, como visto no Capítulo 9, que estabelece um meio que utiliza o 5º nível (Subtítulo) das classes 1, 2, 3 e 4 do PCASP para identificar os saldos recíprocos nas contas de natureza patrimonial, bem como as classes de contas 5, 6, 7 e 8 do PCASP para elaboração de informações orçamentárias e quadros anexos do Balanço Patrimonial.

Conforme o MCASP:[57]

> O PCASP indica as contas obrigatórias e o nível de detalhamento mínimo a ser utilizado pelos entes da Federação, a fim garantir a consolidação das contas nacionais.
>
> Para fins de elaboração das demonstrações contábeis consolidadas, devem ser excluídos os seguintes itens, por exemplo:
>
> a. as participações nas empresas estatais dependentes;
> b. as transações e saldos recíprocos entre as entidades; e
> c. as parcelas dos resultados do exercício, do lucro / prejuízo acumulado e do custo dos ativos que corresponderem a resultados ainda não realizados.

Além das disposições do MCASP, foi publicada a Resolução CFC n. 1.134, de 21 de novembro de 2008, que trata da Consolidação das Demonstrações Contábeis, a NBC T 16.7,[58] que traz as seguintes definições:

> Para efeito desta norma, entende-se por:
>
> *Consolidação das Demonstrações Contábeis*: o processo que ocorre pela soma ou pela agregação de saldos ou grupos de contas, excluídas as transações entre entidades incluídas na consolidação, formando uma unidade contábil consolidada.
>
> *Dependência orçamentária*: quando uma entidade do setor público necessita de recursos orçamentários de outra entidade para financiar a manutenção de suas atividades, desde que não represente aumento de participação acionária.
>
> *Dependência regimental*: quando uma entidade do setor público não dependente orçamentariamente esteja regimentalmente vinculada a outra entidade.
>
> *Relação de dependência*: a que ocorre quando há dependência orçamentária ou regimental entre as entidades do setor público.
>
> *Unidade Contábil Consolidada*: a soma ou a agregação de saldos ou grupos de contas de duas ou mais unidades contábeis originárias, excluídas as transações entre elas.

Destaca-se aqui a definição de dependência, que, em um sentido amplo, pode-se comparar a uma empresa centralizadora no setor privado.

É permitido o uso de documentos auxiliares para a realização dos ajustes contábeis, tarefa atribuída ao responsável pela consolidação.

As demonstrações contábeis consolidadas das entidades do setor público devem ser levantadas na mesma data, com prazo de três meses de tolerância. Caso

57. BRASIL, 2016, p. 411.

58. CONSELHO FEDERAL DE CONTABILIDADE (CFC). *NBC T 16.7 - Consolidação das Demonstrações Contábeis, de 25 de novembro de 2008*. Disponível em: <http://www1.cfc.org.br/sisweb/SRE/docs/RES_1134.pdf>. Acesso em: 27 abr. 2019.

haja atraso no registro, é necessária a elaboração de notas explicativas, que devem atender aos seguintes quesitos, conforme a NBC T 16.7:[59]

a) identificação e características das entidades do setor público incluídas na consolidação;
b) procedimentos adotados na consolidação;
c) razões pelas quais os componentes patrimoniais de uma ou mais entidades do setor público não foram avaliados pelos mesmos critérios, quando for o caso;
d) natureza e montantes dos ajustes efetuados;
e) eventos subsequentes à data de encerramento do exercício que possam ter efeito relevante sobre as demonstrações contábeis consolidadas.

10.1.7 A NBC TSP 04

Essa norma apresenta critérios de reconhecimento do estoque quando ativos devem ser levados a custo das receitas auferidas.

O primeiro critério é a adoção do regime de competência para a contabilização do estoque e sua transferência para custo. A norma, porém, apresenta exceções a esse critério:[60]

> A entidade que elabora e apresenta as suas demonstrações contábeis no regime de competência deve aplicar esta norma na contabilização de todos os estoques, com exceção dos seguintes:
>
> a) produção em andamento proveniente de contratos de construção, incluindo contratos de serviços diretamente relacionados;
> b) instrumentos financeiros;
> c) ativos biológicos relacionados com a atividade agrícola e o produto agrícola no ponto da colheita;
> d) serviços em andamento proporcionados sem custos ou por valor irrisório cobrado diretamente do beneficiário.
>
> [...] Nesse caso, as alterações desse valor devem ser reconhecidas no resultado do período em que se tenha verificado a alteração.
>
> Os estoques referidos no (d) não são abordados nesta norma porque envolvem questões específicas do setor público que exigem considerações adicionais.

59. CFC, 2008.
60. CONSELHO FEDERAL DE CONTABILIDADE (CFC). *Norma Brasileira de Contabilidade – NBC TSP 04 – Estoques, de 25 de novembro de 2016.* Disponível em: <http://www2.cfc.org.br/sisweb/sre/detalhes_sre.aspx? Codigo=2016/NBCTSP04&arquivo=NBCTSP04.doc>. Acesso em: 27 maio 2019.

Faz, ainda, restrições em seu alcance:[61]

Esta norma não se aplica também à mensuração dos estoques mantidos por:

a) produtor de produtos agrícolas e florestais, produtos agrícolas após o ponto da colheita, minerais e produtos minerais, na medida em que eles sejam mensurados pelo valor realizável líquido de acordo com as práticas estabelecidas nesses setores. Quando tais estoques são mensurados pelo valor realizável líquido, as alterações nesse valor devem ser reconhecidas no resultado do período em que se tenha verificado a alteração;
b) operadores (*broker-traders*) de commodities que mensurem seus estoques pelo valor justo deduzido dos custos de venda.

Os estoques referidos no item a devem ser mensurados pelo valor realizável líquido em determinadas fases de produção. Isso ocorre, por exemplo, quando as culturas agrícolas tenham sido colhidas ou os minerais tenham sido extraídos e a venda esteja assegurada pelos termos de contrato futuro ou por garantia governamental ou quando exista mercado ativo e haja baixo risco de fracasso de venda. Esses estoques devem ser excluídos apenas dos requisitos de mensuração desta norma.

Para facilitar o entendimento, a norma apresenta as seguintes definições:[62]

Custo corrente de reposição é o custo que a entidade incorreria para adquirir o ativo na data da demonstração contábil.

Estoques são ativos:

a) na forma de materiais ou suprimentos a serem consumidos no processo de produção;
b) na forma de materiais ou suprimentos a serem consumidos ou distribuídos na prestação de serviços;
c) mantidos para venda ou distribuição no curso normal das operações; ou
d) em processo de produção para venda ou distribuição.

Valor realizável líquido é o preço estimado de venda no curso normal das operações, menos os custos estimados para a conclusão e os gastos estimados necessários para ocorrer a venda, a troca ou a distribuição.

Valor realizável líquido

O valor realizável líquido refere-se à quantia líquida que a entidade espera realizar com a venda do estoque no curso normal das operações. O valor justo reflete a quantia

61. CFC, 2016.
62. CFC, 2016.

> pela qual o mesmo estoque poderia ser trocado entre compradores e vendedores bem informados e dispostos a isso, em ambiente de mercado. O primeiro é o valor específico para a entidade, ao passo que o segundo já não é. Por isso, o valor realizável líquido dos estoques pode não ser equivalente ao valor justo deduzido dos gastos necessários para vender.
>
> Estoques: Os estoques compreendem bens adquiridos e mantidos para revenda, incluindo, por exemplo, mercadorias compradas para revenda ou terrenos e outros imóveis para venda. Os estoques também compreendem produtos acabados e produtos em processo de produção. Estoques também incluem matérias-primas e materiais aguardando utilização no processo de produção e bens adquiridos ou produzidos pela entidade para distribuição a terceiros, gratuitamente ou por valor irrisório.

É importante observar que, em algumas áreas do setor público, os estoques estão relacionados com a prestação de serviços. Nesses casos, incluem os custos do serviço, basicamente, mão de obra referente à receita ainda não reconhecida. Uma peculiaridade do setor público são os estoques estratégicos, como exemplifica a norma:[63]

> [...] reservas de energia (por exemplo, petróleo), para uso em emergência ou em outras situações (por exemplo, desastres naturais ou outras emergências de defesa civil), esses ativos devem ser reconhecidos como estoques para fins desta norma e devidamente tratados como tais.

A mensuração dos estoques é realizada pelo menor valor entre o valor de custo ou pelo valor realizável líquido. No caso em que não há contraprestação, o valor do custo é o valor justo na data de seu recebimento e deve ser calculado pelo menor valor entre o custo e o custo corrente de reposição, quando mantidos para distribuição gratuita ou por valor irrisório, ou para o consumo no processo de produção de bens a serem distribuídos gratuitamente ou por valor irrisório. A mensuração pelo custo-padrão ou o método de varejo é permitida, se for de interesse público.

Os estoques, quando transferidos sem contraprestação, nos casos de doações, são calculados pelo valor justo na data de seu recebimento. Quando há quantidade razoável de itens de mesma natureza no estoque, o cálculo item a item do estoque não é o mais apropriado. Nesses casos, o critério de valoração dos itens que fizerem parte do inventário deve ser usado para obter os efeitos predeterminados no resultado do período.

O critério de custo a ser utilizado é o Primeiro a Entrar, Primeiro a Sair (PEPS); ou o critério do custo médio ponderado. A entidade deve usar o mesmo critério de

63. CFC, 2016.

valoração para todos os estoques que tenham natureza e uso semelhantes para a entidade. Para os estoques que tenham outra natureza ou uso, podem justificar-se diferentes critérios de valoração.

Caso haja itens danificados no estoque, fazendo-os total ou parcialmente obsoletos, o valor de custo dos estoques é fixado no valor realizável líquido, fato consistente com a premissa de que os ativos não devem ser reconhecidos por quantias superiores aos seus benefícios econômicos.

A norma esclarece que:[64]

> As estimativas do valor realizável líquido também devem levar em consideração a finalidade para a qual o estoque é mantido. Por exemplo, o valor realizável líquido da quantidade de estoque mantido para atender a contratos de venda ou de prestação de serviços de valor fixo é baseado no preço do contrato. Se os contratos de venda dizem respeito a quantidades inferiores às quantidades de estoque possuídas, o valor realizável líquido do excesso baseia-se em preços gerais de venda. Orientações sobre o tratamento de provisões ou passivos contingentes, tais como aqueles que surgem de contratos de venda a valor fixo com quantidades superiores àquelas mantidas em estoques e contratos de compra a valor fixo podem ser encontradas na NBC TSP 03 – Provisões, Passivos Contingentes e Ativos Contingentes.

Nesse mesmo diapasão, os materiais e outros bens de consumo mantidos para uso na produção de estoques não devem ser reduzidos abaixo do custo total do produto acabado, vendido ou da prestação de serviço final. Caso isso ocorra, os materiais devem ser reduzidos ao valor realizável líquido.

O setor público pode manter estoques dos quais seus benefícios econômicos futuros ou potencial de serviços não estejam diretamente relacionados à sua capacidade de gerar entradas de caixa, por característica do setor público.

Em relação à transferência do estoque, ativo para custo, a norma esclarece como o registro contábil deve ser feito:[65]

> Quando os estoques são vendidos, trocados ou distribuídos, o valor contábil desses itens deve ser reconhecido como despesa do período em que a respectiva receita é reconhecida. Se não houver nenhuma receita, a despesa deve ser reconhecida quando as mercadorias são distribuídas ou o serviço é prestado. A quantia de qualquer redução dos estoques para o valor realizável líquido e de todas as perdas de estoques deve ser reconhecida como despesa do período em que a redução ou a perda ocorrer. A quantia de

64. CFC, 2016.
65. CFC, 2016.

qualquer reversão de redução de estoques deve ser registrada, no período em que a reversão ocorrer, como redução do item reconhecido como despesa no período em que a reversão ocorreu.

Para o prestador de serviços, o momento em que os estoques devem ser reconhecidos como despesa normalmente ocorre quando os serviços são prestados ou mediante o faturamento dos serviços.

Alguns itens de estoques podem ser transferidos para outras contas do ativo, como, por exemplo, estoques usados como componentes de ativos imobilizados produzidos internamente. Os estoques alocados a outro ativo devem ser reconhecidos como despesa durante a vida útil desse ativo.

A norma NBC T 16.10[66] aprovada pela Resolução CFC n. 1.137, de 2008, trata sobre a avaliação e a mensuração de ativos e passivos em entidades do setor público, apresentando as seguintes definições:

Para efeito desta norma, então, entende-se por avaliação patrimonial a atribuição de valor monetário a itens do ativo e do passivo com base em julgamento fundamentado no consenso entre as partes e que traduza, de forma razoável, a evidenciação dos atos e fatos administrativos.

Influência significativa: é o poder de participar das decisões sobre políticas financeiras e operacionais de uma investida, mas sem que haja o controle individual ou conjunto dessas políticas. (Redação dada pela Resolução CFC n. 1.437, de 2013)

Mensuração: a constatação de valor monetário para itens do ativo e do passivo decorrente da aplicação de procedimentos técnicos suportados em análises qualitativas e quantitativas.

Reavaliação: a adoção do valor de mercado ou de consenso entre as partes para bens do ativo, quando esse for superior ao valor líquido contábil.

Redução ao valor recuperável (*impairment*): é a redução nos benefícios econômicos futuros ou no potencial de serviços de um ativo que reflete o declínio na sua utilidade, além do reconhecimento sistemático por meio da depreciação.

Perda por desvalorização: é o montante pelo qual o valor contábil de um ativo ou de unidade geradora de caixa excede seu valor recuperável. (Incluída pela Resolução CFC n. 1.437, de 2013)

Valor de aquisição: a soma do preço de compra de um bem com os gastos suportados direta ou indiretamente para colocá-lo em condição de uso.

66. Adaptado de: CONSELHO FEDERAL DE CONTABILIDADE (CFC). *Normas Brasileiras de Contabilidade – NBCs T 16.1 a 16.11 – Contabilidade Aplicada ao Setor Público*, 2012. Disponível em: <https://cfc.org.br/wp-content/uploads/2018/04/Publicacao_Setor_Publico.pdf>. Acesso em: 4 jul. 2019.

> Valor justo: é o preço que seria recebido pela venda de um ativo ou que seria pago pela transferência de um passivo em uma transação não forçada entre participantes do mercado na data de mensuração.
>
> Valor bruto contábil: o valor do bem registrado na contabilidade, em uma determinada data, sem a dedução da correspondente depreciação, amortização ou exaustão acumulada.
>
> Valor líquido contábil: o valor do bem registrado na contabilidade, em determinada data, deduzido da correspondente depreciação, amortização ou exaustão acumulada.
>
> Valor realizável líquido: a quantia que a entidade do setor público espera obter com a alienação ou a utilização de itens de inventário quando deduzidos os gastos estimados para seu acabamento, alienação ou utilização.
>
> Valor recuperável: o valor de mercado de um ativo menos o custo para a sua alienação, ou o valor que a entidade do setor público espera recuperar pelo uso futuro desse ativo nas suas operações, o que for maior.

As disponibilidades imediatas, os direitos, os títulos de créditos e as obrigações são avaliados pelo valor original. Caso estejam em moeda estrangeira, *são convertidas em moeda nacional à taxa de câmbio vigente na data do BP*, sendo o resultado dessas apurações contabilizado em contas de resultado.

- Os riscos inerentes ao recebimento de dívidas são reconhecidos em conta de ajuste.
- Os direitos e as obrigações são ajustados a valor presente.
- O ativo imobilizado é avaliado pelo custo de aquisição, incluindo os gastos adicionais ou complementares, e está sujeito às regras de depreciação.
- As benfeitorias realizadas aos componentes do Ativo serão tratadas como despesa.
- No caso de transferências de ativos, o valor a atribuir deve ser o valor contábil líquido constante nos registros da entidade de origem. Em caso de divergência desse critério com o fixado no instrumento de autorização da transferência, o mesmo deve ser evidenciado em notas explicativas.

A norma estabelece que:[67]

> Os bens de uso comum que absorveram ou absorvem recursos públicos, ou aqueles eventualmente recebidos em doação, devem ser incluídos no ativo não circulante da entidade responsável pela sua administração ou controle, estejam, ou não, afetos a sua atividade operacional.

67. CFC, 2012.

A mensuração dos bens de uso comum será efetuada, sempre que possível, ao valor de aquisição ou ao valor de produção e construção.

Os direitos que tenham por objeto bens incorpóreos destinados à manutenção da atividade pública ou exercidos com essa finalidade são mensurados ou avaliados com base no valor de aquisição ou de produção.

O critério de mensuração ou avaliação dos ativos intangíveis obtidos a título gratuito e a eventual impossibilidade de sua valoração devem ser evidenciados em notas explicativas.

Um item do ativo imobilizado deve ser evidenciado pelo custo menos qualquer depreciação e redução ao valor recuperável acumuladas e pode ser reavaliado de acordo com o que a norma disciplina:[68]

A reavaliação é uma política contábil de mensuração alternativa em relação ao método do custo, útil para assegurar que o valor contábil de determinados ativos não difira materialmente daquele que seria determinado, usando-se seu valor justo na data das demonstrações contábeis.

Uma vez adotado o método da reavaliação para um item do ativo imobilizado após o seu reconhecimento inicial, tal item, cujo valor justo possa ser mensurado confiavelmente, deve ser apresentado pelo seu valor reavaliado, correspondente ao seu valor justo à data da reavaliação menos qualquer depreciação e redução ao valor recuperável acumuladas subsequentes.

Se um item do ativo imobilizado for reavaliado, toda a classe do ativo imobilizado à qual pertence esse ativo deve ser reavaliado.

As reavaliações devem ser feitas utilizando-se o valor justo ou o valor de mercado na data de encerramento do Balanço Patrimonial, pelo menos:

a) anualmente, para as contas ou grupo de contas cujos valores de mercado variarem significativamente em relação aos valores anteriormente registrados;
b) a cada quatro anos, para as demais contas ou grupos de contas.

Em caso de itens imóveis específicos, o valor justo pode ser avaliado utilizando-se do valor de reposição do determinado item.

A norma estabelece que "os acréscimos ou os decréscimos do valor do ativo em decorrência, respectivamente, de reavaliação ou redução ao valor recuperável (*impairment*) devem ser registrados em contas de resultado".[69]

68. Adaptado de CFC, 2012.
69. CFC, 2012.

CONSIDERAÇÕES FINAIS

Dado o que foi discutido neste capítulo, verificou-se que as DCASP guardam, atualmente, muita similitude em relação às demonstrações da Contabilidade Geral. O ponto a se destacar é que algumas entidades da administração indireta já tinham a obrigação de apresentar as demonstrações nesse formato, por participarem da atividade econômica do país, concorrendo com empresas do setor privado, e pelo princípio da isonomia, estando sujeitas às mesmas obrigações.

A migração do setor público para esses demonstrativos será complexa, pois, por uma questão cultural, a administração pública não está habituada a certos controles contábeis como o setor privado, por exemplo, a questão de custo que, no setor público, sempre foi exigida, mas até a entrada da padronização não se tinha uma normatização, bem como o controle de ativos permanentes.

RESUMO

Neste capítulo, utilizou-se como norteador das Normas Brasileiras de Contabilidade Aplicadas ao Setor Público (NBCASP) a 7ª edição do MCASP e realizou-se uma discussão sobre as DCASP, de acordo com a padronização com as IPSAS. A discussão foi ponto a ponto para melhor entendimento do leitor.

QUESTÕES PARA PESQUISA

1. Qual é a diferença entre Balanço Orçamentário, Balanço Financeiro e Balanço Patrimonial no setor público?
2. Quais são as DCASP?
3. Quais são as principais contas do Balanço Patrimonial?
4. Qual é a diferença na exigência da administração direta e indireta em relação às DCASP?
5. O que são receitas e despesas orçamentárias? Comente.
6. Quais são os critérios para a elaboração do Balanço Orçamentário?
7. Quais são as VPA?
8. Qual é a finalidade da DFC?
9. Qual é a diferença entre demonstração das mutações no patrimônio líquido no setor público e a do setor privado? Comente.
10. O que é a NBC TSP 04?

CAPÍTULO 11

Controle interno no setor público

OBJETIVOS

Este capítulo discorre sobre a parte legal e normativa do controle interno no setor público, começando pela discussão da NBC T SP 16.8 e sua relação com a prestação de contas (*accountability*).

VISÃO GERAL

O setor público também está sujeito ao controle interno, responsável por verificar a legalidade dos atos da administração pública dentro da entidade, denominado controle *intra corpus*, com a intenção de preservar o erário público e a apuração da responsabilidade dos gestores públicos, procedimentos disciplinados pela NBC T SP 16.8.

Em paralelo, há a necessidade da qualidade de as informações tratadas por esse controle serem repassadas à sociedade em um processo de *accountability* e de transparência da administração pública. Assim, o controle interno possui função social intrínseca.

INTRODUÇÃO

O controle interno é uma ferramenta indispensável para regular os atos jurídicos de qualquer entidade privada ou pública e apurar responsabilidades. A NBC T SP 16.8 regula esse procedimento para o setor público. Há um efeito paralelo inerente ao procedimento do controle interno, chamado *accountability*. Um dos conceitos utilizados neste capítulo é a Teoria da Agência que aborda a relação entre o Estado (agente) e a Sociedade (principal), mostrando o quão necessária é a clareza nas prestações de contas do governo para a sociedade.

A fiscalização contábil diz respeito aos procedimentos necessários para a avaliação e a certificação de que a contabilidade do órgão/entidade registra adequada e fidedignamente os atos e os fatos que envolvem os sistemas orçamentário, financeiro e patrimonial, assim como a validação das transações registradas, os registros completos, autorizados por quem de direito, e os valores exatos. Sendo a contabilidade a espinha dorsal do sistema de informações econômico-financeiras, constitui instrumento indispensável em todos os enfoques do controle.

O tema abordado neste capítulo implica o desafio proposto à área de controles internos, considerando a variabilidade da estrutura de procedimentos necessários ao desempenho de suas atividades quando se verifica a complexidade possível da organização pública. Não obstante, trata-se também de auditoria como atividade responsável por assegurar maior confiabilidade aos processos. Essas atividades, quando aplicadas ao setor público, proporcionam, além de apontamentos das condições de controle, uma relação transparente com a sociedade – a saber que esse fato deve considerar os alcances e as limitações inerentes ao processo.

As normas e os regulamentos funcionam como respostas dos gestores em relação aos seus planos para o atendimento das necessidades dos cidadãos. A flexibilidade dada ao desempenho das técnicas usadas pelas áreas de controles internos e pela auditoria é um dos principais responsáveis por sua efetividade. No entanto, faz-se válido ressaltar que essa medida tem como objetivo refletir dados que melhor representem a situação do objeto de análise e não deve funcionar como instrumento de conveniência.

11.1

CONCEITO

Controle interno pode ser definido como o conjunto de procedimentos, normas e processos estabelecidos pela administração de uma entidade, com o objetivo de cumprir a política administrativa da organização para que sejam produzidos dados confiáveis, proporcionando, assim, confiança no que diz respeito à eficácia e à eficiência dos recursos utilizados. É um elemento fundamental na governança de uma organização, mas sua eficácia parece ter como limite o ambiente ético da alta administração em que está inserido.

O controle interno deve verificar e assegurar a proteção do patrimônio e a veracidade e a fidedignidade das informações contábeis e não contábeis da organização, por meio de conciliação de documentos e planos de contas. Sua missão é minimizar ou evitar perdas por decisões ruins, seja por incompetência seja por fraude.

Um sistema de controle interno compreende o plano de organização e o conjunto coordenado dos métodos e das medidas adotado pela empresa para proteger seu patrimônio, a verificação da exatidão e da fidedignidade de seus dados contábeis, a promoção da eficiência operacional e o encorajamento da adesão às políticas traçadas pela administração.

A forma de aplicação do controle interno depende do tamanho e da natureza de cada entidade. Em uma pequena empresa, por exemplo, o fluxo de movimentação e transação é relativamente pequeno e não muito complexo; portanto, as atividades de controle interno não exigem tanta dedicação. Em empresas consideradas de grande porte, a aplicação do controle interno exige maior grau de dedicação, surgindo a necessidade de direcionar uma pessoa qualificada para exercer essa função, por causa do grande volume do fluxo de movimentações e transações nas diversas atividades a serem controladas.

11.2

PRINCÍPIOS

Dentre os princípios do controle interno, pode-se destacar os seguintes:

- relação custo/benefício;
- qualificação, treinamento e rodízio de funcionários;
- delegação de poderes e determinação de responsabilidade;
- segregação de funções;
- formalização das instruções;
- controle sobre as transações;
- verificação da aderência às diretrizes e às normas legais.

11.3

OBJETIVOS

O controle interno possui funções muito importantes dentro da entidade, seja pública seja privada. Dentre os objetivos do controle interno voltado ao setor público, destacam-se:

- observar normas legais e regulamentos;
- assegurar confiabilidade, integridade e oportunidade das informações contábeis financeiras;
- antecipar-se, preventivamente, a erros, desperdícios, fraudes;
- salvaguardar o patrimônio público;
- acompanhar programas de governo, projetos e atividades (ações);
- assegurar aderência às diretrizes, aos planos, às normas e aos procedimentos do órgão/entidade.

11.4

AMBIENTE

O ambiente de controle interno do setor público demanda consciência e ações globais dos diretores e da administração da entidade, pois causa um efeito sobre a eficácia dos procedimentos realizados. Um ambiente de controle forte, por exemplo, com controles orçamentários estritos e uma função de auditoria interna eficaz, pode complementar significativamente os procedimentos de controle específicos.

No caso do setor público, o ambiente de controle resume-se à estrutura federal e é dividido como mostra a Figura 11.1.

11.5

SISTEMA DE CONTROLE INTERNO DAS ENTIDADES PÚBLICAS

Pode-se definir o sistema de controle interno nas entidades públicas, segundo Peter e Machado,[1] como um conjunto de atividades, planos, métodos e procedimentos interligados utilizados com vistas a assegurar que os objetivos dos órgãos e das entidades da administração pública sejam alcançados, de forma confiável e concreta, evidenciando eventuais desvios ao longo da gestão, até a consecução dos objetivos fixados pelo poder público.

1. PETER, M. G. A.; MACHADO, M. V. V. *Manual de auditoria governamental*. São Paulo: Atlas, 2009. p. 24.

FIGURA 11.1
Estrutura federal e ambientes de controle

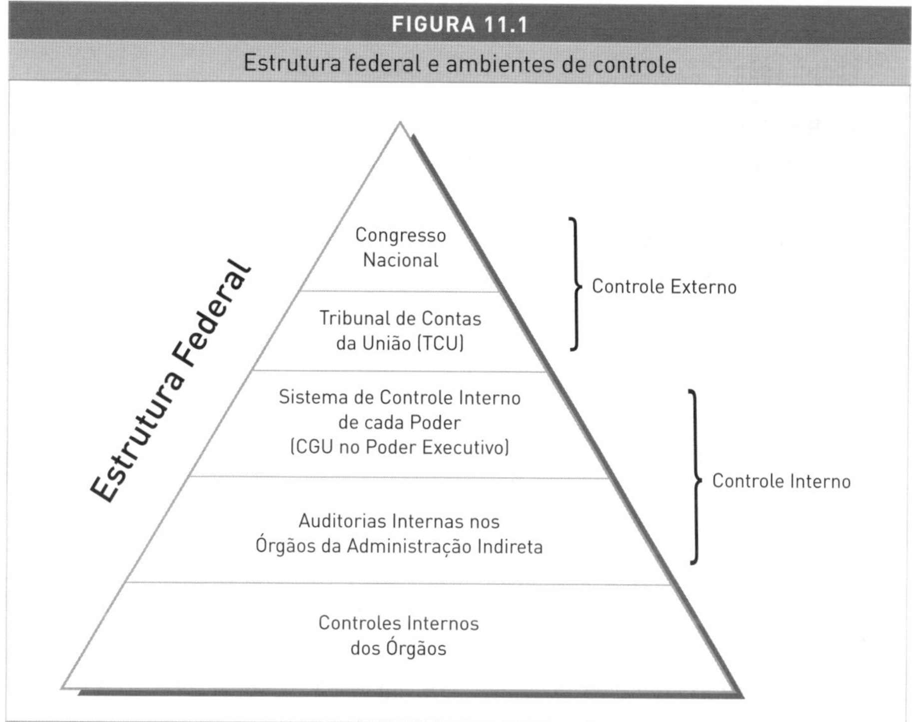

Fonte: elaborada pelos autores.

11.6 MOMENTOS

Semelhante aos controles internos de uma entidade privada, os controles internos do setor público são feitos em diferentes momentos, sendo classificados como:

- **Controle prévio:** consubstanciado pelo controle do tipo que antecede o ato, como requisito para sua eficácia. Por exemplo: celebração de contratos e convênios.
- **Controle concomitante:** acompanha a realização do ato para verificar a regularidade de sua formação e é exercido por meio de vigilância sobre o trabalho administrativo. Por exemplo: acompanhamento do consumo de combustível.
- **Controle subsequente:** efetiva-se após a conclusão do ato controlado. Por exemplo: relatórios contábeis ao término do exercício financeiro.

11.7

LEGISLAÇÃO

No Brasil, o controle interno na administração pública teve como marco inicial a criação do Departamento Administrativo do Serviço Público (DASP), em 1936, com o intuito de simplificar a administração pública por meio de padronizações e aquisição racional de materiais, revisão de estruturas e aplicações de métodos na definição de procedimentos.

Em março de 1964, a Lei n. 4.320, de 1964, mostrou-se inovadora ao consagrar os princípios do orçamento e do controle, instituir o Orçamento Plurianual de Investimentos e o Orçamento-Programa Anual e estabelecer como objetivo das novas técnicas orçamentárias a eficácia dos gastos públicos.

11.7.1 Lei n. 4.320, de 1964[2]

Art. 81. O controle da execução orçamentária, pelo Poder Legislativo, terá por objetivo verificar a probidade da administração, a guarda e legal emprego dos dinheiros públicos e o cumprimento da Lei de Orçamento.

Art. 82. O Poder Executivo, anualmente, prestará contas ao Poder Legislativo, no prazo estabelecido nas Constituições ou nas Leis Orgânicas dos Municípios.

§ 1º As contas do Poder Executivo serão submetidas ao Poder Legislativo, com Parecer prévio do Tribunal de Contas ou órgão equivalente.

§ 2º Quando, no Município não houver Tribunal de Contas ou órgão equivalente, a Câmara de Vereadores poderá designar peritos contadores para verificarem as contas do prefeito e sobre elas emitirem parecer.

Em fevereiro de 1967, o Decreto-Lei n. 200, de 1967,[3] estabeleceu que as atividades da administração obedeceriam aos princípios fundamentais do planejamento, da coordenação, da descentralização, da delegação de competência e do controle, conforme art. 6º. Quanto ao controle, seria exercido em todos níveis e em todos os órgãos, compreendendo o controle pela chefia competente, pelos órgãos próprios de cada sistema e pelos órgãos do sistema de contabilidade e auditoria, de acordo com art. 13. Cada ministério passou a ter sua inspetoria de finanças, como órgão setorial do sistema de administração financeira, contabilidade e auditoria,

2. BRASIL. *Lei n. 4.320, de 17 de março de 1964.* Estatui Normas Gerais de Direito Financeiro para elaboração e controle dos orçamentos e balanços da União, dos estados, dos municípios e do Distrito Federal. Disponível em: <http://www.planalto.gov.br/CCivil_03/leis/L4320.htm>. Disponível em: 26 abr. 2019.

3. BRASIL. *Decreto-Lei n. 200, de 25 de fevereiro de 1967.* Dispõe sobre a organização da Administração Federal, estabelece diretrizes para a Reforma Administrativa e dá outras providências. Disponível em: <http://www.planalto.gov.br/ccivil_03/decreto-lei/del0200.htm>. Acesso em: 27 abr. 2019.

cujo órgão central era a Inspetoria-Geral de Finanças do Ministério da Fazenda, consoante art. 23.

11.7.2 Constituição Federal de 1988

Em 1988, a Constituição Federal[4] estabeleceu com mais clareza o escopo do controle interno, ao mesmo tempo em que consagrou no texto constitucional os princípios básicos da administração pública:

> **Art. 70.** A fiscalização contábil, financeira, orçamentária, operacional e patrimonial da União e das entidades da administração direta e indireta, quanto à legalidade, legitimidade, economicidade, aplicação das subvenções e renúncia de receitas, será exercida pelo Congresso Nacional, mediante controle externo, e pelo sistema de controle interno de cada Poder.
>
> Parágrafo único. Prestará contas qualquer pessoa física ou jurídica, pública ou privada, que utilize, arrecade, guarde, gerencie ou administre dinheiros, bens e valores públicos ou pelos quais a União responda, ou que, em nome desta, assuma obrigações de natureza pecuniária.
>
> **Art. 71.** O controle externo, a cargo do Congresso Nacional, será exercido com o auxílio do Tribunal de Contas da União, ao qual compete: [...] IV – realizar, por iniciativa própria, da Câmara dos Deputados, do Senado Federal, de Comissão técnica ou de inquérito, inspeções e auditorias de natureza contábil, financeira, orçamentária, operacional e patrimonial, nas unidades administrativas dos Poderes Legislativo, Executivo e Judiciário, e demais entidades referidas no inciso II;
>
> **Art. 74.** Os Poderes Legislativo, Executivo e Judiciário manterão, de forma integrada, sistema de controle interno com a finalidade de: I – avaliar o cumprimento das metas previstas no plano plurianual, a execução dos programas de governo e dos orçamentos da União; II – comprovar a legalidade e avaliar os resultados, quanto à eficácia e eficiência, da gestão orçamentária, financeira e patrimonial nos órgãos e entidades da administração federal, bem como da aplicação de recursos públicos por entidades de direito privado; III – exercer o controle das operações de crédito, avais e garantias, bem como dos direitos e haveres da União; IV – apoiar o controle externo no exercício de sua missão institucional. § 1º – Os responsáveis pelo controle interno, ao tomarem conhecimento de qualquer irregularidade ou ilegalidade, dela darão ciência ao Tribunal de Contas da União, sob pena de responsabilidade solidária.

4. BRASIL. *Constituição da República Federativa do Brasil de 1988*. Disponível em: <http://www.planalto.gov.br/ccivil_03/constituicao/constituicao.htm>. Acesso em: 27 abr. 2019.

11.7.3 Lei Complementar n. 101, de 2000 – Lei de Responsabilidade Fiscal (LRF)

A LRF[5] veio conferir grande relevância ao acompanhamento e à fiscalização financeira, impondo severas penas aos administradores descuidados. Quanto à fiscalização orçamentária, segundo Ferraz,[6] não deve se esgotar na verificação se as despesas estão previstas no orçamento anual e se foram fielmente executadas, devendo confrontá-la com a Lei de Diretrizes Orçamentárias (LDO) e com o Plano Plurianual (PPA), a fim de assegurar o cumprimento dos programas traçados pelos representantes do povo.

A fiscalização operacional diz respeito ao acompanhamento e à avaliação das ações empreendidas pelo órgão/entidade para alcançar seus objetivos institucionais, em especial quanto aos aspectos de economia, eficiência e eficácia. Essa fiscalização é muito deficiente na administração pública, em função de que não se tem um sistema de apuração de custos, como já foi mencionado anteriormente, assim como indicadores para avaliação de resultados.

11.7.4 Resolução CFC n. 1.135, de 2008

A Portaria n. 184, de 2008, editada pelo Ministério da Fazenda, disciplina as diretrizes a serem observadas no setor público quanto aos procedimentos, às práticas, à elaboração e à divulgação das demonstrações contábeis, atendendo às Normas Internacionais de Contabilidade Aplicadas ao Setor Público (IPSAS).

A Resolução CFC n. 1.135, de 21 de novembro de 2008, aprovou a NBC T 16.8,[7] cujo objeto é:

> Esta norma estabelece referenciais para o controle interno como suporte do sistema de informação contábil, no sentido de minimizar riscos e dar efetividade às informações da contabilidade, visando contribuir para o alcance dos objetivos da entidade do setor público.

Sob as seguintes premissas:[8]

> Controle interno sob o enfoque contábil compreende o conjunto de recursos, métodos, procedimentos e processos adotados pela entidade do setor público, com a finalidade de:

5. BRASIL. *Lei Complementar n. 101, de 4 de maio de 2000*. Estabelece normas de finanças públicas voltadas para a responsabilidade na gestão fiscal e dá outras providências. Disponível em: <http://www.planalto.gov.br/ccivil_03/leis/lcp/lcp101.htm>. Acesso em: 27 abr. 2019.
6. FERRAZ, L. *Controle da Administração Pública*. Belo Horizonte: Mandamentos, 1999.
7. CONSELHO FEDERAL DE CONTABILIDADE (CFC). *NBC T 16.8 - Controle Interno, de 25 de novembro de 2008*. Disponível em: <http://www1.cfc.org.br/sisweb/SRE/docs/RES_1135.pdf>. Acesso em: 27 abr. 2019.
8. CFC, 2008.

a) salvaguardar os ativos e assegurar a veracidade dos componentes patrimoniais;
b) dar conformidade ao registro contábil em relação ao ato correspondente;
c) propiciar a obtenção de informação oportuna e adequada;
d) estimular adesão às normas e às diretrizes fixadas;
e) contribuir para a promoção da eficiência operacional da entidade;
f) auxiliar na prevenção de práticas ineficientes e antieconômicas, erros, fraudes, malversação, abusos, desvios e outras inadequações.

O controle interno deve ser exercido em todos os níveis da entidade do setor público, compreendendo:

a) a preservação do patrimônio público;
b) o controle da execução das ações que integram os programas;
c) a observância às leis, aos regulamentos e às diretrizes estabelecidas.

O controle interno é classificado nas seguintes categorias:

a) operacional – relacionado às ações que propiciam o alcance dos objetivos da entidade;
b) contábil – relacionado à veracidade e à fidedignidade dos registros e das demonstrações contábeis;
c) normativo – relacionado à observância da regulamentação pertinente.

O Quadro 12.1 mostra a estrutura dos componentes de controle interno estabelecido pela norma.

QUADRO 11.1

Estrutura dos componentes de controle interno

Estrutura	Objetivo
O ambiente de controle	Demonstrar o grau de comprometimento em todos os níveis da administração com a qualidade do controle interno em seu conjunto.
Mapeamento de riscos	Identificação dos eventos ou das condições que podem afetar a qualidade da informação contábil.
Avaliação de riscos	Corresponde à análise da relevância dos riscos identificados, incluindo: (a) a avaliação da probabilidade de sua ocorrência; (b) a forma como serão gerenciados; (c) a definição das ações a serem implementadas para prevenir a sua ocorrência ou minimizar seu potencial; (d) a resposta ao risco, indicando a decisão gerencial para mitigar os riscos, a partir de uma abordagem geral e estratégica, considerando as hipóteses de eliminação, redução, aceitação ou compartilhamento.

Fonte: adaptado de CFC, 2008.

A norma determina:[9]

> Para efeito desta norma, entende-se por riscos ocorrências, circunstâncias ou fatos imprevisíveis que podem afetar a qualidade da informação contábil.
>
> Procedimentos de controle são medidas e ações estabelecidas para prevenir ou detectar os riscos inerentes ou potenciais à tempestividade, à fidedignidade e à precisão da informação contábil, classificando-se em:
>
> a) procedimentos de prevenção – medidas que antecedem o processamento de um ato ou um fato, para prevenir a ocorrência de omissões, inadequações e intempestividade da informação contábil;
>
> b) procedimentos de detecção – medidas que visem à identificação, concomitante ou a posteriori, de erros, omissões, inadequações e intempestividade da informação contábil.
>
> Monitoramento compreende o acompanhamento dos pressupostos do controle interno, visando assegurar a sua adequação aos objetivos, ao ambiente, aos recursos e aos riscos.
>
> O sistema de informação e comunicação da entidade do setor público deve identificar, armazenar e comunicar toda informação relevante, na forma e no período determinados, a fim de permitir a realização dos procedimentos estabelecidos e outras responsabilidades, orientar a tomada de decisão, permitir o monitoramento de ações e contribuir para a realização de todos os objetivos de controle interno.

Apesar da regulamentação em 2008, a questão do controle já estava estabelecida, como visto anteriormente, em vários dispositivos legais, normativos e também em um princípio constitucional relativo à prestação de contas no setor público (*accountability*), como disposto no art. 34, inc. VII, alínea "d", da Constituição Federal de 1988:[10]

> Art. 34. A União não intervirá nos Estados nem no Distrito Federal, exceto para:
>
> [...]
>
> VII – assegurar a observância dos seguintes princípios constitucionais:
>
> [...]
>
> d) prestação de contas da administração pública, direta e indireta.

9. CFC, 2008.
10. BRASIL, 1988.

Albuquerque[11] apresenta a seguinte definição:

> *Accountability* é um importante elemento de governança, que envolve responsabilidade por decisões e ações, frequentemente para prevenir o abuso de poder e outras formas de comportamento inapropriado por parte dos gestores.

O mesmo autor,[12] citando Ferreira e Lima, acrescenta que "quando se fala em *accountability*, existe uma vinculação com prestação de contas, controle e transparência, pelo próprio sentido do termo e pela relevância que o mesmo possui nas relações econômicas e políticas".

A LRF, LC n. 101, de 2000,[13] trata sobre o assunto em toda a sua extensão, com destaque para os arts. 1º e 56:

> Art. 1º Esta Lei Complementar estabelece normas de finanças públicas voltadas para a responsabilidade na gestão fiscal, com amparo no Capítulo II do Título VI da Constituição.
>
> § 1º A responsabilidade na gestão fiscal pressupõe a ação planejada e transparente, em que se previnem riscos e corrigem desvios capazes de afetar o equilíbrio das contas públicas, mediante o cumprimento de metas de resultados entre receitas e despesas e a obediência a limites e condições no que tange a renúncia de receita, geração de despesas com pessoal, da seguridade social e outras, dívidas consolidada e mobiliária, operações de crédito, inclusive por antecipação de receita, concessão de garantia e inscrição em Restos a Pagar.
>
> § 2º As disposições desta Lei Complementar obrigam a União, os Estados, o Distrito Federal e os Municípios.
>
> § 3º Nas referências:
>
> I - à União, aos Estados, ao Distrito Federal e aos Municípios, estão compreendidos:
> a) o Poder Executivo, o Poder Legislativo, neste abrangidos os Tribunais de Contas, o Poder Judiciário e o Ministério Público;
> b) as respectivas administrações diretas, fundos, autarquias, fundações e empresas estatais dependentes;
>
> II - a Estados entende-se considerado o Distrito Federal;
>
> III - a Tribunais de Contas estão incluídos: Tribunal de Contas da União, Tribunal de Contas do Estado e, quando houver, Tribunal de Contas dos Municípios e Tribunal de Contas do Município.

11. ALBUQUERQUE, J. H. M. et al. Um estudo sob a óptica da teoria do agenciamento sobre a accountability e a relação Estado-sociedade. In: CONGRESSO USP DE CONTROLADORIA E CONTABILIDADE, 7, 2007, São Paulo. *Anais*... São Paulo: USP, 2007, p. 6.
12. ALBUQUERQUE, 2007, p. 6 *apud* FERREIRA, J. O. L.; LIMA, S. M. M. Accountability governamental: uma proposta de avaliação do cumprimento de promessas e planos de governo. In: CONVENÇÃO DOS CONTABILISTAS DE PERNAMBUCO, 7, 2006, Recife. *Anais da VII Convenção dos Contabilistas de Pernambuco*. Recife, 2006, p. 3.
13. BRASIL, 2000.

Art. 56. As contas prestadas pelos Chefes do Poder Executivo incluirão, além das suas próprias, as dos Presidentes dos órgãos dos Poderes Legislativo e Judiciário e do Chefe do Ministério Público, referidos no art. 20, as quais receberão parecer prévio, separadamente, do respectivo Tribunal de Contas.

§ 1º As contas do Poder Judiciário serão apresentadas no âmbito:

I - da União, pelos Presidentes do Supremo Tribunal Federal e dos Tribunais Superiores, consolidando as dos respectivos tribunais;

II - dos Estados, pelos Presidentes dos Tribunais de Justiça, consolidando as dos demais tribunais.

§ 2º O parecer sobre as contas dos Tribunais de Contas será proferido no prazo previsto no art. 57 pela comissão mista permanente referida no § 1º do art. 166 da Constituição ou equivalente das Casas Legislativas estaduais e municipais.

§ 3º Será dada ampla divulgação dos resultados da apreciação das contas, julgadas ou tomadas.

O controle *intra corpus*, controle interno, e o controle *extra corpus*, controle externos, são os responsáveis pelo controle técnico da administração pública. Na visão de Campos,[14] citando Mosher:

> [...] Ele apresenta accountability como sinônimo de responsabilidade objetiva ou obrigação de responder por algo: como um conceito oposto a - mas não necessariamente incompatível com - responsabilidade subjetiva. Enquanto a responsabilidade subjetiva vem de dentro da pessoa, a accountability, sendo uma responsabilidade objetiva, "acarreta a responsabilidade de uma pessoa ou organização perante uma outra pessoa, fora de si mesma, por alguma coisa ou por algum tipo de desempenho". E esse autor continua: "Quem falha no cumprimento de diretrizes legítimas é considerado irresponsável e está sujeito a penalidades".

Entende-se que a *accountability* objetiva é representada pelos controles técnicos e a *accountability* subjetiva é parte do disciplinado no art. 34, inc. VII, alínea "d", da Constituição Federal de 1988, acima citado, relacionado à prestação de contas aos cidadãos. Esse entendimento encontra guarida em Campos:[15]

> Sob a falaciosa premissa de que administração e política são processos distintos, a prática da *accountability* por parte da burocracia oficial seria uma questão de desenvolver mecanismos burocráticos de controle. Ao reconhecermos que as burocracias têm

14. CAMPOS, A. M. Accountability: quando poderemos traduzi-la para o português? *Revista de administração pública*, v. 24, n. 2, 1990, p. 33,
15. CAMPOS, 1990, p. 33-34.

de fato um papel ativo na formulação da política, entendemos que estávamos contando com um arcabouço defeituoso para o problema da *accountability*. Embora necessários, os mecanismos de controle interno não bastam para garantir que o serviço público sirva a sua clientela de acordo com os padrões normativos do governo democrático. A questão da representatividade dos servidores públicos foi trazida para o primeiro plano.

Relegada a seus próprios controles monocráticos, a organização burocrática do governo tem-se mostrado incapaz de contrabalançar abusos potenciais como corrupção, conduta aética e uso arbitrário do poder. O modelo monocrático de autoridade (toda a autoridade concentrada no topo) somente leva a uma *accountability* ascendente (*upward accountability*).

Esse tipo de *accountability* é demasiadamente limitado, pois pode servir aos interesses da minoria detentora do poder ou, quando muito, aos interesses dos burocratas. Estes são responsáveis perante seus superiores hierárquicos, dos quais certamente dependem para fazer avançar seus interesses pessoais, incluindo o progresso na carreira. A *accountability* ascendente não basta; não há garantia de que o mais eficiente, mais honesto e mais obediente dos servidores públicos tenha a visão nítida e adequada do público a que deve servir.

O controle interno tem de ser, além da ferramenta administrativa com a finalidade de responsabilizar o gestor público de sua má gestão, um instrumento que leve ao público informações com significância para que os usuários tenham clareza em sua avaliação da gestão pública.

Campos[16] acrescenta:

A economia de recursos públicos, a eficiência e a honestidade requerem atenção especial, mas há outros padrões de desempenho que merecem consideração: qualidade dos serviços; maneira como tais serviços são prestados; justiça na distribuição de benefícios, como também na distribuição dos custos econômicos, sociais e políticos dos serviços e bens produzidos; grau de adequação dos resultados dos programas às necessidades das clientelas. Esses padrões da *accountability* governamental não são garantidos pelos controles burocráticos. Outra questão relevante é se o Executivo pode, isentamente, avaliar o desempenho de sua própria burocracia. O verdadeiro controle do governo – em qualquer de suas divisões: Executivo, Legislativo e Judiciário vai ocorrer efetivamente se as ações do governo forem fiscalizadas pelos cidadãos.

16. CAMPOS, 1990, p. 33-34.

Nesse ponto, pode-se observar os requisitos necessários para a aplicação da teoria do agenciamento, conforme escrito por Martin e apresentado por Carlos:[17]

> [...] as relações contratuais entre os membros de uma firma onde os seus membros são motivados exclusivamente por seus próprios interesses. Procura-se determinar as formas ótimas que tais contratos devem assumir para que seja proporcionada a convergência entre os interesses dos indivíduos e os objetivos da firma.

Para as relações estatais, Carlos[18] descreve:

> Dessa forma, observando o Estado e suas entidades sob o conjunto de contratos que representam, pode-se verificar claramente a existência de uma relação de agência, pois estão presentes as três condições necessárias defendidas por Siffert Filho,[19] ou seja:
>
> a) o agente (gestor público) dispõe de vários comportamentos possíveis a serem adotados;
> b) a ação do agente (gestor público) afeta o bem-estar das duas partes;
> c) as ações do agente (gestor público) dificilmente são observáveis pelo principal (cidadão), havendo, dessa forma, assimetria informacional.
>
> Entretanto, considerando-se que o Estado é uma organização, na qual existe um feixe de contratos complexos entre os proprietários dos recursos econômicos (Principal) e os gestores (Agentes) que são responsáveis pelo uso e controle desses recursos, faz-se necessário o implemento de elementos que permitam ao cidadão observar o valor dos serviços produzidos pelo conjunto de agentes, como forma de acompanhar a execução ação pública.

Nesse contexto, existe a possibilidade de conflitos de interesses entre a figura do gestor dos recursos públicos em nome do Estado e a Sociedade no que concerne à aplicação de recursos, com o Estado na figura de gestor público (agente), isto é, aquele que aplica os recursos (ação do agente) originários da Sociedade (principal).

Nem sempre as decisões dos gestores são as esperadas pela sociedade, que, muitas vezes, os elege com base em plataformas de governos não efetivadas pelos candidatos eleitos. Essa situação se agrava quando as informações sobre o que foi realizado e a prestação de contas à sociedade não são claras – há casos em que

---

17. CARLOS, F. A. et al. Uma discussão sobre a criação de indicadores de transparência na gestão pública federal como suporte ao ciclo da política pública. *Revista de Contabilidade do Mestrado em Ciências Contábeis da UERJ*, v. 13, n. 2, 2008, p. 3.
18. CARLOS, 2008, p. 3-4.
19. SIFFERT FILHO, N. F. *A teoria dos contratos econômicos e a firma*. 1996. Tese (Doutorado em Controladoria e Contabilidade) – Faculdade de Economia, Administração e Contabilidade, Universidade de São Paulo (USP), São Paulo, 1996, p. 38.

pode haver manipulação de dados governamentais com a intenção de levar a conclusões dúbias.

No cenário supracitado, ocorre o que Albuquerque[20] define como assimetria informacional:

> A assimetria informacional tem sido uma das causas do afastamento ocorrido entre o Estado e a Sociedade. Este afastamento, por sua vez, deve-se ao fato das informações entre estes dois sujeitos não serem prestadas de forma equitativa, clara e entendível, fazendo com que não exista comunicação.
>
> A comunicação entre o principal (sociedade) e o agente (Estado) não ocorre de forma efetiva, pela inexistência de canais de comunicação eficientes e não haver meios efetivos de informação sofre os fatos ocorridos na Administração Pública.

A promoção da *accountability* é fundamental para melhorar esse cenário. Uma de suas premissas básicas é a clareza das informações, objetivo para o qual um sistema de controle interno eficaz é essencial. Com isso, a assimetria informacional diminuirá, proporcionando uma prestação de contas (*accountability*) mais efetiva.

CONSIDERAÇÕES FINAIS

Observou-se, neste capítulo, que as atividades de auditoria e controles internos desempenham papel fundamental nas organizações como garantia da efetividade dos resultados obtidos com as decisões e as atividades desempenhadas pelos gestores, bem como seus métodos e seu acompanhamento. Uma vez que a estrutura de execução dessas atividades contempla leis específicas do setor público, torna-se evidente o compromisso da gestão com seus representados.

RESUMO

Este capítulo apresentou os principais conceitos atribuídos aos controles internos e sua relação com o exercício de auditoria, salientando quais os processos executados para atender, especificamente, às necessidades do setor público. Para tanto, foi apontado, de forma concisa, quais os regulamentos que norteiam e fundamentam suas atividades, seus critérios de avaliação do bom funcionamento das técnicas adotadas, seus princípios gerais, sua determinação clara de papéis e responsabilidades e demais temas cabíveis à estruturação.

20. ALBUQUERQUE, 2007, p. 9.

QUESTÕES PARA PESQUISA

1. O que é controle interno?
2. Quais são os princípios do controle interno?
3. Qual é a influência do controle interno na eficiência e na eficácia da administração pública?
4. Como o sistema de controle interno nas entidades públicas pode ser definido? Comente.
5. Qual é a legislação que apresenta respaldo ao controle interno?
6. O que é avaliação de risco no âmbito do controle interno?
7. O que é *accountability*?
8. Como o controle interno se correlaciona com o princípio da transparência?
9. O que é a teoria do agenciamento?
10. Como se relacionam o processo decisório, visto no Capítulo 6, e o controle interno?

CAPÍTULO 12

Custos no setor público

OBJETIVOS

Este capítulo aborda a importância do custo no serviço público – tema que atualmente assume grande relevância tendo em vista à normatização da Contabilidade Pública e Privada.

VISÃO GERAL

Este capítulo, inicialmente, aborda a relação entre os princípios contábeis e as boas práticas de gestão pública, como o custo, dada a edição da NBC T 16.11 – Resolução CFC n. 1.366, de 2011, que normatiza o Sistema de Informação de Custo do Setor Público (SICSP) e define os elementos de custo para o serviço público. Em seguida, é feita uma comparação entre custo no setor privado e no setor público. Apresenta-se, logo após, um dos métodos de custeio discutidos na literatura para o setor público, o custeio Activity-Based Costing (ABC). Por fim, é discutida a possibilidade de introdução do Custo para Servir como um elemento importante para a administração pública.

INTRODUÇÃO

O tema deste capítulo é: custo no setor público. Esse assunto veio à baila com a edição da a NBC T 16.11 – Resolução CFC n. 1.366, de 2011, que normatiza o Sistema de Informação de Custo do Setor Público (SICSP), seguindo um movimento de transformação por conta da convergência das normas internacionais. Isso é feito a partir dos conceitos e dos métodos já desenvolvidos para empresas privadas, que podem se adaptar à administração pública e ser eficientes e eficazes nos controles de despesas.

Os sistemas de custo, no caso do setor público, servem para:

- Justificar o valor das taxas e os preços públicos;
- Facilitar a elaboração do orçamento;
- Medir a eficiência, a eficácia, a economia de atividades e os eventos econômicos;
- Evidenciar o valor dos bens produzidos pela própria administração, sejam ou não bens de uso comum;
- Apoiar as decisões sobre continuar responsável pela produção de determinado bem, serviço ou atividade, ou entregá-lo(a) a entidades externas;
- Facilitar informação a entidades financiadoras de produtos, serviços ou atividades;
- Comparar custos de produtos ou serviços similares entre diferentes órgãos.

12.1

A IMPORTÂNCIA DA CONTABILIDADE DE CUSTOS PARA GESTÃO DO SETOR PÚBLICO

Como já abordado anteriormente, a eficiência e a eficácia são princípios constitucionais vigentes no art. 37. Assim, o zelo pela prestação de serviço de qualidade, concomitantemente com medidas de contenção de gastos públicos, são obrigações do Estado, o qual, por sua vez, quando busca a melhor maneira de gerir os recursos públicos, está obedecendo à Constituição do país.

Para tanto, a administração pública deve atentar-se a outro princípio legal, em consonância com o art. 70 da Constituição de 1988: a **economicidade**.

Nas palavras de Bugarin:[1]

> O vocábulo economicidade se vincula, no domínio das ciências econômicas e de gestão, a ideia fundamental de desempenho qualitativo. Trata-se da obtenção do melhor resultado estratégico possível de uma determinada alocação de recursos financeiros, econômicos e/ou patrimoniais em um dado cenário socioeconômico.

1. BUGARIN, P. S. O princípio constitucional da economicidade. *Correio Braziliense*, v. 12, n. 4, 1999, p. 1.

Em outras palavras, quando se vive em um país com recursos limitados, o gestor público deve otimizar sua utilização de forma eficaz e eficiente - o que requer tomada de decisões precisas, de modo que os recursos existentes sejam utilizados da melhor forma possível.

Com o intuito de propiciar decisões melhores, do ponto de vista de todos os *stakeholders* envolvidos, buscam-se informações corretas, confiáveis, relevantes e oportunas. Com esse objetivo, a Contabilidade Pública vem sendo constantemente aprimorada. Por exemplo, com o movimento de padronização das normas contábeis no setor público, por meio da publicação das primeiras normas em 2008, com a regulamentação, em 2011, da NBC T 16.11 - Resolução CFC n. 1.366, de 2011, que normatiza o SICSP e define a conceituação, o objeto, os objetivos e as regras básicas para mensuração e evidenciação dos custos no setor.

12.2

A NBC T 16.11

Entre os principais tópicos dessa norma, destacam-se:[2]

Definições

> *Objeto de custo:* é a unidade para a qual se deseja mensurar e avaliar os custos. Os principais objetos de custos são identificados a partir de informações dos subsistemas orçamentário e patrimonial.

Assim, a informação de custo apareceria em dois momentos: no planejamento e seu reflexo orçamentário e na execução orçamentária e em seus reflexos patrimoniais.

> *Apropriação do custo:* é o reconhecimento do gasto de determinado objeto de custo previamente definido.

Todo gasto é antecedido por uma cotação que, dependendo das características, se enquadra em um dos métodos licitatórios da Lei n. 8.666, de 1993.[3] O valor é predefinido, ou seja, tem-se o valor estimado de uma obra que é lançada em dotação orçamentária, mas, dependendo da circunstância, pode ser aditado com o respectivo

2. CONSELHO FEDERAL DE CONTABILIDADE (CFC). *NBC T 16.11 - Sistema de Informação de Custos do Setor Público, de 25 de novembro de* 2011. Disponível em: <http://www1.cfc.org.br/sisweb/SRE/docs/RES_1366.pdf>. Acesso em: 27 abr. 2019.
3. BRASIL. *Lei n. 8.666, de 21 de junho de 1993.* Regulamenta o art. 37, inciso XXI, da Constituição Federal, institui normas para licitações e contratos da Administração Pública e dá outras providências. Disponível em: <http://www.planalto.gov.br/ccivil_03/leis/l8666cons.htm>. Acesso em: 27 abr. 2019.

valor aumentado ou diminuído, caso haja quebra de contrato ou impossibilidade no andamento da obra.

Seguem-se, assim, as disposições da NBC T 16.11 - Resolução CFC n. 1.366, de 2011:[4]

> O SICSP é apoiado em três elementos: Sistema de acumulação, Sistema de custeio e Método de custeio.
>
> Sistema de acumulação corresponde à forma como os custos são acumulados e apropriados aos bens e serviços e outros objetos de custos e está relacionado ao fluxo físico e real da produção. Os sistemas de acumulação de custos no setor público ocorrem por ordem de serviço ou produção, e de forma contínua.
>
> Por ordem de serviço ou produção é o sistema de acumulação que compreende especificações predeterminadas do serviço ou produto demandado, com tempo de duração limitado.
>
> As ordens são mais adequadas para tratamento dos custos de investimentos e de projetos específicos, por exemplo, as obras e benfeitorias.

A apropriação de custo por ordem de serviço é uma característica bem própria do setor público; esta forma de apropriação está relacionada, em geral, a obras ou benfeitorias, com data inicial para o começo da obra e data final para a conclusão da obra, portanto, em alguns casos, a conclusão da obra supera um exercício fiscal.

Quando a despesa ou investimento tem as características supracitadas, o custo é acumulado ao longo do ano e, no final do exercício, é transferido para o ativo, a fim de que no próximo ano o custo seja tomado na totalidade, somado o valor ativado mais o valor do ano da finalização da obra. Essa interpretação foi depreendida de Machado.[5]

De forma contínua, é o sistema de acumulação que compreende demandas de caráter continuado e as acumuladas ao longo do tempo. Esse tipo de acumulação é característico em custos frequentes.

Faz-se aqui uma pausa necessária para abordar como o Estado regulamenta essa complexa matéria, considerando as contribuições de alguns autores, como Alonso,[6] Afonso[7] e Machado.[8] Tem-se em vista que o Estado, pelas especificidades

4. CFC, 2011.
5. MACHADO, N. *Sistema de informação de custo:* diretrizes para integração ao orçamento público e à contabilidade governamental, 2002. Tese (Doutorado em Controladoria e Contabilidade) - Faculdade de Economia, Administração e Contabilidade, Universidade de São Paulo (FEA-USP), São Paulo, 2002, p. 147.
6. ALONSO, M. Custos no serviço público. *Revista do Serviço Público*, v. 50, n. 1, p. 37-63, 1999.
7. AFONSO, J. R. R.; NÓBREGA, M. Responsabilidade fiscal: uma obra inacabada. *Revista Controle: doutrinas e artigos*, v. 7, n. 1, p. 15-30, 2009.
8. MACHADO, 2002.

do serviço público, pode normatizar o Sistema de Custo diferentemente do que é aplicado na iniciativa privada. Em seguida, são apresentadas as definições que constam na NBC T 16.11:[9]

> *Sistema de custeio* está associado ao modelo de mensuração e, desse modo, podem ser custeados os diversos agentes de acumulação de acordo com diferentes unidades de medida, dependendo das necessidades dos tomadores de decisões. No âmbito do sistema de custeio, podem ser utilizadas as seguintes unidades de medida: custo histórico, custo-corrente, custo estimado e custo-padrão.
>
> *Método de custeio* se refere ao método de apropriação de custos e está associado ao processo de identificação e associação do custo ao objeto que está sendo custeado. Os principais métodos de custeio são: direto, variável, por absorção, por atividade e pleno.
>
> *Custeio direto* é o custeio que aloca todos os custos - fixos e variáveis - diretamente a todos os objetos de custo, sem qualquer tipo de rateio ou apropriação.
>
> *Custeio variável* é o que apropria aos produtos ou serviços apenas os custos variáveis e considera os custos fixos como despesas do período.
>
> *Custeio por absorção* é o que consiste na apropriação de todos os custos de produção aos produtos e serviços.
>
> *Custeio por atividade* é o que considera que todas as atividades desenvolvidas pelas entidades são geradoras de custos e consomem recursos. Procura estabelecer a relação entre atividades e os objetos de custo, por meio de direcionadores de custos que determinam quanto de cada atividade é consumida por eles.

12.3

A ESCOLHA DO MÉTODO DE CUSTEIO CONFORME A NBC T 16.11

Na própria Norma NBC T 16.11, há a observação sobre a escolha do método:[10]

> A escolha do método deve estar apoiada na disponibilidade de informações e no volume de recursos necessários para obtenção das informações ou dados. As entidades podem adotar mais de uma metodologia de custeamento, dependendo das características dos objetos de custeio.

Fica evidente que o próprio Estado entende que a escolha do método de custeio não é simples no setor público e exige julgamento e investigação.

9. CFC, 2011.
10. CFC, 2011.

12.4

DEFINIÇÕES RELACIONADAS A CUSTOS DE ACORDO COM A NBC T 16.11

Continuando, a NBC T 16.11 define o custo para o Estado, fornecendo, assim, um direcionamento objetivo para os gestores e os contadores públicos:[11]

- Custos são gastos com bens ou serviços utilizados para a produção de outros bens ou serviços.
- Custos da prestação de serviços são os custos incorridos no processo de obtenção de bens e serviços e outros objetos de custos, e que correspondem ao somatório dos elementos de custo, ligados à prestação daquele serviço.
- Custos reais são os custos históricos apurados a posterior e que realmente foram incorridos.
- Custo direto é todo o custo que é identificado ou associado diretamente ao objeto do custo.
- Custo indireto é o custo que não pode ser identificado diretamente ao objeto do custo, devendo sua apropriação ocorrer por meio da utilização de bases de rateio ou direcionadores de custos.
- Custo fixo é o que não é influenciado pelas atividades desenvolvidas, mantendo seu valor constante em intervalo relevante das atividades desenvolvidas pela entidade.
- Custo variável é o que tem seu valor determinado e diretamente relacionado com a oscilação de um fator de custos estabelecido na produção e execução dos serviços.
- Custo operacional é o que ocorre durante o ciclo de produção dos bens e serviços e outros objetos de custos, como energia elétrica, salários, etc.
- Custo predeterminado é o custo teórico, definido a priori para valorização interna de materiais, produtos e serviços prestados.
- Custo-padrão (*standard*) é o que resulta da consideração de normas técnicas atribuídas aos vários fatores de produção, como consumo de matérias, mão de obra, máquinas etc., para a definição do custo do produto ou do serviço.
- Custo estimado é o custo projetado para subsidiar o processo de elaboração dos orçamentos da entidade para determinado período; pode basear-se em simples estimativa ou utilizar a ferramenta do custo-padrão.
- Custo controlável utiliza centro de responsabilidade e atribui ao gestor apenas os custos que ele pode controlar.
- Custo marginal é o custo de uma unidade a mais, de um ponto de vista prático, a sua apuração é decorrente dos custos variáveis.

11. CFC, 2011.

- Hora ocupada é o tempo despendido por cada empregado nos departamentos de serviço destinados a atender às tarefas vinculadas com as áreas de produção de bens ou serviços.
- Hora máquina corresponde à quantidade de horas que as máquinas devem funcionar para realizar a produção de bens e serviços e outros objetos de custos do período. É aplicada às unidades de produto ou serviço em função do tempo de sua elaboração.
- Mão de obra direta corresponde ao valor da mão de obra utilizada para a produção de bens e serviços e outros objetos de custos.
- Sobre aplicação é a variação positiva apurada entre os custos e metas estimados e os executados.
- Sub aplicação é a variação negativa apurada entre os custos e metas estimados e os executados.
- Custo de oportunidade é o custo objetivamente mensurável da melhor alternativa desprezada relacionada à escolha adotada.

12.5

ATRIBUTOS DA INFORMAÇÃO DE CUSTOS

Conforme a NBC T 16.11,[12] os atributos da informação de custos são:

a) relevância - entendida como a qualidade que a informação tem de influenciar as decisões de seus usuários auxiliando na avaliação de eventos passados, presentes e futuros;

b) utilidade - deve ser útil à gestão tendo a sua relação custo benefício sempre positiva;

c) oportunidade - qualidade de a informação estar disponível no momento adequado à tomada de decisão;

d) valor social - deve proporcionar maior transparência e evidenciação do uso dos recursos públicos;

e) fidedignidade - referente à qualidade que a informação tem de estar livre de erros materiais e de juízos prévios, devendo, para esse efeito, apresentar as operações e acontecimentos de acordo com sua substância e realidade econômica e, não, meramente com a sua forma legal;

f) especificidade - informações de custos devem ser elaboradas de acordo com a finalidade específica pretendida pelos usuários;

12. CFC, 2011.

g) comparabilidade – entende-se a qualidade que a informação deve ter de registrar as operações e acontecimentos de forma consistente e uniforme, a fim de conseguir comparabilidade entre as distintas instituições com características similares. É fundamental que o custo seja mensurado pelo mesmo critério no tempo e, quando for mudada, esta informação deve constar em nota explicativa;
h) adaptabilidade – deve permitir o detalhamento das informações em razão das diferentes expectativas e necessidades de informações das diversas unidades organizacionais e seus respectivos usuários;
i) granularidade – sistema que deve ser capaz de produzir informações em diferentes níveis de detalhamento, mediante a geração de diferentes relatórios, sem perder o atributo da comparabilidade.

12.6

PARALELO COM A CONTABILIDADE PARA O SETOR PRIVADO DE CONCEITOS ESPECÍFICOS DA CONTABILIDADE PÚBLICA

Holanda[13] relata que o poder executivo federal, no mesmo ano da publicação da referida norma, promoveu a oficina de trabalho "Sistemas de custos na administração pública: modelo conceitual e estratégia de implementação". No evento, o Ministério da Fazenda foi ratificado como órgão responsável para coordenar a tarefa de conceber e implantar o sistema de informação de custos do governo federal, por meio da utilização de dados dos diversos sistemas estruturantes do governo federal. Desse movimento surgiu a homologação do Sistema de Informação de Custos do Governo Federal (SIC).

Aqui vale ressaltar alguns conceitos específicos da Contabilidade Pública e realizar um paralelo com a Contabilidade Privada, tão bem realizada por Holanda.[14]

Dos conceitos de Contabilidade Governamental aos de Custos, destaca-se a terminologia da Contabilidade de Custos de Martins, citado por Holanda:[15]

> Gasto – sacrifício financeiro com que a entidade arca para a obtenção de um produto ou serviço qualquer, sacrifício esse representado por entrega ou promessa de entrega de ativos.
>
> Investimentos – gasto ativado em função de sua vida útil ou de benefícios atribuíveis a futuros períodos.

13. HOLANDA, V. B. Diretrizes e modelo conceitual de custos para o setor público a partir da experiência no governo federal do Brasil. *Revista de Administração Pública*, ano 4, v. 44, 2010, p. 791-820.
14. HOLANDA, 2010.
15. HOLANDA, 2010, p. 800.

Custo – gasto relativo a bem ou serviço utilizado na produção de outros bens ou serviços.

Despesa – bem ou serviço consumido direta ou indiretamente para obtenção de receitas.

Desembolso – pagamento resultante da aquisição do bem ou serviço.

Na Figura 12.1 é mostrado, esquematicamente, como esses conceitos se correlacionam na Contabilidade Pública e na de Custos.

FIGURA 12.1

Ciclo visão geral da correspondência entre a Contabilidade Governamental e a de Custos

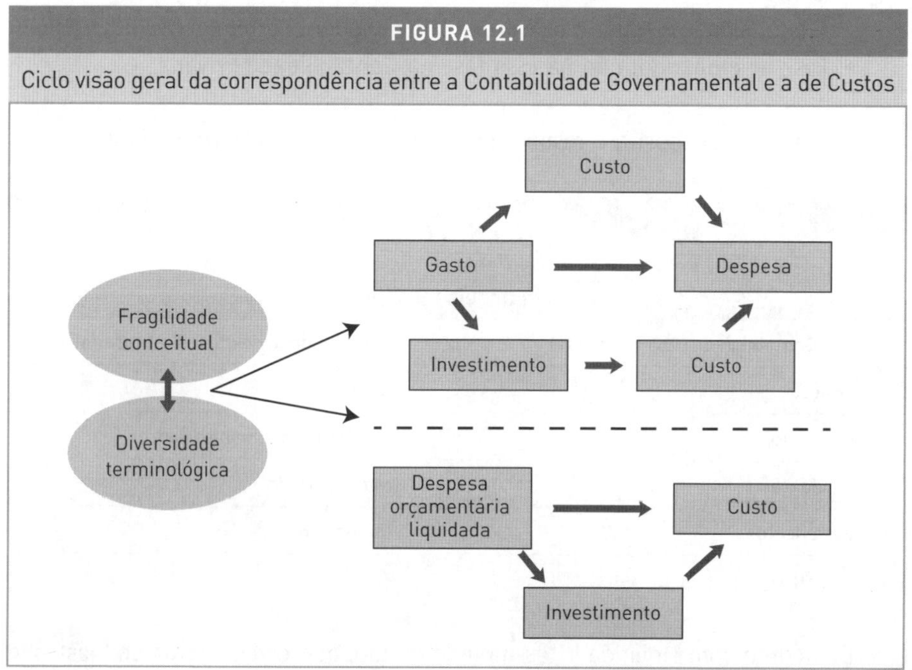

Fonte: HOLANDA, 2010, p. 801.

Na Contabilidade Privada, a diferença entre custo e despesa é clara. Todos os gastos envolvidos no ciclo produtivo (área-fim) são custos. Já os gastos ocorridos na área-meio são considerados como despesas, impactando no resultado do período.

Por outro lado, no setor público, as despesas orçamentárias têm um ciclo próprio, passando pelas fases de fixação, de empenho, de liquidação e de pagamento, ficando difícil a separação dos gastos com a área-fim (custo) com os da área-meio (despesa).

Na comparação entre a Contabilidade Empresarial e a Contabilidade Pública, observam-se algumas semelhanças conceituais:

- Fase da fixação: equivalente ao custo-padrão, uma vez que esse custo tem as mesmas características do orçamento.
- Fase de liquidação: em que se verifica se o credor está apto ao recebimento, analisando os documentos pertinentes, conforme a Lei n. 4.320, de 1964.
- Fase do pagamento: conceito de desembolso, ou seja, observando-se que na Contabilidade Pública as fases anteriores são requisitos necessários; e na Contabilidade Privada, a fase de pagamento pode ocorrer em qualquer tempo.
- Fase de empenho: não há essa fase na Contabilidade Privada.

O Quadro 12.1 mostra o resumo dessa correspondência terminológica.

QUADRO 12.1

Contabilidade Governamental × Contabilidade de Custos: correspondência terminológica

Contabilidade Governamental	Contabilidade de Custo Empresarial
Fixação	Padrão
Empenho	Não é tradicionalmente usado
Liquidação	Gasto (realizado)
Pagamento	Desembolso

Fonte: HOLANDA, 2010, p. 802.

De acordo com Holanda,[16] "assumindo, então, que os conceitos de 'gastos' e valores 'liquidados' se equivalem, pode-se tomar a despesa orçamentária liquidada como ponto de partida para a construção do sistema de informação de custos". Pelo exposto, é possível afirmar que a despesa liquidada na área-fim, ou seja, a despesa que já foi reconhecida, é a origem do sistema de custo.

Os investimentos transformam-se, posteriormente, em custos, via depreciação, exaustão ou amortização. Essa transformação em custos aparece na parte inferior da Figura 12.1. Conclui-se, então, que, no setor público, com o atual sistema contábil público, a despesa liquidada é a chave a ser decifrada para se chegar à informação de custos. "Assim, no setor público, o conceito de despesa liquidada funciona como elo conceitual e metodológico para apuração dos custos".[17]

16. HOLANDA, 2010, p. 802.
17. HOLANDA, 2010, p. 802.

O consumo de recursos, que configuram as despesas orçamentárias no setor público, divide-se em dois grandes grupos: as despesas correntes e as despesas de capital. As despesas de capital são relacionadas aos investimentos, à adição e à manutenção de equipamentos públicos, isto é, são gastos que deverão gerar benefícios por vários períodos. Já as despesas correntes, ou de custeio, dizem respeito aos gastos necessários para a manutenção cotidiana dos serviços já existentes, abrangendo itens como salários do pessoal, despesas de comunicação e combustíveis.

Em função da crise fiscal vivida pelo país, boa parte do orçamento público costuma ser dedicada às despesas de custeio, deixando relativamente poucos recursos para novos investimentos, como infraestrutura, pesquisa e desenvolvimento. Esse fato é visto por vários economistas como um limitador para o crescimento.

Não há paralelo exato entre a Contabilidade Pública e a Contabilidade Privada no que diz respeito à despesa liquidada como custo, uma vez que, na primeira, a despesa liquidada corresponde ao custo e, na segunda, o custo é definido pelo valor gasto realizado na produção do produto ou na prestação de serviço. Por esse motivo, alguns ajustes conceituais precisam ser feitos, a fim de se trabalhar adequadamente o conceito de custo dos produtos e dos serviços de um período.

Como observa Holanda:[18] "Alguns exemplos destes ajustes são: liquidação forçada, compra de materiais para estoques e despesas de exercícios anteriores". Outros aspectos são as despesas com obras de conservação e adaptação de bens imóveis, que alteram o ativo, são investimentos e ultrapassam mais de um exercício. Assim, acabam sendo pagas com o orçamento do exercício corrente, mas são decisões do exercício anterior. Esse tipo de despesa é classificado como despesa de custeio, sendo necessário reclassificá-la como investimento.

Outro ajuste no custo do serviço público diz respeito aos gastos com pessoal: independentemente de onde ocorram, seja área-fim seja área-meio, sempre são classificados no grupo das despesas correntes. Assim, deve-se identificá-los e reclassificá-los. Nas palavras de Holanda:[19]

> A liquidação forçada é registrada no encerramento do exercício, tendo como contrapartida a conta "restos a pagar não processados". Seu objetivo é levar todas as despesas legalmente empenhadas a comporem as despesas do exercício financeiro.[20]

Pode-se comparar a liquidação forçada ao procedimento da Contabilidade Privada de registrar uma despesa em contrapartida do passivo. Nesse caso, a despesa

18. HOLANDA, 2010, p. 804.

19. HOLANDA, 2010, p. 804.

20. BRASIL. *Artigo 35 da Lei n. 4.320, de 17 de março de 1964.* Pertencem ao exercício financeiro: I – as receitas nele arrecadadas; II – as despesas nele legalmente empenhadas. Disponível em: <http://www.planalto.gov.br/CCivil_03/leis/L4320.htm>. Acesso em: 26 abr. 2019.

produzirá efeitos de apuração no mês em que a despesa foi lançada, e não no mês em que foi paga. Na Contabilidade Pública, em alguns casos, isso não ocorre, como no final do exercício, quando há a composição dos restos a pagar. Quando determinada despesa de competência do exercício anterior for paga, nesse momento será reconhecida. Portanto, o efeito dessa despesa em âmbito de custo será no exercício do pagamento da despesa, o que é uma distorção, pois a despesa de fato ocorreu no exercício anterior, quando considerado o regime de competência.

O inverso também é verdadeiro, ou seja, uma despesa paga em exercício anterior pode produzir efeitos no custo no exercício seguinte, como as compras de almoxarifado em trânsito, em que a compra/liquidação foi efetuada no exercício anterior, mas o consumo do material se dará no exercício seguinte.

Holanda[21] esclarece da seguinte forma:

> A liquidação é feita, normalmente, no sistema financeiro, o lançamento, despesa orçamentária e a despesa orçamentária a pagar. Entretanto, esse fato gerador vai impactar também o sistema patrimonial, em que no ato da liquidação é lançado – almoxarifado a mutações patrimoniais ativas (aquisição de bens para o almoxarifado) e, no momento do consumo, o lançamento é mutações patrimoniais passivas (baixa de bens móveis por consumo) a almoxarifado. Dessa forma, o saldo da conta almoxarifado mostrará, no balanço patrimonial, a existência de material de consumo, ao passo que a conta "baixa de bens móveis por consumo", do grupo "variações patrimoniais", mostrará os materiais utilizados no período. Logo, o ajuste, nesse caso, é simples: basta substituir o montante das compras de materiais para estoque do grupo das despesas orçamentárias pelo valor dos materiais efetivamente consumidos registrados na conta baixa de bens móveis por consumo.

12.7

CUSTOS E INDICADORES DE DESEMPENHO PARA O SETOR PÚBLICO

Na visão de Alonso,[22] há uma relação intrínseca entre a medida de desempenho dos órgãos públicos e o custo. Medidas de desempenho e indicadores de desempenho visam possibilitar o controle da qualidade das ações empreendidas, sua eficiência e sua eficácia, do ponto de vista do atingimento de objetivos predefinidos na gestão de um serviço público. Essa visão se baseia na ideia de que a medida de desempenho serve para verificar a qualidade dos serviços prestados pelo setor público, enquanto a medida do custo é utilizada para aferir a quantidade de recurso otimamente empregado, isto é, se existe a quantidade ideal de recursos empregados

21. HOLANDA, 2010, p. 805.
22. ALONSO, 1999.

na prestação de serviços, deve haver a quantidade adequada de recursos para atender a uma demanda.

Tendo em vista que a administração pública tem trabalhado com vários medidores de desempenho institucionais, segundo Alonso,[23] a preocupação pela alocação de recursos, que torna os indicadores de desempenho adequados, deve ser uma preocupação constante do gestor público.

Nesse contexto, o planejamento de ações requer tomada de decisões prioritárias adequadas, pois, na administração pública, os objetivos institucionais podem se alterar por fatores políticos, econômicos ou sociais, sendo necessária a alteração ou o ajustamento das políticas públicas. Sendo assim, os gestores públicos têm de estar aptos para executar as mudanças adequadamente.

A administração pública tem prestado serviços na forma de processos de trabalho, ou seja, em que cada etapa pode haver uma ou mais atividades envolvidas, apresentando, consequentemente, um custo diferenciado em cada atividade do processo.

Na concepção de Alonso:[24]

> Na definição dos novos processos de trabalho, ou no mapeamento dos já existentes, procede-se a uma descrição razoavelmente detalhada das atividades que os compõem. Esse mapa de processos e a lista de atividades são a matéria-prima para os modernos sistemas de custos.

Essa visão também pode ser verificada na própria NBC T 16.11 - Resolução CFC n. 1.366, de 25 de novembro de 2011,[25] item 3, alínea "b", que estimula a geração de medidores de desempenho a fim de comparar a prestação de serviços entre as entidades, objetivando a otimização dos custos alocados para aquele determinado serviço prestado à comunidade.

Pelas características apontadas, Alonso[26] considera o sistema de custo *Activity-Based Costing* (ABC) o mais indicado para o setor público pelo fato de fundamentar o custo em atividades desenvolvidas em dado processo.

A visão de Alonso[27] é consistente, uma vez que no processo de um órgão público há várias atividades que compõem o conjunto de custos variáveis, dependendo da complexidade do serviço a ser prestado. Há casos de um mesmo tipo de processo para dois indivíduos distintos, com um número de atividades também distinto - o que faz com que dois processos com o mesmo objetivo gerem custos diferentes. Esse fato tem de estar contemplado no sistema de alocação de recursos.

23. ALONSO, 1999.
24. ALONSO, 1999, p. 47.
25. CFC, 2011.
26. ALONSO, 1999.
27. ALONSO, 1999.

Considerando que a administração pública brasileira ainda é muito conservadora e burocrática, a comunicação entre a área-fim, responsável pela execução dos serviços prestados à população, e a cúpula dos gestores, é permeada de obstáculos, ou seja, os gestores executivos, às vezes, não têm noção da realidade da área-fim, o que leva à tomada de decisões equivocadas na alocação dos recursos e, por conseguinte, a um aumento do custo dos serviços. Se a governança dos processos - que, como mencionado anteriormente, é de alta complexidade - aumentar, os gestores executivos terão maiores condições de priorizar decisões.

12.8

DISCUSSÃO SOBRE VIABILIDADE DO USO DO CUSTEIO ABC NO SETOR PÚBLICO

No que concerne aos métodos de custeio, o custeio ABC tem como base considerar o produto ou o serviço como uma série de atividades. Desse modo, mede-se o custo de cada atividade, principalmente no quesito temporal e de recursos consumidos, por meio de um mapeamento das atividades do produto.

O custeio ABC, assim constituído, tem a capacidade de, por meio do mapeamento de atividades, verificar quais atividades estão impactando mais ou menos no custo total do produto ou do serviço, propiciando, assim, a oportunidade de tomada de decisões específicas nas atividades mais custosas, e que, ao final do processo, acarretará na diminuição do custo do produto ou do serviço.

Pode-se sintetizar o custeio ABC como uma cadeia de eventos a serem realizados, na qual são introduzidos geradores de custos (*cost drivers*) de recursos, ou seja, atividades, que são, na verdade, fatores de custo que consomem recursos no processo do produto ou do serviço.

Alonso[28] aponta que:

> As taxas de consumo de recursos, associadas a cada *cost driver*, podem ser tecnicamente determinadas (medições) ou estimadas com base em padrões referenciais (de *benchmarking*) ou em hipóteses. Para quantificar a relação entre uma atividade e um produto, ou outro objeto de custeio (cliente, unidade, projeto, canal de distribuição etc.), usa-se um gerador de custos (*cost driver*) de atividade.

As atividades não ligadas diretamente ao processo produtivo (área-fim) poderão ser desmembradas em outros processos, a fim de minimizar as atividades do processo produtivo, causando, assim, a diminuição de *cost drivers* e, com isso,

28. ALONSO, 1999, p. 14.

otimizando o custo final do produto. As atividades que não estiverem na composição do processo produtivo serão contabilizadas como despesa.

Nos relatórios de custo, atributos podem ser associados a cada atividade. Para Alonso:[29]

> Os atributos são esquemas de codificação associados a cada atividade, que facilitam a geração de relatórios de custos para análises específicas. Exemplos de atributos: nível hierárquico da atividade, natureza da atividade, volatilidade do custo da atividade etc.

O Quadro 12.2 compara a gestão de custos ABC/ABM e o controle de despesas e custeio tradicional.

QUADRO 12.2

Gestão de Custos ABC/ABM × Controle de Despesas e Custeio Tradicional

Gestão de custos ABC/ABM	Controle de despesas e custeio tradiconal
Os custos são determinados pelas atividades e pelos *cost drivers*.	Os custos são determinados pelos centros de custos e pelos critérios de rateio.
Poderá ser uma inovação introduzida pela reforma administrativa.	Típico do modelo tradicional de administração pública.
Finalidade principal: Melhorar o desempenho das organizações governamentais.	Finalidade principal: Controle da despesa, assegurando a legalidade dos atos de gestão.
Mostra as causas do mau desempenho e como melhorá-lo.	Mostra que há mau desempenho, mas não identifica as causas.
Parametriza a função alocativa do governo, gerando indicadores de eficiência e eficácia. Ênfase nos resultados e nos custos unitários.	Parabeniza a política fiscal. Ênfase nos insumos (pessoal, compras, contratos etc.) e nos agregados fiscais.
Influencia o comportamento dos gestores das organizações governamentais.	Influencia basicamente os sistemas administrativos (financeiros, orçamentário e de controle interno).
Accountability.	Impessoalidade.
Responsabiliza pessoalmente os gestores/ dirigentes.	Responsabiliza os sistemas (financeiro, orçamentário e de controle interno).
Não obrigatoriedade legal: Não tem obrigatoriedade legal, mas é de alto interesse para a administração.	Obrigatoriedade legal: É de uso obrigatório, conforme o disposto na Constituição Federal, na Lei Federal n. 4.320, de 1964, e demais disposições legais.

Fonte: ALONSO, 1999, p. 53.

29. ALONSO, 1999, p. 47.

12.9

CUSTOS PARA SERVIR

Nesse contexto, define-se **custo para servir** como um elemento de custo estritamente voltado à iniciativa privada ou à empresa de iniciativa privada, cujo foco é o aumento da lucratividade por cliente.

A composição do custo para servir detalhado por atividade é uma ferramenta útil para a definição de planos específicos para a melhoria da lucratividade de clientes. Por consequência, o uso dessas informações serve para o alinhamento dos canais de atendimento, objetivando a melhoria na eficiência dos serviços prestados, conforme Guerreiro:[30]

> Para o atendimento de seus clientes, as organizações incorrem em custos significativos e que devem ser considerados para avaliar sua rentabilidade. São *os custos para servir*. Entre eles estão:
>
> - o tempo dos colaboradores demandado pelo cliente;
> - o grau hierárquico demandado pelo atendimento; pode ser, p. ex., um gerente de contas ou um colaborador menos graduado;
> - a frequência de entrega ao cliente.

Na proposta do custo para servir, após todos esses quesitos serem identificados, pode-se aferir a rentabilidade cliente por cliente. Com essa análise, é possível concluir que há certo número de clientes que contribuem "negativamente" para a rentabilidade da empresa, assim como há clientes que precisam ser "protegidos" dos competidores. Agrega-se a essa argumentação o relatado por Dalenogare, Neuenfeldt Jr. e Siluk:[31]

> Não há como negar, que o mercado consumidor de hoje, está mais exigente em termos de excelência e qualidade de produtos e serviços. Enquanto os produtos, pouco ou nada diferem uns dos outros, em termos de especificações técnicas com os da concorrência, se faz necessária a criação de diferenciais competitivos voltados a atender o cliente.

30. GUERREIRO, R.; MERSCHMANN, E. V. V.; BIO, S. R. Mensuração do custo para servir e análise de rentabilidade de cliente: uma aplicação em indústria de alimentos no Brasil. *Revista de Administração-eletrônica*, São Paulo, v. 1, n. 2, 2008.
31. DALENOGARE, G. E.; NEUENFELDT JUNIOR, Á.; SILUK, J. C. M. *Método do custo para servir ao cliente:* um estudo de caso em uma cooperativa de crédito. In: II WSPI – Workshop em Sistemas e Processos Industriais. Santa Cruz do Sul, RS, 2013, p. 4.

Deve ser notado, entretanto, que para se conquistar esse nível de eficácia no relacionamento com os clientes, necessita-se, saber reconhecer suas necessidades e proporcionar-lhes atenção e tratamento individualizados. E, além disso, do ponto de vista da entidade prestadora do serviço, deve-se entender como esse valor poderá ser proporcionado e qual sua vantagem competitiva nesse atendimento.

Ainda apontam Dalenogare, Neuenfeldt Jr. e Siluk:[32]

> Que o sistema de custeio baseado em atividades está direcionado, com maior ênfase, para a mensuração de custos industriais. No entanto, Kaplan e Cooper, ao relatarem um estudo pioneiro, desenvolvido na empresa sueca Kanthal, reforçam a ideia de que o uso do sistema de custeio ABC é o **mais adequado para se apurar os custos de atendimento aos clientes.** (g.n.)

De acordo com Braithwaite e Samakh, citado por Fernandes:[33]

> Pesquisadores que são membros da consultoria inglesa *Logistics Partner*, que desenvolveu e registrou o termo '*Cost to Serve*', explicam que as empresas se esforçam para saber, em detalhe, o custo de produção de seus produtos, mas têm pouca ideia de quanto custa para servir um cliente.

Esses aspectos têm se tornado mais relevantes, tendo em vista a informatização dos negócios. O mercado, atualmente, apresenta uma dicotomia: um nicho requer velocidade no atendimento das demandas, não importando um atendimento mais personalizado, e é formado pela porção mais jovem, que já nasceu com um processo de informatização no seu cotidiano; o outro nicho é formado por consumidores não tão jovens que requerem um atendimento mais individual para seus negócios. Uma empresa que não souber trabalhá-los pode ter reflexos negativos em sua carteira de clientes.

Isso demonstra que os desafios dos custos para servir são maiores e mais setorizados, porque, no segmento de venda, em que o atendimento individual pode ser remetido a um segundo plano, não sofrerão a influência da informatização – o que não acontece com o seguimento de serviço. Entretanto, toda a empresa deve ter um Serviço de Atendimento ao Cliente (SAC) ágil.

32. DALENOGARE NEUENFELDT; SILUK, 2013, p. 5.

33. BRAITHWAITE, A.; SAMAKH, E. The cost-to-serve method. *International Journal of Logistics Management*, v. 9, n. 1, p. 69-84, 1998 *apud* FERNANDES, M. G. et al. Cost to serve customers: an action research in the condominium administration in the Santos Region (SP). *Enfoque*, v. 33, n. 3, 2014.

Outro ponto a ser destacado nessa linha é: o processo de propaganda negativa, por meio dos canais de reclamação *on-line*, pode causar um decréscimo de faturamento significativo, portanto, deve ser considerado na composição do custo para servir.

Uma das premissas da avaliação correta do custo é gerenciá-los. Portanto, a tomada de decisão é vital. Guerreiro[34] menciona os autores Smith e Dikolli, que observam:

> A análise CPA (*Customer Profitability Analysis*) justifica-se se o custo benefício de compilar informações é favorável e o produto de qualquer decisão estratégica subsequente conduza a aumento de lucro. As decisões estratégicas podem variar desde mudanças na forma de operacionalizar entregas aos clientes até encerrar relacionamentos com clientes não lucrativos.

Em paralelo ao serviço público, Fernandes[35] relata que a relação entre o cidadão e a administração pública é mais rigorosa quando a questão é a qualidade no atendimento, que, se comparada a uma empresa privada, equivale-se à relação entre o cliente e o fornecedor do serviço. Nas palavras do autor:[36]

> Nessa reflexão, podemos considerar que a primeira fase da reforma gerencial, não obstante a completude das premissas e conceitos que acompanharam seu surgimento no país teve sua aplicação concentrada no desenvolvimento e implementação de políticas públicas voltadas ao aumento da capacidade da administração pública em fornecer serviços públicos suficientes à demanda do cidadão, direta ou indiretamente. Diante de todos os desafios em questão, inicialmente, precisava-se ao menos demonstrar à sociedade que o Estado funciona e que produz serviços públicos.

Como na Contabilidade Pública, a finalidade é a gestão dos recursos públicos, o conceito de custo para servir pode ser encarado como uma forma de alocação dos recursos públicos de maneira mais eficiente, focando no atendimento ao cliente-cidadão. Em outras palavras, o conceito deve ser tomado na perceptiva inversa, procurando onde há maior necessidade de aporte de recurso, tendo em conta as especificidades da população local, a complexidade do atendimento do cliente e o processo específico.

---

34. GUERREIRO, MERSCHMANN; BIO, 2008, p. 10 *apud* SMITH, M.; DIKOLLI, S. Customer profitability analysis: an activity-based costing approach. *Managerial Auditing Journal*, v. 10, n. 7, 1995, p. 3.
35. FERNANDES, 2011, p. 3.
36. FERNANDES, 2011, p. 3.

Considerando que vários autores relatam que o custo no serviço público fundamenta-se no método de custeio ABC, entende-se que o conceito de custo para servir pode ser usado como uma ferramenta na gestão de custo no serviço público. O aspecto de custos para servir também é um ponto a ser considerado no serviço público, pois a publicação da NBC T 16.11 obriga o serviço público a ter sua composição de custos para os produtos e os serviços, aproximando-o, assim, da iniciativa privada.

A eficiência de atendimento é um dos princípios da administração pública, segundo o art. 37 da Constituição.[37] Portanto, o custo para servir é uma questão fundamental para o serviço público.

O serviço público federal já possui um sistema de custos, conforme aponta Monteiro.[38] Por fim, há uma reflexão acerca dos próximos passos a serem tomados e dos desafios que permeiam a adoção de métricas de custos na gestão pública, seguida das considerações finais sobre o trabalho conduzido no âmbito da Secretaria do Tesouro Nacional (STN), do Ministério da Fazenda.

Acredita-se que o serviço público não visa ao lucro. Logo, a questão da rentabilidade não entra no contexto. Todos os outros aspectos de custos para servir, porém, estão plenamente atendidos, como a individualização do atendimento. Nesse parâmetro, pode-se pensar que o princípio da universalização é um obstáculo para o atendimento individualizado, mas, quando se observa que o tratamento desigual é usado para alcançar a isonomia, é possível verificar que o quesito da individualização do atendimento é fundamental. Esse não é o único fator que pode ser citado como semelhante ao setor privado, sendo um dos principais a qualidade do atendimento, incluindo a agilidade.

Há fatores intrínsecos ao setor público, uma vez que alguns serviços são monopólio do Estado, como municípios de tamanho diferentes, que, logicamente, possuem custos para servir menores, mas cujo valor pago pelo serviço é o mesmo. Os custos no setor público, com a nova disposição trazida pela NBC T 16.11, representam um ponto muito importante a ser estudado no âmbito acadêmico, pois poderá contribuir para a normatização desse diploma legal.

---

37. BRASIL. *Constituição da República Federativa do Brasil de 1988.* Disponível em: <http://www.planalto.gov.br/ccivil_03/constituicao/constituicao.htm>. Acesso em: 27 abr. 2019.

38. MONTEIRO, 2010, p. 3.

CONSIDERAÇÕES FINAIS

Com a entrada em vigor da NBC T 16.11, Resolução CFC n. 1.366, de 25 de novembro de 2011, é obrigatória a utilização do sistema de custeio no serviço público. Toma-se a lição de Freitas,[39] ao afirmar que o custo para servir é uma derivação do método de custeio ABC, e as afirmações de Alonso,[40] que relata ser esse o método adequado para utilização do setor público.

O custo para servir é usado na Contabilidade Privada como uma maneira de verificar a lucratividade por cliente, utilizando o mesmo critério do custo ABC, ou seja, divide-se o processo de custo do produto ou da prestação de serviço em atividades, que podem ter seus valores individualizados. Dessa forma, tem-se o custo total como a soma dos custos individuais de cada atividade.

RESUMO

Este capítulo expôs, inicialmente, alguns conceitos de custo, principalmente em relação à obrigatoriedade por parte da padronização contábil, como o custeio ABC, citado na literatura como um dos métodos de custeio mais indicado. Realizou-se, em seguida, uma comparação entre o custo na iniciativa privada e no setor público para introduzir a ideia de que o custo para servir, no setor público, é utilizado sob perspectiva inversa da usada na Contabilidade Privada, ou seja, os projetos que requerem maior recurso na visão do cliente-cidadão podem ser os prioritários, uma vez que indicam a necessidade de políticas públicas para determinada dada região.

QUESTÕES PARA PESQUISA

1. O que são custos para servir?
2. Discorra sobre alguma das particularidades da definição de custos para o setor público.
3. Você considera adequada a preocupação com custos no setor público, considerando que as demandas atendidas são necessidades sociais?

39. FREITAS, A. K. B.; LOPES, L. F. D.; SILVA, D. D. M. Método do custo para servir o cliente como ferramenta gerencial: estudo de caso em uma rede supermercadista. In: XXXII ENCONTRO NACIONAL DE ENGENHARIA DE PRODUÇÃO. *Desenvolvimento Sustentável e Responsabilidade Social:* As Contribuições da Engenharia de Produção. Bento Gonçalves, 2012.
40. ALONSO, 1999.

QUESTÕES PARA PESQUISA

4. O que é custo?
5. Qual é a norma específica para o tratamento de custos no setor público?
6. Você acha possível a utilização do conceito de custos para servir no setor público?
7. Que tipo de decisão a utilização do conceito de custos para servir poderia possibilitar no serviço público?
8. O que seriam medidores de desempenho e indicadores de desempenho no serviço público?
9. Cite três exemplos de indicadores de desempenho em programas constantes no orçamento da Prefeitura de São Paulo.
10. Discute-se, e consta nas normas do CFC, a demonstração de resultado econômico do serviço público. No que consiste essa demonstração e qual é sua relação com a informação de custo?

Índice remissivo

Referências

ABRUCIO, L. F.; LOUREIRO, M. R. Finanças públicas, democracia e accountability. In: BIDERMAN, C.; ARVATE, P. (Orgs.). *Economia do setor público no Brasil*. Rio de Janeiro: Elsevier, 2005.

AFONSO, J. R. R.; NÓBREGA, M. Responsabilidade fiscal: uma obra inacabada. *Revista Controle: Doutrinas e artigos*, v. 7, n. 1, 2009.

AGOSTINI, C.; CARVALHO, J. T. A evolução da contabilidade: seus avanços no Brasil e a harmonização com as normas internacionais. Instituto de Ensino Superior Tancredo de Almeida Neves, *Armário de Produção*, v. 1, n. 1, 2011.

ALBUQUERQUE, C. M.; MEDEIROS, M. B.; SILVA, P. H. F. *Gestão de finanças públicas*. Brasília: Editora Gestão Pública, 2006.

ALBUQUERQUE, J. H. M. et al. Um estudo sob a óptica da teoria do agenciamento sobre a accountability e a relação Estado-sociedade. In: CONGRESSO USP DE CONTROLADORIA E CONTABILIDADE, 7, 2007, São Paulo. *Anais*... São Paulo: USP, 2007.

ALONSO, M. Custos no serviço público. *Revista do Serviço Público*, v. 50, n. 1, 1999.

________. *Custos no serviço público*: texto para discussão 31. Brasília: ENAP, 1998.

ALQARNI, A. The managerial decision styles of Florida's State University libraries' managers. 2003. 158 f. Thesis - Florida State University School of Information Studies, Flórida, 2003.

ARAÚJO E SILVA, F.; GONÇALVES, C. A. O processo de formulação e implementação de planejamento estratégico em instituições do setor público. *Revista de Administração da Universidade Federal de Santa Maria*, v. 4, n. 3, 2011.

ASSAD, L. Pobreza inviabiliza autodeterminação de nações. *Ciência e Cultura*, v. 64, n. 1, 2012.

AZEVEDO, S.; ANASTASIA, F. Governança, accountability e responsividade. *Revista de Economia Política*, v. 22, n. 1(85), jan./mar., 2002.

AZEVEDO, S.; DOS MARES GUIA, V. R.; TOTTI, M. E. F. Ação coletiva, participação e políticas regulatórias nas metrópoles brasileiras: algumas considerações teóricas sobre gestão de órgãos colegiados. Disponível em: <http://aneste.org/curso-de-extenso-v4.html?page=5>. Acesso em: 27 maio 2019.

BÄCHTOLD, C.; VIEIRA, S. J.; ÁVILA, C. A. *Noções de contabilidade pública*. Curitiba: Instituto Federal do Paraná - Educação à Distância, 2013.

BARRETTO, M. C. R. *Evolução da dívida pública dos estados após o plano de ajuste fiscal*: uma análise do endividamento dos governos estaduais de 2000 a 2012. 2013. 92 f. Monografia (Especialista em Orçamento e Políticas Públicas) - Faculdade de Economia, Administração e Contabilidade, Universidade de Brasília (UnB), Brasília, 2013. Disponível em: <http://www.joserobertoafonso.com.br/evolucao-da-divida-publica-barretto/>. Acesso em: 3 abr. 2019.

BEZERRA FILHO, J. E. *Contabilidade pública:* teoria, técnica de elaboração de balanços e 500 questões. 3. ed. Rio de Janeiro: Elsevier, 2008.

BRANDT, A. C. *Definição de controladoria*. 2007. Disponível em: <http://mundodacontroladoria.blogspot.com.br/2007/09/definio-de-controladoria.html>. Acesso em: 3 abr. 2019.

BRAITHWAITE, A.; SAMAKH, E. The cost-to-serve method. *International Journal of Logistics Management*, v. 9, n. 1, 1998.

BRASIL. *Artigo 194 da Constituição da República Federativa do Brasil de 1988*. Disponível em: <http://www.planalto.gov.br/ccivil_03/constituicao/constituicaocompilado.htm>. Acesso em: 23 abr. 2019.

________. *Artigo 35 da Lei n. 4.320, de 17 de março de 1964*. Pertencem ao exercício financeiro: I - as receitas nele arrecadadas; II - as despesas nele legalmente empenhadas. Disponível em: <http://www.planalto.gov.br/CCivil_03/leis/L4320.htm>. Acesso em: 26 abr. 2019.

________. *Constituição da República Federativa do Brasil de 1988*. Disponível em: <http://www.planalto.gov.br/ccivil_03/constituicao/constituicaocompilado.htm>. Acesso em: 24 jun. 2019.

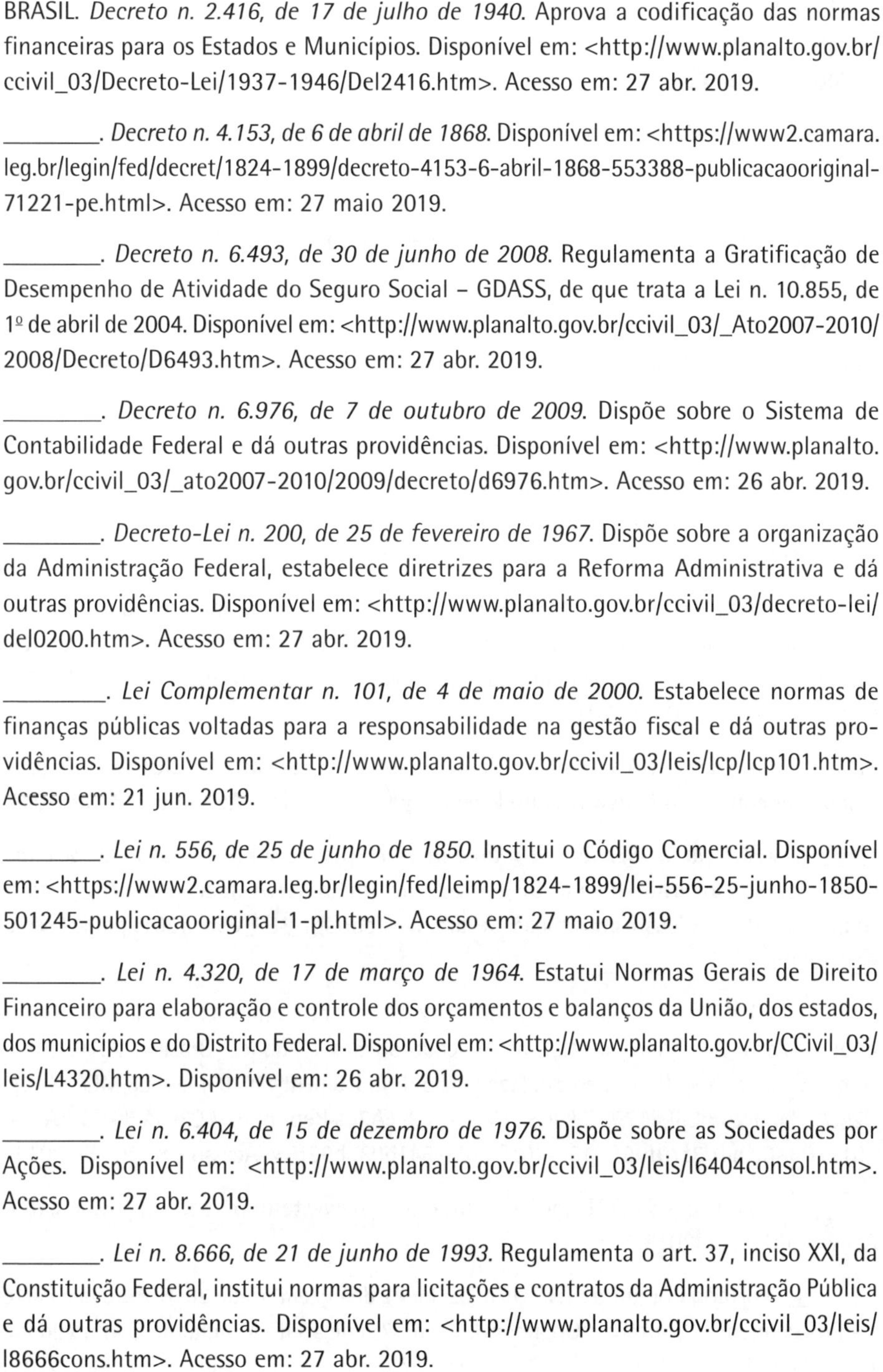

BRASIL. *Decreto n. 2.416, de 17 de julho de 1940*. Aprova a codificação das normas financeiras para os Estados e Municípios. Disponível em: <http://www.planalto.gov.br/ccivil_03/Decreto-Lei/1937-1946/Del2416.htm>. Acesso em: 27 abr. 2019.

________. *Decreto n. 4.153, de 6 de abril de 1868*. Disponível em: <https://www2.camara.leg.br/legin/fed/decret/1824-1899/decreto-4153-6-abril-1868-553388-publicacaooriginal-71221-pe.html>. Acesso em: 27 maio 2019.

________. *Decreto n. 6.493, de 30 de junho de 2008*. Regulamenta a Gratificação de Desempenho de Atividade do Seguro Social – GDASS, de que trata a Lei n. 10.855, de 1º de abril de 2004. Disponível em: <http://www.planalto.gov.br/ccivil_03/_Ato2007-2010/2008/Decreto/D6493.htm>. Acesso em: 27 abr. 2019.

________. *Decreto n. 6.976, de 7 de outubro de 2009*. Dispõe sobre o Sistema de Contabilidade Federal e dá outras providências. Disponível em: <http://www.planalto.gov.br/ccivil_03/_ato2007-2010/2009/decreto/d6976.htm>. Acesso em: 26 abr. 2019.

________. *Decreto-Lei n. 200, de 25 de fevereiro de 1967*. Dispõe sobre a organização da Administração Federal, estabelece diretrizes para a Reforma Administrativa e dá outras providências. Disponível em: <http://www.planalto.gov.br/ccivil_03/decreto-lei/del0200.htm>. Acesso em: 27 abr. 2019.

________. *Lei Complementar n. 101, de 4 de maio de 2000*. Estabelece normas de finanças públicas voltadas para a responsabilidade na gestão fiscal e dá outras providências. Disponível em: <http://www.planalto.gov.br/ccivil_03/leis/lcp/lcp101.htm>. Acesso em: 21 jun. 2019.

________. *Lei n. 556, de 25 de junho de 1850*. Institui o Código Comercial. Disponível em: <https://www2.camara.leg.br/legin/fed/leimp/1824-1899/lei-556-25-junho-1850-501245-publicacaooriginal-1-pl.html>. Acesso em: 27 maio 2019.

________. *Lei n. 4.320, de 17 de março de 1964*. Estatui Normas Gerais de Direito Financeiro para elaboração e controle dos orçamentos e balanços da União, dos estados, dos municípios e do Distrito Federal. Disponível em: <http://www.planalto.gov.br/CCivil_03/leis/L4320.htm>. Disponível em: 26 abr. 2019.

________. *Lei n. 6.404, de 15 de dezembro de 1976*. Dispõe sobre as Sociedades por Ações. Disponível em: <http://www.planalto.gov.br/ccivil_03/leis/l6404consol.htm>. Acesso em: 27 abr. 2019.

________. *Lei n. 8.666, de 21 de junho de 1993*. Regulamenta o art. 37, inciso XXI, da Constituição Federal, institui normas para licitações e contratos da Administração Pública e dá outras providências. Disponível em: <http://www.planalto.gov.br/ccivil_03/leis/l8666cons.htm>. Acesso em: 27 abr. 2019.

BRASIL. *Lei n. 8.742, de 7 de dezembro de 1993.* Dispõe sobre a organização da Assistência Social e dá outras providências. Disponível em: <http://www.planalto.gov.br/ccivil_03/leis/l8742.htm>. Acesso em: 27 abr. 2019.

_______. *Lei n. 10.180, de 6 de fevereiro de 2001.* Organiza e disciplina os Sistemas de Planejamento e de Orçamento Federal, de Administração Financeira Federal, de Contabilidade Federal e de Controle Interno do Poder Executivo Federal, e dá outras providências. Disponível em: <http://www.planalto.gov.br/ccivil_03/leis/leis_2001/l10180.htm>. Acesso em: 20 abr. 2019.

_______. *Lei n. 10.406, de 10 de janeiro de 2002.* Institui o Novo Código Civil. Disponível em: <http://www.planalto.gov.br/ccivil_03/leis/2002/l10406.htm>. Acesso em: 27 maio 2019.

_______. *Lei n. 10.855, de 1º de abril de 2004.* Dispõe sobre a reestruturação da Carreira Previdenciária, de que trata a Lei n. 10.355, de 26 de dezembro de 2001, instituindo a Carreira do Seguro Social, e dá outras providências. Disponível em: <http://www.planalto.gov.br/ccivil_03/_ato2004-2006/2004/lei/l10.855.htm>. Acesso em: 27 abr. 2019.

_______. *Lei n. 11.079, de 30 de dezembro de 2004.* Institui normas gerais para licitação e contratação de parceria público-privada no âmbito da administração pública. Disponível em: <http://www.planalto.gov.br/ccivil_03/_ato2004-2006/2004/lei/l11079.htm>. Acesso em: 20 abr. 2019.

BRASIL; MINISTÉRIO DA FAZENDA; SECRETARIA DO TESOURO NACIONAL. *História.* Disponível em: <http://www.tesouro.fazenda.gov.br/historia>. Acesso em: 3 abr. 2019.

_______. *Portaria n. 157, de 9 de março de 2011.* Dispõe sobre a criação do Sistema de Custos do Governo Federal. Disponível em: <http://www.fazenda.gov.br/pmimf/frentes-de-atuacao/custos/download-de-arquivos/portstn_157_09mar2011.pdf>. Acesso em: 20 abr. 2019.

_______. *Portaria n. 437, de 13 de julho, 2012.* Manual de contabilidade aplicada ao setor público. Parte IV – Plano de Contas Aplicado ao Setor Público. Brasília, 2016. 7. ed. Disponível em: <http://www.tesouro.fazenda.gov.br/documents/10180/563508/MCASP+7%C2%AA%20edi%C3%A7%C3%A3o+Vers%C3%A3o+Republica%C3%A7%C3%A3o+2017+06+02.pdf/3f79f96f-113e-40cf-bbf3-541b033b92f6>. Acesso em: 26 abr. 2019.

_______. *O que é o SIAFI?* Disponível em: <http://www.tesouro.fazenda.gov.br/siafi>. Acesso em: 3 abr. 2019.

_______. Portaria Conjunta STN/SOF n. 02, de 22 de dezembro de 2016. Aprova a Parte I – Procedimentos Contábeis Orçamentários da 7ª edição do Manual de Contabilidade Aplicada ao Setor Público (MCASP). *Diário Oficial da União*, Brasília, DF, 23 dez. 2016. Seção 1.

BRASIL; MINISTÉRIO DA FAZENDA; SECRETARIA DO TESOURO NACIONAL. *Portaria n. 700, de 10 de dezembro de 2014*. Aprova as Partes II - Procedimentos Contábeis Patrimoniais, III - Procedimentos Contábeis Específicos, IV - Plano de Contas Aplicado ao Setor Público e V - Demonstrações Contábeis Aplicadas ao Setor Público da 6ª edição do Manual de Contabilidade Aplicada ao Setor Público (MCASP). Disponível em: <http://www.tesouro.fazenda.gov.br/documents/10180/390684/CPU_Portaria_STN_700_2014_MCASP_6.pdf/5d3a2fa8-0af5-4eac-b56f-a9074e4cbaad>. Acesso em: 23 abr. 2019.

________. *Portaria STN n. 840, de 21 de dezembro de 2016*. Aprova as Partes Geral, II - Procedimentos Contábeis Patrimoniais, III - Procedimentos Contábeis Específicos, IV - Plano de Contas Aplicado ao Setor Público e V - Demonstrações Contábeis Aplicadas ao Setor Público da 7ª edição do Manual de Contabilidade Aplicada ao Setor Público (MCASP). Disponível em: <https://siconfi.tesouro.gov.br/siconfi/pages/public/arquivo/conteudo/PORTARIA_STN_N_840_DE_21_DE_DEZEMBRO_DE_2016.pdf>. Acesso em: 24 jun. 2019. Visualize a 8ª edição em: CONFEDERAÇÃO NACIONAL DE MUNICÍPIOS (CNM). Manual de Contabilidade Aplicada ao Setor Público. 8. ed. Disponível em: <https://www.cnm.org.br/cms/images/stories/Links/20122018_CPU_MCASP_8_ed_-_publicacao_com_capa_2vs.pdf>. Acesso em: 2 jul. 2019.

BRASIL. RECEITA FEDERAL DO BRASIL. *Alfândegas brasileiras 200 anos*. 2. ed. 2012. Disponível em: <http://receita.economia.gov.br/acesso-rapido/direitos-e-deveres/educacao_fiscal/publicacoes/livro-alfandegas-brasileiras-200-anos-2a-edicao.pdf>. Acesso em: 24 jun. 2019.

BRASIL; SECRETARIA DO TESOURO NACIONAL.. *Sistema de informações de custos*. Disponível em: <http://www.tesouro.fazenda.gov.br/pt_PT/sistema-de-informacoes-de-custos>. Acesso em: 3 abr. 2017.

________. *Sistema Integrado de Administração Financeira do Governo Federal (SIAFI)*: Plano de contas. Brasília, 2015. Disponível em: <http://manualsiafi.tesouro.fazenda.gov.br/pdf/020000/020600>. Acesso em: 26 abr. 2019.

BRASIL; SENADO FEDERAL. *Atividade legislativa*: art. 167. Disponível em: <https://www.senado.leg.br/atividade/const/con1988/con1988_18.02.2016/art_167_.asp>. Acesso em: 27 abr. 2019.

BRASIL; SERPRO. *Principais soluções*. Disponível em: <https://www.serpro.gov.br/menu/nosso-portfolio>. Acesso em: 3 abr. 2019.

BRASIL; SIAPENET. *O que é o SIAPENET?* Disponível em: <http://www.siapenet.gov.br/oque.htm>. Acesso em: 3 abr. 2019.

BUARQUE, S. C. *Construindo o desenvolvimento local sustentável*: metodologia de planejamento. Rio de Janeiro: Garamond, 2002.

BUGARIN, P. S. O princípio constitucional da economicidade. *Correio Braziliense*, v. 12, n. 4, 1999.

CÂMARA MUNICIPAL DE SÃO PAULO. *Orçamento e gestão fiscal*. Disponível em: <http://www.saopaulo.sp.leg.br/transparencia/orcamentos-da-camara>. Acesso em: 23 abr. 2019.

CAMPOS, A. M. Accountability: quando poderemos traduzi-la para o português? *Revista de administração pública*, v. 24, n. 2, 1990.

CANNON-BOWERS, J. A.; SALAS, E.; PRUITT, J. S. Establishing the boundaries of a paradigm for decision-making research. *Human Factors: The Journal of the Human Factors and Ergonomics Society*, n. 2, v. 38, 1996.

CARLOS, F. A. et al. Uma discussão sobre a criação de indicadores de transparência na gestão pública federal como suporte ao ciclo da política pública. *Revista de Contabilidade do Mestrado em Ciências Contábeis da UERJ*, v. 13, n. 2, 2008.

CARVALHO, D.; CECCATO, M. *Manual completo de contabilidade pública*. 2. ed. Rio de Janeiro: Elsevier, 2014.

CARVALHO, F. G. B.; LIMA, R. A. A Desvinculação das Receitas da União (DRU) como instrumento de flexibilização do orçamento público no Brasil: necessidade ou distorção? *Revista de Direito Tributário e Financeiro*, v. 2, n. 2, 2017.

CASTRO, J. R. Juros e inflação: causas e consequências em debate entre economistas. *Nexo Jornal*, 13 fev. 2017. Disponível em: <https://www.nexojornal.com.br/expresso/2017/02/13/Juros-e-inflação-causas-e-consequências-em-debate-entre-economistas>. Acesso em: 29 mar. 2019.

CENKSEVEN-ÖNDER, F. The influence of decision-making styles on early adolescents life satisfaction. *Social Behavior and Personality*, v. 40, n. 9, 2012.

CIÊNCIAS CONTÁBEIS. Contabilidade pública. 2013. *Editorial eletrônico*. Disponível em: <http://www.cienciascontabeis.com.br/contabilidade-publica>. Acesso em: 3 abr. 2019.

COCHRANE, T. M. C. A importância do controle interno na administração pública brasileira e a contribuição da Contabilidade como principal instrumento na busca da eficiência da Gestão Pública. 2003. 21 f. Trabalho de Conclusão de Curso (Especialização 28 em Gestão e Finanças Públicas). Faculdade de Economia, Administração, Atuária e Contabilidade da Universidade Federal do Ceará (UFC), Fortaleza, 2003.

COMITÊ DE PRONUNCIAMENTOS CONTÁBEIS (CPC). *Pronunciamento técnico CPC 18 - Investimento em Coligada e em Controlada - Correlação às Normas Internacionais de Contabilidade - IAS 28*. Disponível em: <www.cpc.org.br/Arquivos/Documentos/255_CPC%2018_final.doc>. Acesso em: 20 abr. 2019.

CONDORCET ([1793] 1847). Plan de Constitution, presenté a la convention nationale. *Oeuvres*, v. 12, 1973.

CONFEDERAÇÃO NACIONAL DOS MUNICÍPIOS (CNM). Fórum de Contadores - Novos Padrões Contábeis. Disponível em: <http://www.cnm.org.br/contadores/img/pdf/estrutura_plano_contas.pdf> Acesso em: 30 abr. 2016.

CONSELHO FEDERAL DE CONTABILIDADE (CFC). *Norma Brasileira de Contabilidade - NBC TSP 02, de 21 de outubro de 2016*. Disponível em: <http://www2.cfc.org.br/sisweb/sre/detalhes_sre.aspx?Codigo=2016/NBCTSP02&arquivo=NBCTSP02.doc>. Acesso em: 27 maio 2019.

________. *Norma Brasileira de Contabilidade - NBC T 16.11 - Sistema de Informação de Custos do Setor Público, de 25 de novembro de 2011*. Disponível em: <http://www1.cfc.org.br/sisweb/SRE/docs/RES_1366.pdf>. Acesso em: 27 abr. 2019.

________. *Norma Brasileira de Contabilidade - NBC T 16.6 (R1) - Demonstrações Contábeis, 24 de outubro de 2014*. Disponível em: <http://www1.cfc.org.br/sisweb/sre/detalhes_sre.aspx?codigo=2014/NBCT16.6(R1)>. Acesso em: 27 maio 2019.

________. *Norma Brasileira de Contabilidade - NBC T 16.7 - Consolidação das Demonstrações Contábeis, de 25 de novembro de 2008*. Disponível em: <http://www1.cfc.org.br/sisweb/SRE/docs/RES_1134.pdf>. Acesso em: 27 abr. 2019.

________. *Norma Brasileira de Contabilidade - NBC T 16.8 - Controle Interno, de 25 de novembro de 2008*. Disponível em: <http://www1.cfc.org.br/sisweb/SRE/docs/RES_1135.pdf>. Acesso em: 27 abr. 2019.

________. *Norma Brasileira de Contabilidade - NBC TSP 01 - Receita de Transação sem Contraprestação, de 21 de outubro de 2016*. Disponível em: <http://www2.cfc.org.br/sisweb/sre/detalhes_sre.aspx?Codigo=2016/NBCTSP01&arquivo=NBCTSP01.doc>. Acesso em: 23 abr. 2019.

________. *Norma Brasileira de Contabilidade - NBC TSP 05 - Contratos de Concessão de Serviços Públicos: Concedente, de 25 de novembro de 2016*. Disponível em: <http://www2.cfc.org.br/sisweb/sre/detalhes_sre.aspx?Codigo=2016/NBCTSP05&arquivo=NBCTSP05.doc>. Acesso em: 27 maio 2019.

CONSELHO FEDERAL DE CONTABILIDADE (CFC). *Norma Brasileira de Contabilidade – NBC TSP – Estrutura Conceitual, de 23 de setembro de 2016.* Disponível em: <https://cfc.org.br/noticias/cfc-publica-a-normaestrutura-conceitual-da-contabilidade-publica/>. Acesso em: 27 maio 2019.

________. *Normas Brasileiras de Contabilidade – NBCs T 16.1 a 16.11 – Contabilidade Aplicada ao Setor Público, 2012.* Disponível em: <https://cfc.org.br/wp-content/uploads/2018/04/Publicacao_Setor_Publico.pdf>. Acesso em: 4 jul. 2019.

________. *Resolução n. 1.103, de 28 de setembro de 2007.* Cria o Comitê Gestor da Convergência no Brasil e dá outras providências. Disponível em: <www.cfc.org.br/sisweb/sre/docs/RES_1103.doc>. Acesso em: 23 abr. 2019.

________. *Resolução n. 1.129, de 21 de novembro de 2008.* Aprova a NBC T 16.2 – Patrimônio e Sistemas Contábeis. Disponível em: <http://http://www1.cfc.org.br/sisweb/SRE/docs/RES_1129.pdf>. Acesso em: 24 jun. 2019.

________. *Resolução n. 1.134, de 21 de novembro de 2008.* Aprova a NBC T 16.7 – Consolidação das Demonstrações Contábeis. Disponível em: <http://www1.cfc.org.br/sisweb/sre/detalhes_sre.aspx?Codigo=2008/001134>. Acesso em: 22 jun. 2019.

________. *Resolução n. 1.135, de 21 novembro de 2008.* Aprova a NBC T 16.8 – Controle Interno. Disponível em: <http://www1.cfc.org.br/sisweb/SRE/docs/RES_1135.pdf>. Acesso em: 23 abr. 2019.

________. *Resolução n. 1.136, 21 de novembro de 2008.* Aprova a NBC T 16.9 – Depreciação, Amortização e Exaustão. Disponível em: <http://www.normaslegais.com.br/legislacao/resolucaocfc1136_2008.htm>. Acesso em: 22 jun. 2019.

________. *Resolução n. 1.137, 21 de novembro de 2008.* Aprova a NBC T 16.10 – Avaliação e Mensuração de Ativos e Passivos em Entidades do Setor Público. Disponível em: <http://www.normaslegais.com.br/legislacao/resolucaocfc1137_2008.htm>. Acesso em: 22 jun. 2019.

________. *Resolução n. 1.328, 18 de março de 2011.* Dispõe sobre a Estrutura das Normas Brasileiras de Contabilidade. Disponível em: <http://www1.cfc.org.br/sisweb/SRE/docs/RES_1328.pdf>. Acesso em: 20 abr. 2019.

________. *Resolução n. 1.366, de 25 de novembro de 2011.* Aprova a NBC T 16.11 – Sistema de Informação de Custos do Setor Público. Disponível em: <http://www.normaslegais.com.br/legislacao/resolucao-cfc-1366-2011.htm>. Acesso em: 22 jun. 2019.

CONSELHO FEDERAL DE CONTABILIDADE (CFC); CONFEDERAÇÃO NACIONAL DE MUNICÍPIOS (CNM). *Normas Internacionais de Contabilidade para o Setor Público*, edição 2010. Disponível em: <https://www.cnm.org.br/contadores/img/pdf/normas_internacionais_de_contabilidade/NornasInternacionaisdeContabilidadeparaoSetorPublico.pdf>. Acesso em: 25 jun. 2019.

COSTA, W. P. O Império do Brasil: dimensões de um enigma. *Almanack braziliense*, n. 1, 2005.

DALENOGARE, G. E.; NEUENFELDT JUNIOR, Á.; SILUK, J. C. M. *Método do custo para servir ao cliente:* um estudo de caso em uma cooperativa de crédito. In: II WSPI - Workshop em Sistemas e Processos Industriais. Santa Cruz do Sul, RS, 2013.

DAVENPORT, T. H.; PRUSSAK, L. *Conhecimento empresarial*: como as organizações gerenciam o seu capital intelectual. Rio de Janeiro: Elsevier, 2003.

FÉLIX, L. P. Evolução da Contabilidade Pública no Brasil. 2013, 30 f. Trabalho de Conclusão de Curso (Bacharel em Ciências Contábeis) - Faculdade de Tecnologia e Ciências Sociais Aplicadas, Centro Universitário de Brasília (UniCEUB), Brasília, 2013. Disponível em: <https://repositorio.uniceub.br/jspui/bitstream/235/5001/1/21005066.pdf.>. Acesso em: 17 nov. 2017.

FERNANDES, J. C. C. O uso da informação de custos na busca pela excelência da gestão pública. In: IV CONGRESSO CONSAD DE GESTÃO PÚBLICA, de Convenções Ulysses Guimarães. Brasília/DF, Painel 18/065, 2011.

FERNANDES, L. D. L. F.; BORGES, T. J.; LEITE JÚNIOR, M. C. R. Auditoria e controle interno no setor público e sua contribuição para a democracia. *Revista da Universidade Vale do Rio Verde*, Três Corações, v. 15, n. 1, 2017.

FERNANDES, M. G. et al. Cost to serve customers: an action research in the condominium administration in the Santos Region (SP). *Enfoque*, v. 33, n. 3, 2014.

FERRAZ, L. *Controle da administração pública.* Belo Horizonte: Mandamentos, 1999.

FERREIRA, J. O. L.; LIMA, S. M. M. Accountability governamental: uma proposta de avaliação do cumprimento de promessas e planos de governo. In: CONVENÇÃO DOS CONTABILISTAS DE PERNAMBUCO, 7, 2006, Recife. *Anais da VII Convenção dos Contabilistas de Pernambuco.* Recife, 2006.

FONTES FILHO, J. R.; NAVES, G. G. A contribuição do Sistema Integrado de Administração Financeira do Governo Federal (SIAFI) para a promoção da accountability horizontal: a percepção dos usuários. *BBR-Brazilian Business Review*, v. 11, n. 3, 2014.

FREITAS, A. K. B.; LOPES, L. F. D.; SILVA, D. D. M. Método do custo para servir o cliente como ferramenta gerencial: estudo de caso em uma rede supermercadista. In: XXXII ENCONTRO NACIONAL DE ENGENHARIA DE PRODUÇÃO. *Desenvolvimento sustentável e responsabilidade social: as contribuições da engenharia de produção*. Bento Gonçalves, 2012.

GAMA, J. R.; DUQUE, C. G.; ALMEIDA, J. E. F. Convergência brasileira aos padrões internacionais de Contabilidade Pública vis-à-vis as estratégias *top-down* e *bottom-up*. *Revista da Administração Pública*, Rio de Janeiro, v. 48, n. 1, jan./fev. 2014.

GERMANI, L. B. *Desafios para o desenvolvimento de serviços digitais pelo governo federal brasileiro*. 2016. Dissertação (Mestrado em Administração) - Faculdade de Economia, Administração, Contábeis e Atuariais, Pontifícia Universidade de São Paulo (PUC-SP), São Paulo, 2016.

GOMES, G. B. Sistemas estruturadores do governo federal. *Brasil Acadêmico*, 14 set. 2008. Disponível em: <http://blog.brasilacademico.com/2008/09/sistemas-estruturadores-do-governo.html>. Acesso em: 3 abr. 2019.

GUERREIRO, R.; MERSCHMANN, E. V. V.; BIO, S. R. Cost to serve measurement and customer profitability analysis. *The International Journal of Logistics Management*. v. 19, n. 3, 2008a.

______. Mensuração do custo para servir e análise de rentabilidade de cliente: uma aplicação em indústria de alimentos no Brasil. *Revista de Administração-eletrônica*, São Paulo, v. 1, n. 2, 2008.

HADDAD, R. C.; MOTA, F. G. L. *Contabilidade Pública*. Florianópolis: UFSC, 2010.

HERBEST, F. G. *Regime de competência no setor público: a experiência de implementação em diversos países*. Dissertação (Mestrado em Ciências Contábeis) - Fundação Instituto Capixaba de Pesquisas em Contabilidade, Economia e Finanças (FUCAPE), Vitória, 2010.

HOLANDA, V. B. Diretrizes e modelo conceitual de custos para o setor público a partir da experiência no governo federal do Brasil. *Revista de Administração Pública*, ano 4, v. 44, p. 791-820, 2010.

IUDÍCIBUS, S. *Teoria da Contabilidade*. 9. ed. São Paulo: Atlas, 2009.

JANNUZZI, P. M. *Indicadores sociais na formulação e manutenção das políticas públicas*. Brasília: Faculdade Latino Americana de Ciências Sociais, 2009. Disponível em: <http://flacso.org.br/?publication=indicadores-sociais-na-formulacao-e-avaliacao-de-politicas-publicas>. Acesso em: 13 abr. 2019.

KANAANE, R.; FIEL FILHO, A.; FERREIRA, M. G. *Gestão pública*: planejamento, processos, sistemas de informação e pessoas. São Paulo: Atlas, 2010.

LIMA, A. A. *Contabilidade básica.* 2007. Disponível em: <https://pt.slideshare.net/srcontabilidade/contabilidade-basica-prof-arievaldo-alves-de-lima>. Acesso em: 4 jul. 2019.

LIMA, V. D.; CASTRO, G. R. *Contabilidade pública*: integrando União, estados e municípios (SIAFI e SIAFEM). 3. ed. São Paulo: Atlas, 2009.

LOCK, F. N.; PIGATTO, J. A. M. A dificuldade de alinhamento entre a contabilidade pública brasileira e o Government Finance Statistics (GFS). *Revista Eletrônica de Contabilidade Curso de Ciências Contábeis UFSM*, Santa Maria, v. 1, n. 3, 2005. Disponível em: <http://cascavel.ufsm.br/revistas/ojs-2.2.2/index.php/contabilidade/article/view/161>. Acesso em: 3 nov. 2017.

LUCIARDO, R. O. *Sistema de informação contábil para gestão pública em conformidade com as normas internacionais: um estudo do modelo vigente.* 2016. Tese (Doutorado em Administração) – Programa de Pós-Graduação em Administração, Universidade Municipal de São Caetano do Sul (USCS), São Caetano do Sul, 2016.

LUQUE, C. A.; SILVA, V. M. A lei de responsabilidade na gestão fiscal: combatendo falhas de governo à brasileira. *Revista de Economia Política*, v. 24, n. 3, 2004.

MACHADO, C. C.; TSURUSHIMA, T. B.; MARTINS, L. M. Importância da análise de custos na administração pública. *Revista Terra e Cultura*, ano 22, n. 43, jul./dez., 2006. Disponível em: <http://web.unifil.br/docs/revista_eletronica/terra_cultura/n43/terra_04.pdf>. Acesso em: 13 abr. 2019.

MACHADO, N. *Sistema de informação de custo:* diretrizes para integração ao orçamento público e à contabilidade governamental. 2002. Tese (Doutorado em Controladoria e Contabilidade) – Faculdade de Economia, Administração e Contabilidade, Universidade de São Paulo (FEA-USP), São Paulo, 2002.

MARTINHO, M. R. *Lei n. 4.320/64 comentada, em esquemas.* Joinville: Clube de Autores, 2010.

McGEE, J.; PRUSAK, L. *Gerenciamento estratégico da informação*: aumente a competitividade e a eficiência de sua empresa utilizando a informação como uma ferramenta estratégica. Rio de Janeiro: Campus, 1994.

MELLO, C. A. B. *Elementos do direito administrativo.* São Paulo: Revista dos Tribunais, 1981.

MELO, M. A. Governance e reforma do estado: o paradigma agente X principal. *Revista do Serviço Público*, Brasília, ano 47, v. 120, n. 1, jan./abr., 1996.

MELO, M. E.; SECCHI, L. Parcerias público-privadas como instrumento de reforma administrativa: uma proposta de tipologia. *Gestão pública*: práticas e desafios, v. 3, n. 1, 2012.

MINTZBERG, H. et al. *O processo da estratégia*: conceitos, contexto e casos selecionados. Rio de Janeiro: Bookman, 2003.

MONTEIRO, B. R. P. et al. O processo de implantação do sistema de informação de custos do governo federal do Brasil. 2010. Disponível em: <http://www.tesouro.fazenda.gov.br/documents/10180/662474/O+processo+de+implanta%C3%A7%C3%A3o+do+Sistema+de+Informa%C3%A7%C3%A3o+de+Custos+do+Governo+Federal+do+Brasil/60b8f56f-d7ad-48d2-8cd3-76fd6722aea2> Acesso em: 24 jun. 2019.

MONTESQUIEU. *O espírito das leis*. 3 ed. São Paulo: Martins Fontes, 2005.

MORESI, E. A. D. Delineando o valor do sistema de informação de uma organização. *Ciência da Informação*, Brasília, v. 29, n. 1, jan./abr. 2000.

MORITZ, G. O.; PEREIRA, M. F. *Processo decisório*. Florianópolis: SEAD/UFSC, 2006.

MOSHER, F. *Democracy and the public service*. New York: Oxford University, 1968.

MOTA. F. G. L. *Contabilidade aplicada ao setor público*. Brasília: Vestcon, 2009.

NAKAGAWA, M.; RELVAS, T. R. S.; DIAS FILHO, J. M. Accountability: a razão de ser da contabilidade. *Revista de Educação e Pesquisa em Contabilidade*, v. 1, n. 3, 2007.

NASCIMENTO, E. R.; DEBUS, I. *Lei Complementar n. 101/2000* – Entendendo a Lei de Responsabilidade Fiscal. 2. ed. Brasília: ESAF, 2002. Disponível em: <http://www.tesouro.fazenda.gov.br/documents/10180/0/EntendendoLRF.pdf>. Acesso em: 3 abr. 2017.

O'DONNELL, G. *Accountability* horizontal e novas poliarquias. *Revista Lua Nova*. São Paulo, n. 44, 1998.

OLIVEIRA, L. R. A previdência social brasileira como política pública e a questão da sua efetividade. Brasília-DF: *Conteúdo Jurídico*, 30 nov. 2011. Disponível em: <http://www.conteudojuridico.com.br/artigo,a-previdencia-social-brasileira-como-politica-publica-e-a-questao-da-sua-efetividade,34735.html>. Acesso em: 3 abr. 2019.

PALHARES, A.; RODRIGUES, L. C. *Introdução à contabilidade*. São Paulo: Scipione, 1990.

PARRON, T. P. *A política da escravidão no império do Brasil, 1826-1865*. 2011. Tese (Doutorado em História Social) - Faculdade de Filosofia, Letras e Ciências Humanas, Universidade de São Paulo (USP), São Paulo, 2011.

PASSOS, L. H. S. O impacto das normas brasileiras de contabilidade aplicadas ao setor público: cenário atual e perspectivas na Administração Pública Federal. *Revista de Administração de Roraima (RARR)*, v. 2, n. 1, 2012.

PEDERIVA, J. H. *Accountability, constituição e contabilidade*. Brasília: Senado Federal, 1998. Disponível em: <http://www2.senado.leg.br/bdsf/bitstream/handle/id/414/r140-03.pdf?sequence=4>. Acesso em: 13 abr. 2019.

PETER, M. G. A.; MACHADO, M. V. V. *Manual de auditoria governamental*. São Paulo: Atlas, 2009.

PISCITELLI, R. B. *Orçamento autorizativo x Orçamento impositivo*, 2006. Disponível em: <http://bd.camara.leg.br/bd/handle/bdcamara/1636>. Acesso em: 24 jun. 2019.

PREFEITURA DO MUNICÍPIO DE SÃO PAULO (PMSP). Lei n. 16.606, de 29 de dezembro de 2016 (Projeto de Lei n. 105/13, da Vereadora Patrícia Bezerra – PSDB). Cidade de São Paulo. Gabinete do Prefeito Fernando Haddad. *Diário Oficial do Estado de São Paulo*, ano 61, n. 245, 30 dez. 2016. Disponível em: <http://www.camara.sp.gov.br/wp-content/uploads/2017/01/Lei-16.608-Or%C3%A7amento-2017.D.O.30.12.16-p.1.pdf>. Acesso em: 10 nov. 2017.

________. *Lei n. 16.608, de 29 de dezembro de 2016*. Estima a receita e fixa a despesa do Município de São Paulo para o exercício de 2017. <http://legislacao.prefeitura.sp.gov.br/leis/lei-16608-de-29-de-dezembro-de-2016/>. Acesso em: 4 jul. 2019.

________. *Plano de Contas Aplicado ao Setor Público (PCASP), 2014/2015*. Disponível em: <http://www.tesouro.fazenda.gov.br/pt_PT/pcasp> Acesso em: 3 abr. 2019.

PREFEITURA DO MUNICÍPIO DE SÃO PAULO (PMSP); SECRETARIA DA FAZENDA. Portal da Prefeitura de São Paulo: Institucional Subsecretaria de Planejamento e Orçamento Municipal. Publicado em 16 de fevereiro de 2016. Disponível em: <http://www.prefeitura.sp.gov.br/cidade/secretarias/fazenda/institucional/index.php?p=19708>. Acesso em: 22 out. 2017.

PREFEITURA DO MUNICÍPIO DE SÃO PAULO (PMSP); SECRETARIA MUNICIPAL DE FINANÇAS E DESENVOLVIMENTO ECONÔMICO. *Projeto de Lei de Diretrizes Orçamentárias 2017*. Disponível em: <http://orcamento.sf.prefeitura.sp.gov.br/orcamento/uploads/2017/PLDOAnexo s.pdf>. Acesso em: 30 out. 2017.

PREFEITURA DO MUNICÍPIO DE SÃO PAULO (PMSP); SECRETARIA MUNICIPAL DE GESTÃO. *Decreto n. 57.775 de 2017*. Dispõe sobre a reorganização da Secretaria Municipal de Gestão, altera a denominação e a lotação dos cargos de provimento em comissão que especifica, transfere cargos de provimento em comissão entre órgãos, bem como altera os arts. 28 e 29 do Decreto n. 57.576, de 1º de janeiro de 2017. Disponível em: <https://www.prefeitura.sp.gov.br/cidade/secretarias/upload/gestao/arquivos/DECRETO%20N%2057775%20-%20reorganizacao%20SMG.pdf>. Acesso em: 21 jun. 2019.

REIS, A. J.; SILVA, S. L. A história da contabilidade no Brasil. *Seminário Estudantil de Produção Acadêmica*, v. 11, n. 1, 2008.

RODRIGUES, W. A. Fiscobras 2013. *Revista do TCU*, n. 126, 2013.

SÁ, A. L. *Teoria da contabilidade*. 4. ed. São Paulo. Atlas, 2008.

SALIBA, M. C. T. *Uma contribuição ao processo decisório na definição de projetos no âmbito dos conselhos participativos para inclusão no orçamento do município de São Paulo*. 2016. 144 f. Dissertação (Mestrado em Ciências Contábeis e Atuariais) - Programa de Estudos Pós-Graduados em Ciências Contábeis e Atuariais da Pontifícia Universidade Católica (PUC-SP), São Paulo, 2016.

SANTI, E. M. D. (Coord.). *Curso de direito tributário e finanças públicas:* do fato à norma, da realidade ao conceito jurídico. São Paulo: Saraiva, 2008.

SANTOS, M. C.; BRAZIL, M. R. P. Análise de restos a pagar não processados de um município do Rio Grande do Sul. In: XV CONVENÇÃO DE CONTABILIDADE DO RIO GRANDE DO SUL, 2015. Bento Gonçalves. *Anais*... Bento Gonçalves, 2015.

SKELCHER, C. Public-private partnerships and hybridity. In: FERLIE, E.; LYN, L.; POLLITT, C. *The Oxford Handbook of Public Management*. Oxford: Oxford University, 2005.

SIFFERT FILHO, N. F. *A teoria dos contratos econômicos e a firma*. 1996. Tese (Doutorado em Controladoria e Contabilidade) - Faculdade de Economia, Administração e Contabilidade, Universidade de São Paulo (USP), São Paulo, 1996.

SILVA, A. C. R. *Metodologia da pesquisa aplicada à contabilidade*. São Paulo: Atlas, 2003.

SILVA, A. C. R.; MARTINS, W. C. R. *História do pensamento contábil*. Curitiba: Juruá, 2007.

SILVA, C. C. E. et al. *Evolução da contabilidade pública*. 2004. 21 f. Trabalho de conclusão de curso. (Especialização em Contabilidade e Auditoria Governamental) - Faculdade de Estudos Sociais Aplicados. Universidade de Brasília (UnB), Brasília, 2004.

SILVA, G. G. *Planejamento estratégico na administração pública*. Instituto Cuiabano de Educação. Disponível em: <http://ice.edu.br/ice/pag_arq uivos/pdf/Artigo_-_Planejamento_Estrategico_na_Adm._Publica.pdf> Acesso em: 6 nov. 2017.

SILVA, G. L. C.; PALMEIRA, E. M.; QUINTANA, A. C. Sistema Integrado de Administração Financeira do Governo Federal (SIAFI): Necessidade Criação e Evolução. *Observatorio de la Economia Latinoamericana*, v. 86, 2007.

SILVA, M. S.; ASSIS, F. A. A história da contabilidade no Brasil. *Negócios em projeção*, v. 6, n. 2, 2015.

SILVA, R. M. P. *Análise do processo decisório na administração pública e sistemas de apoio à tomada de decisão: contradições e paradoxos na realidade organizacional pelo não uso de ferramentas disponíveis.* 2013. Tese (Doutorado em Administração) – Programa de Pós-Graduação em Administração Universidade Federal do Rio Grande do Sul (UFRGS), Porto Alegre, 2013.

SMITH, M.; DIKOLLI, S. Customer profitability analysis: an activity-based costing approach. *Managerial Auditing Journal,* v. 10, n. 7, 1995.

TEIXEIRA, M. C.; OLIVEIRA, A. B. S. A percepção dos profissionais de contabilidade no âmbito da Prefeitura do Município de São Paulo, de necessidades de mudanças na Lei n. 4.320/64: sintomas da necessidade de mudança. *Revista ENIAC Pesquisa,* v. 2, n. 2, 2013.

TRIBUNAL DE CONTAS DE PORTUGAL. *Órgão de ordenação e fiscalização das receitas e despesas do Estado.* Disponível em: <https://www.tcontas.pt/pt/apresenta/historia/tc1389-1761.shtm>. Acesso em: 3 abr. 2019.

WEBER, M. *Ciência e política*: duas vocações. São Paulo: Cultrix, 2004.